厦大中文学报

Journal of Chinese Studies, Xiamen University

【第七辑】

图书在版编目(CIP)数据

厦大中文学报.第七辑/李无未,林丹娅主编.—厦门:厦门大学出版社,2020.8
ISBN 978-7-5615-7872-8

Ⅰ.①厦… Ⅱ.①李…②林… Ⅲ.①厦门大学—学报 Ⅳ.①C55

中国版本图书馆 CIP 数据核字(2020)第 154012 号

出 版 人 郑文礼
责任编辑 曾妍妍
封面设计 陈见深
电脑制作 张雨秋
技术编辑 朱 楷

出版发行 厦门大学出版社
社　　址 厦门市软件园二期望海路 39 号
邮政编码 361008
总 编 办 0592-2182177　0592-2181406(传真)
营销中心 0592-2184458　0592-2181365
网　　址 http://www.xmupress.com
邮　　箱 xmup@xmupress.com
印　　刷 厦门兴立通印刷设计有限公司

开本 787 mm×1 092 mm　1/16
印张 18
字数 432 千字
版次 2020 年 8 月第 1 版
印次 2020 年 8 月第 1 次印刷
定价 90.00 元

本书如有印装质量问题请直接寄承印厂调换

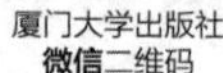
厦门大学出版社
微信二维码

厦门大学出版社
微博二维码

编 委 会

刊首语

《厦大中文学报》(*Journal of Chinese Studies, Xiamen University*)系由厦门大学中文系创办的中国语言文学学术研究丛刊。厦大建校伊始,中文即为重镇。学界名流鲁迅、林语堂、沈兼士、罗常培、周辨明、施蛰存、林庚等教授其间,学术基础,乃得奠定。迄今百年,薪火相传,生生不息,斯风日炽。于兹创立本刊,秉持"追求真理、注重实学、崇尚创新、鼓励争鸣"之宗旨,立足东南,面向世界,刊发高质量、前沿性之学术文章,展示中文研究成果,增强学人了解互动,促进学界交流合作,为推动中国语言文学学科的繁荣和发展,贡献力量。

厦门大学中文系

2019 年 12 月

“厦大中文百年”征稿启事

厦门大学建校伊始，即设立中文系（1952 年前称国文系）。经过近百年的发展，我系已逐渐形成在海内外有重大影响的人才培养基地和学术研究重镇。

为迎接厦门大学中文系建系一百周年盛典，我刊特开辟“厦大中文百年”这一栏目，面向社会各界，广泛征求能反映我系悠久历史、发展变迁、成就特色以及经验教训等相关题材的论文。欢迎博雅君子，不吝赐稿。

一、征稿内容：

1. 厦大中文的贡献：在各个历史时期的学术研究和人才培养。
2. 厦大中文各学科的起源、发展、沿革、新变等。
3. 厦大中文学术研究的总体特征与各学科的个性特征。
4. 厦大中文不同时期的著名学者研究。
5. 厦大中文不同时期的著名学子研究。

二、征稿要求：

1. 政治可靠，尊重民族历史、民族文化、民族感情。
2. 突出研究特色，论文有足够的学术性。
3. 欢迎以“中文厦大学派”为核心内容多层次、多角度研究。
4. 字数以 10000～20000 为宜。
5. 其他请参考《厦大中文学报》稿约及相关撰稿体例。

三、投稿方式：

1. 来稿请发我刊投稿专用电子邮箱：xdzwxb123@126.com
2. 请注明作者姓名、单位、职务、联系方式、通信地址。

四、征稿期限：

2018 年 4 月 7 日至 2021 年 4 月 7 日。

五、征稿费用：

来稿一经采用后，即付作者稿酬。

联系地址：福建省厦门市思明南路厦门大学中文系

邮编：361005

联系人：刘荣平　彭达池

电话：0592-2182470

《厦大中文学报》编辑部

2019 年 12 月

目　录

厦大中文百年

诗礼文化研究

诗词学研究

南光论丛

书　评

Contents

Nanguang Research Forum of Xiamen University

Book Reviews

厦大中文百年

Journal of Chinese Studies, Xiamen University

主持人语

李无未

百年厦大中文，树人立德，英才辈出。本栏目传主，皆厦大中文史所铭记之隽拔也。论其教业，淑质贞亮；视其精研，学渊卓烁，均可推为我中文黉门之翘楚也。

周教授长楫，以汉语音韵学见长，《中国语文》屡刊其雄文；其承续黄教授典诚学脉，长期深入民间，收集与调查相结合，发前人所未发之覆。地不爱宝，终成闽南方言研究之大业。其所编多部闽南方言词典，例如《闽南方言俗语大词典》等，屡次斩获国家、省部大奖，海内外方言学者奉为圭璧。

张教授振兴，杰出校友，于厦大受业于黄教授典诚，于中国社科院语言研究所秉承李教授荣之求实传统，研究成果涵盖汉语方言学、汉语音韵学、社会语言学、地理语言学、词典编纂等诸多领域。其所组织和主持《中国语言地图集》和《现代汉语方言大词典》等一系列重大方言研究项目，对于繁荣和发展汉语方言学，提升汉语各领域研究水平，做出巨大贡献，因而蜚声海内外。

俞教授兆平，师承于郑教授朝宗、许教授怀中诸师，力主学术原创，秉承"文学原态史实实证与历史语境纳入"之原则，站在现代性视角，辨析三大文学思潮内涵；构建西方浪漫主义文学思潮在中国传播与接受之四种范式；实施中国现代作家对科学与人文关系学理价值判断；重新解读《阿Q正传》等方面，多有建获。《文学评论》九次刊载雄文，又在《中国社会科学》上亮相，《新华文摘》等名刊为之传播，尽展"厦大学派"之雄风。

吴教授在庆，北大中文本科毕业，又于厦大师承周教授祖譔。其在唐代文学文献辑佚、辨伪、编年方面攀及新高度。独著《杜牧论稿》《唐五代文史丛考》《唐代文士与唐诗考论》《唐代文士的生活心态与文学》《听涛斋中古文史论稿》《杜牧集系年校注》《韩偓集系年校注》等；合著《唐五代文学编年史》《唐五代文编年史》《唐才子传校笺》《唐诗大辞典》《中国文学家大辞典唐五代卷》等书，立说惟大，立敬惟长，独步于唐五代文学界，谁与为偶！

叶教授宝奎，黄教授典诚所培养汉语史五博士之一。其在近代汉语语音史、语言学理论诸领域，建树颇巨。《明清官话音系》，为近代汉语语音史之经典，恒久置于中外汉语音韵学学人之座右；庚承周教授辨明之余续而有所光大，所编《语言学概论》，以内容新，结构合理，科学实用而驰名四裔；其所引发汉语音韵学界"近代汉语标准音"之大讨论，波及海内外，余响贯于今。

余以年齿而序厦大中文五位哲人之功业，却嫌芜词拙笔徒污仙眼耳！虽然如此，犹待华光画影求留痕，"欻见麒麟出东壁"。是为碎语！

周长楫先生的词典人生

许彬彬　朱冬纯
（厦门大学　中文系　厦门　361005）

摘要：周长楫的学术研究主要是汉语音韵学和汉语方言学。他的研究成果又多集中在编写辞书的工作，尤其是编写了闽南方言的多种词典。在名师的指导下，他从自己的母语闽南方言入手，长期深入民间做调查，掌握了大量的方言资料，并注意把汉语音韵学和方言学的研究密切联系起来，在音韵、方言的一些论著中不拘前人之说，敢于提出自己的观点，所编写的词典也都各具特色。

关键词：周长楫；汉语音韵；闽南方言；词典

前　言

周长楫，1938 年 7 月出生于缅甸仰光市。因 1941 年日本发动太平洋战争，遂随父母逃难回故乡厦门。1953 年在厦门第一中学初中毕业后报考集美财经学校。1956 年集美财经学校毕业后分配到福州福建机器厂附属艺徒学校当会计。由于对会计工作不感兴趣，1959 年 7 月，他以调干生[①]的身份考取厦门大学中国语言文学系。四年级时，系里要把 1959 级的同学分成文学专门化班和语言专门化班，周师选择了语言专门化班。1963 年 7 月，他以优异的成绩毕业并留校在中文系语言教研室工作。他最先是做福建方言资料的整理工作，后参加农村社会主义教育运动[②]一年，又带学生到闽南漳州云霄和平农场半耕半读，担任现代汉语课的教学。1977 年恢复高考后，周师除先后承担中文系语言学的多门课程外，主要从事《普通话闽南方言词典》一书的编写工作。1981 年升讲师，1986 年升副教授，1990 年任汉语史硕士生导师，1995 年升教授，1999 年退休。这期间历任中文系汉语方言研究室主任，先后兼任全国汉语方言学会理事、中国音韵学会理事、福建省语言学会副会长、厦门市语言学会会长、厦门市闽南文化研究会副会长及顾问。1997 年 3 月到 7 月，应邀到台湾成功大学任客座教授，1998 年至 2002 年，先后三次受聘到新加坡南洋理工大学中华语言文化研究所任两年半的客座研究员。

① 1953 年开始，凡企事业、机关、团体等的正式职工，经组织调派或本人申请，可参加高考，并根据工龄享调干生补助待遇。

② 社会主义教育运动社会主义教育运动，也叫社教或“四清”（清思想，清政治，清组织和清经济），是党领导下的群众运动，并派工作队领导。

周师的学术研究以汉语音韵学和方言学为主，他的研究成果多集中在编写辞书，其中以编写闽南方言的词典为多。研究成果有著作4本，辞书6本，参与编著的6本，撰写论文80多篇。研究成果获国家级、省级奖的有6项。如《普通话闽南方言词典》（主编之一）于1994年获国家首届图书奖提名奖，同年获福建省哲学社会科学优秀论著一等奖；《汉字古今音表》（全书执笔者）于1995年获国家新闻出版署直属出版社第二届优秀图书选题二等奖，《现代汉语方言大词典》中的《厦门方言词典》分卷连同其他41本地点方言分卷出齐后，于1999年5月获第三届国家辞书奖一等奖；同年9月获第四届国家图书奖的荣誉奖。《闽南方言大词典》（主编）2008年获第二届中华优秀出版物图书奖提名奖，《闽南方言俗语大词典》（主编）2012年获第三十届华东地区优秀哲学社会科学图书评选一等奖，《闽南方言韵书》2017年获第三十一届华东地区优秀哲学社会科学图书二等奖。

一

厦门大学中文系在语言学，特别是在汉语音韵学和闽南方言的研究是有历史传统的。从二十世纪二十年代中期开始，国内外著名的语言学家如罗常培①、沈兼士②、林语堂③、周辨明④等大师曾来厦大任教，并留下许多重要的科研成果。如罗常培的《厦门音系》⑤，林语堂的《语言学论丛》⑥，周辨明的《厦语音韵声调之构造与性质及其与中国音韵法上某项问题之关系》等等。之后又有毕业于厦门大学的黄典诚教授。黄师是周辨明教授的得意门生，在汉语音韵学和闽语特别是闽南话的研究方面有很深的造诣，是我国著名的语言学家。这些都给周师留下了深刻的印象。

周师的学术研究是从方言开始的。他是厦门人，所以就从研究自己的母语做起。正好一个机会来临。1976年末，福建人民出版社把《普通话闽南方言词典》一书列入福建省图书

---

① 罗常培(1899—1958)，著名语言学家，字莘田，北京人，满族，1919年毕业于北京大学中文系。历任中央研究院历史语言研究所研究员、北京大学教授、西南联合大学中文系主任等。曾在厦门大学任教。1950年，筹建中国科学院语言研究所(今中国社会科学院语言研究所)，并任第一任所长。曾任《中国语文》总编辑、《语言研究》常务编委等。中国文字改革委员会委员、普通话审音委员会委员和召集人，曾参加制订《汉语拼音方案》的讨论，创办了北京大学语言专修科。著有《汉语音韵学导论》《厦门音系》《语言与文化》等。2008年，山东教育出版社出版《罗常培文集》，共10卷精装。

② 沈兼士(1887—1947)，名坚士。著名语言文字学家、文献档案学家、教育学家。原籍吴兴(今浙江湖州)。先后任教于北京大学、辅仁大学、清华大学。1926年随鲁迅先生赴厦门大学国文系任教。代表作《文字形义学》《广韵声系》等。

③ 林语堂(1895—1976)，福建龙溪(漳州)人。著名文学家、语言学家。1922年入德国莱比锡大学，专攻语言学。1923年获博士学位。1926年到厦门大学任文学院长，并研究语言。在语言学方面著有《语言学论丛》等。

④ 周辨明(1891—1984)，著名语言学家，福建惠安人。曾赴德国汉堡大学深造，获博士学位。1921年至1948年在厦门大学任教，先后任外国语言文学系教授、系主任、文学院院长。长期从事汉语拼音化、方言音韵及汉字检索研究。著有《中华国语音声字制》《厦语入手》《语言学概论》等。

⑤ 罗常培.厦门音系[M].北京：中央研究院历史语言研究所，1930年.

⑥ 林语堂.语言学论丛[M].上海：开明书店，1933.该书收32篇论文，涉及古音、方言等多方面内容。

出版规划项目，并将这本词典的编写任务交给厦门大学中文系。系领导先是把这项任务交给语言教研室的洪笃仁[①]讲师和陈亚川[②]、周长楫两位助教。后因各种原因，洪师调去《汉语大词典》厦大编写组工作，陈师也为解决夫妻分居问题而调到北京语言学院（后改为北京语言大学）工作。编写词典只剩周师一人，而编写这部词典是一个大工程。周师觉得压力很大，但在系领导反复的鼓励和支持下，周师想到中文系在语言学研究方面有着优良传统，自己身为厦大培养出来的学子，理应继承不弃，同时，他认为能有机会参加编词典的工作，是自己练好治学研究基本功的大好机会，应好好珍惜。但只靠一个人是完不成任务的，于是在系、校领导和省委宣传部的支持帮助下，周师拿着省委宣传部的公函奔走于厦门、泉州、漳州三地的教育、文化部门，借调有关人员来参与编写，还做了许多实际工作，特别是通过系里向学校要求，把当时身处逆境的黄典诚教授从集美农场调回系里参加和指导词典的编写工作。周师虚心地拜黄典诚教授为师，在黄师和周师的共同主持下，经过编写人员的努力，1982 年《普通话闽南方言词典》正式出版了。周师说，在几年的编写时间里，他得到黄师耳提面命的教诲，充实了自己的专业知识，也学到了名师治学的方法，真是受用终生。

周师一共编了五本闽南方言词典和一本《闽南方言韵书》，分别是 1982 年的《普通话闽南方言词典》，1993 年的《厦门方言词典》，2000 年的《新加坡闽南话词典》，2006 年的《闽南方言大词典》，2015 年的《闽南方言俗语大词典》；2015 年的《闽南方言韵书》。

五本闽南方言词典都有一个共同的特点，就是都很重视深入民间，认真调查收集闽南方言的材料，这是方言研究最重要最基础的工作。虽然前人对闽南方言的研究已做了不少的工作，留下的论著和各类字书词典也不少，但周师认为，前人的东西可作借鉴，却不能完全代替自己亲身的调查。他说流传在民间的方言材料是取之不尽的，只有不断深入调查，注意改进或创新调查的方法，才可以不断获取新的方言材料。只有占有丰富的方言材料，研究才能深入，成果才能在前人的基础上有所创新。可以说，这五本闽南方言词典，每本都有新的方言材料增加，在内容和体例的编排方面也都有所创新。

同时，这五本闽南方言词典又各具不同的特点。

《普通话闽南方言词典》[③]（简称《普闽词典》）实际上是两种不同语言（方言）词语的对照词典。其中闽南方言以厦门话为主。因为词典是以普通话为中心，以普通话词条排在前头，并以它作为调查闽南方言的词目，也就自然收集到了普通话词语换上闽南方言读音的词语，作者称之为“对音词”。但“对音词”读音的确定也非易事，因为闽南方言字音的文白异读[④]十分丰富，因此在多音词里，文白读音的搭配是十分讲究的。例如普通话“出山”一词，普通话的意思原指复出任职，现也泛指出来担任某种职务，从事某项工作。但在闽南方言里，这

① 洪笃仁（1922—1993），语言学家。福建惠安人，生于厦门。1945 年暨南大学中文系毕业。1951 起在厦门大学中文系任讲师、副教授、教授。兼任该系语言教研室主任、中国语言学会理事、《汉语大词典》副主编等职。主要著作《现代汉语》等。

② 陈亚川（1938—1996），厦门人。1961 年毕业于厦门大学中文系，留校任教。后调任北京语言学院杂志社社长，《语言教学与研究》主编，研究员，著有《汉语集稿》等。

③ 周长楫等.普通话闽南方言词典[Z].福州：福建人民出版社，1982.

④ 所谓文白异读，通常指的是一个字在语音上具有相同的来历，即在《切韵》系统的韵书里音韵地位完全相同，而在现代汉语的某个方言里，虽然在意义上仍有关联，但在读音上却存在着两个或两个以上的读音。（周长楫《厦门方言研究》）

个词会因文白读音配搭的所出现的两种读音[cut⁷san¹]和[cut⁷suaN¹]而有不同的意思。前一种"出山[cut⁷san¹]",在闽南方言里跟普通话的意思一样,但后一种"出山[cut⁷suaN¹]"在闽南方言中意为"出殡"。意思差别如此之大,是不可马虎的。周师认为"对音词"也应该是闽南方言词语的一个重要组成部分,因为有相当一部分"对音词"在闽南方言里也是日常用语。《普闽词典》能收集到如此丰富的"对音词",并规范这些词语的读音,实属不易。但"对音词"不是地道的闽南方言词语,即作者所说的"闽南方言特有词"。周师说,因为词典是以普通话排头并用普通话词条去调查闽南方言特有词的,这就会使普通话部分词条在对应闽南方言的说法时出现闽南方言特有词。同时,由于受到普通话调查词目的限制,闽南方言一些生动而丰富的特有词也会调查不出来。即使是普通话词语可以对应出来的闽南方言特有词,有不少也只能是"对音词"的同义词或近义词。要在词典里分析解释这些同义词或近义词的特殊含义和细微差别,无疑具有一定的困难。总之,《普闽词典》便于人们从普通话出发去获知闽南方言的"对音词"和闽南方言特有词,这部词典也是我国第一部普通话与方言对照的词典,具有实用性和一定的学术价值,出版后也多被引用。

《厦门方言词典》[①]是中国社会科学院语言研究所组织编写《现代汉语方言大词典》的一个分卷。《现代汉语方言大词典》一书,由李荣[②]主编,熊正辉[③]、张振兴[④]任副主编。该词典计划分两步走:第一步先编写42个地点方言分卷,第二步是在编好的42个分卷的基础上编出综合本。在编写过程中,周师多次得到正副主编的指导。根据编写要求,这本方言词典一般不收普通话词语,只收地道的方言词。《厦门方言词典》只能收地道的厦门方言词或叫厦门方言特有词语。周师坚持深入群众调查,并改进调查方式,就是不局限以普通话词条来调查闽南方言特有词,而是联系群众的生活实际,扩大询问和诱导的范围。例如若用普通话"吃"这个词条来问调查对象用厦门话怎么说,得到的回答一般只能是"食[ziah⁸]"。但如果能注意从实际生活出发,想出多种办法询问和启发调查对象,"食"在各种具体语境和条件下还可以用什么词语来表示,例如速度很快地"食"用闽南话怎么说,调查对象就会回答要说"摔[sut⁷]"(同音字)或"口(无字)[be¹]",如反复诱导,甚至连"孝孤[hao⁵goo¹]""辞生[si²siN¹]"这类带有贬义色彩的"食"的同义词也可问出来。周师就是通过改进或变化各种调查方法,得出了闽南方言"食"的近25种不同的说法,还有"拍[pah⁷]"(打)的同义词30多个,"煮"的同义词40多个。这样就可突破《普闽词典》因使用普通话词语做调查词目所受到的束缚,从而获得更多地道的闽南方言词语,同时还可以比较详细地对闽南方言特有词语作更符合实际的解释,以此突出地道的厦门方言词语的特色。

---

① 周长楫.厦门方言词典[Z].南京:江苏教育出版社,1998.

② 李荣(1920—2002),浙江省温岭市人。著名音韵学家、方言学家。笔名董少文、宋元嘉、昌厚等。中国社会科学院语言研究所所长、研究员、博士生导师。曾任全国方言学会会长、《方言》杂志主编、国务院学位委员会学科评议组成员、国家社科基金项目语言学评审组成员等职务。

③ 熊正辉,江西南昌人,1958年毕业于北京大学中国语言文学系,历任中国科学院语言研究所研究实习员、助理研究员、副研究员、研究员,中国社会科学院研究生院教授、博士生导师,语言研究所党组书记,语言研究所方言研究室副主任,《方言》季刊副主编、主编。

④ 张振兴,1941年生于广东省汕头市,青少年时期在福建省漳平市永福镇度过。社科院语言研究所方言研究室主任,《方言》季刊常务主编,中国社会科学院研究生院教授、博士生导师。

2006年的《闽南方言大词典》[①]，是周师在总结《普闽词典》和《厦门方言词典》的编写经验以及结合对一些问题的思考后提出来的一个项目。周师认为，首先，一本闽南方言词典所收的词语，应该既有闽南方言的特有词，又有人们常用的“对音词”，这不仅可以更好地反映出闽南方言词语的真实面貌，也更便于群众使用。其次，《普闽词典》和《厦门方言词典》收的“对音词”或“闽南方言特有词”都是以厦门话为主的，厦门话作为闽南方言的代表，是历史发展的必然，但泉州地区是闽南方言最早的发祥地，漳州地区的闽南方言在历史发展中也形成了自己的一些特点，泉、漳两地的人数也比厦门地区多得多，厦、泉、漳三地闽南方言的词语虽然一致性大于差异性，但也不能忽略其中的差异性。因此，如果能编一本包括厦、泉、漳三地词语的闽南方言词典，通过对三地词语包容和同异的比较，并考释出一些闽南方言词语的本字来，则不仅能比较完整地反映出闽南方言词典的面貌，使厦、泉、漳三地的人都能了解和掌握闽南方言词语，还能提高词典的学术价值。再次，早期闽南移民由于各种原因迁徙到各地，其中到台湾的人数相当多，有人说台湾闽南话是来自闽南三地的闽南方言的，但也有少数人持不同观点，如果能编写一本包括闽南厦、泉、漳三地口音汇总的闽南方言大词典，就可以用大量语言的实例来证明台湾闽南话是福建闽南方言的一个小分支。最后，以往的方言词典包括各类闽南方言的字典词典，都是以书面形式出现的，有的还标注各种不同的音标或注音符号，多数读者是看不懂或读不出来的。如果能利用现代科技手段，将三地所收的词语录音后制成有声光盘，就更便于群众学习和掌握，同时也能为闽南方言留下宝贵的有声语言资料，这在目前国内还是少见的，可以说也是闽南方言词典编写上的一个创新。该词典被列入“十一五”国家重点图书出版规划项目后，周师邀请泉州华侨大学的王建设[②]教授和漳州地方志办的陈荣翰副研究员一起参加编写。三人分别深入厦门、泉州和漳州三地的民间继续收集大量的闽南话词语，并注意收集跟闽南文化有关的一些词语，按规定体例编写，周师最后统稿，还撰写了“引论”和“台湾闽南方言概述”。该词典共220多万字，收词量大增，以厦门话的词语排在前头，逐一对照厦门话跟泉州话、漳州话的同异。由于闽南方言字音的连读变调比较复杂，所以在词语的读音上，还特别标示出每个词语变调前后的读音，释义也更详细精确，此外还考证了闽南话部分词语的源头（即考本字），并将每条词语在三地的读音录制成有声光盘。词典出版后，在国内外都引起较大反响，2007年2月13日《泉州晚报》（海外版）是这样报道的：“福建人民出版社日前在北京举行《闽南方言大词典》出版座谈会。出席座谈会的有全国政协副主席罗豪才、张克辉，国家新闻出版总署、中国社科院、中宣部出版局、国台办新闻局有关负责人，以及大陆语言学界、辞书学界的著名专家学者。座谈会上，与会者充分肯定了《闽南方言大词典》的学术价值及现实意义，认为其具有六大特点：一是收词量大。二是释义准确、简明，例句典范、丰富，并有普通话译词、译文，便于读者理解。三是附录丰富，实用性强。四是学术性强，《引论》《台湾闽南方言概述》《厦门、泉州、漳州三市所辖各县市闽南方言特点简介》概述闽南方言发展概况、各地方言特点和闽南方言源流比较，以充分的语料说明台湾和福建同源、同种、同流。五是检索方便。六是配有厦门、泉州、漳州三

---

① 周长楫.闽南方言大词典[Z].福州：福建人民出版社，2006.

② 王建设（1954— ）福建泉州人。1988年获得厦门大学文学硕士学位，后在暨南大学获博士学位。华侨大学中文系副主任、主任、文学院院长，硕士研究生导师。曾任福建省语言学会常务理事、泉州方言研究会理事长、泉州语言文字学会副会长。主要从事古代汉语与闽南方言研究。

地的闽南方言读音光盘。"张振兴、林连通[①]等一些教授学者对该词典给予较高的评价。张振兴在2008年《辞书研究》第5期的《评〈闽南方言大词典〉》一文中说道："这部词典汇集了大量的语言文化信息。无论是在内容上还是形式上，都远远地超过了在前出版的闽南话其他同类或类似的字典、词典，是最近几十年来出版的最好的方言词典之一。这部词典的出版，对于汉语方言学、汉语词汇学、词典学、汉语史以及相关学科的研究，都具有非常重要的学术价值。"

《新加坡闽南话词典》[②]，是周师2000年应邀到新加坡南洋理工大学中华语言文化中心担任客座研究员时与周清海[③]教授合作编写的。全书由周师执笔。新加坡的人口中，华人占三分之二以上，而在华人中，闽南籍的华人约占一半。这些闽南籍华人大部分是十九世纪下半叶至二十世纪初来自福建闽南厦、泉、漳三地的，当地人把闽南方言叫做"福建话"。经深入新加坡和马来西亚一些地方调查，周师认为新加坡、马来西亚的"福建话"基本上是厦、泉、漳三地闽南方言的掺和与融合。重要的是，周师发现这里的"福建话"吸收了不少马来语词和英语词。经调查，日常用语中吸收的马来语词有150多条，英语词60条左右。这个地区的闽南籍华人在语言交际中，常是一句里带有两三个或更多的马来语或英语词。同样，马来语和本地的英语也吸收了"福建话"的一些词语，初步调查有350多条。这一发现，为大航海时代闽南地区港口的兴起及海上商贸活动的交流和大量闽南人移民的迁徙、不同种族在共同生活中所出现的不同语言与文化相互交流和融合，提供了有力的语言实证。

《闽南方言俗语大词典》[④]是国家"十二五"重点图书出版规划并由国家出版基金资助出版的。周师认为，闽南方言的俗语（包括惯用语、成语、谚语和歇后语）十分丰富、生动，它包含着闽南文化丰富的内容，思想性和艺术表现力强，感染力深，又是群众喜闻乐见的常用语词，它应该是闽南方言词语宝库里的重要组成部分。周师邀请泉州师院林华东[⑤]教授和漳州地方志办陈荣翰[⑥]副研究员参与编写。三人深入群众调查，收集到闽南三地常用俗语近8000条，包括同义俗语在内则有近万条。每条俗语除记录厦、泉、漳三地读音外，还注解难词，详释语义。书前有《闽南话俗语简论》一文，书后附收普通话2350条成语的普通话和闽南话读音，和可以对应出来的闽南话同义成语或谚语，以及厦门话读音光盘。该词典是目前闽南地区已出版的同类词典中收词条较多、注音释义比较详细准确的一部俗语词典。

---

① 林连通（1942— ），福建永春人。毕业于福建师范大学中文系。中国社会科学院语言研究所研究员，编审。《中国语文》编辑部主任，《中国语言学年鉴》主编。他发表《继往开来　推陈出新——〈闽南方言大词典〉评介》（《汉字文化》2008年04期）。

② 周长楫等.新加坡闽南话词典[Z].北京：中国社会科学出版社，2002.

③ 周清海，新加坡华人，杰出华人语言学家。曾任新加坡南洋理工大学国立教育学院中文系主任、中华语言文化中心主任、新加坡华文教学检讨委员会委员、新加坡国会教育委员会委员、新加坡华文模范教师奖遴选委员会主席等职务。

④ 周长楫.闽南方言俗语大词典[Z].福州：福建人民出版社，2015.

⑤ 林华东（1955— ）福建安溪人。泉州师范学院教授，副院长。福建师范大学兼任硕士生、博士生导师。曾任中国语言学会理事、福建省语言学会副会长、福建省辞书学会副会长等。著有《泉州方言与文化》等。

⑥ 陈荣翰（1948— ）生于台湾台南市，长期在漳州生活。毕业于华东水利学院。福建漳州市地方志办公室副研究员。

2015年的《闽南方言韵书》[①]，是福建省重点图书出版规划的一个项目。这是一部工具书，应是辞书的一个类别。普通话有39个韵母，可归纳为13个韵部（十三辙）或者如《新编诗韵》归为18个韵部。闽南话常用的韵母有78个，该归纳为几个韵部呢？这是前人所未接触和解决的一个课题。周师经过调查，收集到5000多首（篇、节）闽南话韵文（歌谣、戏曲、曲艺等）作品，逐一对其押韵情况做考察与分析，发现闽南话的押韵规则既有跟普通话一致的，也有自己特殊的要求，经分析归纳，撰写了《略论闽南方言的韵部》一文，提出了闽南话的韵母可以归纳为22个大韵部（宽韵）或43个小韵部（严韵）的立论论据。在韵书正文里，选了近8000个闽南话单音词，分别归入22个宽韵部及其所辖的严韵部里，再在每个单音词下收入它所组成的常用词语（含少量成语）。如“风”字属22个宽韵中的“栋梁”韵及其辖下的“王”严韵，其下所收的常用词语就有“起风、顺风、冲风、骹风、头风、胀风、灌风……”等100多个。书后附有普通话十三辙与新诗十八韵常用字表，诗经三十部常用字表，古诗韵（平水韵）常用字表，宋词十九韵部常用字表等。该部韵书填补了闽南方言研究的空白，具有广泛的实用价值和一定的学术价值，受到闽台地区读者的欢迎。

此外，周师还参加《福建省志・方言志》[②]（1998）一书的编写，负责莆仙方言、闽中方言与闽西方言（部分）的执笔工作；也参与了中国社会科学院《中国语言地图集》方言卷（2012年版）的工作，负责执笔地图中的福建方言地图和说明；又受邀参加詹伯慧[③]教授、张振兴教授主编的《汉语方言学大词典》里福建闽语方面词条的撰写工作；也接收福建炎黄文化研究会《闽台文化大词典》的任务，担任该词典里语言卷的主编。

几十年来，周师走遍了闽南三地区24个市县区和闽中、闽西的一些市县，也到过台湾、潮汕、粤西、浙南、海南省和海外新马地区，每到一处，周师都很重视方言调查。当然，由于停留时间的不同，有些地点调查得比较详细，有些地点只能略做调查。周师还先后为闽南、闽中和闽西的12个市县编写地方志中的方言卷或方言章。说到方言调查，周师深有感慨地说，调查方言要随时随地留意，要心存方言，做有心人，还要不辞劳苦，锲而不舍。他讲了一件趣味小事，说是为了弄清普通话“一口井”中的量词在厦门话该怎么说，他找了许多人调查，分别得到的是“一口井”“一粒井”“一个[e^2]井”“一箍[koo^1]井”等叫法。周师老是心存疑惑。半年多后的一天，他坐在公共汽车上，偶然从两个中年人的对话中听到“一空井”的说法，多形象和地道啊。后经反复核查，甚至有人还以鼓浪屿有个叫“四空井”的地名来证实。周师说，真是踏破铁鞋寻无处，得来全不费功夫呀。

周师有关闽南方言的专著主要有三本，论文可举三篇。

《厦门方言研究》[④]（1998）一书，是周师将他长期以来对闽南方言厦门话的研究所做了一个较全面的回顾和总结，全书除导论外，由厦门方言的音系、厦门方言的同音字表、厦门方

① 周长楫.闽南方言韵书[G].厦门：鹭江出版社，2015.

② 福建地方志编纂委员会.福建省志・方言志[Z].北京：方志出版社，1998.

③ 詹伯慧，广东省饶平县人，1931年生，当代语言学家，教授，博士生导师。詹伯慧从事语言学教学、研究工作逾三十年，在国内外出版语言学专著多种，发表论文五十多篇，内容涉及语言学理论、现代汉语、汉语方言、文字改革、普通话教学、辞书编纂等许多方面。他能说闽、粤、客家等不同类型的方言，又调查过多种方言，五十年代还曾作为中国科学院少数民族语言调查队成员到海南岛调查过黎语，语言的感性知识和调查实践的经验都比较丰富。

④ 周长楫，欧阳忆耘.厦门方言研究[M].福州：福建人民出版社，1998.

言的文白异读、语音比较、厦门方言词汇的构成与特点、厦门方言的造词法、厦门方言常用词汇表、厦门方言词语本字考、厦门方言词语与地方文化、厦门方言的词类、厦门方言的若干句式特点以及标音举例等十二章组成。除词汇表和标音举例是欧阳忆耘女士协助标音外,导论和其余十章是周师所作。全书 65 万字。张振兴教授在书的序言里评介该书"内容比较全面,并且所有的论述是建立在准确的方言材料的基础上的,因而具有很强的学术性,也具有很高的实用价值"。

《闽南话的形成发展及在台湾的传播》原是 1994 年周师应邀到台湾参加台湾首届语言学学术讨论会后到台南成功大学的演讲稿,经补充修改成书后于 1997 年在台湾出版的。全书分为上中下三篇,上篇论述闽南话的形成,中篇论述闽南话的发展和分化,下篇论述闽南话在台湾的传播和发展。该书 2009 年应北京中国书籍出版社之约,再版时改名为《闽南话的形成发展及在台湾的使用》,并改分为六章:一、古闽地与中原文化的关系;二、汉人入闽与闽南话的形成发展;三、闽南话的向外传播;四、台湾闽南话的形成;五、台湾闽南话与福建闽南话的比较;六、闽南地区与台湾地区民俗文化的比较。该书运用古籍记载的历史材料和闽南话丰富的语言实证,提出闽南话应是孕育于魏晋,形成于南北朝,到唐宋时期已走向成熟的新观点;又拿 500 个常用单音词在潮汕、粤西、海南、浙南、台湾等地区语音比较的情况,证实福建闽南话与上述这些地区的关系,说明它们的方言是广义闽南方言系里的不同分支,并强调福建闽南话与台湾闽南话是源流关系。

《闽南方言与文化》①(2012)是周师将方言与文化结合起来研究的著作。该书列举了闽南文化中的饮食文化、习俗文化、宗教和民间信仰文化以及戏剧曲艺中的闽南方言的一些词语特点,并从闽南方言词语透视闽南文化的历史及其深刻而丰富的内容。闽南方言是闽南文化的载体,二者的关系是密切不可分离的。

《略论厦门话量词》②(1985)一文是对《汉语史稿》(中册)"单位词的发展"一节所说"在现代方言里,单位词基本上是一致的,但是不免有些出入"观点的质疑。周师经过田野调查收集了闽南方言常用的 382 个量词,其中,与普通话共用的量词 234 个,闽南话特有的量词 148 个,占闽南方言量词总量的 38%以上,就是与普通话共有的量词中,闽南话名量结构的搭配的范围与普通话名量结构的范围也不完全一样。结合福州话、广州话等方言的量词跟普通话量词的差别也不小的事实,周师认为《汉语史稿》如上文所提的观点是值得商榷的。该文也被收入到《复印报刊资料·语言文字学》1985 年第 5 期。

《福建境内闽南方言的分类》③(1986)一文是通过对福建南部厦门、泉州、漳州、龙岩和三明等五市的 19 个有代表性的地点方言用 70 个关键性的字词做调查研究后,得出福建南部的闽南话可分为厦门话区、泉州话区、漳州话区、龙岩话区和大田话区等 5 个小类,并绘制出这 5 个小类的示意图。台湾洪惟仁教授评介该文"是闽南语方言研究中唯一具有地理方言学意义的作品"。

---

① 周长楫.闽南方言与文化[M].北京:中国书籍出版社,2012.

② 周长楫.略论厦门话量词[J].厦门大学学报(哲学社会科学版),1985(1):128-133.

③ 周长楫.福建境内闽南方言的分类[J].语言研究,1986(2):69-84.

《永安话的-m 尾问题》[①](1990)是周师在调查闽语次方言闽中方言的代表点永安话[②]时,发现的一种特别奇怪的语音现象,即古山、宕、江、通四摄的阳声韵里相当一部分字的韵尾,在永安话不是带[-n]或[-ŋ]尾,而是带[-m]尾,如炭[tʰum]、汤[tʰɔm]、江[kɔm]、中[tam]等,倒是古咸摄阳声字的韵尾不收[-m]尾而是读鼻化韵或收[-ŋ]尾,如贪[tʰõ]、尖[tseiŋ]、俭[keiŋ]等。周师通过对闽中方言下属各方言的比较,根据永安话中这种收[-m]尾的音节结构里韵母的主要元音或韵尾多为高元音的事实,认为这种[-m]尾音节的出现是受韵母高元音的强势影响造成韵尾[-ŋ]弱化或同化音变的结果。

综上所述,周师在方言研究方面的特点是,从自己的母语入手,重视方言调查,长期深入民间,变换各种调查方法,不断收集、挖掘、补充和丰富闽南方言的材料,并注意方言研究与音韵学、训诂、文字和历史知识以及古籍书证的结合,运用比较法、数量统计法等手段,利用历史的资料和古籍的书证,善于思考。周师所编写的多部闽南方言词典,每有新的创意;所写的方言论文,也多有一些独到的见地。

二

汉语方言学与汉语音韵学之间有着密切的关系。周师在汉语音韵学方面的研究成果也不在少数。

《汉字古今音表》[③](简称《音表》)(1993)是汉字古今音对照的一本工具书,也是周师音韵学研究的重要成果。1990 年秋,国务院古籍整理出版规划小组秘书长、副组长、中华书局总编辑傅璇琮[④]教授带着来华访问的美国密执安大学李珍华[⑤]教授来厦大讲学,傅、李两人在跟中文系副主任周祖譔教授聊天时,李教授提出想编一本唐诗字韵的书,希望周祖譔教授能推荐中文系一位教师跟他合作,周祖譔主任就将周师推荐给了李师。周师在与李师几次交谈后,觉得单是编写唐诗字韵价值不大,就提出最好能编一本贯通汉字古今音发展变化的工具书。该书可以《说文解字》所收的汉字为基础,将九千多个汉字从上古至中古、近代、现代以及汉语几个重要方言语音的发展变化用图表的方式表现出来,书名就叫《汉字古今音表》,不仅具有学术价值,也有实用价值。李师认为这个方案好,但对汉语音韵学和汉语语音发展变化的历史没有研究,周师就表示愿承担全书的总体设计和执笔,但有一些资料,尤其是现代汉语一些方言的资料在国内难于找到,希望李师在国外寻找、购买和提供,并提供必要的编写经费资助。李师欣然同意。之后,周师便对全书做了详细的设计,《音表》收汉字9000 个左右,以表格的形式出现。表格内容和排列次序先是中古音,接下去是上古音、近代音、现代音的普通话和现代汉语的吴语(苏州话)、湘语(长沙话)、赣语(南昌话)、客家话(梅

① 周长楫.永安话的-m 尾问题[J].中国语文,1990(1):43-45.

② 永安市有西洋乡、大湖乡等 11 个村是说闽南话的,余下大部分地区属于闽中方言。(《中国语言地图集》方言卷 2012 修订版)

③ 李珍华,周长楫.汉字古音音表[Z].北京:中华书局,1993.

④ 傅璇琮(1933—2016),浙江宁波人。历任中华书局总编辑,国务院古籍整理出版规划小组秘书长、副组长,兼任清华大学中文系教授等。

⑤ 李珍华,美籍华人。美国密执安大学教授。生平事迹未详。

县话)、粤语(广州话)、闽东话(福州话)和闽南话(厦门话)等7个主要方言。之所以拿《广韵》为代表的中古音系排头，是因为利用它，上可推周秦古音，下可与近代音系、现代音系以及现代汉语各主要方言的读音连接，这样有助于各时代的语音系统与《广韵》语音系统进行比较研究。《音表》的中古音包括韵摄、开合、等、韵部、声纽、声调、反切和诗韵(平水韵)韵部以及拟音；上古音和近代音包括韵部、声纽、声调和拟音；现代汉语普通话包括韵部、声母、声调和读音；现代汉语7个方言只列示读音。中古音系的韵、摄、等、呼根据中国社会科学院研究所《方言调查字表》①修订本的说法，拟音采用王力②教授的系统；上古音系及其拟音也用王力教授有关论著为基础；近代音系则用杨耐思《中原音韵表稿》的材料。现代汉语普通话的读音以《现代汉语词典》为据。各方言的读音参考北京大学《汉语方音字汇》(第二版)。此外还有当时国内外公开发表的一些方言材料，这些方言材料多是由李珍华教授提供的。《音表》后的《汉语语音发展史说略》一文则是周师所著。作者继承黄典诚教授上古音发展的“声韵强弱说”的方法和汉语发展变化的“时空”观，简要论述上古音只有19个声母，通过汉字谐声偏旁、反切异文、古书中大量通假现象和连绵词以及今方言中语音材料的实证，分别论证了中古章组字古归属端组，庄组字古基本归精清从心母；中古以母(喻四)和邪母古与端组关系密切；中古匣、群、云三母基本归上古匣母，指出上古匣母的拟音当以[g-]为宜。该文对上古到中古，中古到近代乃至现代(普通话)语音的发展简史进行全面梳理，采用列表加必要论述的方法，使汉语语音发展的脉络线索清楚，简明易懂。《音表》全书近70万字，吕叔湘特地为本书书名题字。可惜李珍华教授在《音表》未出版前，不幸患病去世，没能目睹此书的面貌。1998年再版重印时，中华书局编辑部在书前的说明中做了这样的评价：“这个音表，设计比较科学，体例比较合理，使字音的古今演变和方言的异同一目了然。表后所附的《汉语语音发展史说略》《诸家上古音声纽韵部比较表》，也很有参考价值。它对人们学习、研究汉语和古代典籍，进行诗词创作，从事汉语规范化实践，提供了极大的便利，是一部实用的工具书。本书出版后，获得有关方面的重视和好评，于1995年获得中华人民共和国新闻出版署直属出版社第二届优秀图书选题二等奖，于1997年获厦门市人民政府第二届社会科学优秀论著荣誉奖。国内外读者对本书表现出较强的关注和需求，出版问世，旋即售罄，根据读者要求和意见，决定重印此书。”

论文方面，可以举四篇为例。

《〈诗经〉通韵合韵说疑释》③(1995)一文，作者以《诗经韵读》④为据。《诗经韵读》认为《诗经》绝大多数诗章都是押韵的，在1738个章次的用韵类型中，通韵有84个章次，合韵有

---

① 《方言调查字表》1964年版主要供调查方言音系之用，一共选择了比较常用的字三千七百多个，依广韵的声母、韵母、声调排列，用来调查方言，可以得出方言音系在古今演变上的要点，书前有用法、说明及声母表、韵母表、声调表，书后附音标及其他语音符号表，初步研究汉语音韵的人也可以通过本书的音韵系统得到关于广韵和等韵的基本知识。

② 王力(1900—1986)，著名语言学家，广西博白人。曾就读于清华大学国学研究院，师从梁启超、王国维、赵元任，后留学法国，获巴黎大学文学博士学位，回国后历任清华大学、广西大学、西南联大、中山大学、岭南大学、北京大学等学校教授。王力一生从事汉语教学与研究工作，对汉语语音、语法、词汇的历史和现状研究精深。

③ 周长楫.《诗经》通韵合韵说疑释[J].厦门大学学报(哲学社会科学版)，1998(2)：12-18.

④ 王力.诗经韵读[M].上海：上海古籍出版社，1980：28-36.

124个章次，分别占总用韵章次的0.5%和0.7%，二者相加也不过占总用韵章次的1.2%，比例甚小。但对通韵、合韵，《诗经韵读》是这样解释的：韵部虽可分为阴、阳、入三声，但元音相同的情况下，可以互相对转，这就是通韵，凡元音相近，或元音相同而不属于对转，或韵尾相同，即叫合韵。周师对该书运用对转和旁转分别来解释通韵与合韵这两种现象的说法不敢苟同，认为它动摇了诗歌押韵的基本原则，同时，所谓“主要元音相同相近”即可“合韵”之“标准”也难于掌握。周师以《广韵》有8000多个又音和闽南方言存在大量文白异读的现象为例，说明《诗经》的通韵、合韵现象也是语音发展中“时空层次”变化的表现，应以语音发展的时空观念来研究来解释对转、旁转以及所谓次对转次旁转之说的现象，从而求得合理而科学的解释。该文发表后即被1995年《复印报刊资料·语言文字学》收录。

《双声通假叠韵通假说质疑》①(1986)和《通假字“音同”原则浅说》②(1998)这两篇论文，是作者从不同角度来论述通假字必须坚持音同原则的，并对当时有些教科书、辞典或论文提出的双声通假、叠音通假甚至是旁纽双声通假的说法提出质疑。周师认为，对那些不是同音的通假现象，同样应该用语音发展变化的时空观点来解释。前一篇论文被1987年的《复印报刊资料:语言文字学》收录。

《浊音清化溯源及相关问题》③(1991)一文，周师通过对古籍异文、通假字和音读材料的分析，认识到浊音清化这一发音方法的发展变化是复杂的，并推测汉语浊音清化并非始于中古后期，至少在秦汉或更早一些时候，在汉语某些方言中，这种现象已经开始出现。作者还提出《中原音韵》音系可能不是直接承袭《切韵》音系的变化发展而来的，很可能是承袭汉语某一方言音系发展变化而来的。该文获福建省第二届社会科学优秀成果奖三等奖。

此外，周师还运用所学到的汉语语音发展史的知识，对现代一些辞书或文章在普通话审音上的一些问题发表了一些独特见解，其中有四篇论文发表在《辞书研究》上，他还连续五年被《辞书研究》聘为“特约撰稿人”。

三

1998年至2002年，周师先后三次应邀到新加坡南洋理工大学中华语言文化中心任客座研究员，和周清海教授合作，著有《新加坡闽南话概说》，编写《新加坡闽南话词典》和《新加坡闽南话俗语歌谣选》。

周师记得：1984年夏到北京开会期间，张振兴先生带他去拜访国内外著名的语言学家吕叔湘④教授。当吕师得知《普闽词典》已出版后，很是高兴，接着就谈了研究语言的事。吕师说，做研究工作的人，不能只写大部头的，还要注意做普及的工作，要把语言学高深难懂的

① 周长楫.双声通假叠韵通假说质疑[J].厦门大学学报(哲学社会科学版)，1986(4)：175-184.

② 周长楫.通假字“音同”原则浅说[J].古汉语研究，1998(1)：20-24.

③ 周长楫.浊音清化溯源及相关问题[J].中国语文，1991(1)：283-288.

④ 吕叔湘(1904—1998)江苏省丹阳市人，著名语言学家。1952年起任中国科学院语言研究所(1977年起改属中国社会科学院)研究员、中国科学院哲学社会科学学部委员(院士)、语言研究所副所长、所长、名誉所长。

理论写成深入浅出的普及读物，让老百姓能看得懂，这也是学问，也是一门本事。吕师还在他写的《语文常谈》一书签名后赠予周师，周师十分感动。后来周师就写了一本《闽南话与普通话》的普及性读物在北京语文出版社出版，吕师还为该书题字。

2009年，文化部决定建立闽南文化生态保护区。周师就主动与厦门市教育、文化部门联系，为保护继承闽南方言与文化，不辞劳苦地为有关部门主编了从幼儿园、小学到初中的《闽南方言与文化》教材与教师教学参考书共9册，主编《闽南方言水平测试指导用书》，编著《闽南童谣500首》《古诗词闽南话诵读解说300首》以及与人合编《闽南话800句》等书，并积极培训中小学教学闽南方言与文化的师资。此外，周师还应厦门卫视电台和闽南之声广播电台的邀请，担任《闽南通趣味闽南话》栏目的嘉宾长达六年，播讲闽南话词语、俗语、掌故、童谣以及古诗词闽南话诵读解说等内容上千次。

目前，周师又接受了“十三五”国家重点图书出版规划项目“两岸闽南方言大词典”主编的任务。该词典以描述厦门、泉州、漳州和台湾四个地区的闽南话词语为主，同时还涉及了属于广义闽南方言系统的潮汕、莆仙、粤西、海南、浙南、赣东北以及海外几个有代表性地区的闽南方言的描写和论述，并探索它们与福建地区闽南方言的关系。周师已组织人马正努力地工作着，决心倾其所能去完成这部著作。

附：周长楫先生著述一览

一、辞书

1.《普通话闽南方言词典》(合作，主编之一)，福建人民出版社1982年版。
2.《汉字古今音表》(第二作者)，中华书局1993年版。(1999年修订本)
3.《厦门方言词典》(编纂)，江苏教育出版社1998年版。
4.《福建方言志》(执笔莆仙、闽中方言，闽西客方言部分稿)，方志出版社1998年版。
5.《新加坡闽南话词典》(合作，主要执笔人)，中国社会科学出版社2002年版。
6.《南音字汇》(编写)，海峡出版社2004年版。
7.《闽南方言大词典》(主编)，福建人民出版社2006年版。
8.《中国语言地图集方言卷》(执笔《福建方言地图和说明》)，商务印书馆2013年版。
9.《闽南方言俗语大词典》(主编)，福建人民出版社2015年版。
10.《闽南方言韵书》(编著)，鹭江出版社2015年版。
11.《汉语方言学大词典》(执笔闽语方面词条)，广东教育出版社2017年版。
12.《闽台文化大词典(语言卷)》，商务印书馆2018年版。

二、著作

1.《普通话与闽南话》，语文出版社1991年版。
2.《闽南话形成发展及在台湾的传播》，台湾台笠出版社1997年版。
3.《厦门方言研究》(合作，主要著作人)，福建人民出版社1998年版。
4.《新加坡闽南话概说》(合作，主要著作人)，厦门大学出版社2000年版。
5.《新加坡闽南话俗语歌谣选》，厦门大学出版社2003年版。
6.《闽南话概说》，福建人民出版社2010年版。

7.《闽南方言与文化》，北京中国书籍出版社 2012 年版。
8.《闽南童谣 500 首》（编著），鹭江出版社 2017 年版。
9.《古诗词闽南话诵读解说 300 首》（编著），鹭江出版社 2019 年版。

三、论文

1.《说"一""祯"和"蜀"》，《语言研究》1982 年第 2 期。
2.《厦门话文白异读的类型》（上），《中国语文》1983 年第 5 期。
3.《厦门话文白异读的类型》（下），《中国语文》1983 年第 6 期。
4.《略论上古匣母及其到中古的发展》，《音韵学研究》第一辑，中华书局 1984 年版。
5.《略论厦门话量词》，《厦门大学学报》（哲学社会科学版）1985 年第 1 期。
6.《双声通假叠韵通假说质疑》，《厦门大学学报》（哲学社会科学版）1986 年第 4 期。
7.《福建境内闽南方言的分类》，《语言研究》1986 年第 2 期。
8.《轻声、儿化、音节处理及其他——辞书审音注音刍议之一》，《辞书研究》1986 年第 2 期。
9.《大型汉语辞书注音一议——从"硕"字注音谈起》，《辞书研究》1997 年第 5 期。
10.《古清音声母入声字的读音问题——辞书审音注音刍议之二》，《辞书研究》1988 年第 2 期。
11.《规律乎，例外乎？——辞书审音注音刍议》，《辞书研究》1990 年第 3 期。
12.《永安话的-m 尾问题》，《中国语文》1990 年第 1 期。
13.《"庄"归"精"说再证》，《厦门大学学报》（哲学社会科学版）1991 年第 1 期。
14.《浊音清化溯源及相关问题》，《中国语文》1991 第 4 期。
15.《厦门方言同音字汇》，《方言》1991 年第 2 期。
16.《略论闽南话词汇与普通话词汇的主要差异》，《语言文字应用》1992 年第 3 期。
17.《闽南话与普通话在语法方面的差异刍议》，《语言文字应用》1995 年第 3 期。
18.《〈诗经〉通韵合韵说疑释》，《厦门大学学报》（哲学社会科学版）1995 年第 3 期。
19.《中古豪韵在闽南方言的文白读音问题——兼与张光宇、杨秀芳两先生商榷》，《台湾研究集刊》1995 年第 1 期。
20.《通假字"音同"原则浅说》，《古汉语研究》1998 年第 1 期。
21.《上古汉语有复辅音说之辩难》，《厦门大学学报》（哲学社会科学版）1998 年第 2 期。
22.《重读〈厦门音系〉》，《方言》1999 年第 3 期。
23.《厦门话的音节》，《南大语言学》（第四编）商务印书馆 2012 年版。

Professor Zhou Changji's Lexicography and Life Story

Xu Binbin Zhu Dongchun
(Chinese Department of Xiamen University, Xiamen, 361005, China)

Abstract: Zhou Changji has been mainly engaged in Chinese phonology and dialectology research into lexicography, in which field he made outstanding achievements, including the dictionaries of Minnan dialect. Under the guidance of his well-known tutor, by taking his mother tongue Minnan dialect as the object of his early research, he accumulated a large amount of data for studies of Chinese dialects through a long-term field investigation. Different academic viewpoints from his predecessors are critically dealt with in his papers and works on Chinese phonology and dialectology, based on which he proposed ingenious academic views and compiled a variety of distinguished dictionaries.

Keywords: Zhou Changji; Chinese phonology; Minnan dialect; dictionary

（学术编辑:李无未）

许彬彬,女,厦门大学中文系助理教授。

朱冬纯,女,厦门大学中文系 2018 级硕士研究生。

张振兴先生的学术道路与贡献

谢留文

（中国社会科学院 语言研究所 北京 100732）

摘要：张振兴先生的学术研究秉承了著名语言学家李荣先生“调查要反映事实，研究要打开思路”的优良传统，研究成果涵盖了汉语方言学、汉语音韵学、社会语言学、地理语言学、词典编纂等语言学多个领域。尤其是他作为最主要的成员之一，组织和主持了《中国语言地图集》和《现代汉语方言大词典》等一系列重大方言研究项目，对于繁荣和发展汉语方言学，提升汉语各领域的研究水平，都有着巨大的学术贡献。

关键词：张振兴；汉语方言学；学术贡献

一、引言

张振兴，中国著名语言学家。1941 年 3 月 20 日出生于广东省汕头市。三岁时随家躲避战乱和灾荒，流浪福建南部并被漳平县永福镇的张家收养，所以青少年时期是在福建省漳平县永福镇度过的。张振兴先生先后就读于福建省漳平第二中学、漳平第一中学，并于 1959 年考入厦门大学中文系汉语言文学专业，1963 年以优异成绩毕业。按照毕业分派计划，同年 8 月来到北京，进入当时的中国科学院哲学社会科学部（今中国社会科学院）语言研究所。

1979 年担任语言研究所方言研究室助理研究员，1985 年晋升为副研究员，1990 年晋升为研究员。1987 年至 2003 年期间同时担任语言研究所方言研究室主任、《方言》季刊主编。1993 年起担任中国社会科学院研究生院语言学系教授、博士研究生导师，并先后担任国家语委咨询委员会委员、语言研究所学术委员会委员、中国社会科学院学科评审组委员。1985—2004 年期间，先后在我国香港、澳门、台湾以及澳大利亚、新加坡、英国、日本等国家进行过学术访问，或出席学术会议，并先后在香港大学、香港中文大学、香港科技大学、香港城市大学作过短期专题学术研究。

张振兴先生在厦门大学中文系读书期间，开始对语言学发生浓厚兴趣。从三年级开始就读系里开设的语言专门化班，除了认真学习洪笃仁教授等讲授的一般语言学课程外，还专门旁听了著名语言学家黄典诚教授为年轻助教开设的晚间辅导班课程，同时开始接触一些语言学方面的经典著作。进入语言研究所以后，张振兴先生有机会在著名语言学家丁声树、吕叔湘、李荣等人的指导下学习和工作，对语言学及其分支学科有了更深的理解，并且逐渐把汉语方言学作为自己学习和研究的重点。

张振兴先生从事学术研究50余年，先后在福建、浙江、广东、海南等省调查过将近20处方言，包括闽语、吴语、粤语、客家话等，研究领域涵盖了汉语方言学、汉语音韵学、社会语言学、地理语言学等语言学多个方面。出版个人学术著作8部，发表学术论文100余篇，主持编纂了《中国语言地图集》(主编之一，第1版，1987、1989)、《中国语言地图集》(执行主编，第2版，2012)、《现代汉语方言大词典》(副主编之一，42种分卷本1992—1998，综合本六卷本1998—2002)、《汉语方言重点调查报告九种》(主编之一，1990—1992)、《汉语方言学大词典》(主编之一，2017)等一系列重要学术著作。

《中国语言地图集》1993年荣获中国社会科学院1977—1991年(首届)优秀科研成果奖，1999年9月荣获国家社科基金项目优秀成果一等奖。

《现代汉语方言大词典》(分卷本)分别于1999年5月荣获第三届国家辞书奖一等奖，1999年9月荣获第四届国家图书奖的最高荣誉奖。《现代汉语方言大词典》(综合本)于2003年分别荣获第五届国家辞书奖一等奖、第六届国家图书奖一等奖。

二、学术成就与贡献

张振兴先生的学术成就与贡献可以从两个方面来说。一是个人学术研究上的成就，二是组织和主持了一系列重大方言研究项目，对汉语方言学科的繁荣与发展做出了重要贡献。

(一)汉语方言单点调查研究的经典之作

张振兴先生在汉语方言研究方面的主要代表作是专著《台湾闽南方言记略》(1983)和《漳平方言研究》(1992)。这两部著作堪称汉语方言单点调查研究的经典之作，代表了当时汉语方言单点调查研究的水平。

对台湾闽南方言的调查，始于"文化大革命"后的1976年。张振兴先生先后在北京和厦门两地找了回大陆定居不久的台湾同胞，进行了一系列调查，记录了大量口语材料，同时阅读了当时所能找到、看到的有关台湾话的文献资料。在这个基础上写成《台湾闽南方言记略》，并于1983年由福建人民出版社出版。这本书最大的特点是完全以通行的口语为基础，对流行于台湾地区的台湾闽南话的漳州腔和泉州腔进行了深入细致的描写和分析，在充分比较的基础上指出了泉州腔和漳州腔的异同，以及他们的地理分布。同时，还把泉州腔和漳州腔与福建省南部的泉州方言和漳州方言进行了广泛的对比，展示了它们相互之间极为丰富、生动的一致性和分歧性特征，有力地说明了台湾闽南话与福建南部闽南话之间割舍不断的亲缘关系、源流关系。在这个方面，此书比此前出版的大量台湾闽南话研究论著有了明显的进步，由此引起了两岸学术界和有关各界的重视和关注。台湾地区很多院校相继把此书列为专业研究生的必读参考书，台湾文史哲出版社1989年全文影印此书，出版了"台一版"在台湾公开发行。

《漳平方言研究》出版于1992年，是"七五"社科规划重点项目——汉语方言重点调查研究成果之一。漳平旧称县，现改制为县级市，地处福建省西南部，九龙江上游。漳平方言内部略有差别，此书记录的是张振兴先生母语漳平永福话。这是一种受到客家方言强烈影响的闽南话。在写作此书之前，张振兴先生就用了几年的时间，对漳平永福话进行了深入的调查研究，记录了大量的田野调查材料，并且在《方言》杂志上发表了若干专题的调查研究论文。其中《漳平(永福)方言的文白异读》一文最有代表性。此文以漳平永福方言为例，从事实和理论两个方面详细讨论了汉语方言研究里最重要的问题之一“文白异读”，被认为是汉语方言研究的一篇经典性文献。因此《漳平方言研究》的写作具有深厚的基础积累。此书受到了方言学经典性著作《昌黎方言志》的深刻影响，以翔实的材料、细致的分析、严密的逻辑论证见长，时有独到见解，表现了作者严谨的学风和朴实的文风。此书出版以来，也受到汉语方言学界的关注和重视，成为单点方言调查研究的范本之一。

张振兴先生在学术研究中所作出的业绩，受到了有关部门和学术界的肯定和关注。1994年起成为国务院特殊津贴专家，1999年获选为“著名中青年语言学家”，并于2002年出版《著名中青年语言学家自选集(张振兴卷)》。2004年成为《中国现代语言学家传略》条目入选专家，2008年成为《中国大百科全书》条目入选专家。

张振兴先生关于汉语方言调查代表性的学术论文，主要收录于《著名中青年语言学家自选集》(张振兴卷，2002)。同时他也关注与汉语方言相关的一些其他领域，如与方言有关的汉语音韵、语言文化、语言规划等其他应用方面，出版有论文集《方言研究与社会应用》(2013)。

2014年，张振兴先生出版著作《汉语方言调查研究名著讲解》，书中详尽介绍了《现代吴语的研究》《湖北方言调查报告》《江苏省和上海市方言概况》《昌黎方言志》《中国语言地图集》《现代汉语方言大词典》《汉语方言地图集》《方言存稿》等8部汉语方言的经典著作，讲解了作者的研究方法、研究特点及学术价值。书中还收录了张振兴先生撰写的怀念或介绍著名语言学家丁声树、李荣、罗常培、吕叔湘、王力的文章，阐述了他们对汉语方言研究的杰出贡献。这部著作对从事汉语方言调查研究的青年学人了解汉语方言调查研究的历史和汉语方言研究所取得的成就、如何继承和发扬前辈学者治学的优良传统，都有着很好的学术价值。

(二)组织和主持一系列重大方言研究项目

在从事个人学术研究的同时，张振兴先生更把大量的时间和精力用于组织和主持重大的方言研究集体项目，为此倾注了大量的心血。

张振兴先生在参与组织和主持的重大科研项目中，其中最重要的是两个项目。一个是《中国语言地图集》，一个是《现代汉语方言大词典》。《中国语言地图集》是中国社会科学院和澳大利亚人文科学院于1983年签署的大型合作项目，也是中国社会科学院建院以后首个对外合作的大型项目。该项目得到联合国教科文组织的支持。张振兴先生在该项目工作过程中所作出的积极努力和贡献，被《中国语言地图集》主编、著名语言学家李荣先生充分肯定，由李荣先生提议，一致通过增列张振兴先生为主编之一。地图集于1987年和1989年分两个分册，由香港朗文(远东)出版有限公司以中英文两种文本正式出版发行。

本图集包括36 cm×50 cm彩色地图三十五幅。其中A类总图五幅，B类汉语方言分区图十六幅，C类少数民族语言分布图十四幅。每幅图都有随图的详细文字说明。用大幅彩色地图的形式，表现中国的语言和方言的分布，这在我国还是第一次。B类的汉语方言分区图对汉语方言的分区无论在实践上或理论上都作出了重要贡献：

(1)在汉语方言分区的历史上，第一次提出了“方言大区——方言区——方言片——方言小片——方言点”的五个层次的理论，显然比以往的“方言——次方言——土语”三个层次的理论有明显的进步；

(2)在实际的方言分区中贯彻了两个分区标准，一是古全浊声母的演变，二是古入声的演变。这在汉语方言分区的历史上也是第一次。

(3)根据前面两点，把汉语方言分为官话、晋语、吴语、湘语、徽语、闽语、粤语、赣语、平话等十区。这个分区跟以往的分区相比，也有非常明显的进步。这个分区把官话分为八区；把晋语从官话里分立出来，成为单独的方言区；新立了平话区，并且把土话、乡话等需要进一步调查研究的方言列为未分区方言。

《中国语言地图集》的出版受到海内外学术界的广泛关注，被认为是中国语言学研究的最重大成就之一。它全面反映了中国语言方言分布的实际面貌，表现了中国语言方言的多样性和统一性的主要特征，确立了中国语言研究的主要话语权。1988 年 3 月 19 日，中国社会科学院在北京举行的大型出版招待会上，时任中国社会科学院院长的胡绳指出：“像《中国语言地图集》这样，用多幅彩色地图的形式，把汉语方言和各少数民族语言及其方言加以分类、分区，标出它们的地理分布，这在我国还是第一次”，“这是我国国情调查的一个重要项目，也是我国科学文化领域的一项基本建设”。

《现代汉语方言大词典》立项于 1991 年，后来成为中国社会科学院精品管理项目之一。著名语言学家李荣先生担任主编，张振兴先生与熊正辉先生一起担任专业副主编。参加这一项目的还有中国社会科学院语言研究所和全国很多高等院校的方言学家。此项目分为两步，第一步是编纂 42 种分地方言词典，包括上海、广州、武汉、南京、西安、哈尔滨、济南、杭州、南昌、福州、长沙、西宁、南宁、银川、乌鲁木齐等一批中心城市的方言，还有像厦门、宁波、洛阳、梅县、娄底、东莞、建瓯、崇明等一批中小城市或城镇的方言，基本覆盖了全国十个主要的汉语方言区。截至 1998 年底，其中的 41 种分地方言词典由江苏教育出版社全部出版，总字数达到 2200 万字。后续的《绩溪方言词典》是在 2003 年补齐的。此项目的第二步，是在 42 种分地方言词典的基础上，编纂一部综合性的《现代汉语方言大词典》，这部大词典六卷本于 2002 年也由江苏教育出版社正式出版，总字数达到 1300 多万字。

这么大规模、有计划、有组织地编纂《现代汉语方言大词典》的分卷本和综合本，其规模宏大，卷帙浩繁，这在我国也是第一次。这是我国语言科学研究的又一项基本建设。它的出版也受到海内外学术界的广泛关注和重视。《现代汉语方言大词典》不仅是汉语方言调查研究，也是整个汉语研究的一次重要进展。它的最重要意义，是以大量的语言事实全面展示了汉语方言以及整体汉语极其丰富的语言资源，反映了汉语方言统一性和分歧性两方面的本质特征。它还为整个汉语的研究，以至普通语言学的理论研究提供了大量的新鲜语言事实，这些新鲜事实将有可能大幅度地提高汉语研究各个领域的研究水平。这对于建立具有中国特色的汉语语言学是绝对必要的。

1999 年 4 月 5 日，在北京人民大会堂举行了《现代汉语方言大词典》分卷本出版座谈会。时任中共中央政治局委员、中国社会科学院院长李铁映，全国人大常委会副委员长许嘉璐出席了座谈会，并作了重要讲话。李铁映指出，《现代汉语方言大词典》“是我国语言科学的一项基本建设，它对于推进世界上使用人口最多的语言之一汉语的研究，甚至在建设语言资讯工程等方面都会有重要的意义。而且其他的社会人文学科，如民族学、人类学、社会学等，也能从这套方言词典中，吸取丰富的营养。……还有现在这套大规模的分卷本方言词典，可以向世界上了解汉语、学习汉语的人们提供许多方便，因此41种分卷本方言词典的出版还有重要的现实意义”。

2012年商务印书馆出版《中国语言地图集》(第2版)，张振兴先生担任执行主编。这是张振兴先生主持中国社会科学院A类重大研究课题“中国濒危语言调查研究与新编《中国语言地图集》”的又一重大科研成果。第2版的《中国语言地图集》，吸收了1987年《中国语言地图集》出版以后二十多年间汉语方言调查研究的最新成果，对汉语方言的分区分布进行了若干新鲜的阐述和论证。

1986年，张振兴先生作为主编之一，主持了国家社科“七五”重点项目“汉语方言重点调查”，组织汉语方言学界同仁，1990—1992年先后出版了9种单点方言调查报告。

2008年起，张振兴先生应商务印书馆的邀请，主持编纂了《新华方言词典》，于2013年正式出版。这是一部中型的现代汉语方言通用词典，它填补了商务印书馆新华系列词典的空白，并且具有实际应用的价值，受到许多读者的欢迎。

2013年起张振兴先生又应“汉语方言学大词典”编纂委员会的邀请，参与编纂《汉语方言学大词典》，与著名语言学家詹伯慧教授共同担任大词典的主编。该大词典两卷本于2017年由广东教育出版社正式出版，总字数达450多万字。

2014年张振兴先生与他人合作，辑录出版《中国分省区汉语方言文献目录(稿)》，收录近百年来汉语方言调查研究文献目录22000多种。

这一系列重要项目的实施，极大地推动了汉语方言学科的繁荣和发展，同时也为汉语方言学培养了大量人才。这其中张振兴先生功不可没。

(三)引领正确的学术方向，推动汉语方言学科繁荣发展

张振兴先生长期担任语言研究所方言研究室主任(1987—2003)和《方言》杂志主编(1987—2003)，他秉承李荣先生“调查要反映事实，研究要打开思路”的教导，协助李荣先生引领和把握汉语方言的研究方向，使我国的汉语方言调查研究走上了一条实事求是的正确道路。《方言》杂志刊发的文章，积累了一大批准确详实、不可多得的宝贵资料和研究成果，为我国的方言学研究和语言学研究打下了坚实的基础。这其中无不浸透了李荣先生、张振兴先生等前辈学者的心血。

除此之外，张振兴先生还以很多实际的行动，为我国汉语方言学科的繁荣和发展作出了积极的贡献。例如他全力参与全国汉语方言学会的早期活动，是第四届至第八届学会的实际组织者和主持人。张振兴先生也是“汉语方言语法研讨会”“官话方言研讨会”“平话土话方言研讨会”“濒危汉语方言研讨会”等定期学术会议最主要的发起人和组织者之一。

张振兴先生虽已耄耋之年，但他从事的主要学术活动并未停止，继续活跃在汉语方言研究的第一线。他经常参与各种学术活动，出席各种学术会议，进行有关的学术讲演。近年还应邀参加由教育部与国家语委组织的“中国语言资源保护工程”，是该工程咨询委员会委员，核心专家组成员，并担任福建省语言资源保护工程的首席专家、《中国语言资源集》福建卷总主编。

张振兴先生为学严谨细致，文风朴实；为师润物无声，品德高洁；为人平易近人，奖掖后进。是一位深受学生敬仰的师长和广为学界尊敬的学者。

张振兴先生献身汉语方言学事业将近60年，尤其是从1979年《方言》杂志创刊后，他协

助著名语言学家李荣先生,团结学界同仁,组织方言研究攻关合作,完成一系列方言重大项目,极大地促进了汉语方言学的繁荣与发展,同时在普及方言学科,培养学科人才以及加强学科的国际联系等方面也做了大量工作,为汉语方言学的研究和学科繁荣发展作出了重大贡献。

附:张振兴先生主要著述目录

一、个人著作

1.《台湾闽南方言记略》,福建人民出版社 1983 年版,台湾文史哲出版社 1989 年版。

2.《漳平方言研究》,中国社会科学出版社 1992 年版。

3.《雷州方言词典》(与蔡叶青合著),江苏教育出版社 1998 年版。

4.《著名中年语言学家自选集(张振兴卷)》,安徽教育出版社 2002 年版。

5.《汉语方言序文评论集》,盈河文化发展公司 2012 年版。

6.《方言研究与社会应用》,商务印书馆 2013 年版。

7.《中国分省区汉语方言文献目录(稿)》(与李琦、聂建民合辑),中国社会科学出版社 2014 年版。

8.《汉语方言调查研究名著讲解》,华中师范大学出版社 2014 年版。

二、主持编纂成果

1.《中国语言地图集》(主编之一),朗文出版有限公司 1987 年版、1999 年版。

2.《汉语方言重点调查报告九种》(主编之一),社会科学文献出版社、中国社会科学出版社等 1990—1992 年版。

3.《现代汉语方言大词典》(副主编之一),江苏教育出版社 1992—1998 年版(42 种分卷本),1998—2002 年版(综合本六卷本)。

4.《中国语言地图集》(第 2 版)(执行主编、汉语方言卷主编之一),商务印书馆 2012 年版。

5.《新华方言词典》(主编之一),商务印书馆 2013 年版。

6.《汉语方言学大词典》(主编之一),广东教育出版社 2017 年版。

三、主要论文

说明:以下目录除《陕甘宁青方言论集》序外,不再收收录所作序文,详见前列《汉语方言序文评论集》。

1.《台湾语言研究概况》,《语言学动态》1978 年第 6 期。

2.《漳平(永福)方言同音字汇》,《方言》1982 年第 3 期。

3.《漳平(永福)方言的单字调》,《方言》1982 年第 4 期。

4.《评村上嘉英〈现代闽南语词典〉》,《中国语文》1983 年第 3 期。

5.《漳平(永福)方言的连读变调》,《方言》1983 年第 3 期。

6.《福建省龙岩市境内闽南话与客家话的分界》,《方言》1984 年第 3 期。

7.《闽语的分区(稿)》,《方言》1985 年第 3 期。

8.《〈普通话和闽南方言词典〉述评》,《辞书研究》1985 年第 3 期。

9.《广东省雷州半岛的方言分布》,《方言》1986 年第 3 期。

10.《关于编写方言志的若干问题》,《中国地方志》1987 年第 3 期。

11.《广东省中山市三乡闽语》,《方言》1987 年第 1 期。

12.《〈简明吴方言词典〉述评》,《辞书研究》1987 年第 2 期。

13.《广东海康方言记略》,《方言》1987 年第 4 期。

14.《台湾话研究的现状和进展》,《中国语文》1988 年第 6 期。

15.《台湾社会语言学史五十年述评》,《语言教学与研究》1988 年第 2 期。

16.《闽语的分布和人口》,《方言》1989 年第 1 期。

17.《漳平(永福)方言的文白异读》(一),《方言》1989 年第 3 期。

18.《漳平(永福)方言的文白异读》(二),《方言》1989 年第 4 期。

19.《漳平(永福)方言的文白异读》(三),《方言》1990 年第 1 期。

20.《广东省吴川方言记略》,《方言》1992 年第 3 期。

21.《闽方言古浊去今读阴平调的现象》,《第二届闽方言学术研讨会论文集》,暨南大学出版社 1992 年版。

22.《汉语方言研究的一次重大进展》,《中国语文研究四十年纪念文集》,北京语言学院出版社 1993 年版。

23.《汉语的双方言现象与方言研究》,《双语双方言》(三),汉学出版社 1994 年版。

24.《闽南方言的比较研究》,《台湾研究集刊》1995 年第 1 期。

25.《评〈台语与国语字音对应规律的研究〉》,《国际中国语言学评论》1996 年第 1 期。

26.《山西话人称代词的特点》,《首届晋方言国际学术研讨会论文集》,山西高校联合出版社 1996 年版。

27.《蓬勃发展中的汉语方言学》,《中国语言学现状与展望》(论文集),外语教学与研究出版社 1996 年版。

28.《广州话音系的分析和处理》(与张惠英合著),《第五届国际粤方言研讨会论文集》,暨南大学出版社 1997 年版。

29.《重读〈中国语言地图集〉》,《方言》1997 年第 4 期。

30.《语言学研究的重要收获——评〈湖南方言研究丛书〉首批七种》,《光明日报》1998 年 10 月 26 日第 8 版。

31.《从汉语方言的被动式谈起》,《汉语语法特点面面观》(论文集),北京语言文化大学出版社 1999 年版。

32.《方言研究与对外汉语教学》,《语言教学与研究》2000 年第 4 期。

33.《闽语及其周边方言》,《方言》2000 年第 1 期。

34.《〈现代汉语方言大词典〉编纂后记》,《方言》2000 年第 2 期。

35.《语音演变例外的社会调查》,《中国社会语言学》2003 年第 1 期。

36.《〈方言〉与方言语法研究》,《汉语方言语法研究和探索》(论文集),黑龙江人民出版社 2003 年版。

37.《广州话壮语后置的现象》,《第八届国际粤方言研讨会论文集》,中国社会科学出版社 2003 年版。

38.《现代汉语方言语序问题的考察》,《方言》2003 年第 2 期。

39.《吕叔湘先生与丹阳方言研究》,《方言》2004 年第 4 期。

40.《闽语特征词举例》,《汉语学报》,2004 年第 1 期。

41.《语言规划与双语双方言》,《双语双方言》(八),汉学出版社 2005 年版。

42.《汉语方言里异性同称现象的社会观察》,《西北方言与民俗研究论丛》(二),中国社会科学出版社 2006 年版。

43.《语言规划与汉语方言研究》,《语言规划的理论与实践》(论文集),语文出版社 2006 年版。

44.《汉语方言指示代词二分与三分》,《汉语方言语法研究》(论文集),华中师范大学 2007 版。

45.《语苑撷英二:庆祝唐作藩教授八十华诞学术论文集》,中国大百科全书出版社 2007 年版。

46.《汉语方言的分区》(与熊正辉合著),《方言》2008 年第 2 期;《中国语言地图集》(第 2 版),商务印书馆 2012 年版。

47.《中国的语言》(与熊正辉、黄行合著),《方言》2008 年第 3 期;《中国语言地图集》(第 2 版),商务印书馆 2012 年版。

48.《两岸四地的语言与语言规划》,《澳门语言学刊》,2008 年第 12 期。

49.《从"鼎"字说起,金秋集——刘叔新先生南开执教五十周年纪念文集》,南开大学出版社 2008 年版。

50.《从闽语称谓词头"俺、儿"说起》,湛江师范学院学报(哲学社会科学)2008 年第 2 期。

51.《福建漳平(永福)方言的一种比较句——一次难忘的方言语法调查经历》,《南方语言学》(第一辑),暨南大学出版社 2009 年版;《语言研究集刊》第二十一辑《语言研究集刊》编委会),上海辞书出版社 2018 年。

52.《两岸语言政策与汉语的国际传播》,《澳门语言学刊》2009 年第 2 期。

53.《海外华人与海外汉语方言》,《首届海外汉语方言国际研讨会论文集》,暨南大学出版社 2009 年版。

54.《现代汉语方言最重要的奠基人之一——罗常培教授》,《中国语文》2009 年第 4 期。

55.《一腔情怀念师恩——怀念著名语言学家丁声树先生》,《汉语学报》2009 年第 1 期。

56.《再读〈昌黎方言志〉,怀念大家丁声树——纪念〈昌黎方言志〉出版 50 周年》,《语文研究》2010 年第 1 期。

57.《赣语几个重要字眼的方言研究启示》,《汉语学报》2010 年第 1 期;《赣方言研究》(第二辑),中国社会科学出版社 2012 版。

58.《〈方言〉杂志与汉语方言学会——怀念著名语言学家李荣先生》,《全国汉语方言学会三十周年纪念刊》,中国社会科学出版社 2011 年版。

59.《〈方言〉与中国地理语言学》,《汉语方言的地理语言学研究》(论文集),商务印书馆 2013 年版。

60.《王力先生与汉语方言研究》,《中国语言学》(第七辑),北京大学出版社,2014 年版。

61.《福建漳平(永福)方言时体举例》,《汉语方言时体问题新探索》(论文集)中央民族大学出版社 2014 年版。

62.《从“沟、溪”说起》(与张惠英合著),西北方言与民俗研究论丛(第三集),中国社会科学出版社 2017 年版。

63.《此生与辞书有缘》,《北斗语言学刊》(第三辑),上海古籍出版社 2017 年版。

64.《汉语方言与少数民族语言关系例说》,《汉语与汉藏语前沿研究——丁邦新先生八秩寿庆论文集》(上下卷),社会科学文献出版社 2018 年版。

The Academic Career and Contributions of Professor Zhang Zhenxing

Xie Liuwen

(Institute of linguistics, Chinese Academy of Social Sciences, 100732)

Abstract: Identified with the academic tradition in which the famous linguist Professor LI Rong emphasized that we shall "respect the fact when doing investigation and be open-minded when conducting research", Professor Zhang Zhenxing's works appeal to a broad interest that covers fields of Chinese dialectology, Chinese phonology, sociolinguistics, geo-linguistics and lexicography. As one of the chief members, Professor Zhang Zhenxing played the leading role in several major research projects such as *Language Atlas of China* and *Dictionary of Contemporary Chinese Dialects* (*Xiandai Hanyufangyan Dacidian*), which contributed greatly to the prosperity and development of Chinese dialectology, as well as to the improvement of various fields in Chinese studies.

Keywords: ZHANG Zhenxing; Chinese Dialectology; academic contribution

(学术编辑:彭达池)

谢留文,男,中国社会科学院语言研究所研究员。

致力于学术原创的俞兆平教授

张艾弓

（厦门大学　中文系　福建　厦门　361005）

摘要：俞兆平教授秉承郑朝宗、许怀中教授所奠立的“文学研究中的实证原则”这一厦大学术传统，强调学术研究中的文学原态史实的实证和历史语境的纳入，在国内学界提出了多种原创性观点：其一，从现代性视角，重新辨析、界定中国现实主义、浪漫主义和古典主义三大文学思潮的内涵要质；其二，首次把西方浪漫主义文学思潮在中国的传播与接受，分为以早期鲁迅为代表的尼采式的哲学浪漫主义、以沈从文为代表的卢梭式的美学浪漫主义、以郭沫若为代表的高尔基式的政治学浪漫主义、以林语堂为代表的克罗齐式的心理学浪漫主义等四种范式；其三，从科学主义的视角，在国内学界首次全面梳理了中国现代作家对科学与人文关系的学理论述与价值判断，填补了这一研究领域的空白；其四，重新解读《阿Q正传》，得出与学界百年“阿Q研究史”不同的结论，鲁迅对于阿Q不是“怒其不争”，而是“惧怕其争”，对于中国革命中的游民文化意识与民粹主义倾向，持批判、否定态度，鲁迅冀盼的是在精神上彻底觉醒的革命先驱者，而非以权力、金钱、女人为“革命”目的的“阿Q似的革命党”。

关键词：俞兆平；中国现代文论；三大文学思潮；科学与人文；鲁迅研究

一

俞兆平教授在他的《南华文存——俞兆平学术论文精选》一书的后记里曾自述道：“不食他人嚼过的馍，注重论说的原创性，若无新意，则不可轻易动笔，这是我学术研究的前提。”①俞先生的话和他的为人一样，朴实至诚，方正耿介。观其学术生涯，没有矜才使气，去构建什么庞大的体系；或是跟随时尚，在自己也没弄明白的新概念旋涡中扑腾，而是扎扎实实地，一步一个脚印，一步一个命题地走来。他常在他人司空见惯、几成定论的命题中瞧出缺漏，或深度开掘，或拓出新径，做出新的、原创性的论析与判断，故每隔一段时间，总能在学界激起一些波澜。

对于人文学科的拓展，俞先生的观念属于稳健的那一脉。他认为人文社会科学的研究每推进那么一小步，都极为艰难，所以才有“不积跬步，无以至千里；不积小流，无以成江海”之典，才有“板凳甘坐十年冷，文章不做半句空”之说，因此，他对于那种一年能出几本书的

① 俞兆平.南华文存——俞兆平学术文选[M].福州：福建人民出版社，2017：333.

“捷才”，多显困惑之状。在文学观念上，他重视文学这一学科独立自存的文学性与诗性，注重文本的第一性存在；在文学研究中，他强调文学史的原态史实的实证和历史语境的纳入。从 1979 年考进厦门大学研究生院文艺学专业起，在文学研究的道路上，俞先生已走过 40 个年头了，但他对这一原则的履行未曾更易。他常教诲弟子们，不能忘记文学的独特个性，即使是在“文化研究”甚嚣尘上的今天，也不能随波逐流，人云亦云，而要沉下心来，爬梳书海，收集资料，厚积而薄发；他对弟子们是如此身传言教，自己更是身体力行。

在高校工作，授课讲学是常态，但科研亦是另一要务，因著书立说是高校教师展现自身学识、涵养与才华之途径，也是体现自我生命价值意义之所在。多年来，俞先生以他那致力于学术原创的学风，在中国现代文学与美学、新诗美学等方向，取得了一些值得关注的学术成果，至今已出版学术著作《闻一多美学思想论稿》《中国现代三大文学思潮新论》等十二部，其中独立撰写的八部，与他人合著的三部，联合主编一部。

他在《文学评论》、《文艺研究》、《新华文摘》、台湾《联合文学》、香港《现代中文文学评论》等海内外文艺刊物上发表 200 余篇学术论文（其中中文学科权威刊物《文学评论》9 篇、《中国社会科学》1 篇）。其发表的论文多次被《新华文摘》、中国人民大学《报刊复印资料》、《中国社会科学文摘》、《高等学校文科学术文摘》等转载（其中《新华文摘》“全文转摘”4 篇，“论点摘编”7 篇）。有的论文，像《美学的浪漫主义与政治学的浪漫主义》，就同时被《新华文摘》《中国社会科学文摘》《高等学校文科学术文摘》等全文转载。

他主持和承担国家社科基金研究项目（01BZW034）、教育部人文社会科学研究基金项目（05JA750、11—44027），及多项省级课题项目。获福建省第五届、第六届、第七届社会科学优秀成果二等奖；获厦门市第三届、第四届、第六届、第七届社会科学优秀成果一等奖等。

俞先生的一系列学术成果的发表与出版引起了学界的重视，产生了较好的反响。专著《闻一多美学思想论稿》出版后，受到海内外同行的重视与好评，《中国社会科学》《中国现代文学研究丛刊》等都发表评论文章，评介它的首创性与拓展性，曾获“全国首届闻一多研究优秀成果”二等奖（第一名）。孙辉在《中国社会科学》1989 年第 6 期发表的《闻一多研究的新拓展》一文，评曰：“海内外学者以往对闻一多的研究，大多偏向于其生平、政治思想或诗作评鉴，如梁实秋的《谈闻一多》、王康的《闻一多传》、苏联学者苏霍鲁科夫的《闻一多的生平和创作》……但像俞兆平的新著《闻一多美学思想论稿》这样，系统地、全面地对闻一多的美学、文艺学思想进行研究，尚属首次。该书从美学思想历程、诗歌美学思想、审美教育、艺术美丑、艺术起源等不同侧面，清晰地勾勒出闻一多美学思想的概貌。其学术价值不仅表现为对闻一多美学思想的整体把握和分层梳理，而且将这一研究领域推进到了更高的层次。”

俞先生回顾道：“此书的出版是在 1988 年，但构思的时间更早，是在念研究生时期。1981 年刘再复出版了《鲁迅美学思想论稿》，轰动一时。再复学兄对母校情意深切，寄了一大摞新书到系里，连我这在读的研究生也分得一本。我如获至宝，置之案头，捧读再三，受启良多，故仿效之来写闻一多，研究生毕业论文即是该书的第一、二章。书在上海出版后，我即呈送刘再复，当时他曾高兴地对人说：‘厦大我的一个师弟也跟着我写出一本《闻一多美学思想论稿》’。”此书是俞先生出道后第一本专著，之所以能获得学界肯定，郑朝宗、许怀中两位先生奠立并身体力行的“文学研究中实证原则”，即立足于对第一手资料的发掘、梳理、论定的这一厦大学术传统，起了至关重要的作用。

俞先生说：“此书虽留有意识形态转型初期青涩、粗糙的痕迹，但已属不易。因当时出版界出书要求相当严格,说是苛刻也不过分,纯粹是以学术质量硬碰硬地审核,根本没有现今科研经费或私人出资一说。当年上海文艺出版社能接纳《闻一多美学思想论稿》一书,出版后还发给稿费,现在想起都有点不可思议的感觉。"当然,这也客观地说明了该书所具有的相应的学术价值。华东师大邓乔彬教授在他所著的《学者闻一多》一书的后记中写道:"当时已读到厦门大学俞兆平先生所著的《闻一多思想论稿》,觉得自己很难有系统的新见,倘或'硬写',免不了有续貂之嫌。"①邓先生当然过于谦逊了,但由此也可看出《闻一多美学思想论稿》一书在当时学界的影响。

1991年专著《诗美解悟》出版,著名文学评论家南帆在《诗,作为思的对象——读俞兆平的〈诗美解悟〉》评述道:"俞兆平曾经是一个诗人,这一回他却毅然选择了后一种诗论。他在自述中承认,诗论的基本概念所形成的歧义、含混促使他做出了这种选择。当然,德国古典美学的修养与闻一多、钱钟书著作的熏陶同时为他的选择提供了学识上的条件。……《诗美解悟》的许多章节的确体现出了这种自我鞭策。或者概念考辨,或者理论溯源,或者纵深思辨,这使《诗美解悟》中的许多论述显得扎实、严谨、清晰。"②由于在新诗美学理论的概念界定,如意象、语言、抒情性、纯诗、象征、抽象、凝聚力、审美直觉等方面有所突破,著者被选入由上海大百科全书出版社等组织编纂的《诗学大辞典》中"当代诗论家"之列。

二

进入21世纪以来,俞兆平先生以其一系列学术研究成果之原创性,冲击了国内文艺理论体系中一些几成定论的旧说,对其做出了调整与完善。创新之处,摘要概述如下:

(一)从现代性视角,重新辨析、界定中国现代三大文学思潮的内涵要质

在中国现代文学研究上,俞先生比较重视文学思潮。他在国内学术会议上曾多次提出一个观点:重写文学史,首先必须重写文学思潮史。因为由作家群体的社会心理和美学倾向在一定的历史时期内融合而成的文学思潮,是文学史的基本构成单位。只有正确地描述文学思潮,才能正确地叙述和建构文学的历史。

但他发现国内现已流行的诸种版本的"中国现代文学史"在文学思潮的论述方面都还不够完善,有所欠缺。主要表现在以下三点:一是在浪漫主义方面,把卢梭的美学的浪漫主义和高尔基的政治学的浪漫主义混为一谈;二是在现实主义方面,忽略了形成文学写实主义内在的"科学主义"这一学理动因;三是在古典主义方面,一笔勾销了古典主义思潮在中国现代文坛的存在。由此,他打破传统的理论预设,对中国现代文论中的现实主义、浪漫主义、古典主义三大思潮,进行了回归历史语境、求证历史史料的研究工作,重新论析、界定其概念范畴、生成语境及思潮演变等,获得了具有突破性的成果,提出具有一定原创性质的观点。

其一,西方浪漫主义在本质上是对以科技理性为支柱的启蒙主义的反思,即"现代性"的第一次自我批判。但20世纪初的中国崇奉科学主义的历史语境,客观地阻隔了西方浪漫主

① 邓乔彬,赵晓岚.学者闻一多[M].上海:学林出版社,2001:455.

② 南帆.沉入词语——南帆书话[M].杭州:浙江人民出版社,1997:257.

义思潮原汁原味地为中国文学界所接纳；特别是1930年后，俄苏的文学理论传入中国后，它的构成要素已经变异，成了情感、想象及理想这三元素的“中国化”混合。因此，20世纪中国文艺理论体系中的浪漫主义思潮主要有两大趋向：即以卢梭为代表的“美学的浪漫主义”和以高尔基为代表的“政治学的浪漫主义”。前者的内涵侧重于对历史现代性的批判，即对人类文明及科技理性、工具理性发展所带来的负值效应的忧虑、质疑与抗衡；后者则把浪漫主义当成隶属于“社会主义的现实主义”中的一种成分，是政治意识形态的工具。30年代后的中国，政治学的浪漫主义排斥、取代了美学的浪漫主义，在具体文艺实践中带来一系列令人困惑的现象。实质上，郭沫若与沈从文就分别代表了这两种浪漫主义思潮在中国文学界的不同的命运。

其二，现实主义理论包含着科学认知与人文理解这一对矛盾。“写实”意味着遵循自然科学的认知原则，对客体对象精确、逼真地反映与复制；而“文学”却是一个虚构、想象性的人文世界，渗透着作家主体的精神意愿与价值取向，即作家对人生、世界的“理解”，而且还负载着对读者道德的教喻与训诫的功能。这一悖论式的两极趋向，在中国文学对西方写实主义的接受进程中始终交错、纠合在一起。五四时期崇尚科学的历史语境，使科学精神成为强势话语，其客观实证、精确观察、真实还原、情感中立的认知原则，决定了写实主义在中国现代文学中的独尊地位。中国文学界对西方写实主义的接受，有着从早期的向科学认知原则倾斜的写实主义（真即是美）；到中期的科学认知与人文理解交错的写实主义（不脱离现实的真善合体）；再到后期的向以意识形态为核心的人文理解倾斜的写实主义（善即是真，善中之真方为美）的进程。在这一过程中，写实主义的概念始终处在动态的、不断的调整之中。

其三，学界诸种版本的中国现代文学史论著，论及20世纪二三十年代文坛时，只有浪漫主义思潮与写实主义思潮的“双峰对峙”，只有以象征主义为代表的现代主义思潮，唯独见不到古典主义思潮的踪影。如若卸却政治判断的预设，纳入现代性历史语境，从历史真实出发，学衡派与新月派于内在学理上是一脉相承的，他们在白璧德的“新人文主义”的理论基础上构成了中国现代古典主义文学思潮。这一思潮有着发端、演进、高潮的历史进程，有着自身理论体系和创作业绩。以学衡派、新月派为代表的中国古典主义文学思潮对“现代性”负值效应持警觉、反思、批判、抗衡的态度，对因历史现代性的偏执而导致人文精神失落及学术衰微的中国学界的现状提出了质疑与抗衡。他们偏重于人文精神的传承，偏重于艺术的自主性与审美自律性的设立，这些恰恰化解、平衡了历史现代性的负面因素，构成推进中国现代文学发展的历史合力。

俞先生说，《中国现代三大文学思潮新论》中提出的这三大观点，说是对现有中国现代文学史的增补亦可，说是质疑也未尝不可。有另一种声音的发出总不是坏事，单调才意味着学术研究中生命活力的寂灭。值得一提的是，陈思和教授曾在《学术月刊》上对上述“现实主义与科学主义关系”问题做出评价：“俞兆平教授的论文，旗帜鲜明地提出了中国20世纪20年代的写实主义文学思潮中有一个‘科学主义的内在启动力’，并且在‘科学认知与人文理解的对峙与交错中’论析写实主义文学思潮如何在接受中的变化与演进。作者引用了丰富的资料来论述科学主义与人文理解之间的消长过程和真善美因素的排列变化，这就超越了从思潮看思潮的就事论事，提升到文艺本体的意义上来讨论这一文学现象。”[①]肯定了这一新的

① 陈思和.同行专家点评[J].学术月刊，2002(10)：146.

视角对开拓文学现实主义研究的作用。

（二）首次把西方浪漫主义文学思潮在中国的传播与接受分为四种范式

在对中国现代文学三大思潮内涵重新界定的基础上，俞先生进而深化了对中国浪漫主义文学思潮的研究，提出一个全新的命题——20世纪上半叶，西方浪漫主义文学思潮在中国的传播与接受，可分化为四种主要范式：一是以早期鲁迅为代表的尼采式的哲学浪漫主义，它偏于从强力意志的角度激发悲剧性的抗争精神；二是以沈从文为代表的卢梭式的美学浪漫主义，它偏于从美的哲学角度对人类在现代化进程所产生的异化状态的抗衡；三是以1930年之后的郭沫若为代表的高尔基式的政治学浪漫主义，它偏于从政治角度对无产阶级功利价值的追求；四是以林语堂为代表的克罗齐式的心理学浪漫主义，它偏于从心理角度对表现性的创作本质的推崇。

这一崭新的观点结集为《浪漫主义在中国的四种范式》的专著出版，并缩写成同题论文，2011年《新华文摘》第9期全文转载。

对此课题的研究，俞先生体会颇深。他指出，发现一项有价值的选题之后，就不要轻易放弃，若继续推进、深化，往往能拓展出一块新的天地，这种钻探式的思维要注意养成。对浪漫主义相关资料作认真、全面的考察之后，会发现在西方文化史上，浪漫主义是一个意义庞杂、内涵宽泛的跨学科的概念，它涉及了伦理学、政治学、哲学、美学等，学科界域远远超出了文学艺术的范围，其定位也是最为繁复多样的。

从空间上看，由于当时各国历史状况并不相同，法国侧重政治革命，德国侧重思想革命，英国侧重产业革命，因此，各国的浪漫主义思潮也就各呈异态。法国就有以卢梭为代表的抗衡人类文明异化的美学浪漫主义，以雨果为代表的反抗古典主义清规戒律的文学浪漫主义；德国有康德、谢林、施勒格尔、诺瓦利斯及之后的尼采等为代表的"浪漫哲学"或曰"诗化哲学"的浪漫主义；英国有华兹华斯、格勒律治为代表的感伤的文学浪漫主义，有拜伦、雪莱为代表的激情的文学浪漫主义等。

从时间上看，浪漫主义思潮纵贯三个世纪，它的许多美学要素渗入到当代哲学、美学、文学艺术的思潮中去，构成血脉相连的关系，如存在主义哲学思潮、现代主义文学思潮（五四时期称之为"新浪漫主义"）在对人类文明的建构与解构，在对科技与人文分裂的批判等问题上，都显示出它和早期浪漫主义的亲缘属性。

在表现形态上，它更是千姿百态。撰写《世界文明史》的威尔·杜兰曾做过全面精要的概括："浪漫运动是何意？乃感觉对理性之反叛；本能对理智之反叛；情感对判断之反叛；主体对客体之反叛；主观主义对客观性之反叛；个人对社会之反叛；想象对真实之反叛；传奇对历史之反叛；宗教对科学之反叛；……个人自由对社会秩序之反叛；青年对权威之反叛；民主政治对贵族政治之反叛；个人对抗国家——简言之，19世纪对18世纪之反叛。"[①]浪漫主义几乎涉及了人类社会生活、精神生活、政治生活的所有方面，展现出多重多样的表现形态。

内涵如此复杂多义、形态如此变动不居的浪漫主义，当它作为一种异质文化进入中国，势必会和本土文化产生冲撞，并为本土文化所同化而产生变异，呈现出多样的状貌，凝定为多种范式。但中国学界关于浪漫主义的研究，却局限于现象性的、静态的、单一学科的描述，

① 威尔·杜兰.世界文明史：卷十（第4册）[M].上海：东方出版社，1999：1294.

多把它缩减到仅隶属于文艺的一种创作方法,并把思潮的整体性切割成若干特征的横断面。例如,在今日高校文艺理论教科书一般是这样界定的:"它以强烈的主观态度、热情奔放的情感力量、无拘无束的幻想精神、奇特神秘的艺术色彩,将理想型文学发展到极致。"①理想、情感、幻想成了浪漫主义的三大要质,但这种概念界定仅是高尔基式政治学浪漫主义在中国文学理论中的延续。

20世纪30年代以来,以郭沫若为代表的高尔基式的政治学浪漫主义在中国的美学、文艺学体系中占有了绝对的主导地位,而像以早期鲁迅为代表的尼采式的哲学浪漫主义、以沈从文为代表的卢梭式的美学浪漫主义、以林语堂为代表的克罗齐式的心理学浪漫主义等,几乎全被否定、被遗忘了。从而导致中国的具体文艺实践,产生了一系列混乱的、令人困惑的现象。对于如此严重的美学偏误,国内学界多年来却无所觉察,这不能不令人警醒。

俞先生的学术判断,贴近了纷繁复杂的中国现代浪漫主义文学的真实的图景,并随着时间推移,逐步为学界所认同。当他在国内首次从现代性视点对创造社的浪漫主义定性提出质疑与反思时,反响十分强烈,引发一场学术论争,在《文学评论》上展开了学术讨论,对国内学界产生较大的影响。由此,也引起日本的中国现代文学研究界的关注,俞先生曾应日本九州大学言语文化研究院的邀请,以访问教授的身份,到该院作"创造社是浪漫主义的文学社团吗?"等课题的学术演讲。

(三)从科学主义的视角,在国内学界首次全面梳理了中国现代作家对科学与人文关系的学理论述与价值判断,填补了这一研究领域的空白

俞先生在2013年出版了《中国现代作家论科学与人文》一书。他说此书的写作时间最长,是慢工细话,从构想到成书,拖了10余年。动因来自20世纪末国内哲学界、史学界兴起了关于"现代性"及其构成要素——科学主义的研究热潮,他敏锐地感应到这一学术、趋向,并从文学界域首先呼应之。他发现,科学与民主是飘扬在"五四"上空的两面大旗,但多年来,国内外学界对民主思潮和中国五四新文学之间的相互关系研究得比较深入,如人的觉醒、个性的解放、人性的自由,以及重铸国民灵魂等;而对于自19世纪末产生的"科学与人文对峙"这一宏大的世界性的历史语境却忽略、遗漏了。特别是对科学主义思潮和五四新文学及现代作家之间的关系研究甚少,像鲁迅在《文化偏至论》中何以抨击"惟物质主义"这一"偏至",至今未能真正破解。

又如,关于五四新文学思潮的动因,诸多中国现代文学史一般论及两点:一是晚清以来要求文学变革的动势蓄积,如"诗界革命""小说界革命""文界革命"及白话文的提倡等;二是以批判"儒术孔道"为中心的,打破封建专制意识形态的社会政治斗争需求。但作为五四时期精神标志的两面大旗之一——科学,和它所激发的内在学理驱动力,及其所产生的负值效应等,却被忽略、遗漏了。

俞先生在学术研究中强调的第二条原则——历史语境纳入,在此显示出其必然性。对中国现代作家在科学理性与人文精神两者对峙的这一世界性历史语境中,所保持的各自不同的态度立场、学理判断与价值选择等的回顾与反思,仅在史料上的收集与归纳,便具有重要的价值意义。而且,这一课题的研究还可促使学界对五四新文学及文学思潮的研究,突破

---

① 童庆炳.文学理论教程[M].北京:高等教育出版社,1992:165-166.

原有的框限,向文化、历史、哲学、美学的层面深入与拓展,从而更为客观、真实地接近与再现中国现代文学的历史原态。

"科学与人文对峙"的问题属于哲学的范畴,俞先生对这一困扰人类几个世纪的宏大命题怀着深深的敬畏。他写道:科学理性与人文精神,从古希腊的相辅相生,到而后的对峙与分裂,它们之间的矛盾从未停止过。[①] 近代以来,科学技术高速发展,创造了物质财富,改善了人的生存状况,促进了社会文明;但科学主义、工具理性的盛行,也造成人的工具化、物化、商品化等人文精神失落的弊端。特别是启蒙运动时期,以实证主义来解释世界规律占了上风,科学理性冲破了人文的包裹,并逐渐取得强势话语权的地位,"科学万能"成了新的宗教,科学理性成了新的上帝。

当科学僭越了人文的席位,当科学把人的灵魂物化时,两大学科便逐渐分离,构成了历史性的对峙。这一二律背反的状况,说明科学这把"双刃剑",须用"人文之手"握住,这是人类发展进程中无法回避的一个迫切问题。但进入21世纪的全球化时代,科学与人文的对立不但没有消解,反而有加剧的危险,它已成为当今人类所必须面对的一个现实难题,也是"现代性"中的一个核心命题。

作为人这一族类成员的中国现代作家们并没有脱离这一世界性的历史语境,但由于中国传统文化中缺少西方意义上的科学精神,19世纪末20世纪初,当"现代性"被强制地而非自然萌生地植入中国,西方科学观念即以势不可挡的强力涌来,形成了科学主义思潮的泛滥。五四时期科学主义的盛行,一方面表现为"现代性"的正向趋势;另一方面,它也同时冲毁了中国的传统人文精神体系。这样势必引发中国知识界、思想界,包括文学界的人士在接纳西方科学大潮时,产生了不同的学理判断与价值选择。

由此,俞先生和他的一位博士生选择了中国现代文学史上最有代表性的作家、文论家,从史料出发,回归历史语境,以他们对于科学与人文关系的态度、立场,以及论析与价值判断,分别整理、归纳为如下四种形态:其一,处于人文与科学对峙困境中的两难的选择,代表人物为王国维与梁启超;其二,主张科学与人文两者共容互动,希冀合题,代表人物为早期鲁迅、徐志摩、林语堂、梁宗岱;其三,推崇科学,肯定科学在中国现代化转型中的正值效应,代表人物为胡适、郭沫若、茅盾;其四,抗衡科学主义的压制,强调重建人文精神的价值体系,代表人物是以吴宓为首的学衡派以及梁实秋、闻一多、丰子恺等。

俞先生对这一课题深入的考察、思辨与归纳,不仅填补了中国现代文学研究在这一界域上的空白,有助于它的整体结构的完善;还可以总结现代化进程中,中国思想文化界的变化与发展规律,从而反省历史所给予的教训。他归结到,弥合科学与人文的分裂,使二者在新的层面上达到和谐与化融,这是建构人生与自然完美的生态体系的前提。

(四)重新解读《阿Q正传》,得出与学界百年"阿Q研究史"不同的结论

在鲁迅研究中,《阿Q正传》是一座绕不过去的高峰,每个研究鲁迅的学者都在此磨砺自己的思想锋芒,俞先生也不例外。他的《〈阿Q正传〉新论》,在2009年8月以副题《越界的庸众与阿Q的悲剧》发于《文艺研究》,而后《新华文摘》《人民大学报刊复印资料·现当代文学》《高校文科学术文摘》等均"全文转摘"。

---

① 俞兆平,王文勇.中国现代作家论科学与人文[M].桂林:广西师范大学出版社,2013:1(前言).

俞先生首次在国内外学界中提出下述观点：鲁迅对于阿 Q 不是“怒其不争”，而是“惧怕其争”。在 20 世纪 20 年代初期，鲁迅冀盼的是从根本上摆脱物欲、兽欲，在精神上彻底觉醒的革命先驱者，如《药》中的夏瑜，而非以权力、金钱、女人为“革命”目的的阿 Q 式的人物。鲁迅对于中国革命中的游民文化意识与民粹主义倾向，是持批判、否定态度，他惧怕“阿 Q 似的革命党”这类游民、民粹的沉渣泛起，借着革命的大潮起来争夺权力与地盘，因为他们不可能成为推进中国发展的健康的力量。

俞先生发掘出《阿 Q 正传》从创作动机到形象塑造的内在脉络：由《文化偏至论》到《热风·随感录三十八》，再到《阿 Q 正传》；即从哲学理论到杂文形象，再到艺术典型，共同构成了鲁迅对 20 世纪初中国的精英式的“个人”与愚庸式的“众数”这一社会性对立矛盾问题的观察、追索与思考。《阿 Q 正传》并未过时，它内含强大的历史穿透力和尖锐的现实批判性，对于今天的国人仍有着巨大的价值与意义。

值得一提的是，俞先生把鲁迅的《阿 Q 正传》与民粹主义、游民文化等问题联系起来。他指出，若把鲁迅的“庸众”一词，与政治哲学家阿伦特的《极权主义的起源》中“群氓”（有的也译为“群众”“暴民”）概念加以比较，倒是鲁迅用“庸众”一词最为贴切。阿伦特论析过群氓心理与群氓的产生原因：因缺乏共同目标和社会纽带，他们多为一些孤立的个体存在，于是表现出来的，是在政治上盲从，反社会与“反智”的情绪强烈，并奉行“多数裁定规则”。庸众、群氓的心态与情绪往往容易被极权主义者操纵，用以废除民主，促成了极权主义胜利。这一超时空间的比较，为阿 Q 典型形象的研究增加了跨越国界的可能，使《阿 Q 正传》名列世界文学经典之林的基点更为坚实。

俞先生这一全新的论点为百年来“《阿 Q 正传》研究”所未见，属于原创，故《新华文摘》予以全文转载，在国内学界激起反响。夏中义教授在《“有思想的小说”与“被小说的思想”——回应俞兆平教授》一文中作了这样的评述：“俞文为了验证阿 Q 的‘思想家言’的来龙去脉，不惧掘地三尺，把掩埋在《鲁迅全集》中，百年来的诸多材料都曝光了。都说做学术先要让材料说话。然当材料静静地躺在《鲁迅全集》，无人用心勘探，它依然默而无声。在有涉阿 Q 的‘思想家言’一案，试比较俞文在钩沉考证鲁迅方面，比王瑶史著及唐弢教材要敏锐、深邃、周正、缜密得多。这儿有两种境况。一是先贤读鲁迅不如俞教授下功夫（似不可能）；二是先贤在其语境更想让阿 Q 与权威政论接轨，遂在漠视鲁迅‘思想家言’的同时，将凝结‘思想’的文献材料也有意无意地搁置了。骨子里仍是读不出阿 Q 的‘思想家言’，不愿或不宜正视《阿 Q》是‘有思想的小说’。”①夏中义教授揭示，从原始资料出发，还是从预设命题出发，这两种研究方法所得出结论存在着较大的差异，俞文把学界对《阿 Q 正传》的研究扎扎实实地推进了一大步。对俞先生的这一新论点，国内鲁迅研究界暗中渐之认同。

近期，俞先生仍继续深化他对鲁迅的研究，写出了《论阿 Q 的辫子》《论鲁迅在厦门时期的哲学转换》（《新华文摘》2019 年第 22 期“论点摘编”）、《论鲁迅与卢梭》等论文，在学界引起一定的反响。

此外，俞先生 2003 年发表的文艺美学论文《论艺术的抽象》，在国内美术界产生广泛的影响，为近百家美术院校、美术馆、画院，或美术家个人等网站所一再收录，特别是“中国美术

---

① 夏中义，夏伟.“有思想的小说”与“被小说的思想”——回应俞兆平教授[J].福州：东南学术，2011(11).

家网”在“文艺理论”栏目将其作为重点文章推出多年,保留至今。

他的有关浪漫主义的论说,为南帆任主编的《二十世纪中国文学批评 99 个词》一书收录,构成论析关键词“浪漫主义”的主要观点之一。

他发于《文艺争鸣》2003 年第 3 期的《现代性与中国现代文学研究的视野——兼与袁国兴先生商榷》一文,为首都师大张桃洲教授编著的《走进中国现当代文学研究课堂》一书所收录,作为中国现代文学研究中关于现代性问题争论的教学案例……

三

回望来程,俞先生在学术之路上已走过 40 个年头。在国内文学评论界,他属于“三栖类”人物——教的课程是“文学概论”,做的工作是学报编务,学术研究着力点却是现代文学。这使他不但精力有些分散,连研究方向也有点繁杂,即未能执于一途,除了着力于中国现代文学理论与思潮的研究外,他还出过诗歌理论专著(《诗美解悟》),写过马克思主义美学论文《现代性视野中的马克思主义美学》,一度研究过港台文学——《二元构合中的诗心与诗艺》,甚至纵马到艺术领域(《论艺术的抽象》)……可谓随心所欲、自由散漫到了极点。但这种“打一枪换一道壕沟”的“流寇式”作风,带来的结果是没有牢靠的“根据地”,这一弊端,俞先生到后期方才有所悟觉。他回顾道,当年徐志摩曾反省:“凡性气高傲人,往往旁掠而不肯专一,此所谓聪明误也。志固不可不大,而亦不可过大,必笃必颛,乃实乃张,读书所以致用,若摇惑眩乱,如入深雾,不知西东矣。”此处决非欲攀比徐公,而是因他点到俞先生之痛处,故多年不忘其训。

不过,十多年来主持《厦门大学学报》的编审工作和多项文学科目研究的交叉穿插,客观上也构成他相对开阔的学术研究视野。尽管目眩五色、学科间杂,但他进入学术研究的方法依然不变,学术风格从未偏离原旨。在《南华文存——俞兆平学术论文精选》的后记中,他曾总结:原态史实的实证与历史语境的纳入,是他进入学术研究的两大原则,因此,他倾向于以经验主义的实证为前提、以归纳概括为逻辑原则的文学研究方法。而这一学术风格则是由他的导师郑朝宗、许怀中两位先生铸造而成的。

俞先生指出,从学术角度着眼,郑朝宗先生给厦大中文系留下了一笔重要的遗产,这就是“文学研究中的实证原则”,若要以国内各高校中文系特色而论,或许这就是厦大的传统之一。郑朝宗先生毕业于清华大学,后留学英伦,负笈剑桥,兼之家学渊源(先生之父曾任林纾的文书,为其抄写、校正、誊清译稿),国学根柢深厚,若论学贯中西者,在厦大非他莫属。从英国回来后,他执教厦大中文系半个世纪之久,哺育的弟子遍布海内外。

1960 年,厦大列入国家重点大学,学制改为 5 年,系里制定新的教学方案,郑先生献策,内有一条:“要培养同学收集和处理第一手资料的能力和习惯。这也是给独立进行研究工作打好了基础。只知运用第二手资料,不仅会以讹传讹,而且研究的成果质量必然不会太高。”学术研究中,从占有资料出发;思维逻辑上,归纳胜于演绎。这也是闽人严复所强调的,他称之为“内籀”,郑先生一生崇拜“严林”(严复与林纾),由此亦可呈示。郑先生重视第一手资料,即原始资料,强化史实为证,这就逼着他的弟子们爬梳史料,披沙拣金,走的是笨拙却扎实的路径。当时还在念研究生的俞先生,记得一次上交学期论文,只因文中引英国批评家阿诺德的一段话,底下注释用“转引自”,被郑先生狠狠地批了一番:“怎么能转引?为什么不去查原著?”后来记起俞先生是念俄文,不是念英文的,才放了一马。

俞先生的另一位导师为许怀中先生,是郑先生的学生,走的也是史料归纳、逻辑实证的路。许先生是20世纪50年代初的厦大毕业生,经三十年的“厚积”,1980年以来,学术创造力如涌泉般喷发而出,仅鲁迅研究领域,就出版了《鲁迅与中国古典小说》等六部专著,可惜在1983年因奉命调往政界而中断。其治学态度可用四个字概括:谨严稳健。他尊重史料,钩沉稽索,力求言必有证,语无虚发,从不打花拳绣腿,以空疏浮泛之谈,蒙误世人。师门之风,后学承传,俞兆平先生感到十分幸运,学术细胞在萌生之际,就注入了两位导师的“多求索、重实证”基因,从而铸就了自身的学术风格。

俞先生曾感慨地说过,厦大学派的“文学实证原则”,在实践运作过程中是必须具有恒心与毅力的。学海茫茫,笨人碌碌,每当自己从书堆中淘出新的史实,就会像发现新的星体般,喜悦之情非言语所能道出。但史料的寻找,用的是披沙拣金的笨功,劳而无获是常有的事,许多人便因此而放弃,人各有志罢了。

立足于原著或原始资料,方可进入研究,此治学之道让俞先生受益终身。同时,也深深体味到郑先生“以讹传讹”一语内蕴的分量,早在20世纪五六十年代,郑先生就已看出中国学术研究中存在的弊端——当意识形态以君临之势掌控了一切可能的思维走向时,势必在一定程度上遮蔽了历史与存在的真实。多年后,俞先生在《中国现代三大文学思潮新论》一书的后记中写到:“我常震慑于由预先的理论命题设定所形成的‘传统’那牢不可破的威力,在确凿史实的质疑跟前,‘预设’仍安然如山,不改分毫。从预设的命题出发,进行演绎式的推导,这种黑格尔主义的先验论,这种被顾准称之为‘逻辑神学’的思维形式,何时才能得到纠正?”①这一带有怀疑论色彩的感悟,其源点正来自郑朝宗和许怀中两位先生当年的教诲。

俞先生举例说,像国内现代文学界长期以来形成了一种极为稳定的思维定式:写实主义的文学研究会和浪漫主义的创造社,二者是文学史上最为突出、相峙对立的文学社团,国内权威的几部现代文学史著作均是如此定论,但真实的史料却非如此。俞先生曾就创造社与浪漫主义的关系查阅过有关的资料,并做了累计:1922年,郭沫若的《创造》季刊《编辑余谈》;1923年,郁达夫的《文学上的阶级斗争》;1923年,成仿吾的《写实主义与庸俗主义》;1926年,郭沫若的《革命与文学》;1927年,郁达夫的《文学概说》;1927年,郑伯奇评论郁达夫小说《寒灰集》;1928年,冯乃超的《冷静的头脑》……这些文章均对浪漫主义文学思潮持摒弃、批判,甚至否定的态度。也就是说,在1930年之前的中国现代文学史资料中,查不到创造社主要成员肯定、推崇浪漫主义文学思潮的任何史实。但迄今为止的各部现代文学史均把创造社列为最具典范性的浪漫主义文学社团。这一思维定式、观点预设,强大到连“史实”都无法纠正其偏误。

究竟我们是相信史实呢,还是相信预设的判断?这些“预设者”在解读时有没有可能产生错位、误读,乃至故意误导呢?这不能不是个严峻的问题。如果连“史实”都可以漠视的话,那么我们的研究有何价值与意义呢?因此,史料的发掘与重新审视是带有颠覆性意味的,而学术原创的闪光点往往在这发掘之中迸发而出。由于这种原创性的观点和新的判断是奠立在确凿的史料基础上,真实性强,可信度高,也就是说,以实证逻辑得出的结论在学术论争中较难于被推翻。俞先生认为,自己在几次学术论争中能立于不败之地,是得益于厦大

① 俞兆平.中国三大文学思潮新论[M].北京:人民文学出版社,2006:434.

中文系的“实证原则”传统。

因此，俞先生在给研究生们讲课过程中，一再强调原态史实的实证与历史语境的纳入在学术研究中的重要性。他说：“你们这一代学人所欠缺的就是这两大原则。这些年来，我参加、主持过多场硕士、博士毕业论文的答辩，深感严复、郑朝宗、许怀中等老一辈学者所执守原则的重要性。现今学界，浮躁之风日盛，外面的世界很精彩，太多的诱惑侵蚀着为学所必备的淡然、笃定的心境，因而在学术研究上多寻捷径，演绎式的逻辑思维盛行其道。此类论文一般多是从新近流行的西方文论中拾得一二概念，然后以其为预设的命题，由此出发，才去搜集相关资料（其中多有郑先生所贬斥的‘第二手资料’），继尔罗列演绎成章，以此来印证预先提出的假设。此法虽可一时快速奏效，但经不住学术自身发展的检验，往往随着时光的流逝而湮灭。而且，这种学风还带来重复与沿袭之流弊，学术研究千人一面已成学术界的癌症。现今，学风严谨、以身作则的老一辈学者多已作古，我们这一辈弟子们也渐之退出舞台，但承接薪火，传递下代，仍是我们职责所在。”

必须指出的是，俞先生并非溺于史料、以发微索隐为目的的冬烘之士，他与时俱进的另一侧向，也相当鲜明、突出。他认为，以史实为证的、以归纳为主的研究方法也不能绝对化，资料、史实的开掘与新的理论视角的建立并非是矛盾对立的，而是相辅相成的。在学术研究中，宏观性、战略性的视角的建立仍然十分必要，它多来自新的社会思潮与新的社会语境，它有着形而上的意味，和那种战术性的预设的具体命题完全是两码事。当这种战略性的、全局性的、新的理论视角建立起来，就如同一盏聚光灯亮起，那些尘封多时被人遗忘的史料，或被人们熟视无睹的，乃至边缘性的史料，都将被照得熠熠生辉，焕发出新意，一条期盼已久、新的研究路径也将展现在眼前。像20世纪末“现代性”理论视角的建立，对俞先生学术研究的启示与导引的作用是十分巨大的，但在他的论著中，“现代性”一词并不作为名词概念的外观点缀，而是成为精神内质深深地渗透在章节文句内里，成为有机的组成成分。

俞兆平先生跟我们说过，他时时记得导师郑朝宗先生到晚年时常提及王国维的两句诗：“人生过后唯存悔，知识增时衹益疑。”确是如此，学海无涯，此生有限，谁也不能穷尽知识，唯有像王国维、郑朝宗先生们那样，把学术化为生命的存在，学人的一生才能得到永恒。

附：俞兆平先生的代表性论著

一、专著

1.《闻一多美学思想论稿》，上海文艺出版社1988年版。

2.《诗美解悟》，海峡文艺出版社1991年版。

3.《中国解放区文学史·诗歌卷》，海峡文艺出版社1994年版。

4.《批评的纵横》，鹭江文艺出版社1996年版。

5.《写实与浪漫》，上海三联书店2001年版。

6.《现代性与五四文学思潮》，厦门大学出版社2002年版。

7.《文学概论》（合作），人民文学出版社2002年版。

8.《中国现代三大文学思潮新论》，人民文学出版社2006年版。

9.《浪漫主义在中国的四种范式》，广西师范大学出版社2011年版。

10.《中国现代作家论科学与人文》（合作），广西师范大学出版社2013年版。

11.《南华文存——俞兆平学术论文精选》,福建人民出版社 2017 年版。

12.《苔痕履印——俞兆平人文随笔选集》,厦门大学出版社 2018 年版。

二、发表学术论文 200 余篇,选代表作 30 篇

1.《闻一多诗歌创作论初探》,《文学评论》1983 年第 2 期。

2.《闻一多评传读后》,《文学评论》1984 年第 4 期。

3.《闻一多新诗发展论》,《文学评论丛刊》第 26 辑,中国社会科学出版社 1985 年版。

4.《抒情诗的主体定性》,《文学评论》1987 年第 3 期。

5.《马克思实践观点与康德实践理性——与王元骧先生商榷》,《文学评论》1997 年第 3 期。

6.《二元构合中的诗心与诗艺》,《文学评论》1997 年第 4 期。

7.《中国现代文学中浪漫主义的历史反思》,《文学评论》1999 年 4 期;《新华文摘》1999 年第 10 期"论点摘编"。

8.《思辨逻辑与史实语境》,《文学评论》2001 年第 2 期。

9.《文学研究中的思维逻辑误区》,《文学评论》2002 年第 2 期。

10.《超越与整合》,《中国社会科学》1998 年第 4 期。

11.《中国现代文学中古典主义的历史定位》,《文艺研究》2004 年第 6 期;《新华文摘》2005 年第 5 期"论点摘编"。

12.《越界的庸众与阿 Q 的悲剧——〈阿 Q 正传〉新论》,《文艺研究》2009 年第 8 期。《新华文摘》2010 年第 3 期、《人大复印资料·现当代文学》2010 年第 1 期、《高校学术文摘》2009 年第 6 期均"全文转摘"。

13.《美学推进与哲学语境的转换》,《学术月刊》2002 年第 9 期。

14.《美学的浪漫主义与政治学的浪漫主义》,《学术月刊》2004 年第 4 期;《新华文摘》2004 年第 13 期"全文转摘"。

15.《科学认知与人文理解交错中的写实主义》,《学术月刊》2006 年第 4 期。

16.《命题预设与史实语境》,《学术月刊》2008 年第 6 期;《新华文摘》2008 年第 17 期"论点摘编"。

17.《卢梭美学视点中的沈从文(上)》,《学术月刊》2011 年第 1 期。

18.《卢梭美学视点中的沈从文(下)》,《学术月刊》2011 年第 2 期。

19.《科学主义在中国的百年命运》,《探索与争鸣》2014 年第 11 期。

20.《新人文主义与中国格律诗派的缘起》,《文史哲》2003 年第 3 期。

21.《现代性与中国现代文学研究的视野》,《文艺争鸣》2003 年第 3 期。

22.《古典主义思潮排斥与中国现代文学史欠缺》,《文艺争鸣》2010 年第 7 期。

23.《现代性视野中的马克思主义美学》,《天津社会科学》2008 年第 2 期。

24.《论林语堂浪漫美学思想倾向》,《天津社会科学》2010 年第 1 期。

25.《浪漫主义在中国的四种范式》,《天津社会科学》2010 年第 6 期;《新华文摘》2011 年第 9 期"全文转摘"。

26.《中国文学研究中的唯理主义与经验主义》,《天津社会科学》2016 年第 2 期。《新华文摘》2016 年第 14 期"论点摘编"。

27.《胡适倾向于浪漫思潮吗?——与汪荣祖先生商榷》,《天津社会科学》2019 年第 11 期。

28.《论鲁迅前期的浪漫主义美学观念》,《厦门大学学报》2007 年第 3 期;《新华文摘》2007 年第 16 期“论点摘编”。

29.《论厦门时期鲁迅哲学思想的转换》,《东南学术》2019 年第 4 期。《新华文摘》2019 年第 22 期“论点摘编”。

30.《审美意象论析》,《上海文学》1986 年第 8 期。

31.《哲思与诗语》,《现代中文文学评论》1995 年第 12 期。

32.《河出伏流　奇花初胎》,《联合文学》1991 年第 6 期。

Professor Yu Zhaoping's New Perspective on Literary Studies

Zhang Aigong

(Chinese Department of Xiamen University, Xiamen, 361005, China)

Abstract: Following the academic tradition of “Positivism Principles in Literary Studies” established by Professor Zheng Chaozong and Xu Huaizhong of Xiamen University, Professor Yu Zhaoping emphasized the integration of historical facts and context into literary research, and put forward a variety of original ideas in the academic field. First, from the perspective of modernity, he re-analyzed and defined the essence of the three major literary trends of Chinese realism, romanticism, and classicism. Second, he is the first researcher who divided the spread and acceptance of western romantic literary trends in China into four categories, which are Nietzsche-style philosophical romanticism represented by Lu Xun in his early time, Rousseau-style aesthetic romanticism represented by Shen Congwen, Gorky-style political romanticism represented by Guo Moruo, and Croce-type psychological romanticism represented by Lin Yutang. Third, from the perspective of scientism, he is the first researcher in China who made a comprehensive review on modern Chinese writers' theories and judgments on the relationship between science and humanities. Fourth, he reinterpreted The True Story of Ah Q and made a conclusion which is different from the comments that has been widely accepted for a century in the academic research field of “AH Q”. Professor Yu argued that Lu Xun was not “irritated by AH Q's not fighting back”, but “feared by his fighting back”, because Lu Xun was critical to the vagrant culture and the populist tendency in the Chinese revolution, and what he was looking forward to was rational and sincere revolutionary pioneers, not “AQ-like revolutionary parties” whose revolutionary purposes were power, money, and women.

Keywords: Yu Zhaoping; Chinese modern literary theory; three major literary trends, science and humanities; Lu Xun research

（学术编辑：胡旭）

张艾弓，男，厦门大学中文系副教授。

吴在庆教授唐代文学研究述评

王永波
（四川省社会科学院 文学研究所 四川 成都 610071）

摘要：吴在庆教授有关唐五代文学的研究取得了杰出成就，尤其是在晚唐文学研究方面。他对唐人别集的整理，代表性著作为《杜牧集系年校注》和《韩偓集系年校注》，公认为是杜牧集、韩偓集整理集大成的著作，在诗歌辑佚、辨伪、编年方面达到了新的高度。他对唐五代诗人与诗歌的系列考辨，解决了很多纠缠不清的具体问题，为进一步研究唐五代文学提供了依据。在此基础上他对唐代诗人的心态与文学关系研究，拓展了唐代文学研究的新领域，具有示范意义。在治学方法上，文史并重与考论结合是主要特点，值得学习与借鉴。

关键词：吴在庆；别集整理；文献考辨；心态探究

厦门大学中文系教授吴在庆先生是唐五代文学研究领域的著名专家，尤其在晚唐五代文学研究方面，成就卓著，在唐代文学研究界很有知名度。出版著作主要有《杜牧论稿》《唐五代文史丛考》《唐代文士与唐诗考论》《唐代文士的生活心态与文学》《听涛斋中古文史论稿》《杜牧集系年校注》《韩偓集系年校注》《韩偓论稿》等二十多部。合著《唐五代文学编年史》《唐五代文编年史》《唐才子传校笺》《唐诗大辞典》《中国文学家大辞典：唐五代卷》等书，点校古籍《九国志》《南汉书》《南汉书考异》等多部，并发表学术论文三百余篇，可谓是著作等身，学术影响深远。

一、杜牧与韩偓：唐代文学作家个案研究

吴在庆先生1946年出生于福建厦门鼓浪屿。1965年毕业于厦门第二中学，随即考入北京大学中文系，1970年大学毕业后经近两年的武山军垦农场锻炼，分配到江西南城工作。1979年考入厦门大学中文系，随周祖譔先生攻读隋唐五代文学，1982年经程千帆先生为主席的学位论文答辩小组审评，通过论文答辩，获得文学硕士学位并留校任教。

吴先生最初研究唐代文学是从晚唐诗人杜牧入手的，他认真研读了上海古籍出版社1978年出版的清人冯集梧《樊川诗集注》，对书中附录缪钺《杜牧卒年考》一文很有兴趣，从此揭开了杜牧研究三十年的序幕。他的《杜牧卒年及〈杜秋娘诗〉系年考辨》（《厦门大学学报》1982年增刊《文学专号》）、《杜牧卒年再考》（《人文杂志》1983年第5期）即在缪先生的杜牧卒于大中六年说的基础上写成的，只是从不同角度补充了一些材料，从而确定杜牧卒于大中六年十二月。他的硕士论文《关于杜牧研究的几个问题》完成后，由学校寄给缪钺先生评审，得到缪先生的高度赞赏。1991年春，吴先生的专著《杜牧论稿》被选入首届“南强丛书”，

由厦门大学出版社出版，缪钺先生特意为该书题识："吴在庆君治学勤敏，于唐代文学致力尤深。近数年中，与余通书论学，新思卓见，颇多启发。"①高度评价了吴在庆先生的学术特色与成就。

《杜牧论稿》全书25万字，主要由五部分组成：(一)杜牧疑伪诗甄辨；(二)杜牧生平行踪、作品系年及其诗考论；(三)杜牧的政治思想、党派分野及其对创作之影响；(四)杜牧诗文的渊源及艺术风格、表现手法；(五)杜牧的文学思想及影响。周祖譔、傅璇琮二先生分别作序。从内容上来看，吴先生研究杜牧及其诗文是在扎实的考据基础之上进行的，全书的考辨文字多达9万字，考证杜牧诗文与生平行踪80余条。在吸收前人与今人的研究成果的基础上，或作补阙与拾遗，或纠正讹误、廓清疑惑，或考索探赜，为诗文辨伪系年，引据可信的资料，提出了自己的见解，解决了杜牧研究中一些众说纷纭的疑难问题。例如在《杜牧疑伪诗考辨》中，针对宋以后所编《樊川外集》《樊川别集》《樊川诗补遗》《樊川遗收诗补录》等集中混入的作品，甄辨出《过鲍溶宅有感》《陵阳送客》等二十多首诗实非杜牧的诗作。对杜牧生平事迹的考证也建树尤多，如杜牧离宣州赴扬州幕府的时间、赴黄州刺史任之路线及时间、由考功郎中迁中书舍人的时间等，作者根据史料与杜牧诗文互证，得出了新的观点。正因为有了严谨翔实的考证基础，对杜牧的思想与文学创作的探索就有了可靠的保证，故而立论起来就显得不偏不倚、不蔓不枝，观点新颖而恰到好处。吴先生将追求新的发现与突破作为自己著书立说的原则，避免因袭成说。在论述杜牧的政治思想、文学主张、诗歌源渊、艺术风格、表现手法以及对后人的影响时，皆能独辟蹊径地发表自己的看法。"不论是材料考辨还是理论研究，本书所展示的大都是作者潜心研究的成果，是作者对杜牧研究中许多悬而未决的问题的独到的见解。"②

除了这部《杜牧论稿》外，吴先生还先后出版了《杜牧全传》《杜牧诗文选评》《增订注释全唐诗·杜牧集》《杜牧集系年校注》等书，足见他对杜牧的情有独钟。《杜牧全传》(长春出版社1998年版)是一部学术性与文学性相结合的人物传记，力求将文学与历史相统一，描绘出杜牧伤春伤别复谈兵的人生经历与诗歌创作。全书30万字，大致按杜牧生平仕履分为十章，前后相互紧密衔接。虽是一部通俗性的人物传记，作者也以严肃认真的态度，征引大量的典籍资料，使读者通过传主和社会背景的描述，得见杜牧当年生活的社会情景以及历史风貌，并从中让读者品赏其俊爽峭健又风华流美的诗作。《杜牧诗文选评》(上海古籍出版社2002年版)是一部杜牧诗文选本，从《樊川文集》中精选出一些最具有代表性的杜牧诗文，加以注释评述。全书按照杜牧的生平与创作阶段分为四个部分，每部分前均有简要的介绍说明，交代相关背景材料。所选诗文加以简注与讲评，方便读者阅读鉴赏，编年则大体采用缪钺《杜牧年谱》所系，偶有异见则另作说明。由于著者是杜牧研究专家，故撰写的《杜牧全传》与《杜牧诗文选评》很受读者欢迎，两本书曾多次再版重印。《增订注释全唐诗·杜牧集》(文化艺术出版社2001年版)按照体例，将《全唐诗·杜牧集》诗歌予以系年，可辨伪者辨伪，语词予以简要注释。此外，吴先生还为周勋初等先生主编的《全唐五代诗》辑校了《杜牧集》，以及《张祜集》《黄滔集》《翁承赞集》，将于近期出版。

《杜牧集系年校注》则是一部集大成的著作，由中华书局2008年列入"中国古典文学基

① 吴在庆.杜牧论稿[M].厦门:厦门大学出版社,1991:1.

② 张明非.评《杜牧论稿》[M]//唐代文学研究年鉴(1992辑).桂林:广西师范大学出版社,1993:205.

本丛书”出版。全书四册，120 万字，系统梳理了杜牧集的版本源流，择其善本，广泛参校他本，堪称杜牧集整理的最完善之本。在体例上，《杜牧集系年校注》主要由校勘、注释、集评三部分组成，每篇诗文第一个注释下标明写作年代，条理清晰，资料翔实，便于读者参考阅读。在文字校勘中，吴先生充分利用了朝鲜全罗锦山刻本《樊川文集夹注》以及文津阁《四库全书》所收《樊川集》，相互对校，取长补短。除了对底本中明显错误进行校改外，一般不作是非校，避免冗长校记，尽量保持原本的面貌。出于保存文献的需要，该书将《樊川文集》《樊川外集》《樊川别集》之外的所谓杜牧诗文全部收入，甚至从《尊前集》中收录传为杜牧《八六子》词一首，作为《集外诗》三卷、《集外文》一卷附录于后。冯集梧《樊川诗集注》仅注释杜牧诗四卷，未注杜牧文；朝鲜《樊川文集夹注》仅注释了《樊川外集》及《阿房宫赋》等三篇赋，未注其他大量的各类文章，可以说《樊川文集》自问世起就缺乏完备的诗文注释本。《杜牧集系年校注》首次对樊川诗文予以笺注，尤其是对杜牧文全部作注，不仅有益于唐代散文的研究，而且也改变了杜牧研究中重诗轻文的倾向。书中对杜牧诗文的笺注，重点在于对名物、典故、制度、语词等加以注释，文献征引赅博，注释详明确切，具有较高的学术价值。值得一提的是该书中的辨伪和系年。杜牧集在编刻流传中曾掺入了不少许浑、张祜、赵嘏等人的作品，吴先生在整理中对这些诗篇做了大量的考证辨伪工作，如对《三川驿伏览座主舍人留题》《早秋客舍》《书事》等诗的辨伪，理由充分，论证有力。诗文系年以缪钺《杜牧年谱》为基础，对杜牧 360 余篇作品逐一予以编年考证，不仅如此，还对诗文中涉及的人物、地点、时间等均务求探明，力求精准。如对《杜秋娘诗(并序)》的系年考证，就纠正了《南部新书》的错误记载。资料繁富也是该书一个显著特点，诗文后有大量集评，书后有分类的资料汇编，加上《杜牧诗文编年目录》，便于读者翻检阅读。《杜牧集系年校注》一书曾荣获福建省哲学社会科学优秀成果一等奖。

除了杜牧外，吴先生还对另一位晚唐诗人韩偓进行了研究，代表著作就是《韩偓集系年校注》与《韩偓论稿》。《韩偓集系年校注》(中华书局 2015 年版)三册，140 万字，列入“中国古典文学基本丛书”出版。此前学界已有齐涛《韩偓诗集笺注》(山东教育出版社 2000 年版)、陈继龙《韩偓诗注》(学林出版社 2001 年版)两部著作出版，为韩偓集的整理积累了基础。20 世纪 90 年代初，中华书局总编辑璇琮先生约请周祖譔先生校注《韩偓集》，后因周先生年岁已高，退休后学术兴趣转移，便将韩集校注一事交付给吴先生，同时将相关韩集版本及资料一并转送，薪火相传的意蕴不言而喻。吴先生在前人整理韩集的基础上，前修未密后出转精，终于完成了老师托付的任务。

《韩偓集系年校注》主要特色在于收集韩偓诗文较为完备，首次将诗文汇编为一书，弥补了《韩偓诗集笺注》《韩偓诗注》二书只收诗不收文的缺憾。该书八卷，前五卷为韩偓诗，后三卷为韩偓文，书后附录《韩偓生平诗文系年简谱》《韩偓研究资料选编》。在体例上，主要由校勘、注释、集评三部分组成，融校勘、笺注、辑佚、辨伪、集评、系年于一炉，堪称韩偓集整理的最完善之本。诗歌部分前四卷以《全唐诗》所收《韩偓集》为底本，这个本子的前三卷为《香奁集》外的韩偓诗，第四卷为《香奁集》。第五卷将《全唐诗・韩偓集》未收的断句、句联移入，又从其他典籍中搜集出《浣沙溪》《松洋洞》等作品。卷六为韩偓文，收入《红芭蕉赋》《黄蜀葵赋》《论宦官不必尽诛》《手简十一贴》等文，除《香奁集序》据吴汝纶编《韩翰林集》辑录外，其他各文均据《全唐文》收录。韩偓曾著《金銮密记》一书，今已佚，吴先生从各种典籍中辑佚出十八则，收入卷七中，另附有备考四则，辨误五则一并收录。卷八为《韩偓对话录》十八则，系从五代与宋代史料中辑录韩偓的只言片语。韩集版本众多,大体分为编年与分体两种,吴先生校勘韩集,尽可能参照众多明清刻本以及总集、丛书,辨别异同择善而从。诗文的注释侧重于词语、名物、典章的解释,先释其意再列举书证,时加诗句疏解。“注释力求精确,对于原无特别寓意与用事典之语词,一般不追求其辞源,更注意以唐人甚或宋以后作者之用例为义例。”①这种态度说明校注者的务实精神。

韩偓香奁体诗多绮罗脂粉之气,写男女之情与服饰容态,不太好准确编年,该书的突出贡献在于对韩偓大部分诗文进行了系年,其中多有纠正前人之误者,具有填补学术空白的意义。例如卷一《宫柳》诗,《韩偓诗注》编年在天复三年,本书则据《唐音统签》本《六月十七日召对自辰及申方归本院》诗题下小注,以及《唐百家诗选》本诗题下小注,断定《宫柳》一诗作于天复元年。接着又根据诗中“莫道秋来芳意违”“不怕金风浩荡时”两句所写季节,推断为秋天所咏,但根据韩偓行踪,天复三年秋诗人早已被贬,则该诗的具体写作时间应为天复元年秋。校注者结合韩集诗文版本与诗歌文本分析,推断出诗歌的准确系年,其诗文系年考证之严谨由此可见一斑。再如卷二《睡起》《惜花》《半醉》《春尽》《寄友人》诸诗,《韩偓诗注》皆系乾化四年作,该书则认为:“而再后之《惜花》诗有‘临轩一醆悲春酒,明日池塘是绿荫’句,分明已是后一年即乾化五年晚春之作矣。故此诗再后之《半醉》《春尽》《睡起》《寄友人》诸诗亦应是乾化五年之作。”②通过诗人行踪与诗歌内容相结合来判断写作时间,论述方法科学合理,比较具有说服力。无论是校勘还是注释,乃至编年与集评等,无不彰显出吴先生严谨认真的治学态度与优良的学术风范。吴在庆先生的这部《韩偓集系年校注》与《杜牧集系年校注》一样,实为近年来唐代文学别集整理中的集大成之作,故此著出版不久即荣获厦门市哲学社会科学优秀成果一等奖,它也必将进一步推进晚唐文学的研究。

《韩偓论稿》是一部论文集,收入各类韩偓研究文章22篇,总计33万字,中华书局2017年出版。吴先生研究韩偓起步较早,20世纪80年代受邀承担《中国文学家大辞典唐五代卷》中包括韩偓在内的八百多位作家小传的撰写任务,后又承担了《唐才子传校笺》第九卷中包括《韩偓传》的三十多位作家小传的笺证工作,即有收入本书的《韩偓小传》与《〈唐才子传·韩偓传〉笺证》两文。吴先生较早发表的文章是《韩偓咏梅诗解读》(《古典文学知识》2000年第6期),最近发表的文章为《韩偓诗注释解读辩误》(《杭州电子科技大学学报》2014年第3期),可以看出他研究韩偓与研究杜牧一样,前后历经三十多年,这部论文集是他深思熟虑后写作出来的论著。

《韩偓论稿》所收的论文按照内容大致可分为三类,分别是心态与诗歌艺术研究、具体作品研究以及韩诗辨伪、系年考辨,基本上对韩偓进行了全方位研究。开篇长文《略谈韩偓与韩偓集之整理》即《韩偓集系年校注》一书的前言,大致分为两部分。前半部分较为详细地论述了韩偓的生平事迹、思想心态与诗歌创作,并略述对历代韩偓诗的评价,赞赏韩偓“既是一位想为国为民有所作为的士人,也是一位绝不贪图富贵,眷恋权位之徒”。③ 后半部分是对韩偓集历代版本的考察,各种版本对比分析,确定韩偓集整理的底本及参校本。作者道出校

① 吴在庆.韩偓集系年校注[M].北京:中华书局,2015:56.

② 吴在庆.韩偓集系年校注[M].北京:中华书局,2015:468.

③ 吴在庆.韩偓集系年校注[M].北京:中华书局,2015:4.

注韩集的动因主要在于“钦佩韩偓的气节与人品”①，怀着对韩偓的崇敬之心情完成了韩集的校注。属于心态与诗歌艺术研究的文章有《韩偓贬谪途中的遭遇与心态》《韩偓贬官前后的心态及对其诗歌创作的影响》《韩偓咏梅诗解读》《韩偓梅花诗句意诗旨考论》。中间篇幅大多为韩偓具体诗作的解读与鉴赏，如对《隰州新驿》《感事三十四韵》《失鹤》《鹊》《火蛾》《露》《六言三首》《过茂陵》《故都》《宫词》《踏青》《懒卸头》等诗的发覆与解读。此外还有几篇考订辨伪之作，如《韩偓诗解读及相关问题辨释》《韩偓若干诗歌解读系年辨释》《解读几首韩偓诗的史料依据》《韩偓诗解读献疑》《韩偓若干诗歌系年考》《韩偓疑伪诗文考辨》等。就全书所收论文来看，文本分析与文献考订占据主要篇幅，为校注韩集打下了雄厚的基础。

二、唐代作家的生平考证与诗文系年

除了对杜牧、韩偓进行个案研究外，吴先生更多的精力花在唐代作家生平事迹的考证与诗文系年以及诗歌辨伪方面。主要成果集中收录在《唐五代文史丛考》《增订唐五代文史丛考》《唐代文士与唐诗考论》《听涛斋中古文史论稿》等书中，反映出吴先生读书之细致，问题意识之强烈，同时也是学术功底与研究方法的展现。

《唐五代文史丛考》一书由江西人民出版社 1995 年出版。全书由名、字考，生卒年考，籍贯考，登科年考，生平仕历考，诗文题目、作者及失收诗文辨析，诗文人名及作年考辨等七部分组成，总计 330 余条，31 万字。从内容上来看，该书涉及考证的诗人对象主要是中晚唐，如刘禹锡、马戴、姚合、赵嘏、皮日休、罗隐等人，采取每条解决一个具体问题的方式，以读书札记的形式，对中晚唐众多诗人的生平事迹与诗歌辨析、编年等进行了细致考辨，是一部尝试以传统治学方法，进行唐五代文史研究的纯粹考订甄辨之作。例如“李玖、李玫当为一人”“张祜生年考辨”“祖君彦被杀之时间”“聂夷中为河南中都人”“樊晃进士与制科登第时间”“皮日休为苏州郡从事及初识陆龟蒙之时间”“公乘亿未加授侍郎”“《全唐诗》误收及失收之孟宾于诗”“罗隐《嘲钟陵妓云英》诗之作年”等等，都是从分散在各种典籍中不易发觉的资料予以考索甄辨，解决某个具体的问题。这些问题看似琐碎无关宏旨，却是宏观研究的基础组成，没有这样扎实的研究作为基础，势必影响到宏观研究的学术质量。作者在潜心钻研晚唐五代文学时，对有关唐五代人物诗文的文献典籍多有涉猎，发现“其中记载之错讹阙漏，歧异龃龉之处时时可见，必须辨正考索，方能有所论定择取”。② 为了解决这些问题，作者孜孜不倦，旁搜博考，进行综合的缜密考证，日积月累撰成此书。此书大部分篇幅是对于晚唐五代作家的考订，晚唐的史料较为复杂，真伪掺杂其中，作家之间的事迹材料往往彼此纠缠，这就造成了晚唐作家生平考订的困难，其艰难可想而知。而且从唐代文史考证而言，因为史料的混杂，导致中晚唐的难度要大于初盛唐，晚唐的难度又要大于中唐，这是唐代文史研究者的共识。举例来说，五代十国时期南唐画家顾闳中的绘画作品《韩熙载夜宴图》名传千古，但对于韩熙载的生卒年却存在着诸多说法，一直困惑不清。《韩熙载生卒年》根据《全唐文》卷八八六徐铉《唐故中书侍郎光政殿学士承旨昌黎韩公墓志铭》中的记载，考定韩熙载生于唐昭

① 吴在庆.韩偓集系年校注[M].北京：中华书局，2015：1.

② 吴在庆.唐五代文史丛考[M].南昌：江西人民出版社，1995：2.

宗天复二年(902),卒于开宝三年(970),享年六十九。同时指出马令《南唐书》卷十三、陆游《南唐书》卷十二、《十国春秋》卷二八、《全唐文》卷八七七等所载有关韩熙载生卒享年有误。再如晚唐诗人温庭筠的卒年,夏承焘《唐宋词人年谱》中的《温飞卿系年》一文考证为咸通十一年,《温庭筠卒年》则根据《全唐文》卷七八六、《郡斋读书志》卷四下所载温庭筠的终官时间,以及《宝刻丛编》卷八所载《唐国子助教温庭筠墓志》,考定温庭筠卒年在咸通七年冬。

吴先生完成此书后,又撰写了二十多万字的新考订,编成《增补唐五代文史丛考》由黄山书社 2006 年出版,卞孝萱先生作序。新增补的部分加大了对盛、中唐作家作品的考证幅度,例如新增杜甫、韩愈、柳宗元多条,预示着吴先生唐代文学研究领域由晚唐五代向盛中唐进军。例如《生平仕历考》中的《杜甫与严武幕同僚不合说甄辩》《杜甫与严武关系考辨》《韩愈贬阳山原因考析》等,《诗文人名及作年考辨》中的《杜甫〈喜雨〉诗之作年》《杜甫〈营屋〉〈长吟〉诗非夏日作》《杜甫晚年诗歌数首编年考辨》《柳宗元〈道州文宣王庙碑〉等三文系年考补》等都是增补的考证文章。“值得注意的是,此书新增补的文章,显现出两个倾向。一个倾向是,一组一组的考证比重加大。如对李洞、方干生平和诗歌新做的系列考证,已具备专著的雏形,预示今后还将加大从单篇到一组到专著的力度。另一个倾向是,对盛唐、中唐作家作品的考证比重加大。”①卞孝萱先生在序中概括出增补本的两个学术倾向,的确可以反映出吴先生此著的学术价值。其中对中晚唐具体诗歌作品作年的考证,是在生平事迹探究基础上得出的结论,往往推论严密,令人信服。例如对杜甫多首诗歌的系年,纠正了前人的旧说,提出了一些新见。杜甫五律《喜雨》、仇兆鳌《杜诗详注》、浦起龙《读杜心解》、杨伦《杜诗镜铨》等皆系年于永泰元年四月,主要是沿袭宋人黄鹤之说,根据是新、旧《唐书》关于永泰元年的气候记载。《杜甫〈喜雨〉诗之作年》则根据史书记载认为这些气候是发生在京师长安,与杜甫写作此诗时的时地不符。又据杜诗《移居公安山馆一首》《乘雨入行军六弟宅》所写与《喜雨》时节、环境相似,得出此诗在大历三年作于荆楚的结论。此外,对杜诗《营屋》《长吟》《客夜》《忆昔二首》《村雨》《独坐》《天边行》等,吴先生都根据史书文献与杜诗相互印证,得出新的结论,对研究杜甫行踪与思想提供新说,可视为一家之言。

作者对晚唐五代诗歌的编年用力颇勤,收在此书中的第七部分《诗文人名与作年考辨》,就涉及对马戴《下第别令狐员外》《送吕郎中牧东海郡》《送和北虏使》,赵嘏《杜陵贻杜牧侍御》《华州座中献卢给事》《送同年郑祥先辈归汉南》《山阳即席献裴中丞》,李洞《题新安国寺》《上司空员外》《乱后龙州送郑郎中兼寄郑侍御》《锦江陪兵部郑侍郎话诗著棋》《题刘相公光德里新构茅亭》,杜荀鹤《献长沙王侍御》《将入关安陆遇兵寇》《入关因别舍弟》,罗隐《投同州杨尚书启》《东归别所知》《东归别常修》等诗歌的具体系年。在具体的考证过程中,皆从甄别、依据史料着手,结合诗人生平,并与其他诗作相参照,或辨析旧说,或提出新见,做到有理有据,用事实和材料说话。王运熙先生收到作者赠书后,即回信予以评论:“从尊著可见您对唐五代文学,系统阅读了大量原始材料,细心比勘考订,功力颇深,做了许多有益的基础工作。重点放在过去学人关心较少的晚唐文学,良有意义。”②

吴先生对中晚唐诗歌作品熟悉,因而在撰写《唐五代文学编年史·晚唐卷》,以及主编《唐五代文编年史》时更显得心应手。《唐五代文学编年史》是傅璇琮先生主编的一套唐代文

① 卞孝萱.增被唐五代序[M]//吴在庆.增补唐五代文史丛考.合肥:黄山书社,2006.

② 王运熙先生 1996 年 3 月 12 日致吴在庆先生信。

学基础工程大型著作，分为初盛唐卷、中唐卷、晚唐卷、五代卷四部分，其中晚唐卷由吴在庆先生承担，篇幅近七十万字。辽海出版社1998年出版后，曾获第四届国家图书奖、福建省哲学社会科学优秀成果二等奖，颇受学术界好评。晚唐卷从唐敬宗宝历三年（827）开始，唐哀帝天祐三年（906）结束，将晚唐近八十年的文学发展面貌以编年的形式展现出来，涉及数百位作家的生平和诗歌编年，难度系数相当大。晚唐文学编年难于初盛中唐文学，主要在于时代环境错综复杂，作家生平飘忽不显，史料真伪互出，都影响到对具体诗歌的编年判断。把晚唐数百位的诗人行踪搞清楚，前提是要有对作家生平事迹的考证作为基础，才能对当时文坛的动向加以概括和评述。而对具体诗篇的准确编年，又涉及多个作家之间的交往，等于先要编出单个作家的年谱，再把这些人物汇总成活动记录，截取他们交叉的部分，这样才能对作品予以较为准确的编年。这要求编写者对晚唐文学史料相当熟悉，且能对作品真伪、生平行踪等作出辨析，吴先生无疑是《唐五代文学编年史·晚唐卷》最合适的人选。实际上这套书出版后，晚唐卷所受到的评价最高，也是符合实际的。

由吴先生主编的《唐五代文编年史》则是另外一部重要的专著。该书五册，252万字，由黄山书社2018年3月出版。《唐五代文编年史》称得上是《唐五代文学编年史》的姊妹篇，编写体例相近。《唐五代文学编年史》主要偏重于唐五代文学史上重要诗篇的编年，虽然也对部分唐五代文进行编年，但所选不足全部唐五代文的百分之一，这就为《唐五代文编年史》的编撰留下了空间。唐五代文主要保存在《全唐文》《唐文拾遗》《唐文续拾》等中，近年来吴钢主编《全唐文补遗》已经出版到第九辑，以出土唐人墓志为主。加上陈尚君辑校《全唐文补编》，周绍良主编《唐代墓志汇编》及《续编》，现存唐文数量保守估计接近四万篇，约千万字。而且唐文与唐诗不一样，它的体裁与叙事方式多样，研究难度也更大，故而学术界对唐五代文研究，所投入的力量及成果，均无法与唐诗研究相比。由吴在庆主编、丁放副主编的这部《唐五代文编年史》，及时地弥补了这个缺憾。从唐高祖武德元年（618）开始，以后周显德七年（960）为终，将唐五代三百五十年间的文章编年出来。该书以年月为纲、史实为背景，以人物为经、文章为纬，用大量的文献资料逐月逐年编织起唐五代三百六十年的各体文章创作的宏图，同时也包罗了唐五代整个历史时期主要的历史政治事件、朝廷所颁布的政令与各项政策措施、诗文创作和文化活动等等内容。从多方面、多角度对唐五代的骈、赋、散文进行编年，进而探讨唐五代文的演进过程，其中涉及此前尚未研究过的方面。既对已涉及的问题有进一步的全面深入的研究，同时又开拓了新的研究领域，对唐五代文史的研究具有推动与深化的作用和意义。

三、唐代文学的整体观照与艺术研究

除了对唐代作家及诗文作品进行考证外，吴先生还投入相当大的精力对唐代文学进行了整体观照，尤其是注重艺术研究，也取得了一批重要成果。这里要特别介绍的是《唐代文士的生活心态与文学》一书。该书为教育部"九五"社科研究规划项目，1996年立项，2006年由黄山书社出版，可谓是十年磨一剑的精心之作。全书共5编17章，共36万字，选取唐代文士中具有代表性的生活，诸如读书习业、科举求仕、集会宴游、贬谪、隐逸等五个方面，深入探讨这些生活心态与文学创作之间的关系。全书以唐代诗人各个时期的经历为经，以生活为纬，涉及诗人生活的各个层面和阶段。举凡读书、行卷、干谒、揽胜、怀古、酬寄、赠别、宴饮、休闲、贬谪、隐居等，尽量展现出丰富多彩的生活方面，“在对每一生活方面的探索中，又具体描述不同文士在不同景况中的各式各样的心态与情感及其对文学创作所产生的作用与影响”①。该书以整个唐代文士为研究对象，不仅时间空间跨度长，而且人物众多，材料的取舍与结构的编排，都非轻易可以驾驭。著者在处理时，采取因人而异，因目的动机、因时因地不同而有区别加以分析，故而取得了理想的效果。例如诗人的隐逸，就区分为纯隐与为求仕而隐者、求仕不得及因世乱而隐者、时政险恶被迫而隐者、亦官亦隐者四类。因个人差异与环境情形不同，故隐逸时的心态也不同，导致创作中出现不一样的面貌。再如同为贬谪，宋之问、韩愈、李德裕是在朝中因故获罪于朝，为当朝皇帝所贬，但韩偓为昭宗所倚重，其所贬谪是受到军阀朱全忠与宰相崔胤等人的嫉恨所致。贬谪原因不一样，引起的心态也不同，贬谪途中与贬谪生涯中所写作的诗歌内容与风格殊异。注意从同中有异的角度去把握和发掘，使研究全面而辩证，丰富而多彩。由于吴先生熟谙唐代文史典籍，对唐代文士的生平事迹、社会习俗、精神风貌以及文坛发展状况，均能驾轻就熟，游刃有余，所据多一手材料，充分展现了著作考论结合的治学功夫。

单篇的唐代文学研究论文收入《唐代文士与唐诗考论》与《听涛斋中古文史论稿》两部论文集中。《唐代文士与唐诗考论》由厦门大学出版社 2006 年出版，收入 34 篇论文，共计 35 万字。《听涛斋中古文史论稿》由黄山书社 2011 年出版，收入 56 篇论文，共计 62 万字。两部近百万字的论文集基本上囊括了吴先生唐代文学研究的重要文章，出版后受到学界好评。

《唐代文士与唐诗考论》所收论文分为四编，包括时代风尚与精神风貌、生活心态与文学创作、诗歌风貌格调与解读、生平事迹与诗歌系年，侧重于唐代诗人心态与文学创作研究。著者从社会环境与时代风尚出发，例如从集会宴游、隐逸、贬谪等方面着手，来探寻诗人的精神面貌与创作心态，《唐代朝廷外文士的集会宴游及其精神情态》《唐代文士的集会宴游对创作的影响》《略论贬谪对唐代文士创作的影响》《略谈隐逸对创作的促进及题材的影响》《试论方干的隐居生活及其心态》等文章，就是从这些角度展开论述，把社会活动及诗人的角色变迁带来的心态波动作为诗歌研究的突破口，来探索唐代诗人创作的特点和规律。所论细致入微，把握住诗人情感脉动对创作的影响与变化，因而屡屡有新意，时常能深切肯綮，耐人寻味。除了王维、杜甫、韩愈、刘禹锡外，所论大多为中晚唐不太著名的作家，如方干、张祜、罗隐、李洞、欧阳詹、许棠等，彰显出作者知难而上的学术勇气及对研究对象的拓展。

《听涛斋中古文史论稿》除了极个别作家(如谢灵运、辛弃疾)不是唐代作家外，绝大部分都是唐代文学研究论文。这些论文分为五编，“文史专题考论”以宏观研究为主，如《科举制度对唐代文学的影响》《唐代科场弊病略论》《唐代文士隐逸生活述略》等，属于制度、生活影响唐诗专论。“作家作品研究”为个案研究，如《试论王维的风度》《樊南四六刍议》《咸通十哲三论》《再谈〈枫桥夜泊〉的作者为孙觌》等。“史传与诗文系年考索”所收论文《杜甫晚年诗数首编年考辨》《杜牧咸通元年卒年辨误》《许浑生卒年新说及晚唐两许浑考辨》等，都切实解决了某些具体问题。“版本、文论与风俗”以《樊川文集》版本考证为主。“文史专题述评”则收录历年来所作书评以及研究综述数篇。傅璇琮先生为该书题识：“文史合研，务实求真；淡泊

---

① 吴在庆.唐代文士的生活心态与文学[M].合肥：黄山书社，2006：1.

名利,更创新境。”[①]高度评价了《听涛斋中古文史论稿》的学术特点与价值。

吴先生参加的几个集体项目也值得一提。这些成果主要有《中国文学家大辞典唐五代卷》(中华书局 1992 年)、《唐才子传校笺》(中华书局 1990 年)、《唐代文学百科辞典》(汉语大辞典出版社 2003 年)、《唐诗大辞典》(江苏古籍出版社 1990 年)等。吴先生为这些工具书的编撰倾注了大量心血,其中《中国文学家大辞典唐五代卷》撰写 25 万字,《唐才子传校笺》撰写 20 万字,总字数超过百万字。此外,吴先生还出版了《新编宋诗三百首》(江苏古籍出版社 1994 年)、《听涛斋古典文学考论与解读》(辽海出版社 2013 年)、《听涛斋雪泥鸿爪集》(团结出版社 2015 年)、《中国古典诗词解读与鉴赏》(厦门大学出版社 2017 年)、《名家精注精评·刘禹锡集》(凤凰出版社 2014 年)、《名家精注精评·韩偓集》(凤凰出版社 2018 年)等书。并点校古籍《南汉书》《南汉书考异》《南汉纪》《南汉地理志》《九国志》《南汉丛录》,共约 60 万字,杭州出版社 2004 年出版。《听涛斋古典文学考论与解读》除了上编“考论甄辨与系年”所收 10 篇论文外,中编“诗文解读与赏鉴”与下编“唐宋名篇简析与品评”均是对唐宋具体诗文的鉴赏。《听涛斋雪泥鸿爪集》则是吴在庆先生的诗文集,分“雪泥鸿爪”“韶华心曲”“岁月留痕”三部分,记录着所行所经之旅痕与情事,并时而以诗赠友酬唱,展现出学者兼诗人的情怀。

四、方法论:文史并重与考论结合

从上面简要的介绍可以看出,吴在庆先生研究唐五代文学的确是成果丰硕,而且学术成果得到学界公认。他的研究从整体上来说涵盖面广,研究方法多样,既包括传统学问的别集校注、人物生平事迹考证、诗歌辨伪与辑佚、诗文编年等微观实证研究,又包含作家作品个案论析、诗歌创作艺术观照、生活心态与文学等宏观理论研究,两者很好地结合起来。他早期的论著多以文史考订为主,如硕士学位论文《关于杜牧研究的几个问题》、专著《唐五代文史丛考》。后来随着学术路径的拓宽,发展到立足文史而考论结合。他曾说:“十年前,我多着力于唐五代文史资料的搜集整理与考辨,重点放在唐五代作家的生平事迹及其作品的考证辨伪与系年。而 20 世纪 90 年代中,我有意在此基础上多从事于文学史实与文学内在外在发展变化动因相结合的探讨,此后即稍多考论之作。”[②]收录在《唐代文士与唐诗考论》《听涛斋中古文史论稿》《听涛斋古典文学考论与解读》中的多篇论文都是考论相结合的佳作,如《略论唐代的苦吟诗风》《王维与盛唐气象及风韵》《试论方干的隐居生活及其心态》《杜牧诗解读与品鉴二题》《谈唐代隐士的隐逸动机与归隐之路》《略论唐举子应试时的活动处境及其情感与创作》等,均是建立在扎实的考辨基础上来立论。

在对杜牧、韩偓的生平事迹、诗文重出辨伪、诗歌艺术风貌全面研究的基础上,吴先生开始了《杜牧集系年校注》《韩偓集系年校注》的编撰。两部书的撰写与出版,成为唐代文学研究的基本典籍,标志着他的学术研究进入高峰状态。从吴先生的学术历程中可以发现,重视文史与考订甄辨之学,始终是他学术研究的根本所在。他所从事的学术研究都是以实证为

---

① 吴在庆.听涛斋中古文史论稿[M].合肥:黄山书社,2011:1.

② 吴在庆.唐代文士的生活心态与文学[M].合肥:黄山书社,2006:327.

基础，大部分学术成果都是从考据入手的，正如周祖譔先生所说："夫考订之学，其搜集资料也宜全，其甄别史实也宜审。非勤奋不能致全，非心细难臻精审。故急功近利者不屑为，心气浮躁者不能为。"①搜集资料之全面，甄别史实之严审，加上勤奋与细心，是吴先生治学取得成就的关键所在。

傅璇琮先生在《杜牧论稿序中》曾说："构成本书基础的，也是构成在庆同志中晚唐文学研究基础的，是他对作家事迹的考证，他对作品的系年及真伪的辨析。"②宏观研究是建立在微观研究基础之上的，例如对杜牧五次担任郎官、四任刺史的史实及其作品没有弄清楚的话，就很难对杜牧的思想变化及诗文创作做出准确的描述。再如对韩偓贬谪的原因、始末没有探究清楚，就很难分析韩偓贬谪期间的心态与创作，也很难将他与其他贬谪诗人区分开来，容易陷于笼统谈论贬谪及其对创作的影响。从上述著述中可以看出，吴先生是非常重视基础考订工作的，除了《唐五代文史丛考》《增订唐五代文史丛考》外，其他如《听涛斋中古文史论稿》中的"史传与诗文系年考索"，《唐代文士与唐诗考论》中的"生平事迹与诗歌系年"，《听涛斋古典文学考论与解读》中的"考论甄辨与系年"，甚至《杜牧论稿》《韩偓论稿》中的大部分篇幅，都是围绕生平事迹与诗歌辨伪、系年而展开。由于有这些扎实的考据结论作为基础，因而在作家作品的艺术分析上就论说坚实有据，具有说服力。

吴先生对晚唐五代作家生平事迹与作品的考证，得到了学术界的普遍认可。如他早年发表在《唐代文学论丛》(总第八辑)(陕西人民出版社 1986 年)上的《卞著〈刘禹锡年谱〉辨补》一文，吴汝煜先生评论说："作者立足于本证，从刘禹锡诗文中钩稽史料，在有关刘禹锡的事迹、诗文系年等方面纠正了《刘禹锡年谱》的一些疏失；又为十四首诗歌作了新的系年。文章思虑周密，征引赅博，结论可信。"③其实吴先生的大多数考证文章都具有"思虑周密，征引赅博，结论可信"的特点。他的《唐五代文史丛考》出版后，得到学术界的交口称赞，多为学者所参考引用，获得好评。赵荣蔚先生在回顾晚唐五代文学研究成就时，就评论此书说："作者对史籍记载的错讹阙漏、歧异龃龉之处，细心辨正考索，论定择取。在旁搜博考，缜密推敲的基础上，弄清了晚唐许多作家的生平仕历及诗文作年等详情，从而给研究者提供了大量经过审慎研究过的可靠的相关资料。"④程千帆先生得到作者赠书后，回信称赞说："精卓可惊，求之当世，惟顺德岑氏可比，然有过之无不及也，欣佩欢喜。"⑤顺德岑氏即唐代文史研究的大家岑仲勉先生，程千帆先生将吴先生的学问与岑仲勉相比，可见他的推重与赞赏。

文史并重、考论结合是吴在庆先生治学的主要特色。他在《听涛斋中古文史论稿》后记中写到："如果能把考证和论述结合起来，也就是说应用考辨的手段理清某些历史材料与事实，并用以论证辨清某些学术分歧，或文学的、历史的问题。这样的考论结合治学路数，既求真务实，又将学术研究引向更精彩的引人入胜的境界。"⑥在《唐代文士的生活心态与文学》一书中，著者论述科举求仕、集会宴游、贬谪、隐逸等对士人生活心态对文学创作的影响，既

① 吴在庆.杜牧论稿[M].厦门：厦门大学出版社，1991：1.

② 吴在庆.杜牧论稿[M].厦门：厦门大学出版社，1991：4.

③ 吴汝煜.中唐文学研究综述[M]//唐代文学研究年鉴(1988 辑)，西安：陕西师范大学出版社，1988：59.

④ 赵荣蔚.晚唐士风与诗风[M].上海：上海古籍出版社，2004：5.

⑤ 吴在庆.听涛斋雪泥鸿爪集[M].北京：团结出版社，2015：365.

⑥ 吴在庆.听涛斋中古文史论稿[M].合肥：黄山书社，2011：551.

多据第一手文献材料立论，又以精审的考证弄清楚士人的不同经历，故结论坚实可信。例如论述唐代贬谪与贬谪文学，在该书第四编《贬谪的生活心态与文学》中，著者先区分贬谪的多层含义，包括贬谪初期、贬谪途中、到达贬所、贬谪不遇，每一个阶段的心态对文士来讲都不是静态的，而是随着贬谪过程中变动而产生变化的。这些细微的变化对诗歌创作带来了不同影响。接着以宋之问、韩愈、李德裕、韩偓、柳宗元等诗人作为个案进行分析，深刻论述贬谪中的种种心态及其发展变化，对创作情感内容深广度的影响，以及贬谪文学在主题上、题材上、表现手法上的特点。限于专著的体例，作者又在《略论贬谪对唐代文士创作的影响》(《厦门大学学报》2002 年第 2 期)、《贬谪对唐代文士创作表现手法的影响》(《古典文学知识》2001 年第 6 期)、《唐代文士贬谪途中的生活与心态述论》(《东南大学学报》2005 年第 2 期)、《韩偓贬官前后的心态及对其诗歌创作的影响》(《宁夏社会科学》2003 年第 1 期)等文中反复论述，进行多层次多方面的观照，将贬谪及贬谪文学的现象与成因彻底探索清楚。在论述过程中，著者从《旧唐书》《新唐书》《全唐诗》《全唐文》等基本典籍中搜寻大量的第一手材料，予以审慎考辨，理清史实与具体诗歌编年，在此基础上展开论述，充分发挥了其考论结合的治学特点。

即便是在诗歌鉴赏分析上，吴先生也着眼于诗人的生平行踪与心态，来考察分析诗歌中所蕴含的意义。例如韩偓的《梅花》诗，历来诗论家都认为诗中有所寄托，但所寄者为何则往往语焉不详。他在《韩偓咏梅诗解读》(《古典文学知识》2000 年第 6 期)、《韩偓梅花诗句意诗旨考论》(《湖南科技学院学报》2012 年第 9 期)两文中进行了探考。吴先生认为解读诗歌必须"结合诗人的政治遭际，细密地考察他所经历年代的政治时事事件以及相关的政治人物，加以探赜联系深究，排除无关者，从蛛丝马迹中发觉其中之关联切合者，方能品味出其中之深味"①。接着依据对韩偓事迹的考辨与文本分析，揭示出《梅花》诗的创作主旨是借"风虽强暴""雪欲侵凌"以显梅花之不畏强暴，凌寒而愈香，从而实际上寓托韩偓不屈服于朱全忠之流的残暴邪恶势力，以此显示诗人之政治品格。对其他诗歌的解读与鉴赏无不是遵循这种方法，不仅是对诗歌艺术具体的论析，更是文史结合的探赜考论，深得诗心三昧。

吴在庆先生勤奋治学，取得了众多成果，但他为人低调。他的几部专著都以"论稿"作为书名，虽为自谦之词，但也彰显出吴先生谦虚谨慎的一面。在写作中，他针对某些没有定论的问题，往往如实表述，例如他在《杜牧论稿》引言中就说："其中如《杜秋娘诗》及《杭州新造南亭子记》一文的系年，以及对《江南村》《题村舍》二诗之理解，是否言之有理，实不敢固必，还有待于读者考虑。"②像这种谦虚的治学态度实在是难能可贵。吴先生研究唐代文史，但他也关注现实社会，他的研究成果往往要为现代生活提供借鉴，并非一味皓首穷经做学问。他在《唐代文士的生活心态与文学》自序中解释撰写动机，即在于古人的生活心态与今人相似，"领略到人类的生活心态的前后延续及其规律，并借古鉴今，更好地认识与把握今日的生活与心态"③，期待以此引起读者的共鸣。吴在庆先生的这种专注与执着，在今天这种社会浮躁的背景下，尤其能给人以深刻的启迪和感染。

---

① 吴在庆.听涛斋古典文学考论与解读[M].沈阳：辽海出版社，2013：2.

② 吴在庆.杜牧论稿[M].厦门：厦门大学出版社，1991：6.

③ 吴在庆.唐代文士的生活心态与文学[M].合肥：黄山书社，2006：1.

附:吴在庆先生主要著述一览

一、专著

1.《杜牧论稿》,厦门大学出版社 1991 年版。
2.《新编宋诗三百首》,江苏古籍出版社 1994 年版。
3.《唐五代文史丛考》,江西人民出版社 1995 年版。
4.《伤春伤别复谈兵:杜牧全传》,长春出版社 1995 年版。
5.《唐五代文学编年史·晚唐卷》,辽海出版社,1999 年版。
6.《杜牧诗文选评》,上海古籍出版社 2002 年版。
7.《唐代文士与唐诗考论》,厦门大学出版社 2006 年版。
8.《唐代文士的生活心态与文学》,黄山书社 2006 年版。
9.《增补唐五代文史丛考》,黄山书社 2006 年版。
10.《杜牧集系年校注》,中华书局 2008 年版。
11.《听涛斋中古文史论稿》,黄山书社 2011 年版。
12.《听涛斋古典文学考论与解读》,辽海出版社 2013 年版。
13.《韩偓集系年校注》,中华书局 2015 年版。
14.《听涛斋雪泥鸿爪集》,团结出版社 2015 年版。
15.《中国古典诗词解读与鉴赏》,厦门大学出版社 2016 年版。
16.《韩偓论稿》,中华书局 2017 年版。

二、主编及参编著作

1.《唐五代文编年史》(主编),黄山书社 2018 年版。
2.《唐诗大辞典》(参编),江苏古籍出版社 1990 年版。
3.《唐才子传校笺》(第四册)(参编),中华书局 1990 年版。
4.《中国文学家大辞典·唐五代卷》(参编),中华书局 1992 年版。
5.《唐诗文学百科辞典》(参编),汉语大词典出版社 2003 年版。

三、学术论文 300 多篇,选代表作 30 篇

1.《杜牧卒年及杜秋娘诗系年考辨——兼与王达津教授商榷》,《厦门大学学报》1982 年增刊《文学专号》。
2.《令狐楚表荐张祜时间考》,《四川大学学报》1984 年第 2 期。
3.《杜牧疑伪诗考辨》,《中华文史论丛》1985 年第 1 期。
4.《关于张祜生平、诗歌系年、辨伪的几个问题》,《文学遗产》1985 年第 4 期。
5.《卞著〈刘禹锡年谱〉辨补》,《唐代文学论丛》1986 年总第 8 期。
6.《试论杜牧与元白的公案》,《厦门大学学报》1988 年第 1 期。
7.《王维与盛唐气象及风韵》,《王维研究》1992 年第 1 辑。
8.《韩愈怪奇险奥诗成因探赜》,《云南教育学院学报》1993 年第 3 期。
9.《关于罗隐生平行踪的几个问题》,《文学遗产》1994 年第 1 期。
10.《樊南四六刍议》,《中州学刊》1995 年第 1 期。

11.《试论王维的风度》,《王维研究》(第 2 辑),三秦出版社 1996 年版。

12.《中晚唐的苦吟之风及其成因初探》,《中州学刊》1996 年第 6 期。

13.《关于方干生平的几个问题》,《文学遗产》1997 年第 4 期。

14.《韦庄生年及“尝居虢州十年”献疑》,《文学遗产》1998 年第 3 期。

15.《略谈唐代的苦吟诗风》,《文学遗产》2002 年第 4 期。

16.《杜甫与严武关系考辨》(与傅璇琮合作),《文史哲》2004 年第 1 期。

17.《〈莫相疑行〉、〈赤霄行〉诗之作年和杜甫与同僚不合说献疑》,《中华文史论丛》总第 80 期,上海古籍出版社 2005 年 8 月版。

18.《杜甫、严武“睚眦”诗证及相关问题辨析》,《中国文化研究》2005 年第 3 期。

19.《韩愈贬阳山原因考析》,《中州学刊》2006 年第 6 期。

20.《诗人许浑生卒年新说及晚唐两许浑考辨》,《中州学刊》2007 年第 6 期。

21.《略论唐赋的三种作意及其相关问题》,《宁夏教育学院学报》2010 年第 2 期。

22.《赵嘏、杜牧卒年与〈唐诗类选后序〉作年考论》,《福建师范学院学报》2011 年第 1 期。

23.《杜牧卒于咸通元年说辨误》,《四川大学学报》2011 年第 1 期。

24.《许浑卒于“咸通二年或稍后”说辨误》,《中州学刊》2011 年第 2 期。

25.《韩偓〈隰州新驿〉诗之作年意旨考论》,《广东技术师范学院学报》2012 年第 3 期。

26.《韩偓梅花诗句意诗旨考论》,《湖南科技学院学报》2012 年第 9 期。

27.《韩偓〈感事三十四韵〉诗笺释考论》,《厦大中文学报》(第一辑),厦门大学出版社 2014 年版。

28.《唐若干“西江”诗考论——以张籍、刘禹锡、杜牧三首“西江”诗为中心》,《福建师范大学学报》2018 年第 1 期。

29.《韩偓〈露〉、〈六言三首〉诗发覆与解读》,四川社科院、四川省人民政府文史研究院《国学》第五辑,2018 年版。

30.《韩偓〈香奁集序〉真伪考辨》,《闽学研究》2018 年第 3 期。

A Review of Professor Wu Zaiqing's Research on Tang Dynasty Literature

Wang Yongbo

(Institute of Literature, Sichuan Academy of Social Sciences, Chengdu 610071, China)

Abstract: Professor Wu Zaiqing has made great achievements in the study of Tang and Five Dynasties literature, especially in the late Tang literature. His collation of the collected works of the Tang Dynasty, as the representative works—the Collation and Annotation of the Collection of Du Mu and the Collation and Annotation of the Collection of Han Wo, were regarded as great works of the collation and collection of Du Mu and Han Wo, which reached a new height in the collection of lost poems as well as in the identification of falseness and chronology. He made a series of textual studies on the poets and poems of the Tang and the five Dynasties, and solved many tangled and specific problems, which provided a basis for further study on the literature of the Tang and the five Dynasties. On this basis, the study of the relationship between the poet's mentality and literature in the Tang Dynasty has expanded the new field of literature study in the Tang Dynasty. His methodology of studying is characterized by a combination of literature, history and textual examination, which is profound and educational for academic research in classical studies.

Keywords: Wu Zaiqing; Collation of Anthology; Literature Review; Psychological Investigation

（学术编辑：刘荣平）

王永波，男，现任四川省社会科学院文学研究所研究员。

叶宝奎教授的学术道路与成就

娄 育
（中央民族大学 文学院 北京 100081）

摘要：叶宝奎先生的学术成就主要体现在两方面：一是数十年里专心致力于语言学概论课程的建设与教学，且成果显著；二是在汉语近代音研究领域，孜孜以求，是全面系统考察、描写明清官话音系第一人，对近代汉语标准音、近代音文献资料音系的描写与性质考订，及官话音、北音、南音相互关系等问题均有独到见解。

关键词：叶宝奎；语言学理论；汉语近代音；明清官话

叶宝奎（叶宝魁）博士（1948— ），男，福建省周宁县人，1976 年 8 月毕业于厦门大学中文系，厦门大学中文系教授，汉语言文字学专业博士生导师。曾任中文系语言教研室主任、厦门大学语委委员、厦门大学海外教育学院兼职教授、厦门市语言学会会长、中国音韵学会理事、韩国安东大学研究教授，马来亚大学中文系客座教授、语言暨语言学学院校外学术委员。

一、上下求索，转益多师

20 世纪 50 年代，周宁中学师资匮乏，办学条件很差。1957 年以后周宁一中陆续来了一批非常优秀的老师，大幅提高了教学水平，他们带来新的教学理念、新的方法，让这些“山里娃”受益匪浅。

1964 年 9 月—1966 年 5 月，高中阶段。这一时期，叶师读书比以前努力多了，学习目的也渐渐明确，每天晚上都在教室上晚自习。1966 年 6 月，停课。“文化大革命”开始以后，县委派来工作组，领导学校师生开展各项活动。1969 年 1 月初，到七步公社八蒲大队洋后村插队。1972 年至 1973 年上半年，在八蒲小学当民办老师，这期间有一个学期在七步中心小学当代课老师。

1973 年招生，厦门大学在周宁县有 3 个指标（分析化学、工业会计、中文），叶师填报的志愿是化学，却上了中文，是机缘巧合还是命运的安排？估计叶师自己也不知道。大学一年级时就选择了“语言专门化”，学习语言学的基础课程并接受语言学训练。

1976 年 8 月，毕业留校，参加《汉语大词典》的编写工作，1978 年 8 月，领导让他到语言教研室当杨茂勋老师[①]的助教，在杨先生的指导下学习理论语言学。

叶师在杨先生指导下，经过十多年的努力，基本可以应对"语言学概论""普通语言学"的教学工作，但要做更深入的理论研究，越往前走，难度越大。也许是因为杨老师于1986年过早退休的缘故，促使叶师开始思索自己未来的专业出路。理论语言学研究本来就特别艰难，对学者专业基础、学识素养、外语水平、学科意识、钻研精神等均有很高的要求，他觉得自己与杨老师相比，在太多方面相差甚远。沿着纯理论的路子走下去，还能做什么呢？于是决定调整研究方向。

汉语方言尤其是闽方言与音韵研究相结合，以及由此开拓的汉语音韵研究的新方法、新途径是厦大语言学的一大特色。于是在1990年，叶师决定师从方言音韵学家黄典诚先生[②]学习音韵学。

黄典诚先生凭借深厚的国学功底和对语言独特的悟性、对语言研究的执着精神，孜孜以求，数十年间无论是顺境还是逆境，从未放弃学术理想，他在语言研究的诸多领域，特别是在汉语方言和音韵研究方面创获良多。黄先生擅长结合汉语方言研究音韵，汉语语音史上许多疑难问题先生均能以方言材料加以印证、析释，轻轻点拨，使人顿悟；同时又能结合音韵材料、语音规律考证方言本字、解释方言现象。叶师对此深感敬佩。

三年时间，黄先生耳提面命，其治学理念和方法对他影响至深——夯实了汉语音韵基础、摸索出适合自身发展的研究方向、坚定了继续从事语言研究的信念。

1993年9月，获厦门大学汉语史专业博士学位。

叶师说："要是没有名师的指导点拨，像我这种基础单薄，半路出家的'和尚'是难有修行的。"

叶师中学时对数学、物理比较感兴趣，文科基础薄弱，如果按他本人意愿，定是要读理科的。可当时招生，志愿选择的余地很小，个人无力主动选择，只能被动适应。叶师说："刚进中文系的时候，对什么是语言学知之甚少，只懵懵懂懂地以为：语言学与文学不同，或许这玩意儿跟意识形态关联少些，因而坚定地选择了'语言专门化'。是中文系老师把我引上语言学之路，是名师的指导点拨，让我进入语言学的殿堂。"这也算"歪打正着"，叶师对于数理的兴趣正好帮助他在语言学教学研究的路上走得更远。也许这就是缘分。

1993年9月，南京大学鲁国尧教授和福建师大梁玉璋教授来到厦门大学，主持他的博士论文答辩，鲁老师担任答辩委员会主席。据叶师自己形容："承蒙老天厚爱，学术生涯中再遇名师，实乃大幸也。"鲁老师后又介绍其加入中国音韵学会，带他参加1994年8月在南开大学召开的第八届音韵学研讨会，那年他已经46岁，学习、研究音韵对他来讲算是"半路出家"。此后每届音韵学研讨会叶老师都积极参加，认识了许多学界的师长、朋友，使他大开眼界，路子越走越宽广。90年代最后那几年，鲁老师还将他的博士生的博士论文寄来让叶老

---

① 杨先生师从著名语言学家方光焘教授，胡明扬先生曾评价说："在中国真正懂得索绪尔学说的是方光焘及其弟子。"

② 黄先生尤其擅长结合汉语方言材料研究汉语音韵，经过长期的考察与研究提出：汉语音韵自上古到中古的发展，走了一条声韵矛盾、轻重分合不平衡的轨道。这一创见被称为"典诚律"或"强弱轻重律"。这不但解释了声母的变化，"一音何以分四等"，而且对于音韵学上的"重纽、去入互转"等问题也能进一步帮助理解。（详见：黄典诚.黄典诚语言学论文集[M].厦门：厦门大学出版社，2003：前言.）

师评审，给他更多学习锻炼的机会。二十多年来，鲁先生一直关心着叶师的成长，给予他许多指导与扶持。

二、锲而不舍，久久为功

叶师儿时的梦想就是当老师，当一名好老师，一生热爱教学工作。20 世纪 70 年代初，上山下乡时当过小学民办、代课老师。1978 年 8 月起，从师杨茂勋先生学习理论语言学，更是如他所愿。那几年的主要工作就是听课、备课、讲课。杨老师的课一直都跟班听课，也做些辅导工作，直到杨老师退休；搜集梳理相关资料，认真备课，在杨老师的指导下开始上"语言学概论"和"普通语言学"。杨老师毫无保留地将自己几十年积累的教学经验、研究成果教给他，包括几十年来收集整理的许多参考文献资料。

开头几年，叶师心无旁骛，专心讲课，并不急于撰写、发表论文。到了 1988 年，才将几年来的教案及教学心得体会整理成讲义，发给学生。后又经过两三年的打磨，编成《语言学概论》，于 1992 年 1 月由厦大出版社出版。从 1988 年开始，结合日常教学体会才陆续写了几篇与教学相关的文章。如：《黄伯荣〈现代汉语〉语音部分商榷》(1988)、《黄伯荣〈现代汉语〉词汇部分的几个问题》(1989)、《基本词汇能产性质疑》(1990)、《关于语义单位的几个问题》(1988)、《谈音位和普通话音位系统的一些问题》(1992、2004、2006)、《结构主义语言学简介》(2007)、《循序渐进，从已知到未知——语言学概论教学体会》(1998)、《也谈普通话语音教学》(2000)，等等。

前两篇是在上"现代汉语"课的过程中，结合教学实践环节，针对黄伯荣教材内容的考察与讨论。

后几篇则是对"语言学概论"一些重点问题的梳理和思考。20 世纪 80 年代，"现代语义学"刚刚介绍到国内，尚未普及，国内一些语言学教科书及语义学相关论著，在语义单位及其相关术语的确定和表述方面含糊不清、比较混乱。所以，叶师明确地针对"语义单位的几个问题"展开讨论，对于语义单位、语义系统的教学研究非常有帮助。作者观点以现在的眼光来审视依然是前卫的、正确的。

音位和普通话音位系统也是从事"现代汉语""语言学概论"教学绕不过去的重点和难点。叶师在 80 年代初就开始关注这些问题。自 1992 年撰文参加博士生学术研讨会以来，十几年间对这些问题的探索与思考不曾间断。直到 2006 年，他为参加第一届马来西亚汉语语言学国际学术研讨会(马来亚大学)撰写了一篇长达 2 万多字的论文，标志着他对"音位和音位系统理论"的认识基本定型。这篇论文从历史和现实两个维度切入，着眼于语音的共时体系，评述有关观点及意见，介绍划分音位的基本原则，描写考察普通话音位系统，从理论层面就普通话音系中的某些具体问题阐明自己的见解，是国内学者讨论、介绍音位和普通话音位系统较为深入全面的学术成果。

《结构主义语言学简介》旨在为学生学习"语言学概论"提供必要的背景资料。《循序渐进，从已知到未知——语言学概论教学体会》更是叶师多年教学经验的总结，从方法和理论两方面为学习者提供指导和帮助，提升教学效果和教学水平。

1982—1985 年间，同时担任学校大学语文课的教学工作。当时系里很重视这门课，由周祖譔先生亲自抓，调配十几位中青年老师投入这项工作，要求很严，为每一位年轻老师都配备了经验丰富的中年老师辅助指导，叶师的教学得到了陈茂同老师的悉心指导。几年下来，教学水平、教学能力都有了明显提高。90 年代后期，中文系只剩下二十几位老师，那时教学任务很重，有时一周要上二十几节课，老师依然乐此不疲。

1992 年 1 月，在杨茂勋先生的指导下，将多年来的教学讲稿、讲义补充修订，编著出版《语言学概论》一书。1993 年，李行健先生主编的《中国语言学年鉴》"专著提要"部分特别介绍了此书，明确指出："为了取得教材的科学系统完整，本书增补了多项内容。如第一章的'超语言的剩余部分'，第二章的'确定音位的基本原则''不同语言音位系统的差异'，第三章的'语义单位''区别性语义特征与非区别性语义特征''区别性语义特征与义素''义句的结构类型'，第四章的'不同语言（方言）的词汇是不同的系统''词位变体'，第五章的'形位变体''确定形位的原则''句子的扩展'，第六章的'文字符号的假定性和示差性'，第七章的'探索语言起源的新途径''语言发展的内因''语言发展的内部规律'，等等。这些都是同类教材一般不见介绍的。"①

该书 1995 年荣获厦门大学首届优秀教材一等奖；1996 年 6 月第 2 次印刷，2002 年 7 月出版修订版，2008 年 8 月第 6 次印刷……2013 年 8 月该教材的第三版由人民大学出版社出版，其影响力与使用范围更进一步扩大。

厦门大学语言学有着优良的学术传统，学术底蕴深厚。早在 20 世纪 30 年代我国著名的语言学家周辨明教授就在中文系开设了语言学理论课，抗战期间，周辨明先生与其弟子黄典诚先生合作编著了《语言学概要》。此书 1984 年由福建教育出版社正式出版（吕叔湘先生在序中给予很高的评价）。

1958 年，杨茂勋先生到厦大中文系担任语言学课程的教学，杨先生是 50 年代著名语言学家南京大学方光焘教授为数不多的四年制副博士研究生之一，对西方语言学尤其是结构主义学说深有研究。60 年代，杨先生不仅主讲"语言学概论"课，还开设"普通语言学"选修课（这在当时国内高校并不多见）。

叶宝奎教授 1978 年起从师杨茂先生学习理论语言学，后又从师黄典诚先生学习汉语音韵学，学有所承。在杨老师的指导下从事语言理论的教学与研究，担任"语言学概论""普通语言学"等课程的教学，历时二十几年。

"语言学概论"的教学目的是通过语言学基础理论和基本方法的阐释，培养学生运用语言学的科学方法考察语言现象的习惯，以提高学生的语言理论水平和语言分析能力，为学生学习其他语言课程提供必要的理论知识，为他们今后从事语言教学和语言研究工作奠定必要的基础。

叶师所编《语言学概论》是国内介绍结构语言学理论、方法较为全面的一本教科书。黄典诚先生在序中说："我相信，读者在读过本书之后，一定获益匪浅，而且由此出发，进而修习更高层的语言学课程，将收到事半功倍之效。"②

"本书系作者多年教学的总结，是在多年讲稿的基础上不断补充修订而写成的。本书对学科领域里的东西作了较为全面的介绍，重点在于系统介绍本学科中比较成熟的基本内容，

---

① 李行健.中国语言学年鉴(1993)[M].北京：语文出版社，1994：159.

② 黄典诚.语言学概论・序[M]//叶宝奎.语言学概论(第三版).北京：中国人民大学出版社，2013.

作者既注意吸收新的科研成果，又能努力避免不切实际的介绍。”“通览全书，我觉得本书结构严谨、理论基础扎实、科学性强、材料丰富翔实、重点难点突出、表述简明扼要、条理清晰、行文较通畅、可读性强，与同类教材相比特色显著。”[①]曾传兴先生如是评价。

校内外的评审专家曾给出这样的评语——“厦门大学中文系《语言学概论》是一门历史悠久、积累了几代学者丰富成功经验的主干课程。自1992年使用正式出版的自编教材以来，课程内容的讲授更加富于科学性与实践性，学生的学习热情逐年高涨，枯燥无味的术语与理论，在教师所举的各种语言的生动例证面前，变得生动而亲近，反映在历年硕士生招生试题的答卷上，听过此门课的学生对语言学基本概念的理解以及在运用理论分析具体语言现象方面，都表现出了胜过其他高校考生的语言学素质，这不能不归功于教材的高质量与授课的高水平。……课件在课堂教学中的运用，又极大地拓展了教学内容的深度和广度，为不同个性、不同爱好的学生主动地学习语言学基础理论提供了自由发展的空间，学生所学的知识也就不仅限于考研，而是直接面对社会，具备了较强的、对社会纷繁复杂的语言现象进行考察和分析的能力”(李国正教授的评价意见，2005)，“厦门大学语言学有着优良的学术传统，学术底蕴深厚。叶宝奎教授学有所承，长期从事语言学理论课的教学与研究，教学经验丰富，教学效果优良，所编《语言学概论》内容新，结构合理，科学实用，与同类教材相比，特色显著，使用效果良好，深受师生欢迎”(蒋有经教授的评价意见，2005)。

鲁国尧先生评价其书：“是国内介绍结构语言学理论、方法颇为全面的一本教科书。”[②]

与此同时，“语言学概论”课程也相继被评为厦门大学校级精品课程(2005)、福建省精品课程(2007)等多项殊荣。后来，又与青年教师合作，编写《语言学概论学习参考》(与陈明娥合作，2005)、《语言学概论考研辅导与习题集》(与陈明娥、卜祥忠合编，2015)等，也被广泛使用。叶师始终以教学为本，为了配合教学实践环节，便于学生阅读并研习参考资料，还额外编印了《语言学资料选编》(1、2)(厦门大学中文系语言教研室)。他主编且已出版过的“现代汉语系列教材”包括：《现代汉语》(2000)、《普通话语音概说》(韩文版)(2001)、《汉语语法》(韩文版)(2003)、《现代汉语词汇》(2011)、《汉语基础语法十二讲》(2010)等等。

叶师承杨先生、黄先生的传授与教诲，担任过“语言学概论”“普通语言学”“大学语文”“现代汉语”“汉语方言学”“汉语音韵学”“汉语语音史”“西方语言学”“结构语义学”“近代汉语研究”“现代汉语专题研究”等十几门课的教学工作。“咬住青山不放松”，连续讲授“语言学概论”二十几年，从助教、讲师到副教授、教授博导，一路从未间断。三十多年来，不断总结经验，不断打磨，不断改进，叶师为“语言学概论”课程的教学与建设倾注了大量心血，成为他一生中最重要的一项工作，如此专注，如此执着，我想，这种情形在眼下国内教育的大环境之下也不多见吧。

① 曾传兴.内容、格局、术语——读叶宝奎《语言学概论》[J].东南电大学报，1992(1)：30-33.

② 鲁国尧.序叶宝奎教授《近代汉语语音研究》[M]//叶宝奎.近代汉语语音研究.厦门：厦门大学出版社，2017：5.

三、治近代音，成果丰硕

1991 年，有一天，黄典诚先生把香港教会朋友送给他的一本罗马字《官话新约全书》拿给叶师，并嘱咐将其音系整理出来，说这是一本探讨官话历史极好的语音材料。适逢新加坡国立大学陈重瑜教授来函邀请参加第一届国际汉语语言学学术研讨会，因此撰成《清末官话音系考查》，作为参会论文。没过多久，叶师即“嫌弃”此文幼稚，许多问题还有待深入探讨。考虑到汉语近代音的研究历来是十分薄弱的环节，因而萌生出考查明清官话音系的想法，从此与明清官话音的研究结下了不解之缘。

20 世纪 90 年代以来，明清音特别是明清官话音的研究成为音韵学研究的热点。叶老师的《明清官话音系》(2001)便是近代音研究的重要成果之一。著名语言学家、文献学家鲁国尧教授给予此书很高的评价：“宝奎同志是这‘百家争鸣’热点的参与者、制造者之一，他的博士论文《明清官话音系》于 1993 年写成，通过答辩，七年来，他又精益求精，反复琢磨，终于成就了这部专著。我国伟大的历史家司马迁，在《报任安书》中说他的追求目标是，‘究天人之际，通古今之变，成一家之言’。依我看来，宝奎同志的这部专著可以‘成一家之言’了，因为它是热点中的热书。”①

2001 年，《明清官话音系》入选厦门大学校庆八十周年的“南强丛书”(第二辑)，其内容和价值深受同行肯定，2002 年重印，2003 年获福建省社科优秀成果二等奖。

《明清官话音系》是第一部比较全面系统地考察、描写明清官话音系的著作。这部书以其新颖独到的观点及对丰富翔实语音史料的精细描写，在汉语近代语音史的研究中独树一帜，几乎成为学习、研究近代音学人的必读书目。

辽宁师大文学院杨春宇教授曾在新近成果中提到：“本人与叶先生的交往要追溯至 2003 年我在日本北九州市立大学师从佐藤昭先生攻读博士期间。由于当时我选择了‘清代汉语’作为博士论文选题，叶先生的大作《明清官话音系》则是我留日完成博论期间必备的参考书之一，回想当初反复研读，亦曾体验韦编三绝之境。叶先生在其专著中对近代汉语的标准音、近代汉语共同语等重大问题，既有宏观的讨论、探索，又有微观问题的深入考察，其观点深深地影响与支撑了本人博士论文《社会语言学视角下的清代汉语与其他言语的对音研究——以日本近世唐音资料、满语资料、罗马字资料为中心》中对一些相关问题的思考，因对叶先生的学恩感铭之至，博论完成后，特将对叶先生的感激之情写入了本人博论的后记中。”②

在此基础上，叶师又陆续发表了二十几篇论文，就有关问题进行了更为深入的思考与探讨，如：《〈洪武正韵〉与明初官话音系》(1994)、《罗马字〈官话新约全书〉音系》(1994)、《也谈〈正音咀华〉音系》(1996)、《〈音韵阐微〉音系初探》(1999)、《也谈本悟〈韵略易通〉的重×韵》

① 鲁国尧.热点中的热书——序《明清官话音系》[M]//叶宝奎.明清官话音系.厦门：厦门大学出版社，2001：序.

② 杨春宇.《关于近代汉语共同语问题的再思考》题记[M]//娄育等主编.汉语史新视阈.厦门：厦门大学出版社，2019：224.

(1999)、《试论〈书文音义便考私编〉音系的性质》(2001)、《吕坤〈交泰韵〉音系研究》(2003)、《〈四声通解〉今俗音与〈等韵图经〉音系》(2004)、《也谈〈正音通俗表〉音系的性质》(2014),以上几篇论文均系音韵文献音系的考察描写,侧重音系性质的考订。

《谈清代汉语标准音》(1998)、《从"入配阳"到"入配阴"——看汉语近代音的演化》(1998)谈近代音的演化问题。从"入配阳"到"入配阴",由"开合洪细"到"开齐合撮",这是近代汉语韵母系统演化过程中两项比较突出且格外值得关注的现象,尤其是入声韵与阳声韵、阴声韵之间关系的转变(从"入配阳"到"入配阴"再到入声韵并入阴声韵的过程),实际上代表了近代汉语韵母系统演变的基本趋向,而且脉络十分清晰。以此为切入点考察汉语近代音的演化,可谓抓住了"牛角",有事半功倍之效。然关注者并不多。

关于汉语近代音的某些问题,学者们众说纷纭。叶师以其宽阔的视野,就与汉语近代音相关的几个重要问题,撰写《汉语语音史研究的回顾与反思》(2001)、《关于汉语近代音的几个问题》(2000)等文章阐明观点,为汉语近代音的研究做了许多认识上和理论上的铺垫。近代汉语基础方言代表点口语音呈现多极化局面,南京音与中州音、北京音并存,考察近代音不可忽视这一基本状况。然而无论是南音还是北音,都不是近代汉语的标准音,正音与南音、北音既有联系又有区别,正音并不代表一时一地之音,正音依存的基础方言是北方话而不是某个地点方言。

《〈四声等子〉入配阴阳初探》(2010)再谈"入配阴阳"的问题,从"入配阳"到"入配阴",这是汉语语音史的一项重要变化,这种变化是一个缓慢的渐进过程,其间"入配阴阳"的过渡状态特别值得关注。对《四声等子》入声韵阴阳两配的考察,有助于正确认识历史上入声韵的演化,对于近代汉语语音史的研究具有重要参考价值。

民国元年,"教育部"设立"读音统一会",旨在统一字音。民初国音(老国音)与清初《音韵阐微》音系有着明显的历史渊源关系,与清末官话音十分相近,与北京音区别显著,实是明清官话音的尾声。"言文一致"导致"小众语"向"大众语"转变,北京音取代老国音是国语统一运动的必然结果。回顾民初国音,了解老国音及其历史源流,对于明清官话音和现代普通话的研究都是有益的。①

《汉语近代音研究的一些想法》(2009)一文实为叶师经过多年来对汉语近代音的探讨研究所做的经验总结:第一,研究汉语近代音必须紧密联系中国特定的历史文化背景;第二,汉语、朝鲜语对音资料具有很高的学术价值;第三,改变以北京音为正统标准音的习惯思维定式,充分结合汉语南方方言语音,去研究汉语近代音。

还有几篇关于"文白异读"的论文和方音的文章:

如《也谈北京话的"文白异读"》(2006),讨论北京话文读音从何而来。有的学者认为来自东北方言,有的认为来自中原官话,许多人认为北京话的"文白异读"是方言接触的结果。叶师认为北京话的文读音来自近代汉语标准音并且随着近代汉语标准音的变化而变化;历史上北京方言在与别的方言相互接触的过程中,成批地接受外来读音是不现实的,其理由和证据都不充分。

这篇文章中,叶师提出了"共时的差异与历时的同一"的理念。这是深入认识、研究汉语近代音的一项重要规律,具有很高的理论价值。历史上某一时点的标准音与此前一个时期

① 叶宝奎.民初国音的回顾与反思[J].厦门大学学报,2007(5).

的北京音相近;某一时点的北京音与此后一个时期的标准音相近。二者构成了一种历时的"重合"或者"叠置"。某一时点上二种音系的某些差异,如果减去时间差,那么这种共时的差异就转化为历时的"同一"了。同时说明了北京音入声韵白读舒化在前,文读舒化在后。以上观念对于学习、研究汉语近代音具有启迪指导意义。

《〈中原音韵〉的"文白异读"与入声韵的演化》(2008)进一步探讨《中原音韵》有无入声的问题。《中原音韵》音系是否保存入声韵?几十年来很多学者在这个问题上花费了不少心血,或证其有,或论其无,至今尚未取得一致的见解,讨论仍在继续。叶师认为《中原音韵》"两韵并收"体现"文白异读",文白差异促使白读音更快变化。入声韵的演化是不平衡的,元代"中原之音"的部分入声韵(白读音)已率先舒化。

《现代汉语词典》(试用本)所记北京话的"文白异读"(2009)对《现代汉语词典》(试用本)(商务印书馆,1973)所存留的"文白异读"字进行穷尽式的搜索和全面梳理,并结合《普通话异读词审音表》和《国语一字多音审订表》存留北京话"文白异读"的情况,考察分析北京话的"文白异读"在普通话音系中的存废情况。

《从闽语文读音看明清官话音》(2012)以厦门话、福州话文读音(韵母部分)为例考察闽语文读音与明清官话音的关系。旨在通过闽语文读音与官话音的对比,揭示二者关系,说明官话音并非无源之水、无本之木。

另有《闽东次方言的阳声韵与入声韵》(1997)、《莆仙方言边擦音初探》(1999)、《〈闽音正读表〉初探》(2001)等文探讨方言问题。文章认为:莆仙方言的清边擦音声母 ɬ 在福建方言中显得相当特别。尽管目前尚未发现直接证明 ɬ 历史来源的具体材料,但从边擦音在其他汉语方言和周边少数民族语言中的分布情况以及闽粤两省汉语方言与古越语融合的历史情况来看,可大致确定莆仙方言中的边擦音是古越语的遗迹。

以上,大略梳理出叶师在汉语近代音研究领域的代表成果,现将其主要观点、创获凝练如下:

(1)"近代汉语标准音既不是北音也不是南音,而是不断演化的传统读书音,官话音与北音、南音同源异流,既有联系又有区别。"这一观点,是先生在对近代音及中国特定的社会历史文化背景作了较为深入的考察之后得出的,而且愈来愈多的材料可以印证这一观点。

(2)将明清时期的语音资料作了梳理分类,官话音的代表:《洪武正韵》《韵略易通》《西儒耳目资》《韵略汇通》《五方元音》《音韵阐微》《正音咀华》《官话新约全书》等;北音的代表:《中原音韵》《等韵图经》《李氏音鉴》之北京音等;南音的代表:《古今中外音韵通例》之南京音、《南京官话》……改变了以往前辈学者只做南北音两系的分类模式。

(3)"不以作者的籍贯定音系性质。"关于近代音资料(韵书、韵图)音系性质的论定,以往许多学者常依据作者的籍贯,以为作者是哪里人,记的就是哪里的音系。比如认为,兰茂是云南人,《韵略易通》记的是云南方音;毕拱辰是山东人,《韵略汇通》记的就是山东音;樊腾凤是河北人,《五方元音》记的就是河北方音,等等。事实证明以作者籍贯定音系性质,是不可靠的。

(4)"改朝换代、国都迁移,并不马上导致基础方言代表点音系的变化,更不表明汉语标准音的迁移变化。"有人认为,北宋都东京(开封),正音基础东移汴洛,形成河洛音系;元代定都大都,大都音成为标准音;明初定都南京,以南京音为标准音;清代定都北京,北京音自然又成为标准音了。如此走马灯似的变换,我们的汉语标准音还有一个准心吗?语音的变化体现为一个缓慢的过程，改朝换代、国都的迁移、民众的流动，当然会影响基础方言口语音的变化，但语音的交汇、融合、迁移、变化需要时间；共同语标准音具有超方言的特点，国都的迁移对标准音的影响是间接的，更需要“假以时日”。那种以国都的迁移、民众的流动马上就会导致标准音更替转换的看法过于简单化。

(5)认为官话分南北两支，近代汉语存在两种标准音，那是不可思议的；认为明代的标准音是南京音的意见，也是缺少证据的。近代汉语标准音(官话音)与南京音比较相近，但二者是有区别的。明清官话音是历史的产物，是一代代传承下来而又不断变化的，它不代表一时一地之音。近代汉语的基础方言同样是北方方言，不是一地方言。共同语与基础方言关系密切，共同语源于基础方言又高于基础方言，标准音不等于基础方言代表点的口语音，汉语近代音的情况更是如此，这是汉语语音长期发展演化的必然结果。近年来，有些学者却有意无意地将共同语标准音同基础方言代表点口语音等同起来，并极力为官话音寻找特定的“基础方言”，这是不可取的。

(6)考察近代汉语标准音及相关语音资料时不赞同“混合音系说”，说某份材料既含有北音成分又含有南音成分，是凑合的系统，所谓“一半折衷各地方言，一半迁就韵书”的说法，看到的只是一种表面的现象而没有看到问题的实质。部分学者有种潜意识，就是认为唯有地点方音才是具体实在的，而官话音则是凑合的，甚至是没有一定标准的。他们认识不到以传统读书音为基础的官话音与北京音、南京音以及各地方音均是同源异流的关系，相互间既有联系又有区别。考察近代汉语标准音不能与现代普通话音系作简单地比照。有的学者认为现代普通话音系以北京音为标准，官话音也一定要以某地方音为标准，否则就是不真实不可靠的。这种认识完全忽视了古今社会历史文化背景的差异，它可能导致近代音研究步入误区。

(7)以往有的学者简单地将汉语近代音当作单一音系处理的做法之所以有错，原因就在于未能正确认识标准音与基础方言代表点口语音之间存在的“同源异流”的关系，有意无意地将二者等同起来，他们的考察结果不仅不符合实际而且也无法对具体的语音现象做出令人信服的解释，比如明清汉语究竟有无入声的问题，长期争论，许多解释，各执一词，自然难以圆通。那种简单地将现代汉语普通话音系看作是明清官话音的延续，或者认为元明以来北京音一直是汉民族共同语标准音的看法，都是值得商榷的。某些学者内心深处潜藏的“北京音情结”可能误导他们对近代音的认识与研究。

(8)研究汉语近代音，注重考察域外语音材料和南方方言材料以为参证。特别是明代朝鲜的语音材料，尤为难得、可贵。南方方音，特别是闽语的语音资料与近代音的相似度很高，可以帮助解决很多问题。南北方音的差异也有助于正确认识官话音与北音的差异。等等。

同时，叶师也不断地更新视角来看近代汉语标准音及相关问题，比如：

(1)对《中原音韵》入声韵有了新的认识，认为《中原音韵》部分入声韵“两韵并收”现象，实际上反映的是“文白异读”。“文白异读”促进了语音的发展，尤其是促使入声韵的变化，北音中的文读音相对保守些，白读音演化速度则快一些，这些差异直接导致了入声韵演化的不平衡性。《中原音韵》音系部分入声韵(白读音)已率先舒化。改变了原先认为《中原音韵》所有入声韵均未舒化的观点。北方方言的文读音与中古《切韵》音系关系密切，距中古音韵近；白读音是基础方言口语音，演化速度明显快于文读音，离中古音韵远。而南方方音则相反，白读音离中古音韵近(有的还是上古音的存留)，文读音跟着共同语标准音走，离中古音韵远。南北方音“文白异读”与中古音韵亲疏远近的关系不可一概而论。

(2)通过对民初国音的历史回顾,确认老国音实为明清官话音的延续,可看作是明清官话音的尾声,其音系仍是以传统的读书音为基础,而不是北京音。

(3)通过连续发表几篇关于北音“文白异读”的论文,对北音“文白异读”的历史源流进行考察,阐明“文白异读”是方言现象,北京音历史上存在“文白异读”,表明了北京音在清末民初之前并非汉语标准音。现代普通话以北京音为标准音,原北京话的“文白异读”在普通话音系中渐趋消亡,自在情理之中,因为标准音是不必区分“文白异读”的。

(4)《也谈近代官话的“标准音”》一文,进一步重申:汉语标准音古已有之,是客观存在的;明清官话音是历史的产物,不代表一时一地之音,不是凭空臆造出来的;官话音与北音、南音同源异流,既有联系又有区别。

其成果既着眼于宏观把握,对近代音领域的重大问题进行讨论、探索,又有对微观问题的深入考察。比如:“从《中原音韵》的归字及元曲押韵情况看,‘铎觉药’归‘萧’‘豪’的白读音明显占优势,从音理上看,‘铎觉药’塞音韵尾脱落,率先舒化也是很自然的。宕江两摄的主元音原是舌位后低圆唇元音,圆唇化倾向显著,入声韵的喉塞音韵尾-ʔ,极易受舌位后圆唇元音的影响演化成半元音-w:ɒk/ɔk→ɔʔ→ɑw/ɔw。”这种变化与《四声通解·凡例》“通考于诸韵入声则皆加影母为字,惟药韵则其呼似效韵之音”的记录相吻合。以及认为,开口三等药韵之所以变读撮口呼(文读音),是因为其主元音一直保持圆唇化的倾向,结果将i-介音同化了,其演化过程是:iɒk—iɔʔ—ioʔ—yoʔ—yo—yɛ。还有《中原音韵》“支”“思”韵所收入声字“瑟涩塞”的可信度以及这三个字的口语音是否已经舒化;《增订中州全韵》“知”“如韵”的形成及语音演化的依据,等等。类似的例证都较好地说明了叶师能够以语言学理论来解释汉语音韵现象,与汉语文献资料、方言语料相互印证,这也正是他的研究特点及优势之所在。同时也十分注意查找自己著作中的缺失、疏漏,虚心听取不同的意见,不断深化认识,积极主动修正已有观点。

2008年11月,叶老师退休之后依然关注关心语言学科的建设与发展,经常参与博士生论文的预答辩、答辩,出席学术会议,以及其他相关的学术活动,做了许多有意义的工作。

2012年8月,协助李无未教授成功举办中国音韵学暨黄典诚学术思想国际学术研讨会(厦门大学,2012.8.24—26)。

2013年,主编《黄典诚教授百年诞辰纪念文集》(厦门大学出版社),旨在梳理宣传黄典诚教授的学术成就,光大厦门大学语言学的优良传统。

2013年,修订《语言学概论》(第三版),改由中国人民大学出版社出版。

2014年8月,参加广西大学举办的中国音韵学研究会第十八届学术研讨会。

2017年5月13日,应邀参加香港科技大学中国语言学研究中心举办的官话入声归派演变及相关问题研讨会,提交论文《近代汉语入声韵的演化》。

2017年,编辑出版《近代汉语语音研究——叶宝奎自选集》(厦门大学出版社)。

2019年,协助学生(娄育、李超、储小旵)编辑出版《汉语史新视阈——叶宝奎先生七秩寿庆论文集》(厦门大学出版社)。

叶师将自己多年的论文整理编辑出版,还协助厦门大学中文系将学科领域内翘楚英贤的论文结集,以飨学界,始终在为语言学和汉语史研究默默奉献着自己的力量。

附:文内所及叶师成果出版信息(以首刊时间为序)

一、论文类

1.《黄伯荣〈现代汉语〉语音部分商榷》,《集美师专学报》1988年第1期/《中国人民大学〈语言文字学〉复印资料》1988年第9期。

2.《关于语义单位的几个问题》,《厦门大学学报》1988年第3期。

3.《黄伯荣〈现代汉语〉词汇部分的几个问题》,《集美师专学报》1989年第1期。

4.《基本词汇能产性质疑》,《集美师专学报》1990年第2期/《中国人民大学〈语言文字学〉复印资料》1990年第10期。

5.《谈音位和普通话音位系统的一些问题》,中国社科院研究生院、厦门大学研究生院编《九十年代中国的经济改革与发展——两院博士生论文集》,厦门大学出版社1992年版/叶宝奎编《语言学资料选编》,厦门大学中文系语言教研室2004年版/第一届马来西亚汉语语言学国际学术研讨会(马来亚大学)2006年3月/马来亚大学语言及语言学院编《中文专业论文集(一)——敲开语言的窗口:多样性、变异性和规范性》,马来西亚艺青出版社有限公司2007年版。

6.《〈洪武正韵〉与明初官话音系》,《厦门大学学报》1994年第4期。

7.《罗马字〈官话新约全书〉音系》,中国音韵学研究会第八次学术讨论会论文,南开大学,1994年8月。

8.《也谈〈正音咀华〉音系》,中国音韵学研究会第九次学术讨论会论文,福建师范大学,1996年8月。

9.《闽东次方言的阳声韵与入声韵》,第5届国际闽方言研讨会论文,华侨大学,1997年8月。

10.《循序渐进,从已知到未知——语言学概论教学体会》,《厦门大学教学研究论文集》,福建人民出版社1998年版。

11.《谈清代汉语标准音》,《厦门大学学报》1998年第3期。

12.《从"入配阳"到"入配阴"——看汉语近代音的演化》,中国音韵学研究会第十次学术讨论会论文,长春,1998年8月。

13.《也谈本悟〈韵略易通〉的重×韵》,《古汉语研究》1999年第2期。

14.《〈音韵阐微〉音系初探》,《厦门大学学报》1999年第4期。

15.《莆仙方言边檫音初探》,第六届国际闽方言学术研讨会论文,香港科技大学,1999年6月。

16.《也谈普通话语音教学》,《厦门大学学报》2000年增刊。

17.《关于汉语近代音的几个问题》,《古汉语研究》2000年第3期/台湾《声韵论丛》第10辑,台湾学生书局2001年版。

18.《试论〈书文音义便考私编〉音系的性质》,《古汉语研究》2001年第3期。

19.《汉语语音史研究的回顾与反思》,《人民日报》第006版2001年7月28日。

20.《〈闽音正读表〉初探》,第七届国际闽方言学术研讨会论文(厦门大学),2001年11月。

21.《吕坤〈交泰韵〉音系研究》,《中语中文学》第33辑,韩国中语中文学会2003年

12 月。

22.《〈四声通解〉今俗音与〈等韵图经〉音系》,中国音韵学研究会第十三次学术讨论会论文,汕头大学,2004 年 8 月。

23.《也谈北京话的“文白异读”》,(香港)《语文建设通讯》总第 85 期,2006 年 12 月。

24.《结构主义语言学简介》,《厦门大学中文系大一课堂》,厦门大学出版社 2007 年版。

25《民初国音的回顾与反思》,《厦门大学学报》2007 年第 5 期/《高等学校文科学术文摘》2007 年第 6 期。

26.《也谈近代官话的“标准音”》,《古汉语研究》2008 年第 4 期。

27.《〈中原音韵〉的“文白异读”与入声韵的演化》,《厦门大学学报》2008 年第 6 期/(日本)中国语学研究《开篇》总第 27 期,好文出版 2008 年 4 月版。

28.《〈现代汉语词典〉(试用本)所记北京话的“文白异读”》,马来西亚华语国际学术研讨会论文,马来亚大学,2009 年 2 月。

29.《汉语近代音研究的一些想法》,韩国中语中文学会联合国际学术大会论文,首尔诚信女子大学,2009 年 11 月。

30.《〈四声等子〉入配阴阳初探》,中国音韵学研究会第十六次学术讨论会论文,山西大学,2010 年 8 月。

31.《从闽语文读音看明清官话音》,中国音韵学暨黄典诚教授学术思想研讨会论文,厦门大学,2012 年 8 月。

32.《也谈〈正音通俗表〉音系的性质》,中国音韵学研究会第十八次学术讨论会论文,广西大学,2014 年 8 月。

33.《近代汉语入声韵的演化》,“官话入声归派演变及相关问题”研讨会论文,香港科技大学中国语言学研究中心,2017 年 5 月。

二、专著与编著类

1.《语言学概论》,厦门大学出版社 1992 年版/《语言学概论》(修订版),厦门大学出版社 2002 年版/《语言学概论》(第三版),中国人民大学出版社 2013 年版。

2.《现代汉语》,中国财经出版社 2000 年版。

3.《明清官话音系》,厦门大学出版社 2001 年版、2002 年版。

4.《普通话语音概说》(韩文版),韩国汉城松山出版社 2001 年版。

5.《汉语语法》(韩文版),韩国大邱中文出版社 2003 年版。

6.《语言学概论学习参考》(与陈明娥合编),厦门大学出版社 2005 年版。

7.《汉语基础语法十二讲》,马来西亚联营出版公司 2010 年版。

8.《现代汉语词汇》,韩国安东大学人文科学研究所 2011 年版。

9.《语言学概论考研辅导与习题集》(与陈明娥、卜祥忠合编),中国人民大学出版社 2015 年版。

10.《近代汉语语音研究——叶宝奎自选集》,厦门大学出版社 2017 年版。

The Academic Journey and Achievements of Professor Ye Baokui

Lou Yu

(School of Liberal Arts, Minzu University of China, Beijing, 100081)

Abstract: There are two main noteworthy achievements in Professor Ye Baokui's academic journey. Firstly, he has devoted himself to teaching and constructing the course of Linguistics Introduction for decades, with remarkable achievements; Secondly, in the area of modern Chinese phonology research, he is the first one to investigate and describe the phonetic system of the Mandarin of Ming & Qing Dynasties comprehensively and systematically. In combatting the puzzling problems like modern Chinese standard phonology, nature of modern phonetic literature, and the issues in Guānhuà, he has formulated many creative and original proposals.

Keywords: Prof. Ye Baokui; linguistic theory; modern Chinese phonology; Ming and Qing Mandarin

（学术编辑：李无未）

娄育，男，中央民族大学文学院讲师。

诗礼文化研究

Journal of
Chinese Studies,
Xiamen University

主持人语

胡　旭

《诗经》的经典意义体现在诸多方面，礼乐文化在其中得到多层次的体现，展示了中华民族优秀传统的丰富性和生动性，是构建社会主义物质文明、政治文明和精神文明的文化基础。以下三篇论文从不同的侧面，阐述了相关问题，给人带来积极的启发和教育。

林素英女士的《从历史发展的角度论郑玄"正小雅"之〈诗序〉作者与"国史"人员的关系》一文，通过对《诗经·郑风》中几篇作品的解读，探讨当时贵族生活的实际情状，由此论述相关作品的题材和主旨，并揭示其内在的文化精神。其中对郑玄所列"正小雅"所属的文、武、成王三世重新思考，厘清了相关作品的时代。对《仪礼》所见"正小雅"的《诗序》作者与"国史"人员的关系及《仪礼》未见的"正小雅"《诗序》作者与"国史"之关系的系列考察，也颇有见地，且很见功力，对现有研究多所补正。

唐旭东先生的《〈诗·周南·关雎〉与周代婚礼文化生态》一文，通过对作品的细致解读，考察周代婚礼从纳彩礼之前、亲迎三日后到庙见之前以及庙见成妇等婚礼过程的一些具体环节，揭示周代婚礼文化生态的原生样貌。在具体问题的探讨方面，强调"君子"与"淑女"的贵族身份，"求之不得，寤寐思服。优哉游哉，辗转反侧"的行为主体为男士的父母，"琴瑟友之"表现的是亲迎三日后到庙见之前的婚姻生活，"钟鼓乐之"表现的庙见之礼，采"荇菜"用于宗庙祭祀，凡此种种，皆能吸收前贤、今人的研究成果而又自出机杼，观点新颖，持之有据。如能在概括、总结及意义提升上再进一步，则更臻完美。

刘挺颂先生的《〈郑风〉贵族政治生活诗之诗旨与文化精神》一文，通过对《诗经·郑风》中相关作品的分析，试图还原当时上层社会的生活情态和风俗制度，借此探讨作品生成的过程与原因，揭示深蕴其中的传统文化精神。其中对《缁衣》为郑大夫改造新衣赠给来访使者、《叔于田》《大叔于田》为郑人赞美上层贵族田猎及其威仪、《清人》歌咏郑大夫高克讲兵练阵、《羔裘》为郑人歌咏郑大夫仪范风神等论述，都很有新意。基于此，郑国贵族政治生活及周代聘问交游、田猎习武、服饰隆杀等相关礼仪制度与习俗，得到深入发掘，其生活风貌与文化精神亦得以呈现。

中华文化源远流长，在优秀传统的传承过程中，诗礼研究的重要性是不言而喻的。这不仅意味着价值观念的重要导向，也是中国文化走向世界、影响未来的软实力的体现。

从历史发展的角度论郑玄“正小雅”之《毛诗序》作者与“国史”人员的关系

林素英

（台湾师范大学 国文系 台北 106）

摘要：本文从历史发展之角度，针对郑玄所列22篇“正小雅”之《毛诗序》作者问题进行讨论。全文在前言之后，先针对郑玄所列“正小雅”所属的文、武、成王三世代再作思考。然后分别就《仪礼》之《乡饮酒礼》《燕礼》所见或未见的诗篇，逐一探讨其《毛诗序》作者与相关“国史”人员的关系。最后，发现其中已夹杂几篇宣王世代的诗，存在“首序”“续序”部分与诗文不甚贴近的现象。

关键词：《毛诗序》；小雅；宴飨；《仪礼》；《乡饮酒礼》；《燕礼》；国史；历史发展

一、前言

包含风、雅、颂三种不同体裁之《诗》，由于各体类之诗的数量都相当多，且创作年代的跨度又相当长，因此《诗序》记录者的问题也应该分开讨论，庶几较能接近当时的状况。由于《诗》305篇（另有笙诗6篇）中，《周颂》以及相关之《大雅》的创作年代较早，故而已先将《大雅》与颂体诗之《毛诗序》作者问题撰文讨论，[①]继该文之后，本文再针对《小雅》之《毛诗序》作者问题进行讨论。不过因为包含笙诗6篇，《小雅》总计有80篇，数量仍相当庞大，故而再优先选择“正小雅”的部分进行讨论。

由于《小雅》的性质，乃以宴飨乐歌为主轴，就一般状况言之，必须在政治安定，且社会繁荣已达一定程度的时代，方有可能大量创作宴飨乐歌。此即屈万里先生推定《小雅》多半是西周中叶以后的诗，其中也包含少数东周初年之诗的重要历史意义。[②] 若以西周（1046—771B.C.）前后大约276年计，西周中叶大约位在954—842 B.C.之时，即上自周穆王（976—922B.C.），下至周厉王（877—841B.C.）之间。[③] 换言之，屈先生认为多数《小雅》的创作年代不会早于穆王时期，然并未说明较早期的《小雅》可以上溯到何时。由于《毛诗序》中已出现

① 其详参见林素英.从历史发展的角度论《毛诗序》作者的问题——以大雅与颂体诗为讨论主轴[M]//政治大学中国文学系主编.第十一届汉代文学与思想国际学术研讨会论文集.台北：政大出版社，2019：215-246.

② 屈万里.诗经释义[M].台北：中国文化大学出版社，1980：6.

③ 此年代推算，依据张广志.西周史与西周文明[M].上海：上海科学技术文献出版社，2007：44-53.

变风、变雅之用语，于是郑玄的《诗谱》即依循此思路，将《小雅》也区分为正、变两类，且将其中的22篇“正小雅”明白列入文、武、成王三世代，其余58篇都列入“变小雅”，且都是厉王以后（当时已是西周中叶以后）的诗。若将郑玄之22篇“正小雅”与包含笙诗在内的《小雅》总数80篇相较，所占比例尚低于30%，与屈先生之推断并无冲突。由于郑玄还针对该22篇“正小雅”进行所属时代归属工作，具有区分更细致的优点，因而本文主要依据郑玄之说再行深入探讨该类《诗序》记录者与“国史”人员的关系。

二、郑玄“正小雅”所属世代之再思考

考虑沈文倬对礼典实践与礼书撰作关系的研究所得，同意沈氏礼书撰作虽然大约是春秋战国时期追记的数据，不过，礼典的实践，都早于文字纪录而存在，乃自殷至西周都在次第实行的活动。因为一旦有邦国、王朝之缔造，即会根据其组织运作的实际需要，逐渐形成有关朝觐、盟会、聘问、赐命、军旅、搜狩等有关国与国互动的活动，同时也会有关系个人日常生活之冠、婚、丧、祭的活动，乃至有关骑射、驾御、藉田、蜡祭等群体活动的进行。[①] 依循此思路，则知文、武二王时期虽然尚未有现今《仪礼》中各种专礼的固定程序，然而参考孔子所言“周监于二代，郁郁乎文哉！”[②]，沈先生所说或许还更接近事实，各类礼典的实践，极可能都沿袭殷商以来的习惯而稍加因革损益之。由于礼乐相须而行，是故推测礼典实践之时，亦多有乐伴随，且可能还有相应的诗歌相伴以歌之，只差曲调与歌词未必完全固定而已。此状况若对照《诗》所载周民族之发展史以观之，情况将更清楚。

固然周公所领衔订定的制礼作乐重大工程，有待其东征凯归以后，始能全心全意投注心力于此重大制度的制定，然而文王姬昌以前，周民族的重要先祖，如公刘、公亶父，早已为此族群的发展陆续奠定一些建国的重要基础与制度。

《公刘》叙述公刘率领群众迁徙豳地后，“于京斯依”，积极选择京师的适当地点以奠定开国宏模，而且还“跄跄济济，俾筵俾几”，妥为安排君臣席位、建立宴饮规矩，因而能在“酌之用匏”的规划下，达到“食之饮之、君之宗之”全体和谐拥护公刘的状态。甚且为图谋豳地的发展，还建立三单军制，使彼此可以互相禅代。经济方面，则推出“彻田为粮”的赋税制度，[③]诸如此类之措施都已为立国建立一定重要机制。《绵》则追述公亶父率众迁岐，以土地肥美的周原为文王兴起奠定重要基础。“乃疆乃理，乃宣乃亩”，先划定疆界、开凿沟洫、开辟田亩，并委派司空、司徒掌管营建与工役之事，建筑宫室与宗庙，并分别设立宏伟的皋门与应门，还

① 其详参见沈文倬.略论礼典的实行和《仪礼》书本的撰作，原载中华书局之《文史》第15、16辑，后收入氏著.宗周礼乐文明考论[M].杭州：杭州大学出版社，1999:1-54.

② 论语注疏：八佾[M].何晏集解，邢昺疏.清嘉庆二十年江西南昌府学开雕本.台北：艺文印书馆，1985:28.

③ 毛诗正义：大雅：公刘[M].毛亨传，郑玄笺，孔颖达等正义.清嘉庆二十年江西南昌府学开雕本.台北：艺文印书馆，1985:617-621.

设立冢土大社，以完成国家应具备宗庙与社稷的必要条件。[①] 在国家基本建设完备后，又积极从事内政工作，从"柞棫拔矣、行道兑矣。混夷駾矣、维其喙矣"的纪录，终能折服强敌混夷，卒使后来的文王能赢得虞、芮等远方之人前来归附。[②] 公亶父积极开发岐山下的周原，再加上太伯、仲雍、季王齐心努力，都为文王的兴起奠定重要根基。复以亹亹文王令闻不已，因此济济多士纷纷来归，竟使周的力量可达三分天下有其二的局面，即便如此，文王却仍然能以德服事于殷，[③]并未进行取而代之的举动。

由此可见周民族的发展，自公刘草创开国规模，公亶父则为壮大周民族的最重要领袖，且使周的国家建置更趋完备。甚且为抵制西方戎狄时来侵扰，并图谋更大发展，公亶父在商王武乙时期由豳迁往岐山，因为周原一带最适合发展农业，于是正式以"周"为国号，成为商王治下的西方小诸侯国。[④] 殷商已拥有高度物质文明与成套的礼仪制度，小邦周也理所当然会努力吸收殷商的礼典等各项制度以为己用。既然周代礼典的实践可以上溯至殷商时期，则周代以诗、乐搭配礼典实践的情形，在成为定制、写入礼书或者被编入《小雅》宴飨诗以前，也会经历一长段的过渡与调整。

周取代殷而有天下虽在武王时期，然而若无前人累世的努力，实无法竟其功。不过，若从武王姬发伐纣成功后，追封周的先祖至太王公亶父，再对照《绵》《皇矣》《大明》等诗的内容，可知周民族终于能落实天命转移之重任，至少需要经过三代人持续不断的辛勤耕耘。其中尤以姬昌 50 年治理小邦周的政绩，正是武王伐纣成功最重要的关键。所谓文王之教与文王之德，乃是周民族能获得上帝眷顾，成功转移殷商未尽天命的最重要原因。基于文王"受命"为日后代商的最重要转折点，故而"小邦周"的版图即使不大，但"麻雀虽小，五脏俱全"，周国之内，自然也有其行礼如仪之事。有此重要背景，郑玄遂将《鹿鸣之什》去除《常棣》与《鱼丽》之后的其他 8 篇，都列入文王之世，说明最迟在文王之世，已可产生此 8 篇"正小雅"的宴飨诗。武王之世，则已完成上帝(天)所命而建立周王朝，因而又可创作《鱼丽》的宴飨诗以及《南陔》《白华》《华黍》的笙奏乐诗，共 4 篇，实际是宴请伐纣有功的人员。成王之世，则为礼乐制度最重要的完成期，因此能创作《鹿鸣之什》中的《常棣》,《南有嘉鱼之什》的前 6 篇及《由庚》《崇丘》《由仪》笙诗，总计 10 篇的"正小雅"宴飨相关用诗。总计文、武、成王三世代创作之诗，共有 22 篇。

被郑玄归入"正小雅"的 22 篇，又可按照其是否出现于《仪礼》而区分为两类，其《诗序》

---

① 周礼注疏：春官：小宗伯[M].郑玄注，贾公彦疏.清嘉庆二十年江西南昌府学开雕本.台北：艺文印书馆，1985:290.载小宗伯之职："掌建国之神位，右社稷，左宗庙。"又载："凡天地之大烖，类社稷宗庙。"由此可见社稷与宗庙，乃建立一个国家最重要之标志。

② 其详参见毛诗正义：大雅：绵[M].毛亨传，郑玄笺，孔颖达等正义.清嘉庆二十年江西南昌府学开雕本.台北：艺文印书馆，1985:545-551.

③ 论语注疏：八佾[M].何晏集解，邢昺疏.清嘉庆二十年江西南昌府学开雕本.台北：艺文印书馆，1985:72-73.《论语》载孔子曰："三分天下有其二，以服事殷。周之德，其可谓至德也已矣。"

④ 杨宽.西周史[M].上海：上海人民出版社，1999:37-49.氏著认为"周"之名号可能为武丁所给，代表该地区农业发达的美称。

的记录者与“国史”人员的关系,[①]也因诗篇与实际礼仪进行的紧密程度,而产生疏密不同的关系,于是《诗序》所载也与诗的内容呈现贴切程度不同的现象。

三、《仪礼》所见“正小雅”的《诗序》作者与“国史”人员的关系

由于举行乡射礼与大射礼以前,照例会先有饮食之礼,而聘礼与觐礼以后,也会伴随有宴飨的礼仪进行,因此《仪礼》中具体记录与宴飨直接相关之仪节,按照礼仪规模大小与参与人员的不同,分别呈现在《乡饮酒礼》《燕礼》两篇中。是故根据《乡饮酒礼》《燕礼》所载,即可理解配合宴飨礼的宾主升降答礼、献爵酬酢、荐食脯醢等礼仪顺序,分别在三大阶段或歌或奏《小雅》的相关诗篇:首先上场者,即乐工歌《鹿鸣》《四牡》《皇皇者华》三首诗;其次,则是笙、磬搭配而演奏《南陔》《白华》《华黍》的乐曲;复次,采取工歌与笙奏彼此间隔的方式,分别以《鱼丽》《由庚》一组,《南有嘉鱼》《崇丘》一组,《南山有台》《由仪》一组的方式,使歌与笙奏相间而行。继间歌笙奏《小雅》以后,再歌周南《关雎》《葛覃》《卷耳》,召南《鹊巢》《采蘩》《采苹》的六首乡乐,共同组成“正歌”的内容(详参附录二)。换言之,礼仪的进行乃与诗、乐相搭配,而“正歌”所采用的内容,则包含跨越文、武、成王三世代的六首《小雅》之诗,六首有目无辞的笙诗,以及六首来自《二南》的乡乐(有关《二南》相关篇章的《诗序》记录者问题,将另辟专文讨论)。

“正小雅”的宴飨礼仪多与诗、乐相搭配,如燕礼与飨礼,原本多行于天子宴飨诸侯、众臣,或诸侯宴飨大夫臣下,因此都有专职人员负责所有礼仪的进行,故而相关诗篇的诗旨,自然也与“国史”人员有较密切的关系。后来,原本用于高阶贵族宴请臣下或族人的宴飨乐诗,由于饮食之礼具有促进与会成员情谊的作用,是故古来帝王都极为重视,因而贵族专用的宴飨乐诗,大体也可通用于一般的乡饮酒礼场合。

若对照《周本纪》所载,姬昌由于能礼下贤者、积善累德,因而贤能之士多归往之,众多诸侯也纷纷拥戴之,以致周的名气与声势日渐壮大,也相对引来奸佞小人妒忌。崇侯遂伺机向商纣进姬昌将不利于商的谗言,故而姬昌被商纣幽囚于羑里,幸得闳夭等忠臣奔走相救,卒能因祸得福,还获纣王特赐弓矢斧钺,成为西伯牧,拥有征伐之权。司马迁因特别注重具体掌权之问题,故而以姬昌具有征伐之权起,为接受天命之年,称王而断虞芮之讼。[②] 从后世所称“文王受命、武王成命”之说,说明史家也多承认文王虽仍服事于殷,然而其地位已超越一般诸侯王之上。尽管与大邑商相比,周仍是名副其实的小邦周,不过,周的人事行政体系,自公刘以来草创的基础,再加上公亶父、王季时期陆续大展宏图,至姬昌就任周侯之时,国家运行的机制早已具备一定的规模系统,也自然存在一些既定的宴飨礼仪。

由于姜太公曾告知文王,身为人王者最重要的大事,乃是上贤与举贤,[③]因此对于优礼

① 有关“国史”人员之组成问题,其详参见林素英.从历史发展的角度论《毛诗序》作者的问题——以大雅与颂体诗为讨论主轴[M]//政治大学中国文学系主编.第十一届汉代文学与思想国际学术研讨会论文集.台北:政大出版社,2019:215-246.

② 史记会注考证:周本纪[M].司马迁著,泷川龟太郎考证.台北:洪氏出版社,1977:67.

③ 百子全书:第2册:六韬[M].长沙:岳麓书社,1993:1090-1091.

贤臣、敬礼大臣、慰劳大臣等国家极重要的大事，会设有专人妥为规划整套礼仪模式，且在适当的时间按时执行。此一现象，正是沈氏所谓礼典的实践可以上溯至殷商的事实。从史载闳夭、散宜生等众多贤人纷纷来归，伯夷、叔齐也慕名前往的重要事实，可以推见文王善于实践优礼贤者一类的礼仪，早已名闻遐迩。①

文王吸引众多贤人来归的史实，正是《鹿鸣》《四牡》《皇皇者华》三首诗产生的背景，同时也说明主人精心备办佳肴美酒、态度谦恭殷勤礼宾的宴飨之礼，乃是促进彼此往来融洽，达到君臣一体、上下同心的极佳途径，因此所有细节都会有相关的人员切实执行，并加以记录。从《鹿鸣》等三首诗的内容来看，都明显与国家大事有关，即便当初的诗文未必全同于今本所见，大体应该相去不甚远。因为对照其“首序”，分别为“燕群臣嘉宾”“劳使臣之来”“君遣使臣”，都明显与国家大事有关，与文王黾勉从政的形象极为吻合。虽然《四牡》的内文与“劳使臣”的说法有些迂曲，但确实可如姚际恒所说，将其诗视为使臣自己歌咏，则语意极顺达，然而若以此为代使臣歌咏，则极不顺。② 不过，若考虑作诗者的原意与用诗者的借用意未必全同，则郑《笺》所载亦值得考虑：

> 文王为西伯之时，三分天下有其二，以服事殷，使臣以王事往来于其职。于其来也，陈其功苦以歌乐之。③

若从文王能获得大多数臣民归心的事实来看，则其善体臣民的情实亦非虚言，则郑氏此说也可算是文王体恤下情的具体表现。由于能体恤下情，遂早在使臣前来之时，已先有文臣为诗陈述使臣往来奔波的劳苦，尽陈其虽欲为父母尽孝，却仍以王事为重，更能彰显人臣先公后私的大义。当文王慰劳使臣而乐工歌咏此诗，就常情言之，可令使臣顿生君王深知我心的上下一体感，不但可以拉近君臣之距离，也可减轻辛劳与疲惫之感，更大大增加愿意为君王鞠躬尽瘁、死而后已的坚贞情志。

基于文王善于体恤下情之心，遂由“国史”相关人员简单注记之，成为今所见的“首序”。后世则因推广运用的缘故，更采取该诗为“劳使臣”之诗。此从《左传》所载穆叔（叔孙豹）明言：“《四牡》，君所以劳使臣也。”可见以《四牡》之诗慰劳使臣，在春秋时期的外交场合业已相当普遍。再透过穆叔对行人子员的解说，更可见诗与宴飨礼仪的搭配使用已有明确的规范：

> 三《夏》，天子所以享元侯也，使臣弗敢与闻。《文王》，两君相见之乐也，臣不敢及。《鹿鸣》，君所以嘉寡君也，敢不拜嘉？《四牡》，君所以劳使臣也，敢不重拜？《皇皇者华》，君教使臣曰：“必咨于周。”臣闻之：“访问于善为咨，咨亲为询，咨礼为度，咨事为诹，咨难为谋。”臣获五善，敢不重拜？④

---

① 史记：周本纪[M].司马迁著，泷川龟太郎考证.台北：洪氏出版社，1977：66.

② 姚际恒.诗经通论[M].台北：广文书局，1997：174.

③ 毛诗正义：小雅：四牡[M].毛亨传，郑玄笺，孔颖达等正义.清嘉庆二十年江西南昌府学开雕本.台北：艺文印书馆，1985：317.

④ 春秋左传正义：襄公四年[M].杜预注，孔颖达等正义.清嘉庆二十年江西南昌府学开雕本.台北：艺文印书馆，1985：505.（载：“穆叔如晋，报知武子之聘也，晋侯享之.金奏《肆夏》之三，不拜；工歌《文王》之三，又不拜；歌《鹿鸣》之三，三拜.韩献子使行人子员问之。”）

此现象或可作为《鹿鸣》等诗早已与宴飨礼仪相结合的旁证。飨(享)礼的详情虽已不见于今本《仪礼》,然而透过《左传》此段记载,则可见进行飨礼之时,乐工所歌之诗,乃根据接受飨礼者的身份差别,而分别歌唱不同的诗篇。由于歌唱《鹿鸣》等三篇,在春秋时期早已成为宴请一般嘉宾所用的诗篇,故而叔孙豹敢于在乐工歌咏《鹿鸣》等诗之时,适时表达致敬、拜谢之意。

由于《鹿鸣》等三首宴请嘉宾之诗的"首序"都相当短,文王以后的"国史"相关人员为免日后遗忘,甚或滋生疑义,故而再以"续序"补充说明之,且使前后衔接,彼此没有矛盾冲突:以"既饮食之,又实币帛筐篚,以将其厚意,然后忠臣嘉宾,得尽其心矣"补充说明《鹿鸣》中的主人竭尽心力款待嘉宾,因此会场到处洋溢着和乐欢愉的气氛,而座中宾客也相对呈现乐于效忠之心意。以"有功而见知,则说矣"补充说明《四牡》中风尘仆仆的使臣,因为君王善体其辛劳的美意,已大大减轻身心俱疲的劳顿感,且深深感受辛劳没有白费的些许满足。以"送之以礼乐,言远而有光华也"补充说明《皇皇者华》中的使臣到处奔波,依循一定的礼仪制度,向四方贤达请教治国之良方。

综合上述三首诗的内容以对照"首序""续序"所载,与文王为西伯时黾勉从政的形象两相吻合,可以充分呈现其不仅礼下贤者,积极咨询治国良策,而且早已因优礼长者而闻名遐迩。是故郑玄将此三诗定为文王之世的诗,确实可合乎周民族发展的状况。

列入武王之世的,仅有《鱼丽》,以及《南陔》《白华》《华黍》三首笙诗。核对《仪礼》宴飨过程的安排,《南陔》等三首笙诗的演奏,乃接续在乐工歌《鹿鸣》等三首诗歌后,于是主人敬献乐工,然后笙、磬齐奏《南陔》三诗之乐。若对照《毛诗正义》号称为"有其义而亡其辞"的三首笙诗之"首序"分别为"孝子相戒以养""孝子之絜白""时和岁丰,宜黍稷",也有补充《鹿鸣》等宴飨诗文义的功能,都可借由称颂孝子先公而后私的大义,达到提振忠臣为朝廷尽心尽力的实效,共同期许年年时和岁丰,人民生活富足。

《鹿鸣》等三首诗虽为文王之世的诗,毕竟王朝的规模未定,完整的成套礼仪未备,还有待武王正式成立周朝以后再陆续补充。由于此三首笙诗有目无辞,故现今摆在"首序"位置的诗义,或如郑《笺》所言"其义,则与众篇之义合编",[①]故能存之。由于宴飨之礼乃君王宴请嘉宾的大事,因而与仪节相关的注记数据,最可能也由相关的"国史"人员加以注记,再由稍后的"国史"人员合编而成。武王伐纣虽然成功,然而大约600年的商朝,宛如百足之虫,死而未僵,武王时期的周朝政权尚未稳固,且武王不久即因病而崩,可想而知此世代所创作的宴飨诗极为有限。武王之世的短暂数年,除积极安排大武乐章,还优先补足宴飨嘉宾三首诗后的笙磬乐奏,《鱼丽》成于此世,也颇能彰显王朝初立,宴飨之礼必然不少,且会以丰盛的美酒佳肴感谢群臣嘉宾的实况。若从其"首序"所载"美万物盛多能备礼",特别提及"能备礼",也可隐约透露注记者应为与备办礼仪者有关的人员。

包含周公摄政在内的成王之世,是周代制礼作乐最重要的时期,因而也是创作"正小雅"最多的时期,共计10篇,其中5篇纳入《仪礼》的宴飨之礼中。此5篇宴飨用诗,即《南有嘉

① 毛诗正义:小雅:鱼丽[M].毛亨传,郑玄笺,孔颖达等正义.清嘉庆二十年江西南昌府学开雕本.台北:艺文印书馆,1985:342-343.

鱼》《南山有台》与三首笙诗，结合武王之世的《鱼丽》，[①]并以"间歌《鱼丽》，笙《由庚》；歌《南有嘉鱼》，笙《崇丘》；歌《南山有台》，笙《由仪》"的间歌、笙奏方式，出现在宴飨之礼的第二阶段乐歌中。在此诗歌、乐歌配合礼仪进行的安排中，先以《鱼丽》拉开宴席的序幕。处在北方的周京，竟然能以多种鲜鱼接连登上筵席，自然可以凸显主人筹办宴飨之礼的用心与周到。至于美酒配佳肴，品物多而嘉，又可展现王者宴请大臣的诚挚心意，足以落实周王朝政权在逐渐进入稳定状态后，天子为表达优礼、敬谢大臣的诚心，故而酒食极为精美丰盛的状况。其后，则因推广应用，此类宴飨乐诗遂通用于上下宴会之中。故朱熹谓之："即燕飨所荐之羞，而极道其美且多，见主人礼意之勤，以优宾也。"[②]且继优宾之后，则以《南有嘉鱼》表达娱宾、乐宾之意，再以《南山有台》表达祝宾、尊宾之意，共同圆满宴飨燕乐之次序。检视《南有嘉鱼》与《南山有台》的"首序"分别为"乐与贤""乐得贤"，而"续序"则为"太平君子至诚，乐与贤者共之"与"得贤，则能为邦家立太平之基"，"续序"显然还具有阐发"首序"的功效。

考察由《鱼丽》领衔的第二阶段，间隔而行的歌与乐三组礼仪用诗之"首序"分别是："美万物盛多能备礼"和"万物得由其道"，"乐与贤"和"万物得极其高大"，"乐得贤"和"万物之生，各得其宜"。观察如此乐歌内容的口吻，都明显为描述君主宴请贵宾的情形，故也极可能直接与相关执事人员有关。倘若再对照笙奏的义旨，正好又可与所搭配的诗歌内容相得益彰，也可借此称美君主能善得贤者而优礼之，是故万物在贤者依循万物生长化育之道而治理的情况下，皆能各得其所、各遂其生。能够细细观察此君臣的密切互动者，自然也以负责宫中宴飨礼仪的相关执事人员最清楚，也最适合成为诗义的记录者。只是这些原来为宫廷宴飨用的礼仪用歌，后来也通用于一般的宴客场合中，更彰显君主彼此亲近、融合的情形，甚至君主还多方祝福贵宾万寿无疆，俾便更能造福百姓、裨益国家，处处洋溢君主倚重贤臣的诚意。若非由相关执礼的人员担任记录最初深义的工作，实难周详考虑此类活动是否"备礼"的问题，又无法表达君主要如此殷勤地尊礼贤者的心意。在间歌、笙奏"正小雅"的特定诗篇后，再继续歌唱属于乡乐的《国风》特定篇章，而共同组成宴飨的"正歌"，都隐约透露这些"正小雅"的礼仪用诗与文王到成王之间求贤若渴，以及济济多士前来归附而共同成就大业的历史有关，因此创作此类诗者，极可能为当时的贤士、大夫，而记录诗旨者，也以相关执事者最有可能。

换言之，见于《仪礼》燕礼与乡饮酒礼仪节秩序单中，包含有目无辞的 6 首笙奏，共计 12 首，都与正式礼仪的举行有关，故而由执行礼仪的相关人员进行诗旨记录是最自然的。

四、《仪礼》未见的"正小雅"《诗序》作者与"国史"之关系

被郑玄列入"正小雅"，然而未见于《仪礼》者，则各有属于文王与成王之世的 5 首诗，共

① 朱熹认为毛公误将《鱼丽》纳入《鹿鸣之什》，应按照《仪礼》所载，将《鱼丽》纳入《南有嘉鱼之什》，认为《鱼丽》等六诗应为一时之诗。以《南有嘉鱼》有乐宾、《南山有台》有尊宾之意。（朱熹.诗集传[M]//景印文渊阁四库全书：第 72 册.台北：台湾商务印书馆，1993：817.）方玉润以为"三诗未必同出一时，不过后王用以入乐，其辞义先后重轻适如其序焉云尔"。（方玉润.诗经原始[M].北京：中华书局，1986：352.）笔者较认同方氏之说法。

② 朱熹.诗集传[M]//景印文渊阁四库全书：第 72 册.台北：台湾商务印书馆，1993：817.

计10首。

文王之世的5首诗与"首序"分别为:《伐木》,"燕朋友故旧";《天保》,"下报上";《采薇》,"遣戍役";《出车》,"劳还率";《杕杜》,"劳还役"。

《伐木》一诗属于兴体诗,引用姬昌于少年时与友朋入山伐木,闻鸟鸣求友,而深明交友之道在于敬慎的原理。姬昌能从观察鸟鸣求友的小事,进而领悟敬慎交友的重要原理,足见其具有"举一反三"的敏锐洞察能力,故而能受到公亶父赏识,甚至还认为此后周民族的兴旺当在姬昌之时代。当姬昌继位为君,不但能以极敬慎的态度宴请朋友故旧,且还能与朋友故旧击鼓跳舞,彼此真诚相待、欢乐融融。姬昌从少年时期起,即善与良朋融洽相处的人格特质,正是促成其日后能获得三分天下有其二的重要因素之一,而这种优秀的人格特质也一直延续到承受天命眷顾之后,因此《伐木》一诗,极可能由熟悉周民族发展史的近臣所作,"首序"的简单概括之词,即相当合乎执事者对于例行燕礼的记录状况。由于文辞简约,因此"续序"又分为两层次进行补充,促使其前后文义连贯:先以"自天子至于庶人,未有不须友以成者",说明"独力难成、众檠易举"的事实,凸显众志成城的重要;再以"亲亲以睦、友贤不弃、不遗故旧,则民德归厚矣",说明君主先慎其德,凡事以身作则,当可发挥上行下效的作用。此事又与《尚书》所载帝尧躬行俊德以治理天下黎民的状况相似:

> 克明俊德,以亲九族。九族既睦,平章百姓。百姓昭明,协和万邦,黎民于变时雍。①

此说明中国古代圣王,自尧以来,皆以德治天下,是故黎民、万邦亦因其德而纷纷归附之。由于君主与臣民齐心相协,故而《伐木》与《天保》亦彼此相映成趣,叙写受到圣德所感的大臣,群起恭祝君上福禄常备、万寿无疆,都因"群黎百姓,偏为尔德"之缘故,于是"首序"特别以"下报上"概括之。此应为执事者记录君主宴请群臣时,群臣有感于君主之德遍及群黎百姓,故诚心颂祷君主万寿无疆,永保赐福万民。由于"下报上"的文辞过于简约,因此"续序"再以"君能下下以成其政,臣能归美以报其上"阐发之,达到总结《伐木》与《天保》相互辉映的效果。至于《鱼丽》的"续序"特别指出"文、武以《天保》以上治内",则又可补充说明《天保》以上的《鹿鸣之什》诗篇,都能在宴飨之诗中呈现君主德遍群黎,且君臣上下和乐相协的"治内"效果。

《采薇》以下的3首诗,虽然从"首序"所载,确属"治外"之诗,然而其概括的诗旨是否贴切,所属时代是否为文王之时,则不无商榷余地。其中的疑窦,尤以"续序"将其连成一气更为明显:

> 文王之时,西有昆夷之患,北有玁狁之难。以天子之命,命将率、遣戍役,以守卫中国。故歌《采薇》以遣之,《出车》以劳还,《杕杜》以勤归也。

屈万里根据王国维《鬼方昆夷玁狁考》,认为"玁狁"的名称,乃西周中叶以后始有之,殷商末

① 尚书正义:尧典[M].孔安国传,孔颖达疏.清嘉庆二十年江西南昌府学开雕本.台北:艺文印书馆,1985:20.

期及周初均称为鬼方，而《采薇》有 3 处、《出车》有 2 处都称“猃狁”，故知《采薇》《出车》应为西周中叶以后的诗。并且参照《出车》称美南仲平定猃狁，《六月》为宣王北伐猃狁，诗中所载内容类似，故而此二诗亦应为宣王之世的诗，并非作于文王之世。① 再根据《采薇》的内容，姚际恒认为从诗中之“曰归曰归、岁亦暮止”“今我来思、雨雪霏霏”等语句，皆为既归之词，不应为方遣即已逆料其归来，且“一月三捷”也属非可逆料的实事，故此诗应为戍役还归之诗，“遣戍役”之说不正确，且文王亦无伐猃狁之事。② 裴普贤认为此诗系参加戍役者自作，非他人预撰。③ 此外，以《杕杜》为“劳还役”之说，并无法与诗文相契，不过，朱熹仍然代圆其说，认为是“追述其未还之时，室家感于时物之变而思之”，④显然迂曲而不切实际，还不如姚际恒直言此诗乃室家思其夫妇之诗更为贴切。⑤ 至于方玉润，则详析之曰：

> 此诗本室家思其夫归而未即归之词，故始则曰“征夫遑止”，……继则曰“征夫归止”，……既又曰“征夫不远”，……终则曰“征夫迩止”，……始终望归，而未遽归，故作此猜疑无定之词耳。然期望虽殷，而终以王事为重，不敢以私情废公义也。⑥

方氏“念征夫”的说法最为详赡、可信。由于全诗的关键点在于“王事靡盬”，正好可与先尽忠再尽孝之《四牡》，同样以“王事靡盬”产生串联与呼应的效果，只是《四牡》所涉及者为人子尽孝之情，《杕杜》则为室家思念征夫之情，都有为王事而先公后私之大义存焉，因此前后可以相联系。

综观《采薇》等三首诗之内容，虽非直接叙写宴飨之诗，然而都关系抵御外侮的王事，因此可依《诗序》“政有小大”的定义而列入“小雅”的范围。郑玄将《采薇》与《出车》的时代定为文王之世固然有误，然而此二诗都与宣王时开创中兴大业有关，意在重振文武以来的王道，故而将其列入“正小雅”亦有可说之处。再进一步言之，《采薇》既已凯旋，《出车》又是赞美南仲平定玁狁的赫赫大功，必然会有天子宴请功臣的飨宴，故知这两首诗也间接与宴飨有关，而诗旨也有可能由备办礼仪者记录其旨要。或因诗的内容与宴飨之事属于间接关联，以致宣王时期的相关“国史”人员，无法使用准确的文辞以概括诗旨，导致“首序”已呈现与诗文内容不尽贴合的情形，“续序”的说法，又可能是稍后的“国史”人员唯恐因此诗属于宣王时代的诗，而可能落入《诗序》所言王道衰而变风、变雅作的“变小雅”系列，⑦于是“续序”特别指出文王之时有此敏于王事的大事，反而弄巧成拙，竟与文王当时的史事有所扞格。郑玄可能一时失察，仍依“续序”之说而列此三诗为文王时代之诗。至于《杕杜》虽然无法确切证明属于文王之世，然而任何一时代都无法幸免兵戎之事，一旦遇有戎战，则征夫逾期未归乃是常事，

---

① 王国维.观堂集林：鬼方昆夷玁狁考[M].北京：中华书局，1959：583-605. 屈万里.诗经释义[M].台北：文化大学出版社，1980：209.

② 姚际恒.诗经通论[M].台北：广文书局，1997：181.

③ 糜文开，裴普贤.诗经欣赏与研究(二)改编版[M].台北：艺文印书馆，1987：777.

④ 朱熹.诗集传[M]//景印文渊阁四库全书：第 72 册.台北：台湾商务印书馆，1993：816.

⑤ 姚际恒.诗经通论[M].台北：广文书局，1997：183.

⑥ 方玉润.诗经原始[M].北京：中华书局，1986：346.

⑦ “至于王道衰、礼义废、政教失、国异政、家殊俗，而变风、变雅作矣”！(毛诗正义[M].毛亨传，郑玄笺，孔颖达等正义.清嘉庆二十年江西南昌府学开雕本.台北：艺文印书馆，1985：16.)

因此文王之世自然也存在室家思念征夫之事。是故《杕杜》一诗虽也有可能追溯到文王之世驱逐昆(混)夷时,人妻思念征夫而作,不过,最主要因为全诗情真意深,相关“国史”人员有可能采用该乐诗为“非正歌”用诗。天子宴请众臣的宴飨礼,除却慰劳众臣为王事辛劳以外,在宴席中歌咏《杕杜》,也可聊表天子对征夫无法如期还归的歉意。范氏所说可供参考:

> 《出车》劳率,故美其功;《杕杜》劳众,故极其情。先王以己之心为人之心,故能曲尽其情,使民忘其死以忠于上也。[①]

虽然“先王以己之心为人之心,故能曲尽其情”,仍有“代其妻思夫”的不切实际之感,而不如言“先王能以同理心感受之,故能深切体味室家思念征夫之情”,故而在演奏此诗时,更能使征夫兴发国不负我、我将鞠躬尽瘁以报皇恩的高尚情操。由于文王之德与教最能服臣民之心,故而无妨将其列入文王之世的“正小雅”,只是“劳还役”的说法,毕竟还是文辞过于简略而不尽贴切的用法。

成王之世的5首诗与“首序”分别为:《常棣》,“燕兄弟”;《蓼萧》,“泽及四海”;《湛露》,“天子燕诸侯”;《彤弓》,“天子锡有功诸侯”;《菁菁者莪》,“乐育材”。

《常棣》一诗,虽有《国语》以为周文公作,《左传》则以召穆公作的两种说法,然而韦昭注《国语》时已言:

> 周公旦所作《棠(常)棣》之诗,所以闵管、蔡而亲兄弟。……其后周世既衰,厉王无道,骨肉恩阙,亲亲礼废,宴兄弟之乐绝。故邵(召)穆公思周德之不类,而合其宗族于成周,复循《棠棣》之歌以亲之。[②]

虽然郑玄根据《左传》所载,以此诗为召穆公作,然而孔颖达已不从郑说,且历代学者均无异议。姚际恒所言“此周公既诛管蔡而作,后因以为燕兄弟之乐歌”[③],扼要概括此诗从作诗到用诗的转变,正是综合“首序”的“燕兄弟”,与“续序”的“闵管蔡之失道,故作《常棣》”,更明确化的说法。由于此事涉及平定周初三监之乱后,首重安抚族人感情的措施,于是极力呼吁巩固骨肉之情,再加上当时要配合封建宗法制度的推动,因而此诗最可能成于成王初年。由于事关周初王朝大事,故而由相关“国史”人员记录诗旨是相当合理的。

《蓼萧》与《湛露》都属于一般情况下,天子宴请诸侯之诗,按理也会由相关的“国史”人员记录诗旨。《蓼萧》一诗充满和乐欢愉的气氛,也处处流露天子对诸侯的恩泽与亲爱之情,且期许众诸侯们要多积好德,以内和其亲、外睦其邻,使诸侯之间彼此和睦,促成万邦安宁。若能如此,则非仅为天子之福,亦是全天下之福,而众诸侯也可以常保福寿。由于诗旨相当明确,故“首序”特别标明“泽及四海”,且毋须“续序”多加补充。《湛露》同样寄语诸侯能拥有令

---

① 朱熹.诗集传[M]//景印文渊阁四库全书:第72册.台北:台湾商务印书馆,1993:817.

② 韦昭注:“周文公之诗。”《左传·僖公二十四年》杜预注:“召穆公思周德之不类,故纠合宗族于成周,而作诗,亦曰:‘周公作诗,召公歌之也。’”(上海师范大学古籍整理组校点.国语:周语中[M].台北:里仁书局,1981:46.)

③ 姚际恒.诗经通论[M].台北:广文书局,1997:177.

德与令仪，且特别标明宴饮的地点在宗室，凸显宾主间的宗族感情极亲近。《彤弓》，虽也是天子宴请诸侯之诗，然而该诸侯乃是有功的诸侯，故而天子在设宴款待外，还特别赐予代表特殊功勋的彤弓，象征具有重要的征伐之权。御赐彤弓乃朝廷大事，故而顺理成章由相关的"国史"人员记录诗旨。

《菁菁者莪》的主旨稍异于前面数首诗，诗中充满君主欢喜、乐见贤者之情，适合周初天子乐见朝中拥有众多贤者，故欢喜设宴以礼相待。朱熹即以此为君主宴饮宾客之诗，[①]因此由相关的"国史"人员记录诗旨也算合理。不过，从君主乐见贤者而以礼款待，到"首序"的"乐育材"，已不免出现迂回的现象，也明显有些差距。至于"续序"的"君子能长育人材，则天下喜乐之"，显然是针对"首序"而再行引申，但是如此一来，却使喜乐者从君主转换成天下人，不免与原来的诗文有愈行愈远的状况。

检视以上 10 首不见于《仪礼》的"正小雅"《诗序》，由于都与宴飨之礼有直接或间接的关系，所以记录者仍以执礼的"国史"人员最有可能，但是因为前后世代不同，宣王时期的"国史"在记录时，不免已有些误差。

五、结论

郑玄将上述 22 首，与宴飨之礼有直接或间接关系的诗篇，依循"首序"与"续序"的提示，都列为文、武、成王三代王道盛行时期的诗，因此都属于"正小雅"。其中 12 首（包含 6 首笙诗）因为可与《仪礼》的《乡饮酒礼》《燕礼》相对照，所以《诗序》所载大体都能与诗的内容相搭配，其中若有"续序"补充"首序"进行说明者，亦能彼此相偕而无前后矛盾的状况，仅有《鱼丽》的"续序"存在一些问题：

> 文、武以《天保》以上治内，《采薇》以下治外。始于忧勤，终于逸乐，故美万物盛多，可以告于神明矣。

治内、治外之说，乃针对《鹿鸣》以下、《杕杜》以前诗篇的概括分类，较适合放在《杕杜》的"续序"处作说明，而不应放在《鱼丽》的"续序"位置，造成此现象或为错简使然。至于"始于忧勤，终于逸乐"，仅就旨酒佳肴所代表的"逸乐"发表议论，而未探究诗文的形成背景，故与"首序"的"能备礼"彼此矛盾而不自觉，显然有画蛇添足之误，文末再添一笔"可以告于神明矣"，同样也是多此一举的突兀话语。然而此现象又正好可说明此"首序"与"续序"并非成于一人一时之手。

其余 10 首虽非宴飨礼中的"正歌"系列，然也与宴飨礼直接或间接相关，故而可供作"正歌"之后的随机点唱用诗。此类诗隶属于文王与成王者各半，然因不见于《仪礼》，故存在较多问题。其中，归属文王时代的《采薇》《出车》，已可证明为宣王时代之诗，《杕杜》固然可从宽认定为文王时代的诗，然而三首诗的"首序"都是文辞过于简略的不贴切说法，而"续序"明指的"文王之时"云云，怀疑正是造成郑玄区分诗篇所属世代错误的主因。至于归属成王世

---

① 朱熹.诗集传[M]//景印文渊阁四库全书：第 72 册.台北：台湾商务印书馆，1993：820.

代的诗，则以《菁菁者莪》较有问题。盖就诗文而言，全诗洋溢君主乐见贤者之情，故而可放在文、武、成王三时代之中，乃至于后来有意中兴的任何一时代中，然而该诗的内容，却与“乐育材”的“首序”，以及由“首序”再行引申的“续序”说法，都有明显的差距。由于继《菁菁者莪》之后的，即是确属宣王时代的《六月》，则《菁菁者莪》是否同属宣王时代的诗，也是值得考虑的问题。考察从《菁菁者莪》的“首序”与“续序”发展状况，同样可说明二者并非成于一人一时之手的现象。

综上所述，即使是与宴飨礼仪最有关的礼仪乐诗，也多少存在一些“首序”与诗文内容不尽相关、不甚贴近的现象。由于《采薇》《出车》已可确定为宣王时代的诗，说明当时与执礼有关的“国史”人员，已使用不甚贴切的文辞，是故继其后的“续序”，也难以回归原本的诗旨。倘若怀疑《菁菁者莪》为宣王时代之诗可以成立，又可说明宣王时代的“国史”人员在记录诗旨时，已发生不甚贴近的现象。证诸历史，宣王固然是继厉王之后的中兴之主，即位前期也曾缔造一些中兴大业，但无可否认的，则是执政后期明显呈现王道中衰的局面，不但干涉鲁政、不听忠言、滥杀大臣，而且晚年用兵多属屡战屡败，因此宣王执政晚期的“国史”人员，其记录诗旨的严谨度恐怕也有令人怀疑之处，若因而出现上述这些不尽贴切的用语，即是可理解之事。

附录：《毛诗序》

小雅	首序	续序
小雅·鹿鸣之什·鹿鸣	燕群臣嘉宾也。	既饮食之，又实币帛筐篚。以将其厚意，然后忠臣嘉宾，得尽其心矣。
小雅·鹿鸣之什·四牡	劳使臣之来也。	有功而见知，则说矣。
小雅·鹿鸣之什·皇皇者华	君遣使臣也。	送之以礼乐，言远而有光华也。
小雅·鹿鸣之什·棠棣	燕兄弟也。	闵管蔡之失道，故作常棣焉。
小雅·鹿鸣之什·伐木	燕朋友故旧也。	自天子至于庶人，未有不须友以成者。亲亲以睦、友贤不弃、不遗故旧，则民德归厚矣。
小雅·鹿鸣之什·天保	下报上也。	君能下下以成其政，臣能归美以报其上焉。
小雅·鹿鸣之什·采薇	遣戍役也。	文王之时，西有昆夷之患，北有玁狁之难。以天子之命，命将率、遣戍役，以守卫中国。故歌采薇以遣之，出车以劳还，杕杜以勤归也。
小雅·鹿鸣之什·出车	劳还率也。	
小雅·鹿鸣之什·杕杜	劳还役也。	
小雅·鹿鸣之什·鱼丽	美万物盛多能备礼也。	文武以天保以上治内，采薇以下治外。始于忧勤，终于逸乐，故美万物盛多，可以告于神明矣。
小雅·鹿鸣之什·南陔	孝子相戒以养也。	
小雅·鹿鸣之什·白华	孝子之絜白也。	

续表

小雅	首序	续序
小雅·鹿鸣之什·华黍。	时和岁丰。宜黍稷也。有其义而亡其辞。	
小雅·南有嘉鱼之什·南有嘉鱼	乐与贤也。	太平君子至诚,乐与贤者共之也。
小雅·南有嘉鱼之什·南山有台	乐得贤也。	得贤,则能为邦家立太平之基矣。
小雅·南有嘉鱼之什·由庚	万物得由其道也。	
小雅·南有嘉鱼之什·崇丘	万物得极其高大也。	
小雅·南有嘉鱼之什·由仪	万物之生。各得其宜也。有其义而亡其辞。	
小雅·南有嘉鱼之什·蓼萧	泽及四海也。	
小雅·南有嘉鱼之什·湛露	天子燕诸侯也。	
小雅·南有嘉鱼之什·彤弓	天子锡有功诸侯也。	
小雅·南有嘉鱼之什·菁菁者莪	乐育材也。	君子能长育人材,则天下喜乐之矣。

附录二:

《仪礼·乡饮酒礼》,91—95 页:

工歌《鹿鸣》《四牡》《皇皇者华》。

卒歌,主人献工。工左瑟,一人拜,不兴、受爵。主人阼阶上拜送爵。荐脯醢。使人相祭。工饮,不拜既爵,授主人爵。众工则不拜、受爵,祭饮;辩有脯醢,不祭。大师则为之洗。宾、介降,主人辞降,工不辞洗。

笙入堂下,磬南,北面立,乐《南陔》《白华》《华黍》。

主人献之于西阶上。一人拜,尽阶,不升堂,受爵;主人拜送爵。阶前坐祭立饮,不拜既爵,升授主人爵。众笙则不拜、受爵,坐祭立饮;辩有脯醢,不祭。

乃间歌《鱼丽》,笙《由庚》;歌《南有嘉鱼》,笙《崇丘》;歌《南山有台》,笙《由仪》。

乃合乐:周南《关雎》《葛覃》《卷耳》,召南《鹊巢》《采蘩》《采苹》。

工告于乐正曰:"正歌备。"乐正告于宾,乃降。

《仪礼·燕礼》,171—173 页:

席工于西阶上少东,乐正先升,北面立于其西。小臣纳工,工四人,二瑟。

小臣左何瑟,面鼓执越,内弦,右手相,入,升自西阶,北面东上坐。

小臣坐，授瑟乃降。工歌《鹿鸣》《四牡》《皇皇者华》。

卒歌，主人洗，升献工，工不兴，左瑟；一人拜受爵，主人西阶上拜送爵。

荐脯醢。使人相祭，卒爵不拜，主人受爵，众工不拜，受爵坐祭，遂卒爵，辩有脯醢，不祭，主人受爵，降奠于篚。

公又举奠觯，唯公所赐，以旅于西阶上如初。

卒。笙入，立于县中，奏《南陔》《白华》《华黍》。

主人洗升，献笙于西阶上。一人拜，尽阶不升堂，受爵降，主人拜送爵，阶前坐祭，立卒爵，不拜既爵，升授主人。

众笙不拜、受爵，降坐祭，立卒爵，辩有脯醢，不祭。

乃间歌《鱼丽》，笙《由庚》；歌《南有嘉鱼》，笙《崇丘》；歌《南山有台》，笙《由仪》。

遂歌乡乐：周南《关雎》《葛覃》《卷耳》，召南《鹊巢》《采蘩》《采苹》。

大师告于乐正曰："正歌备。"乐正由楹内、东楹之东告于公，乃降复位。

A Historical Account of the Relationship between the *Shixu* Author of Zheng Xuan's Opinion about "Typical Xiaoya" and "the National Official Historian"

Lin Suying

(Taiwan Normal University The College of Liberal Arts, Department of Chinese 106)

Abstract: From the perspective of historical development, this article will discuss the author of *Maoshixu* of the 22 poems listed in ZhengXuan's "typical Xiaoya". After a brief introduction, this article will pay attention to and try to ponder again about Zheng's "typical Xiaoya" arrangement in the three generations of Wuang, Uang and Tzang. Then, by comparing *the Township Drinking Ritual* and *Yanli* in *Yili*, this article will explore the relationship between the Shixu author of "typical Xiaoya" and "the national official historian". Finally, this article will examine the incongruence of the main body of the poetic text with "the first foreword" and "the following foreword" in a few poems in Xuwang's generations.

Keywords: *Maoshixu*, *Xiaoya*, treat ritual, *Yili*, *the Township Drinking Ritual*, *Yanli*, the national official historian, historical development

（学术编辑：胡旭）

林素英，女，台湾师范大学国文系教授。

《诗・周南・关雎》与周代婚礼文化生态

——《诗・周南・关雎》的礼乐文化生态研究之一*

唐旭东

(周口师范学院 文学院 河南 周口 466001)

摘要:从文本内容上说,《诗・周南・关雎》以第三人称、全知全能的视角展现了周代婚礼从纳彩礼之前、亲迎三日后到庙见之前以及庙见成妇等婚礼过程的某些环节,是周代婚礼文化生态的缩影。此诗中,"君子""淑女"的身份皆为贵族,他们的婚姻是在双方父母和媒人的操作之下,经过纳采、问名、纳吉、纳征、请期和亲迎六道程序,才将女子迎娶进门。"求之不得,寤寐思服。悠哉悠哉,辗转反侧"表现了男方父母因为物色不到"窈窕淑女"而焦虑的情态。"琴瑟友之"表现的是已经过了"取妇之家,三日不举乐"的限制时间以后、庙见之前男女双方在共同生活中培养起来的融洽关系。"钟鼓乐之"表现的是男方家族举行庙见礼的情景。"求之""友之""乐之"都体现了男方积极主动的态度。《诗・周南・关雎》抓住婚姻中最重要的三个环节加以诗化的表现,更像诗化的婚姻教科书。

关键词:《诗经》;周南;《关雎》;婚礼

从礼乐角度对《诗・周南・关雎》进行探讨的成果已有不少,但解说尚未到位,甚至有许多错谬。兹不揣侧陋,对此问题予以再探讨。

一、"君子"与"淑女"皆为贵族

《诗・周南・关雎》是周代婚礼生态的缩影,该诗以缩影式的方式展现了周代贵族婚礼从纳彩礼之前到三月庙见成妇的过程。"关关雎鸠,在河之洲。窈窕淑女,君子好逑",是用比兴的方式说明只有"窈窕淑女"才是"君子好逑",才能做"君子好逑"。这几句强调了淑女对君子及其家庭、家族的重要意义。"君子"在两周时期,从来都指贵族(也是官员)①。直到春秋时期,还用"君子"来称呼贵族和官员。如《左传》载鲁成公二年鞌之战:"韩厥梦子舆谓已曰:'旦辟左右。'故中御而从齐侯。邴夏曰:'射其御者,君子也。'公曰:'谓之君子而射之,

* 基金项目:教育部人文社会科学研究 2018 年度规划基金项目"《诗经》与周代礼治研究"(18YJA751029).

① "所谓'君子',是当时对贵族男子的称呼。"(程俊英,蒋见元.诗经注析[M].北京:中华书局,1991:2.)

非礼也。'"[①]此役韩厥任晋军司马，作为后来分晋三家的韩国的先祖，周成王的弟弟叔虞之后，其身份自然称得上"君子"。"君子"最早是一个表示身份的词，后来逐渐演变成一个道德评价的词语。其原因应该是"君子"在周代都是有资格接受教育的，在教育中形成了对礼的规范与约束的自觉接受与遵守，道德水准比没有资格接受教育的"小人"相对会高得多，自我约束能力也比没有资格接受教育的"小人"相对要强得多。因此孔子说："君子固穷，小人穷斯滥矣。"意即"君子"面临窘境和困境的时候能够自觉地保持自己的道德操守和君子人格，而"小人"面临窘境和困境的时候就胡作非为了。这是"君子"和"小人"两个词慢慢演变成具有道德评价意义的词语，被分别用来指道德高尚的人和道德低下的人的最主要的原因。又，周代婚礼特别强调门当户对，纵观《左传》所记载之婚姻，皆天子子女与异姓诸侯子女之间或者异姓诸侯之子女之间互相嫁娶，从无"下嫁"者。故此"淑女"之家庭门第足可与"君子"的家庭门第相当、相配，身份肯定也不会低。换言之，她的身份也应该是级别较高的贵族，家庭出身也应该是身份级别较高的贵族之家。[②]

二、"求之不得，寤寐思服。优哉游哉，辗转反侧"的行为主体为男士的父母

"窈窕淑女，寤寐求之。求之不得，寤寐思服。优哉游哉，辗转反侧"，现在绝大多数研究者认为这是描绘的男士对女子的追求和思念。但根据周礼，这种说法实际上站不住脚。据《仪礼・士昏礼》，士级贵族的婚礼分为六个步骤[③]才能最后完成：(1)纳采："即男家遣媒向女家提亲，女家同意，男家备礼至女家求婚所行的礼仪。"[④](2)问名："男家使人问女子之名，以归卜其吉凶。"[⑤](3)纳吉："男家卜得吉兆，备礼告知女家，至此，婚姻始定。"[⑥](4)纳徵："徵

---

① 杜预，注.孔颖达，疏.春秋左传正义[M]//阮元，校刻.十三经注疏.北京：中华书局，1980：1894.

② 黄震云也认为"淑女"的身份应该是贵族，其说："而女方家能够教成祭之，自然也是有地位身份的贵族。"(参见黄震云.《关雎》的礼乐和仪(上)[J].名作欣赏，2018(22)：19-22.)

③ 有的学者将前六个环节称为周人婚姻"六礼"，但所谓"六礼"执行结束，亦即完成亲迎环节，婚姻之事并未最终完成和成立，因为此时还缺最后一道也是最关键的一道程序：庙见成妇.只有经过男方的父母带着女子——未来的准儿媳妇(但此时尚不能称"妇")到男方宗庙祭祖，向祖先禀报过(也算是女子的认祖归宗)以后，女子的称呼也才可以而且必须改成"妇"，女子才正式地也是真正地成为男方家族的儿媳妇，也才正式地真正地成为男方家族的人，也才可以行夫妇床第之事。经过了庙见成妇，婚礼才正式彻底地完成。虽然《仪礼・士昏礼》只说在三月庙见之前男方父母已经去世的，女子要到男方父庙去行庙见礼，但实际上在两周时期，贵族阶层是有普遍地要实行庙见之礼的。《士昏礼》的记载只是部分地反映了士级贵族的婚礼状况，并不能完全反映周代所有阶层婚礼的状况，甚至还有失载的内容，比如"反马"之礼。所谓反马之礼，是举行过三月庙见礼之后，男方把女方出嫁时乘坐前往男方家的马车用以拉车的马归还女方，以示二人自此永结同心，不会把女方休回家去了.《左传》有史实记载，而《士昏礼》却没有其仪节程序和制度记录。其中原因，有的学者如黄维华(黄维华.《关雎》与古代婚礼重别论[J].铁道师院学报，1997(05)：15-20.)认为是因为士昏礼跟公卿大夫的婚礼有不同。

④ 李景林，王素玲，邵汉明.仪礼译注[M].长春：吉林文史出版社，1995：24.

⑤ 李景林，王素玲，邵汉明.仪礼译注[M].长春：吉林文史出版社，1995：24.

⑥ 李景林，王素玲，邵汉明.仪礼译注[M].长春：吉林文史出版社，1995：24.

即成,男家在纳吉之后,送聘礼于女家以成婚礼。"[①](5)请期:"男家卜得迎娶吉日,备礼告于女家,征得同意。"[②](6)亲迎:"至婚期,婿亲至女家迎娶新妇完成婚礼[③]。"[④]由此可知,"六礼"中纳采、问名、纳吉、纳征、请期等前五个环节一直都是双方父母和媒人在操心、在奔走、在忙碌,并没有有可能成为夫妻的男女双方的参与。直到第六个环节,男士经过父亲授命,才去女方家迎亲,在女方家里,男女双方才第一次见面。按照通常的认知,一个人是不可能去为一个在自己的生活中从来没有出现过(当然也不知道世上有这样一个人存在)的人而渴慕、思念乃至辗转反侧、彻夜难眠的。所以将这几句话认定为男子(君子)对女子渴慕思念的说法是站不住脚的,认为这几句是描绘男子对女子的追求和思念的观点乃以今度古的结果,没有了解周代贵族没有资格、没有机会谈恋爱的这一事实,因而以后代的知见臆测古人而导致错误的认识。另外,翟相君也认为"当代学者的一般看法:君子梦寐以求淑女,继之以琴瑟取悦于淑女,最后以钟鼓之乐迎娶淑女",虽然"似乎很符合求婚、定婚、结婚的程序,但实属曲解"。其理由之一,即据《诗·豳风·伐柯》"取妻如何,匪媒不得"推论"求婚须要媒人,'君子'不能亲自出马"。[⑤] 既然这几句描绘的不是青年男士的情感心理,那这几句描绘的是什么人的情感心理状态呢?这一问题的答案可以从家庭中谁最关心自己家族的前途和命运,或谁最关心自己家将来应该娶一个怎样的儿媳妇这个问题来考虑,最能跟这一心理特点吻合的,就是男方家庭的父母。也就是说,这几句描绘的是行纳采之礼前男方父母的心态。因为此时媒人尚未给家族物色到理想的"窈窕淑女",所以男士的父母为此而焦虑不安,以至于茶饭不思,辗转难眠。如果已经物色到了,进入纳采环节,反而不会那样焦虑了。不要说古代的贵族之家,就是现在的普通百姓之家,绝大多数父母到了儿女该找对象的年龄,也无不开始为儿女的婚事操心,而且儿女找到理想对象的年龄越晚,这种焦虑就越明显。诗中越是表现男方父母为选择"淑女"而焦虑,越是能够凸显"淑女"对于家庭和家族的重要意义。而且,民间俗话说:"一辈没好妻,十辈没好子",话说得虽然有点夸张,但也凸显了"淑女"对于儿孙素质的深远影响和重要意义。

三、"琴瑟友之"表现的是亲迎三日后到庙见之前的婚姻生活

关于"琴瑟友之",许多研究者认为这是男士弹奏着琴瑟向女孩表达倾慕和爱意,换言之,就是男士弹奏着琴瑟追求女孩子。前文已述及,在周代,"君子"与"淑女"都是贵族子女,不是平民。且琴瑟在周代,尤其在春秋晚期以前,亦即春秋早中期以及西周,学在王官,琴瑟显然属于贵族所用乐器。据翟相君的研究,"琴瑟是诸侯宫中的必备乐器,但使用范围较广,'士'也可以有琴瑟之乐"[⑥]。另外,翟相君据《小雅·鹿鸣》"鼓瑟鼓琴"认为周天子宴请群臣

---

① 李景林,王素玲,邵汉明.仪礼译注[M].长春:吉林文史出版社,1995:24.

② 李景林,王素玲,邵汉明.仪礼译注[M].长春:吉林文史出版社,1995:24.

③ 实际上此处说唱"完成婚礼"是错误的,因为据《礼记·曾子问》《左传》,亲迎之后还有三月庙见、反马等礼仪程式。如果男方没有亲迎,还有三个月庙见之后男方去拜见岳父岳母的仪式。

④ 李景林,王素玲,邵汉明.仪礼译注[M].长春:吉林文史出版社,1995:24.

⑤ 翟相君.《关雎》是求贤诗[M]//诗经新解.郑州:中州古籍出版社,1993:7.

⑥ 翟相君.《关雎》是求贤诗[M]//诗经新解.郑州:中州古籍出版社,1993:12.

也可以使用琴瑟①。据此,既然可以使用琴瑟,那么他们的身份可以肯定是贵族。那么他们的婚姻必须在父母之命、媒妁之言的操持之下完成婚礼的七道程序,完成男士从为人子到为人夫、女子从为人女到为人妇的转变,是没有资格、没有权利也没有机会在亲迎之前谈恋爱的,那么将"琴瑟友之"理解为男士弹奏着琴瑟追求女孩子是站不住脚的。又,翟相君据《仪礼·士昏礼》认为"六礼"过程中都用不着琴瑟②,据此可推知将"琴瑟友之"理解为从纳采到亲迎"六礼"过程中的仪节也是错误的。亦即是说,"琴瑟友之"不可能是"六礼"过程中的仪节,很可能是"六礼"之后的仪节。

那么"琴瑟友之"描绘的到底是哪个阶段的何种婚姻形态呢?此以为当为亲迎三日之后、庙见成妇之前的婚姻状态。

根据《仪礼·士昏礼》《礼记·曾子问》《左传》等文献可知,亲迎并不代表着婚礼过程的结束,在亲迎过后,还有三月庙见、反马等一系列过程和仪节。在亲迎到三月庙见成妇之前的三个月中,男女双方以夫妻的形式生活在一起,但并不具有夫妻的名分和事实,男女双方都必须分床而睡,不得发生性关系,这一禁令到举行过庙见成妇礼之后解除。这一段时间实际上可以视为男方家族对女孩子的考察期,看看男女双方的脾气性格是否合得来,男方的父母对女孩子的德、容、言、工等方面的表现是否满意等。③ 当然,这段时期也是让此前从未谋面、完全不了解的两个完全陌生的年轻人通过三个月的时间培养感情的时期。在这一段时间里,女孩子只能称"女",不能称"妇",更不能称为"新娘""媳妇"或者"儿媳妇",因为亲迎之后到三月庙见成妇之前的三个月中,她的身份还仍然是她娘家的女儿,还只是一个"女孩",也仍然是一个处女,也还不是男方家庭和家族的人。据《礼记·曾子问》载曾子与孔子问答:"曾子问曰:'女未庙见而死,则如之何?'孔子曰:'不迁于祖,不祔于皇姑,婿不杖、不菲、不次,归葬于女氏之党,示未成妇也。'"④意思是:"曾子问道:'新妇还没有等到三月庙见就死了,该怎么办?'孔子说:'葬前不迁柩到祖庙行朝庙礼,她的牌位也不和祖姑的牌位放在一起,婿不为她拄丧杖、穿丧鞋,也不住到丧次中去,并将她的棺柩送回到娘家的茔地去安葬,表示她尚未正式成为男家的妇。'"⑤也就是说,说得极端一点,如果在这期间女孩子去世了,遗体只能运回女方家族墓地去安葬,因为此时她的身份依然是她娘家的女儿,是她娘家家族的人,还不是男方家族的人,还不能葬入男方家族的墓地。又《礼记·曾子问》载孔子答曾子:"取妇之家,三日不举乐,思嗣亲也。"⑥换言之,亲迎后过了三日就可以举乐了,此处既然可以使用琴瑟来"友之",则说明必定已经过了亲迎后三日。又《诗·郑风·女曰鸡鸣》:"女

① 翟相君.《关雎》是求贤诗[M]//诗经新解.郑州:中州古籍出版社,1993:12.

② 翟相君.《关雎》是求贤诗[M]//诗经新解.郑州:中州古籍出版社,1993:7.

③ 当然,今天的"试婚"跟周人的这三个月依然有着很大的不同,因为今天的"试婚"几乎所有的青年男女都是实际上发生了性关系的,而周代贵族的婚姻从亲迎到举行三月庙见成妇礼之前男女是严禁发生性关系的,而且今天是试婚主要是男女双方互相了解,而在古代考察女子的主体除了男士,更主要的是男士的父母。在周代,如果男女双方脾气性格的确合不来,或者男方父母对女子表现不满意,可以退婚,而被退婚的女子不影响另聘再嫁。

④ 郑玄,注.孔颖达,疏.礼记正义[M]//阮元,校刻.十三经注疏.北京:中华书局,1980:1392.

⑤ 杨天宇.礼记译注[M].上海:上海古籍出版社,2004:230.

⑥ 郑玄,注.孔颖达,疏.礼记正义[M]//阮元,校刻.十三经注疏.北京:中华书局,1980:1392.

曰鸡鸣,士曰昧旦。"[①]其中有"女"有"士",说明是一男一女,鸡鸣时分同处一房而对话,说明他们应该是合法同居一室,而对女子称"女"不称"妇",则说明他们的婚姻应该也是处于亲迎之后到举行三月庙见成妇礼之前的阶段。而下文又说"宜言饮酒,与子偕老。琴瑟在御,莫不静好""知子之来之,杂佩以赠之。知子之顺之,杂佩以问之。知子之好之,杂佩以报之"[②],能有条件饮酒,有资格使用琴瑟等乐器[③],能有"珩、璜、琚、瑀、冲牙之类"的"杂佩"而且有资格用它们来送给对方,说明他们的社会地位较高,应该是贵族。由《仪礼·士昏礼》记载的婚姻过程,男女有资格、有条件、有可能同居一室,必定是在亲迎之后。《礼记·曾子问》:"取妇之家,三日不举乐。"[④]可以使用琴瑟,必定是在过了亲迎后三日,称"女"而不称"妇",可知他们还没有举行过庙见之礼,由此可知他们的婚姻此时也应该处于亲迎三日后到三月庙见成妇之前的阶段。联系《关雎》可知,所谓"琴瑟友之"所反映的正是亲迎三日后到三月庙见成妇之前这一阶段,男女培养感情的阶段的状态,"琴瑟友之"体现的是男方的主动状态和正确的态度或者说是君子风范,人家女孩子抛别父母及所有亲人来到自己家(甚至跟许多人就是永别),与自己一起祭祀宗庙、敬奉父母、生育后代,对人家好一点也是一种贵族风度和君子风范。

四、"钟鼓乐之"表现的庙见之礼

关于"钟鼓乐之",很多学者认为是反映的是迎娶心仪的女子的情景,如程俊英《诗经译注》:"敲钟打鼓娶过来。"[⑤]袁梅《诗经译注》:"敲钟击鼓,奏乐娶她。"[⑥]有的认为是描绘将心仪的女子迎娶到家以后热闹的婚礼场景,如袁梅《诗经译注》:"或指结婚时,鼓乐齐鸣,闹得很欢。"[⑦]或者是想象中的将心仪的女子迎娶到家以后热闹的婚礼场景,如褚斌杰《诗经全译》:"敲钟击鼓使她欢乐。这里指钟鼓喧喧热闹的婚礼场面,是男子设想未来结婚的情景。"[⑧]也有的认为跟"琴瑟友之"一样是为了争取女孩子的欢心,如唐莫尧《诗经新注全译》:"诗中'琴瑟友之','钟鼓乐之',是主人公想用弹琴鼓瑟,敲钟击鼓去取得女方的欢心。"[⑨]但据《礼记·郊特牲》"昏礼不用乐","昏礼不贺"[⑩],《礼记·曾子问》中"取妇之家,三日不举

---

① 毛公,传.郑玄,笺.孔颖达,疏.毛诗正义[M]//阮元,校刻.十三经注疏.北京:中华书局,1980:340.

② 毛公,传.郑玄,笺.孔颖达,疏.毛诗正义[M]//阮元,校刻.十三经注疏.北京:中华书局,1980:340-341.

③ 翟相君《〈关雎〉是求贤诗》认为在周代琴瑟使用范围较广,上至天子,下至士,都可以使用琴瑟(翟相君.《关雎》是求贤诗[M]//诗经新解.郑州:中州古籍出版社,1993:12.).谨按:即使是士,那至少也是贵族.

④ 郑玄,注.孔颖达,疏.礼记正义[M]//阮元,校刻.十三经注疏.北京:中华书局,1980:1392.

⑤ 程俊英.诗经译注[M].上海:上海古籍出版社,1985:4.

⑥ 袁梅.诗经译注[M].济南:齐鲁书社,1985:79.

⑦ 袁梅.诗经译注[M].济南:齐鲁书社,1985:79.

⑧ 褚斌杰.诗经全注[M].北京:人民文学出版社,1999:4.

⑨ 唐莫尧.诗经新注全译[M].成都:巴蜀书社,1998:6.

⑩ 郑玄,注.孔颖达,疏.礼记正义[M]//阮元,校刻.十三经注疏.北京:中华书局,1980:1456.

乐"[①]，娶亲之家不但亲迎之日不举乐，亲迎之后三日内皆不得举乐。可见不管是现实的还是想象中的迎娶心仪女子的情景说，还是想象中的将心仪女子迎娶到家以后热闹的婚礼场景说，都是站不住脚的[②]。至于用弹琴鼓瑟、敲钟击鼓去追求女子、取得女方的欢心之说则因周代贵族婚礼无恋爱环节而不可能成立，贺婚说亦因《礼记·郊特牲》"昏礼不贺"[③]的记载而不能成立。既然那么"钟鼓乐之"到底反映的是什么情景呢？私以为即三月庙见成妇之礼。理由有四：

其一，钟鼓为高级贵族有资格使用。《诗·唐风·山有枢》："子有钟鼓，弗鼓弗考。宛其死矣，他人是保。""子有酒食，何不日鼓瑟？"序云："《山有枢》，刺晋昭公也。"[④]这个"子"有衣裳、有车马、有廷内、有钟鼓、有酒食、有瑟，显然不可能是平民。《论语》："颜渊死，颜路请子之车以为之椁。子曰：'才不才，亦各言其子也。鲤也死，有棺而无椁。吾不徒行以为之椁。以吾从大夫之后，不可徒行也。'"[⑤]可知这位"子"即使不是指晋昭公，也可以肯定至少是大夫级甚至以上的贵族。因为马车本身就是一个至少是大夫级贵族的身份象征，孔子作为一个失去职务的大夫，尚且不能没有马车，那么这位拥有这么多高级贵族才有资格享用的东西的"子"也至少是一个大夫级甚至地位更高的贵族。《小雅·彤弓》："钟鼓既设，一朝飨之。"[⑥]"钟鼓既设，一朝右之。""钟鼓既设，一朝酬之。"[⑦]序云："《彤弓》，天子锡有功诸侯也。"[⑧]郑《笺》："诸侯敌王所忾而献其功，王飨礼之，于是赐彤弓一，彤矢百，玈弓矢千。凡诸侯，赐弓矢然后专征伐。"[⑨]孔《疏》："作《彤弓》诗者，天子赐有功诸侯。诸侯有征伐之功，王以弓矢赐之也。经三章，上二句言诸侯受王彤弓，是赐之事，下四句言王设乐飨酬。"[⑩]可知这首诗反映的是周天子赐予有功诸侯彤弓，"钟鼓既设"当然是天子的钟鼓。《小雅·鼓钟》："鼓钟将将，淮水汤汤，忧心且伤。淑人君子，怀允不忘。鼓钟喈喈，淮水湝湝，忧心且悲。淑人君子，其德不回。鼓钟伐鼛，淮有三洲，忧心且妯。淑人君子，其德不犹。鼓钟钦钦，鼓瑟

---

① 郑玄，注.孔颖达，疏.礼记正义[M]//阮元，校刻.十三经注疏.北京：中华书局，1980：1392.

② 翟相君根据《礼记·曾子问》"取妇之家，三日不举乐"和《诗经》中《硕人》《韩奕》与《何彼襛矣》所描写的婚礼"都非常隆重，但都没有用乐"，认为"'钟鼓乐之'更不是指结婚"，并指出"《关雎》中的'钟鼓'非后世手持的敲击乐器，而指的是编钟和悬鼓"，亦即不是可以搬动到处跑的，不可能是用来敲打着迎亲的.并引用《周礼·乐师》《钟师》中的文献证明钟鼓主要用于飨食诸侯、祭祀以及乐事等场合，而不用于迎亲。（翟相君.《关雎》是求贤诗[M]//诗经新解.郑州：中州古籍出版社，1993：7.）兹以为其说可以采信。另外，张震泽《说〈关雎〉》(《文史哲》1982 年第 6 期)、江林《〈诗经〉与宗周礼乐文明》(上海古籍出版社，2010 年版)、黄维华《三月成妇祭之歌——〈诗·关雎〉别解》(《传统文化与现代化》1993 年第 4 期)都有对于周代婚礼不用乐的探讨。

③ 郑玄，注.孔颖达，疏.礼记正义[M]//阮元，校刻.十三经注疏.北京：中华书局，1980：1456.

④ 毛公，传.郑玄，笺.孔颖达，疏.毛诗正义[M]//阮元，校刻.十三经注疏.北京：中华书局，1980：361-362.

⑤ 何晏，注.邢昺，疏.论语注疏[M]//阮元，校刻.十三经注疏.北京：中华书局，1980：2498.

⑥ 毛公，传.郑玄，笺.孔颖达，疏.毛诗正义[M]//阮元，校刻.十三经注疏.北京：中华书局，1980：421.

⑦ 毛公，传.郑玄，笺.孔颖达，疏.毛诗正义[M]//阮元，校刻.十三经注疏.北京：中华书局，1980：422.

⑧ 毛公，传.郑玄，笺.孔颖达，疏.毛诗正义[M]//阮元，校刻.十三经注疏.北京：中华书局，1980：421.

⑨ 毛公，传.郑玄，笺.孔颖达，疏.毛诗正义[M]//阮元，校刻.十三经注疏.北京：中华书局，1980：421.

⑩ 毛公，传.郑玄，笺.孔颖达，疏.毛诗正义[M]//阮元，校刻.十三经注疏.北京：中华书局，1980：421.

鼓琴，笙磬同音。以雅以南，以籥不僭。”[①]序云：“刺幽王也。”[②]即使不是刺幽王，从主人公能有资格使用钟（四次提到“钟”）、鼓（鼛：鼓之一种）、琴瑟、笙、磬、雅（一种乐器）、南（一种乐器）、籥等礼乐之器，可知其身份很高。《小雅·楚茨》“礼仪既备，钟鼓既戒……鼓钟送尸，神保聿归”[③]，孔《疏》“民除草以种黍稷，收之而盈仓庾，王者得为酒食，献之宗庙，总言祭祀之事”[④]，可见《小雅·楚茨》所咏为农业丰收，报祭先祖之事，亦为天子之宗庙祭祀，此处“钟鼓”用于天子宗庙之祭。《小雅·宾之初筵》：“钟鼓既设，举酬逸逸。”[⑤]“籥舞笙鼓，乐既和奏。烝衎烈祖，以洽百礼。”[⑥]首序云卫武公刺时，续序云“幽王荒废，媟近小人，饮酒无度。天下化之，君臣上下沈湎淫液。武公既入，而作是诗也”。即使不是为刺周幽王而作，最起码这位君子有资格拥有和使用钟鼓、琴瑟、笙籥等礼乐器物，能举行“烝衎烈祖，以洽百礼”的盛大祭祀礼仪活动，能接待这么多宾客宴饮、举行大射之礼，肯定不是平民，定是高级贵族无疑，甚至可以明确为周天子。《小雅·白华》“鼓钟于宫，声闻于外。念子懆懆，视我迈迈”，涉及钟，而且是在宫中，则必为贵族无疑。[⑦]《大雅·灵台》：“虡业维枞，贲鼓维镛。於论鼓钟，於乐辟廱。於论鼓钟，於乐辟廱。鼍鼓逢逢。矇瞍奏公。”[⑧]毛《传》：“植者曰虡，横者曰栒。业，大版也。枞，崇牙也。贲，大鼓也。镛，大钟也。论，思也。”[⑨]郑《笺》：“虡也、栒也，所以悬钟鼓也。设大版于上，刻画以为饰。”[⑩]孔《疏》阐发毛义：“文王既立灵台，而知民心归附。作沼囿，而知鸟兽得所。以为音声之道与政通，故作乐以详之，观己之德行审否，故使人设植者之虡，横者之栒，上加大版而捷业然。又有崇牙，其饰维枞然。于此虡业之上，悬贲之大鼓，及维镛之大钟，然后使人击之，观其和否。于是思念鼓钟，使之和谐。于是作乐在此辟廱宫中。”[⑪]孔《疏》引韩诗说：“辟廱者，天子之学，圆如璧，壅之以水，示圆。”[⑫]又引《左传》：“天子灵台在太庙之中，壅之灵沼，谓之辟廱。诸侯有观台，亦在庙中。皆以望嘉祥也。”又引《礼记·王制》：“天子命之教，然后为学。小学在公宫之左，大学在郊。天子曰辟廱，诸侯曰泮宫。”[⑬]可见璧廱为天子之太学，此处“钟鼓”为天子所用之乐。《周颂·执竞》：“钟鼓喤喤，磬筦将将，降福穰穰。”[⑭]郑《笺》：“武王既定天下，祭祖考之庙，奏乐而八音克谐，神与之福又众大。”[⑮]首章孔《疏》：“武王之祭宗庙也，作钟鼓之乐，其声和乐喤喤然；奏磬管之音，其声合集

---

① 毛公，传.郑玄，笺.孔颖达，疏.毛诗正义[M]//阮元，校刻.十三经注疏.北京：中华书局，1980：466.
② 毛公，传.郑玄，笺.孔颖达，疏.毛诗正义[M]//阮元，校刻.十三经注疏.北京：中华书局，1980：466.
③ 毛公，传.郑玄，笺.孔颖达，疏.毛诗正义[M]//阮元，校刻.十三经注疏.北京：中华书局，1980：469.
④ 毛公，传.郑玄，笺.孔颖达，疏.毛诗正义[M]//阮元，校刻.十三经注疏.北京：中华书局，1980：467.
⑤ 毛公，传.郑玄，笺.孔颖达，疏.毛诗正义[M]//阮元，校刻.十三经注疏.北京：中华书局，1980：484.
⑥ 毛公，传.郑玄，笺.孔颖达，疏.毛诗正义[M]//阮元，校刻.十三经注疏.北京：中华书局，1980：485.
⑦ 毛公，传.郑玄，笺.孔颖达，疏.毛诗正义[M]//阮元，校刻.十三经注疏.北京：中华书局，1980：497.
⑧ 毛公，传.郑玄，笺.孔颖达，疏.毛诗正义[M]//阮元，校刻.十三经注疏.北京：中华书局，1980：525.
⑨ 毛公，传.郑玄，笺.孔颖达，疏.毛诗正义[M]//阮元，校刻.十三经注疏.北京：中华书局，1980：525.
⑩ 毛公，传.郑玄，笺.孔颖达，疏.毛诗正义[M]//阮元，校刻.十三经注疏.北京：中华书局，1980：525.
⑪ 毛公，传.郑玄，笺.孔颖达，疏.毛诗正义[M]//阮元，校刻.十三经注疏.北京：中华书局，1980：525.
⑫ 毛公，传.郑玄，笺.孔颖达，疏.毛诗正义[M]//阮元，校刻.十三经注疏.北京：中华书局，1980：524.
⑬ 毛公，传.郑玄，笺.孔颖达，疏.毛诗正义[M]//阮元，校刻.十三经注疏.北京：中华书局，1980：524.
⑭ 毛公，传.郑玄，笺.孔颖达，疏.毛诗正义[M]//阮元，校刻.十三经注疏.北京：中华书局，1980：589.
⑮ 毛公，传.郑玄，笺.孔颖达，疏.毛诗正义[M]//阮元，校刻.十三经注疏.北京：中华书局，1980：589.

锵锵然。"[①]可知此处"钟鼓"用于天子宗庙之祭。综上来看,《诗经》中有资格使用"钟鼓"的皆为高级贵族。[②]

其二,钟鼓非一般场合可以使用。《诗·唐风·山有枢》中的"钟鼓"使用场合未知。《小雅·彤弓》孔《疏》"王亲受之,又设飨礼礼之,于是赐之弓矢也"[③],说明天子飨礼上应有钟鼓。谨按:诸侯或者将帅征伐有功,献其所获于天子,天子当亲至宗庙报功于先祖,然后飨宴、赐彤弓彤矢、兹弓兹矢。正如《尚书·甘誓》所谓"用命赏于祖",李民、王健《尚书译注》云"祖庙即宗庙……此句即是说赏赐在祖庙进行"[④],并以《小盂鼎》和《虢季子白盘》铭文为证,其说可信,则《小雅·彤弓》之"钟鼓"也有可能是在祖庙祭祖报功之时使用。《左传·成公十三年》载刘康公之言:"国之大事,在祀与戎",宗庙祭祖报功当然属于国家重要祭祀典礼,当有钟鼓。《小雅·楚茨》"礼仪既备,钟鼓既戒""鼓钟送尸,神保聿归"。[⑤] 前已言及此诗为天子报祭先祖之作,此诗之"钟鼓"用于宗庙祭祀先祖之场合。又《周礼·乐师》"飨食诸侯,序其乐事,令奏钟鼓,令相,如祭之仪"[⑥],则飨食诸侯之礼亦有钟鼓。又《礼记·射义》:"天子将祭,必先习射于泽。泽者,所以择士也。已射于泽,而后射于射宫。射中者得与于祭,不中者不得与于祭。"[⑦]孔《疏》阐发其义曰:"是先王将祭,必射以择士也。先于泽宫,后于射宫,是将祭再为射礼。泽宫言习射,则未是正射。(正)射于射宫乃行。"[⑧]《小雅·宾之初筵》"钟鼓既设,举酬逸逸。大侯既抗,弓矢斯张。射夫既同,献尔发功。发彼有的,以祈尔爵"[⑨]反映的正是这种情况。"钟鼓既设"是为祭祀做准备,"大侯既抗"以下是描绘射礼盛况。二章"籥舞笙鼓,乐既和奏。烝衎烈祖,以洽百礼。百礼既至,有壬有林。锡尔纯嘏,子孙其湛"则描绘射后祭祀盛况。可知《宾之初筵》中"钟鼓"亦天子宗庙祭祀所用。至于《大雅·灵台》所言钟鼓,因下文两言"於乐辟雍",而辟雍为天子之太学,故此诗所言钟鼓当为太学教育教学或者参加实际礼乐活动所奏。《周礼·大司乐》:"掌成均之法,以治建国之学政,而合国之子弟焉。……以乐德教国子……以乐语教国子……以乐舞教国子……以六律、六同、五声、八音、六舞、大合乐。以致鬼、神、示,以和邦国,以谐万民,以安宾客,以说远人,以作动物。乃分乐而序之,以祭、以享、以祀。乃奏黄钟,歌大吕,舞云门,以祀天神;乃奏大蔟,歌应钟,舞咸池,以祭地**示**;乃奏姑洗,歌南吕,舞大磬,以祀四望;乃奏蕤宾,歌函钟,舞大夏,以祭山川;乃奏夷则,歌小吕,舞大濩,以享先妣;乃奏无射,歌夹钟,舞大武,以享先祖。……凡乐,

---

① 毛公,传.郑玄,笺.孔颖达,疏.毛诗正义[M]//阮元,校刻.十三经注疏.北京:中华书局,1980:589.

② 王清雷《西周乐悬制度的音乐考古学研究》认为:"在西周乐悬制度中,各级贵族基本的乐悬配置为编钟、编磬俱全,如天子之卿、大夫、士以及诸侯之卿、大夫之乐悬均有钟有磬。"(王清雷.西周乐悬制度的音乐考古学研究[M].北京:文物出版社,2007:121-122.)其所言当属实,但其所言主要针对钟磬,没有涉及鼓。

③ 毛公,传.郑玄,笺.孔颖达,疏.毛诗正义[M]//阮元,校刻.十三经注疏.北京:中华书局,1980:421.

④ 李民,王健.尚书译注[M].上海:上海古籍出版社,2004:90-91.

⑤ 毛公,传.郑玄,笺.孔颖达,疏.毛诗正义[M]//阮元,校刻.十三经注疏.北京:中华书局,1980:469.

⑥ 郑玄,注.贾公彦,疏.周礼注疏[M]//阮元,校刻.十三经注疏.北京:中华书局,1980:794.

⑦ 郑玄,注.孔颖达,疏.礼记正义[M]//阮元,校刻.十三经注疏.北京:中华书局,1980:1689.

⑧ 毛公,传.郑玄,笺.孔颖达,疏.毛诗正义[M]//阮元,校刻.十三经注疏.北京:中华书局,1980:484.括号内的"正"字原本无,此据阮元《校勘记》增补。

⑨ 毛公,传.郑玄,笺.孔颖达,疏.毛诗正义[M]//阮元,校刻.十三经注疏.北京:中华书局,1980:484.

圜钟为宫，黄钟为角，大蔟为徵，姑洗为羽，雷鼓、雷鼗，孤竹之管；云和之琴瑟，云门之舞。冬日至，于地上之圜丘奏之，若乐六变，则天神皆降，可得而礼矣。凡乐，函钟为宫，大蔟为角，姑洗为徵，南吕为羽，灵鼓、灵鼗，孙竹之管，空桑之琴瑟，咸池之舞。夏日至，于泽中之方丘奏之，若乐八变，则地示皆出，可得而礼矣。凡乐，黄钟为宫，大吕为角，大蔟为徵，应钟为羽，路鼓、路鼗，阴竹之管，龙门之琴瑟，九德之歌，九磬之舞，于宗庙之中奏之，若乐九变，则人鬼可得而礼矣。"①既有对大司乐职责与教学内容的规定，亦有对实际效果的说明。其中用到多种钟鼓还有琴瑟以及管乐器。又曰："凡乐事，大祭祀，宿县，遂以声展之。"②贾《疏》："不徒大祭祀而已……其实中祭祀亦宿县也。但大祭祀中有天神、地祇、人鬼。中小祭祀亦宿县，至于飨食燕宾客有乐事，亦兼之矣。言宿县者，皆于前宿豫县之。"③"县"通"悬"，意思是说，凡是跟音乐有关之事，不论大祭祀，还是中小祭祀，都要在祭祀前夜提前把乐器悬挂好。这里的乐器即包括钟鼓等。可见祭祀场合可以使用钟鼓。至于《周颂·执竞》之"钟鼓喤喤，磬筦将将，降福穰穰"④，据郑《笺》与孔《疏》则明确为天子宗庙祭祀所用。总的来说，钟鼓主要用于祭祀、宴飨等重要场合。

其三，祭祖场合下一定可以使用钟鼓。前已引《周礼·大司乐》："凡乐事，大祭祀，宿县，遂以声展之。"⑤及贾《疏》可知不论大祭祀还是中小祭祀，以及"飨食燕宾客有乐事"都要在祭祀前夜提前把钟鼓等乐器悬挂好。《周礼·乐师》又云："凡国之小事用乐者，令奏钟鼓。"⑥郑玄《注》："小事，小祭祀之事。"⑦贾公彦《疏》："此小事，郑云小祭祀之事。谓王玄冕所祭，则天地及宗庙，皆有钟鼓，乐师令之。"⑧这两段文字其实是互文互补的，这说明凡是祭祀，不论大祭祀还是中小祭祀，都有钟鼓，而宗庙祭祀作为祭祀的一种重要类型，亦必有钟鼓。

其四，周代中高级贵族婚礼的最后一个环节三月庙见是祭祖仪式。这一仪式不见于《仪礼·士昏礼》之记载，学术史上对于两周时期到底有没有三月庙见成妇之礼曾有过激烈的争论，早期学者郑玄、孔颖达都持否定意见。如《礼记·曾子问》载孔子答曾子之言："三月而庙见，称来妇也。择日而祭于祢，成妇之义也。"⑨郑《笺》："谓舅姑没者也。必祭，成妇义者，妇有供养之礼，犹舅姑存时，盥馈特豚于室。"⑩孔颖达《疏》："此谓舅姑亡者，妇入三月之后，而于庙中以礼见于舅姑，其祝辞告神，称来妇也。谓选择吉日，妇亲自执馔，以祭于祢庙，以成就妇人盥馈之义。""若舅姑存者，于当夕同牢之后，明日妇执枣栗腶脩见于舅姑。见讫，舅姑醴妇。醴妇讫，妇以特豚盥馈舅姑。盥馈讫，舅姑飨妇，更无三月庙见之事。此是《士昏礼》之文。若舅姑既没，虽昏夕同牢礼毕，明日无见舅姑盥馈之事，至三月乃奠菜於舅姑之庙，故

① 郑玄，注.贾公彦，疏.周礼注疏[M]//阮元，校刻.十三经注疏.北京：中华书局，1980：787-790.
② 郑玄，注.贾公彦，疏.周礼注疏[M]//阮元，校刻.十三经注疏.北京：中华书局，1980：790.
③ 郑玄，注.贾公彦，疏.周礼注疏[M]//阮元，校刻.十三经注疏.北京：中华书局，1980：790.
④ 毛公，传.郑玄，笺.孔颖达，疏.毛诗正义[M]//阮元，校刻.十三经注疏.北京：中华书局，1980：589.
⑤ 郑玄，注.贾公彦，疏.周礼注疏[M]//阮元，校刻.十三经注疏.北京：中华书局，1980：790.
⑥ 郑玄，注.贾公彦，疏.周礼注疏[M]//阮元，校刻.十三经注疏.北京：中华书局，1980：794.
⑦ 郑玄，注.贾公彦，疏.周礼注疏[M]//阮元，校刻.十三经注疏.北京：中华书局，1980：794.
⑧ 郑玄，注.贾公彦，疏.周礼注疏[M]//阮元，校刻.十三经注疏.北京：中华书局，1980：794.
⑨ 郑玄，注.孔颖达，疏.礼记正义[M]//阮元，校刻.十三经注疏.北京：中华书局，1980：1392.
⑩ 郑玄，注.孔颖达，疏.礼记正义[M]//阮元，校刻.十三经注疏.北京：中华书局，1980：1392.

《昏礼》云'舅姑既没,则妇入。三月乃奠菜'是也。昏礼奠菜之后,更无祭舅姑之事,此云'祭于祢'者,正谓奠菜也。则庙见奠菜、祭祢是一事也。"①今人杨天宇是这样注释的:"三月而庙见,称'来妇'也:案如舅姑(公婆)已死,则新妇当行三月庙见之礼,即成婚三个月后要到祢庙去拜见舅姑的神灵,拜见时由祝向舅姑报告说'某氏来妇'。"②"择日而祭于祢,成妇之义也:案只有行过三月庙见礼,妇的名分才正式成立。"③可见他们都认为这里的三月庙见是针对亲迎之日男方的父母早已去世的家庭而言。

私以为不然。孔子这句答言说的是通常的和一般的情况,并未特指父母已经去世的情况,其义是说周代贵族尤其是中高级贵族的婚礼都要举行庙见之礼,举行庙见之礼的时候由专职人员"祝"向祖先禀报"某氏来妇","择日而祭于祢"更具体指出要选吉日,要到祢庙祭祖,这是女子成为"妇"的通义,亦即都要这么做的。按通常的解释,"祢"即"祢庙",指"父庙"或称"考庙",这种解释父亲已亡故的情况下固然没有问题,但把所有"祢"都解释为父庙或者考庙就有问题了。如果祢庙特指父庙或者考庙,那就不必再有祢庙的指称。既然"名"不同,则应有不同之"实"。实际上正确的理解也是孔颖达提出来的,其疏《左传·襄公二十二年》及杜预《注》之时说"祢,近也",实际上祢庙就是跟自己血缘关系最近的宗庙,尽管孔颖达说"于诸庙,父最为近也"④,但这里祢庙却并非特指父庙,而是指跟自己血缘关系最近的宗庙,如果娶亲的男士的父母已丧而入于庙,则庙见之礼当于父庙举行。如果父母尚在而祖父已丧入于宗庙,则庙见之礼当于祖父之庙举行。如果祖父尚在而曾祖父已丧而入于宗庙,则庙见之礼当于曾祖父之庙举行。孔子答复曾子问的"嫁女之家,三夜不息烛,思相离也。取妇之家,三日不举乐,思嗣亲也。三月而庙见,称来妇也。择日而祭于祢,成妇之义也"说的应该都是通常的情况,并未特指,则"祢"也不当特指父庙。又《礼记·曾子问》还载:"曾子问曰:'女未庙见而死,则如之何?'孔子曰:'不迁于祖,不祔于皇姑,婿不杖、不菲、不次,归葬于女氏之党,示未成妇也。'"⑤曾子所问仍然是一般情况,据此可推知曾子的时代周人婚礼是有庙见成妇之礼这一环节的。据《左传·隐公八年》:"四月,甲辰,郑公子忽如陈逆妇妫。辛亥,以妫氏归。甲寅,入于郑。陈鍼子送女,先配而后祖。鍼子曰:'是不为夫妇,诬其祖矣。非礼也,何以能育?'"关于郑公子忽与陈妫"先配而后祖",学界亦有很多种解释,具体可参看《左传·隐公八年》孔《疏》⑥与《礼记·曾子问》孔《疏》⑦。此以为这段话是说郑公子忽亲迎陈妫,刚进入郑国两个人就睡在一起了,而后又举行三月庙见之礼,而按正确的程序应该是先举行三月庙见成妇礼,禀告过祖先,然后才可以睡在一起,所以陈鍼子说"诬其祖矣"。"祖"不是祖道,亦非迎娶到家有祭祖之礼,而是三月庙见祭祖。对"祢"的误解是导致后世关于两周时期到底有无三月成妇礼之争的根本原因。

如前所论,既然婚礼的过程中必须有到宗庙祭祖的三月庙见仪式,而祭祖仪式是可以使用钟鼓的,所以,此以为"钟鼓乐之"表现的是三月庙见成妇之礼。"乐"是使动用法,使之乐,

---

① 郑玄,注.孔颖达,疏.礼记正义[M]//阮元,校刻.十三经注疏.北京:中华书局,1980:1392.

② 杨天宇.礼记译注[M].上海:上海古籍出版社,2004:228-229.

③ 杨天宇.礼记译注[M].上海:上海古籍出版社,2004:229.

④ 杜预,注.孔颖达,疏.春秋左传正义[M]//阮元,校刻.十三经注疏.北京:中华书局,1980:1954.

⑤ 郑玄,注.孔颖达,疏.礼记正义[M]//阮元,校刻.十三经注疏.北京:中华书局,1980:1392.

⑥ 杜预,注.孔颖达,疏.春秋左传正义[M]//阮元,校刻.十三经注疏.北京:中华书局,1980:1733.

⑦ 郑玄,注.孔颖达,疏.礼记正义[M]//阮元,校刻.十三经注疏.北京:中华书局,1980:1392.

表现的是男士和男方的主动,"琴瑟友之""钟鼓乐之"都表现了男方以女子为中心的观念,这里面可没有什么男尊女卑的观念。至于以何事乐之,私以为至少有三:第一,通过了男方家庭的考察,得到了男方祖宗的认可,顺利地由"女"变成"妇",不用被退回娘家。尽管周代被退回娘家的女孩不影响再聘再嫁,但毕竟应该是有点没面子的事。第二,男方家庭为自己举行庙见成妇之礼,认可自己作为家族的儿媳妇,能得上下欢心,说明了自己的德容言工各方面还是足以自信的,自己有能力营造出祥和的家庭氛围,对自己品貌与能力的认可也是值得高兴的。第三,自己与男士经过三个月的共同生活,培养了良好的感情,接下来可以合法地同居,去履行自己作为妻子和儿媳妇以及在不远的将来作为母亲的责任,闺中之乐也是人生乐事之一。

五、采"荇菜"用于宗庙祭祀

关于荇菜,现在大多数译注者都把它解释成一种水菜,可以吃,兹不逐一列举诸说。但这种解释固然没有问题,却远远地偏离了周代的婚姻文化生态。其实《诗·周南·关雎》三言"参差荇菜,左右采之""参差荇菜,左右流之""参差荇菜,左右芼之",其采摘荇菜的主体应该是淑女,荇菜固然可以吃,但此处采摘荇菜的目的不是为了吃,而是为了供祭祀,具体而言,是为了用于即将举行的庙见成妇之礼。正如毛《传》所言"共荇菜、备庶物,以事宗庙",郑《笺》所谓"共荇菜之葅",孔《疏》所谓"共参差之荇菜以事宗庙",①关于采水草以供祭祀、事宗庙,《礼记·祭统》:"水草之菹,陆产之醢,小物备矣;三牲之俎,八簋之实,美物备矣;昆虫之异,草木之实,阴阳之物备矣。凡天之所生,地之所长,苟可荐者,莫不咸在,示尽物也。外则尽物,内则尽志,此祭之心也。"②说明周代祭祀必须具备"庶物",且水草之菹是周代祭祀所必需的。《诗经》中也留下了关于采水草以供祭祀、以事宗庙的生动事例。《诗·周南·采蘩》:"于以采蘩?于沼于沚。于以用之?公侯之事。于以采蘩?于涧之中。于以用之?公侯之宫。"③毛《传》:"执蘩菜以助祭","事,祭事也""宫,庙也"④。孔《疏》:"公侯之宫祭事"⑤。可见《采蘩》中,采蘩也是为了宗庙祭祀祖先,而采蘩乃在"沼""沚""涧中",可见蘩亦是水草。又《诗·召南·采蘋》:"于以采蘋?南涧之滨。于以采藻?于彼行潦。于以盛之?维筐及筥。于以湘之?维锜及釜。于以奠之?宗室牖下。谁其尸之?有齐季女。"⑥所采"蘋""藻"乃于"南涧之滨"和"行潦"之中,可知"蘋""藻"亦水草无疑。又如毛《传》"宗室,大宗之庙

---

① 当然,由于毛《传》、郑《笺》和孔《疏》是站在经学教化的立场上解诗,所以他们都阐释成其他嫔妾助后妃采荇菜。这反映了"诗之作"与"诗之用"之间的差异。"诗之作"是作者在诗中描述的生活、抒发的情感。而"诗之用"是传诗者所借此诗所要表达的思想和观念。《诗》三百〇五篇,大多数情况下,"诗之作"与"诗之用"是不一致的,甚至是全然相反的。

② 郑玄,注.孔颖达,疏.礼记正义[M]//阮元,校刻.十三经注疏.北京:中华书局,1980:1603.

③ 毛公,传.郑玄,笺.孔颖达,疏.毛诗正义[M]//阮元,校刻.十三经注疏.北京:中华书局,1980:284.

④ 毛公,传.郑玄,笺.孔颖达,疏.毛诗正义[M]//阮元,校刻.十三经注疏.北京:中华书局,1980:284.

⑤ 毛公,传.郑玄,笺.孔颖达,疏.毛诗正义[M]//阮元,校刻.十三经注疏.北京:中华书局,1980:284.

⑥ 毛公,传.郑玄,笺.孔颖达,疏.毛诗正义[M]//阮元,校刻.十三经注疏.北京:中华书局,1980:286.

也"[①],可知《采蘋》亦采"蘋""藻"等水草用于宗庙祭祀,祭祀的对象为祖先。《仪礼·士昏礼》"妇入三月,然后祭行"[②],郑《注》"入夫之室三月之后,于祭乃行,谓助祭也"[③④],李景林译为:"新妇在婚后三个月,遇有祭事,即参与助祭。"或"新妇在婚礼三个月以后,逢祭事即可参与助祭。"[⑤]杨天宇译为:"妇入夫家三个月之后,遇有祭祀才可助夫行祭礼。"[⑥]所谓"三月"应即前文所谓从亲迎到三月庙见之前的三个月。谨按:从亲迎到三月庙见实际上超过三个月,因为三个月是期限,而庙见不是说今天满了三个月明天马上就举行庙见的,因为祭祖是大事,必须选择黄道吉日,有可能满了三个月第二天就是黄道吉日,也有可能要等好多天。但满了三个月,就有了助祭的资格和义务,这是最关键的。由于男方家族要为即将参加庙见的女子举行庙见之礼,所以即将参加庙见的女子帮助即将正式成为自己婆婆的男士的母亲采摘荇菜以供祭祀之用,履行自己作为一个准儿媳妇的助祭责任。这才是《关雎》三次以"参差荇菜"咏叹的主要原因。[⑦]

总体而言,虽然周人的婚礼要经过七道程序,但最关键的是纳采之前的寻找和采择,俗话说:一代无好妻,十代无好子。一个德容言工俱佳的"窈窕淑女",会影响几代人。所以这不仅是男方也是女方父母都为之费尽心思的事情,所以《关雎》也对此做了深刻细致的表现。另外,纳吉的环节也很重要,因为婚姻能否继续下去就要靠占卜看男女命相是否相合。但男女命相是否相合是取决于天的事情,非人力可控,所以诗文也没有加以表现。另外比较重要的就是从亲迎到庙见之前的三个月了,这期间,男女关系融洽是婚姻关系能否最终成立的首要因素,这个时候男士的态度就很重要,所以诗强调了"琴瑟友之"的积极主动的态度。亲迎满三个月后的庙见对男女双方都有着重要的意义,因为这是女子最终得以成妇的标志,也是男女双方和双方家庭与家族婚姻关系最终确立的标志,诗文本对此也加以表现,"钟鼓乐之"表现和强调的依然是男方家庭的积极主动的态度。从这个角度上说,《诗·周南·关雎》更像是诗化的婚礼教科书。

---

① 毛公,传.郑玄,笺.孔颖达,疏.毛诗正义[M]//阮元,校刻.十三经注疏.北京:中华书局,1980:286.

② 郑玄,注.贾公彦,疏.仪礼注疏[M]//阮元,校刻.十三经注疏.北京:中华书局,1980:972.

③ 郑玄,注.贾公彦,疏.仪礼注疏[M]//阮元,校刻.十三经注疏.北京:中华书局,1980:972.

④ 贾《疏》认为此言是说的"舅在无姑"或者"舅没姑老"者。实际上经文并未特指,擅自增字为说是不妥的。另外,古人男士二十而冠,可以娶妻,女子十五而笄,可以嫁人,又二十年,长子亦当娶亲,则父不过四十出头,母或许不到四十岁,若非疾疫,当可健在,正可主持祭祀。此时儿媳助祭,正是职分所当。

⑤ 李景林,王素珍,邵流明.仪礼译注[M].长春:吉林文史出版社,1995:37,45.

⑥ 杨天宇.礼记译注[M].上海:上海古籍出版社,2004:56.

⑦ 当然,从修辞而言,"参差荇菜,左右流之.窈窕淑女,寤寐求之"也带有起兴的特点。

Research on the Relation between *Guanju* in *Zhounan* Which is the First Part of *The Book of Songs* and the Wedding Culture of Zhou Dynasty

——One of the Studies on the Ritual and Music Culture Ecology of *The Book of Songs*· *Zhounan*· *Guanju*

Tang Xudong

(School of Arts, Zhoukou Normal University, Zhoukou, Henan 466001, China)

Abstract: From the content of the text, *Guanju* in *Zhounan* which is the first part of the wedding process of the *The Book of Songs* shows the links in the weddings in Zhou Dynasty's. *Guanju is the* miniature of the wedding culture of Zhou Dynasty. In this poem, the names of "gentlemen" and "ladies" are all nobles. Their marriage is under the operation of both parents and matchmakers. After the six steps such as seeking, asking for name, fortune telling, exchanging token, forecasting the auspicious day of marriage and going to fetch the bride, they can then will the woman enter the door. "Seeking for nothing, thinking and contemplating. Leisurely and leisurely, tossing and turning" shows the anxiety of the man's parents because they are not looking for the quiet and modest maiden. "Play the lute and lyre to come close to her" is a rapport that has been cultivated in the common life between the wedding and Sacrificing the ancestors three months after the wedding. "Zhonggu music" shows the scene of the men's family holding a ritual known as "the Temple." "Seeking" "making friends with her" and "making her happy" all reflect the male's proactive attitude. *The Book of Songs* captures the most important three links in marriage and is more poetic, more like a poetic marriage textbook.

Keywords: *The Book of Songs*; *Zhounan*; *Guanju*; wedding

（学术编辑：胡旭）

唐旭东，男，周口师范学院文学院讲师。

《郑风》贵族政治生活诗之诗旨与文化精神*

刘挺颂

(肇庆学院 文学院 广东 肇庆 526061)

摘要:《缁衣》为郑大夫改造新衣赠给来访使者之诗,《叔于田》《大叔于田》为郑人赞美上层贵族田猎及其威仪之诗,《清人》为歌咏郑大夫高克讲兵练阵之诗,《羔裘》为郑人歌咏郑大夫仪范风神之诗。这几篇反映郑国贵族政治生活的诗作,是郑人的政治理想和文化心理的生动体现,透露出周代聘问交游、田猎习武、服饰隆杀等相关礼仪制度与习俗,蕴含着好贤尚直、崇武尚力、尊德亲仁、顺礼贵和的文化精神,折射出当时郑国诗礼和融的文化风貌。

关键词:诗经;郑风;贵族;诗旨;文化精神

《诗经》所收郑国风诗有21篇,按作品题材可分为两类。《缁衣》《叔于田》《大叔于田》《清人》《羔裘》等5篇属于贵族政治生活题材的作品,其余16篇属于士庶阶层婚恋生活题材的作品。《郑风》里的这两类作品,各自贯通着一个类同的主题:贵族政治生活题材的作品,贯通的是家国政治主题,这是郑人族性及政治意识形态的展现;士庶婚恋生活题材的作品,贯通着婚恋爱情主题,这是郑地民俗风情和民众普同人性的展现。兹论《郑风》贵族政治生活诗之诗旨与文化精神,以求教于方家。

一、《缁衣》之诗旨

传统的说法认为,这是一首赞美郑武公的诗。毛《序》:"《缁衣》,美武公也。父子并为周司徒,善于其职,国人宜之,故美其德,以明有国善善之功焉。"①历来对此诗的解读,大都不出《序》说范围,而在围绕"贤者"与"好贤者"所指称的对象问题上,则异说纷纭。总结众说,大体有四种相关又有明显区别的论说。

一是认为郑国之人赞美武公之贤能而作此诗。郑《笺》:"郑国之人皆谓桓公、武公居司徒之官正得其宜。"②孔《疏》:"作《缁衣》诗者,美武公也,武公之与桓公,父子皆为周司徒之卿,而善于其卿之职,郑国之人咸宜之,谓武公为卿,正得其宜。……经三章皆是国人宜之,美其德之辞也。"③

* 本文为国家社科基金重大招标项目"《诗经》与礼制研究"(16ZDA172)阶段性成果。

① 毛诗正义:卷四[M]//十三经注疏.北京:中华书局,2009:710.

② 毛诗正义:卷四[M]//十三经注疏.北京:中华书局,2009:710.

③ 毛诗正义:卷四[M]//十三经注疏.北京:中华书局,2009:710.

二是认为周人赞美武公之贤能而作此诗，如严粲《诗缉》曰："武公之贤，周人爱之，故作此诗。"[①]何楷《诗经世本古义》曰："《缁衣》，美郑子掘突也。……与晋、卫、秦会师兴复周室，故平王爱之如此。"[②]

三是郑国之人赞美武公礼贤下士而作此诗，如范处义《诗补传》云："孔子所谓'好贤如《缁衣》'，谓于《缁衣》见好贤之至也。……'还予授子之粲'者，谓武公既适卿士之馆，而好贤之意不倦，还以所得王之廪粟授之贤者。"[③]方玉润《诗经原始》："《缁衣》，美郑武公好贤也。"[④]

四是周人赞美武公擅其职守、能礼贤下士而作，如李光地《诗所》云："朱子用序说，谓桓公、武公相继为周司徒，善于其职，国人爱之而作也。然如此则改衣、适馆、授粲，非国人所以施于卿士，或同列之辞也。"[⑤]所谓"同列"，即指郑武公在周王朝之同僚。

这四种异说的关键在于对此诗作者的国属和对此诗的具体作意存在不同的理解，而相同的是皆遵《序》说以为此诗"美武公"。

此外，又有泛指礼待卿士贤者之说，王质《诗总闻》云："缁衣，卿士之服。当是在外入为卿士，在都者相与为礼。……既适馆又授粲，惟恐其礼之不周也。……古称《缁衣》止为好贤，寻诗不见有他意。"[⑥]又有刺待贤士无恩说，牟庭《诗切》："盖此诗本为君不恤士，而言好贤之意当如此。……《缁衣》，刺待士无恩也。"[⑦]今人又有妻子关心丈夫说、情诗恋歌说等不同于传统的看法，如祝敏彻等《诗经译注》："这首诗表现了一位贵妇人对丈夫的恩爱。"[⑧]陈介白《诗经选译》："这是写一个女子对于所属意的人的爱情。诗中层叠咏叹，总是致其无已的爱。"[⑨]

以上诸多说法，皆不足以令人信服。程俊英等《诗经注析》说："今细味诗意，参酌闻一多《风诗类钞》说，定为赠衣诗。"[⑩]此说跳出旧说藩篱，新颖而富有启发性。李炳海《〈国风〉郑诗的结集及其时代特征》一文通过考察春秋时期诗歌形态的演变规律，并结合当时存在的赠衣礼俗，推论《缁衣》作于春秋中后期，叙述的是郑国一位大夫把自己穿过的衣服经过重新改造赠给来访的使者。笔者以为，此说可信。

其一，解读此诗的关键是如何理解诗中所述的"适馆"与"授粲"，即周代"宾礼"中的聘礼仪节。《仪礼・聘礼》："大夫帅至于馆。卿致馆，宾迎再拜。卿致命，宾再拜稽首。卿退，宾送再拜。宰夫朝服设飧。"[⑪]郑《注》："致，至也。宾至此馆，主人以上卿礼致之，所以安之

---

① 严粲.诗缉：卷八[M]//文渊阁四库全书：第75册.台北：台湾商务印书馆，1983：105.
② 何楷.诗经世本古义：卷十九[M]//文渊阁四库全书：第81册.台北：台湾商务印书馆，1983：624.
③ 范处义.诗补传：卷七[M]//文渊阁四库全书：第72册.台北：台湾商务印书馆，1983：101-102.
④ 方玉润.诗经原始：卷五[M].北京：中华书局，1986：203.
⑤ 李光地.诗所：卷二[M]//文渊阁四库全书：第86册.台北：台湾商务印书馆，1983：32.
⑥ 王质.诗总闻：卷四[M]//丛书集成初编.北京：商务印书馆，1939：69-70.
⑦ 牟庭.诗切[M].济南：齐鲁书社，1983：761-764.
⑧ 祝敏彻，赵浚，刘成德，等.诗经译注[M].兰州：甘肃人民出版社，1984：156.
⑨ 陈介白.诗经选译[M].南昌：江西人民出版社，1980：179.
⑩ 程俊英，蒋见元.诗经注析[M].北京：中华书局，1991：219.
⑪ 仪礼注疏：卷二〇[M]//十三经注疏.北京：中华书局，2009：2273-2274.

也。"[①]虞万里《〈郑风·缁衣〉诗旨与郑国史实、封地索隐》指出:"所谓馆,有庙,如《聘礼记》之'卿馆于大夫,大夫馆于士'者皆馆于大夫与士之庙;有专门为宾客建造的寓所,依级别高低而有所不同,如《曾子问》中的'公馆'。[②] 异国他邦有使者、宾客至,其安置于什么等级的馆舍,委派何等级别的人员迎接,均有严格的规定。安置以后,复有一系列的仪节,比如宰夫设飧、君使卿归饔饩、夫人使下大夫归礼、大夫饩大牢;回国之前,君使卿赠币等等。伴随着这些礼物,君主或相应级别的官员必须到宾之馆舍施行馈赠礼。宾的职位有高低,君主国的赠物亦有隆杀。[③] 这些繁文缛节,部分可与《周礼·讶士》《小行人》《司仪》《掌客》等官所述相参观,基本反映出西周时期施行过的礼仪。"[④]这种自西周开始就实行的国事外交聘问礼仪,在春秋时期依然延续。因此可以说,此诗正是对当时聘问之事的描写和咏唱,作者应是郑国的一位大夫,到来访的宾客馆舍中施行馈赠之礼。

其二,《缁衣》一诗反映赠衣礼俗,正与《礼记·缁衣》和《孔丛子·记义》所载孔子所谓"好贤如《缁衣》"[⑤]"于《缁衣》见好贤之心至也"[⑥]相吻合。《左传·襄公二十九年》记载:"(季札)聘于郑,见子产,如旧相识。与之缟带,子产献纻衣焉。"[⑦]季札与子产一见如故,彼此相赠衣物,此即卿大夫相见礼,正体现出好贤之义。反观《缁衣》一诗,亦传达出主宾之间惺惺相惜的好贤之情。

其三,正如李炳海先生所言,从春秋中期开始,诗歌的形态已经开始发生变化,不再按照传统四言诗的样式进行创作。主要表现在句式上,每句不再纯用四言,而采用杂言相错、参差不齐的句式。同时,表示感叹的语气词和没有实在意义的虚词增多,章节不再整齐一律,而是讲究变化。[⑧]《缁衣》一诗正是反映了这种情况。

其四,《缁衣》一诗最早在《左传·襄公二十六年》中出现,其中记载,晋平公举行宴会,招待来自齐国、郑国的客人,席间郑国子展先赋《缁衣》,后赋《将仲子》。此二诗皆收录在《郑风》中,《缁衣》为《郑风》第一篇,《将仲子》为第二篇。此排序并非按产生的时代先后排序,而有可能是编《诗》者据《左传》记载而将其排在《郑风》之首。

因此笔者认为,《缁衣》是郑国大夫改造新衣赠给来访使者的歌诗。联系"五礼"礼制进行观照,诗中透露出春秋时期郑国"宾礼"中的聘礼习俗。

二、《叔于田》《大叔于田》之诗旨

关于《叔于田》诗旨,古今大致有以下四说:

---

① 仪礼注疏:卷二〇[M]//十三经注疏.北京:中华书局,2009:2273.

② 虞氏原注:"按,《曾子问》中孔子将卿大夫、士之家曰私馆,公家建造的馆与国君安排的馆舍为公馆。"

③ 虞氏原注:"如《聘礼记》'士无饔。无饔者无傧',体现出士受馈的礼物少于大夫。"

④ 虞万里.《郑风·缁衣》诗旨与郑国史实、封地索隐[J].史林,2007(1):135.

⑤ 礼记正义:卷三五[M]//十三经注疏.北京:中华书局,2009:3575.

⑥ 孔丛子:卷一[M]//续修四库全书:第932册.上海:上海古籍出版社,2002:710.

⑦ 春秋左传正义:卷三九[M]//十三经注疏.北京:中华书局,2009:4361.

⑧ 李炳海.《国风》郑诗的结集及其时代特征[J].中州学刊,2010(4):196.

一为刺郑庄公说。毛《序》:"《叔于田》,刺庄公也。叔处于京,缮甲治兵,以出于田,国人说而归之。"[①]孔《疏》申之曰:"此皆悦叔之辞。时人言叔之往田猎也,里巷之内全似无复居人。岂可实无居人乎?有居人矣,但不如叔也,信美好而且有仁德。国人注心于叔,悦之若此,而公不知禁,故刺之。"[②]

二为赞美叔段说。欧阳修《诗本义》:"诗人言大叔得众,国人爱之,以谓叔出于田,则所居之巷若无人矣。非实无人,虽有而不如叔之美且仁也。……皆爱之之辞。"[③]丰坊伪《子贡诗传》:"大叔段多才而好勇,郑人爱之,赋《叔于田》。"[④]吴懋清《毛诗复古录》:"郑庄公时,处叔段于京,厚而得众。国人誉之,而作是歌。"[⑤]

三为赞美猎人说。陈子展《诗经直解》:"《叔于田》,赞美猎人之歌。其人好饮酒乘马,方在盛年。其在当时社会,明为武士,属于士之一阶层。诗虽称叔,未可必谓其人为郑庄公之贵介弟共叔段。"[⑥]程俊英《诗经译注》等同。

四为情诗恋歌说。杨任之《诗经今译今注》:"这是一首情诗,写一个女子赞美其所钟爱的情人。"[⑦]陈介白《诗经选译》、袁梅《诗经译注》等同。

关于《大叔于田》之诗旨,古今大致有以下四说:

一为刺郑庄公说。毛《序》:"《大叔于田》,刺庄公也。叔多才而好勇,不义而得众也。"[⑧]孔《疏》申之云:"叔负才恃众,必为乱阶,而公不知禁,故刺之。"[⑨]刘沅《诗经恒解》:"叔段武勇,射艺可以绝人。暴虎献公,非生而欲叛者,庄公不能善教之以成其材,又不能善用之以全其才,而使陷于恶,诗人流连咏叹,惜叔实刺公也。"[⑩]

二为赞美叔段说。朱熹《诗集传》:"盖叔多材好勇,而郑人爱之如此。"[⑪]

三为刺滥驾君车说。牟庭《诗切》:"《王度记》:诸侯驾四马,大夫驾三,士驾二。此叔当大夫以下,而驾君车,诗刺其滥也。……《大叔于田》,刺滥驾君车也。"[⑫]

四为赞颂有地位的武士或贵族猎手田猎说。糜文开等《诗经欣赏与研究》:"这是对一位有地位的武士赞颂之歌。"[⑬]程俊英《诗经译注》:"这是赞美一位青年猎手的诗。他是贵族,也是一位壮勇善于射御的猎手。"[⑭]持此说者多以此诗为女子歌颂作为猎手的爱人的诗。如周蒙等《诗经百首译释》:"《大叔于田》是对一位猎手的赞歌,或说是对一位打虎英雄的颂歌。

① 毛诗正义:卷四[M]//十三经注疏.北京:中华书局,2009:712.
② 毛诗正义:卷四[M]//十三经注疏.北京:中华书局,2009:713.
③ 欧阳修.诗本义:卷四[M]//四部丛刊三编,上海:上海书店,1985.
④ 钟惺.古名儒毛诗解十六种[M]//四库全书存目丛书:经部第65册.济南:齐鲁书社,1997:32.
⑤ 吴懋清.毛诗复古录:卷三[M]//四库未收书辑刊:第5辑第2册.北京:北京出版社,2000:348.
⑥ 陈子展.诗经直解:卷七[M].上海:复旦大学出版社,1983:243.
⑦ 杨任之.诗经今译今注[M].天津:天津古籍出版社,1986:111.
⑧ 毛诗正义:卷四[M]//十三经注疏.北京:中华书局,2009:713.
⑨ 毛诗正义:卷四[M]//十三经注疏.北京:中华书局,2009:713.
⑩ 刘沅.诗经恒解:卷二[M]//十三经恒解:第3卷.成都:巴蜀书社,2016:74.
⑪ 朱熹.诗集传:卷四[M]. 北京:中华书局,2017:77.
⑫ 牟庭.诗切[M].济南:齐鲁书社,1983:772-781.
⑬ 靡文开,裴普贤.诗经欣赏与研究(三)[M].台湾:三民书局,1989:50.
⑭ 程俊英.诗经译注[M].上海:上海古籍出版社,2004:120.

歌手是位女子,猎手当是她的相爱之人。"[①]

毛《序》将诗本事系在郑庄公及共叔段身上,认为两诗皆刺郑庄公,所咏则为共叔段田猎之事,体现其多才勇武,大得民心。后人多从之,以刺庄公为此诗意旨。三家诗无异义。然而将"叔""大叔"指实为共叔段,当属于附会史事,望文生义。因为《诗经》时代,时人往往将"伯""仲""叔""季"等表长幼行次的称号用作日常生活交际的称谓语,《诗经》中不少作品亦出现此等称谓语,如《将仲子》《萚兮》《丰》等。故崔述《读风偶识》认为:"大抵《毛诗》专事误会。'仲'与'叔'皆男子之字,郑国之人不啻数万,其字'仲'与'叔'者不知几何也。乃称'叔'即以为共叔,称'仲'即以为祭仲,情势之合与否皆不复问。然则郑有共叔,他人即不得复字叔,郑有祭仲,他人皆不得复字仲乎?"[②]

从诗本文来看,此二诗自当是贵族赞美诗,孔《疏》所言"此皆悦叔之辞"可谓直达诗之本义。陈子展《诗三百解题》认为,此诗赞美的对象是一位青年猎者,"这个青年猎者可能是属于当时统治阶级王公卿大夫士的士一阶层,武士之流。看诗说他出猎、饮酒、乘马,结尾又称许他'洵美且武',生活优裕,颇有身份便知"[③]。此说恐不然,从诗中流露的热情赞美和描写的场面来看,"叔"之身份当是更高级别的大贵族,而不属于普通的武士阶层。联系"五礼"礼制进行观照,此诗跟"军礼"中的田猎之礼密切相关。

三、《清人》之诗旨

关于《清人》之诗旨,古今大致有以下五说:

一为刺郑文公说。毛《序》:"《清人》,刺文公也。高克好利而不顾其君,文公恶而欲远之,不能。使高克将兵而御狄于竟,陈其师旅,翱翔河上,久而不召,众散而归,高克奔陈。公子素恶高克进之不以礼,文公退之不以道,危国亡师之本,故作是诗也。"[④]

二为刺高克弃师说。牟庭《诗切》:"清人,谓清闲人也。高克内无职守,外无军争,栖迟河上,事外闲居,故诗人目为清闲之人尔。……《清人》,刺弃师也。"[⑤]今人程俊英《诗经译注》、马持盈《诗经今注今译》等同。

三为讽刺清地士兵游荡说。蓝菊荪《诗经国风今译》云:"我看〈清人〉完全是民间产品,是对那荡游在河上的〈清人〉的一首讽刺诗。"[⑥]邓荃《〈诗经·国风〉译注》:"(《清人》)是一首讽刺清地士兵游荡的诗。"[⑦]

四为赞扬清邑军士说。蒋立甫《诗经选注》云:"这首诗是描写郑国清邑的士兵的军事训练的,赞扬其军容严整,战术精熟,充满着勇武的精神。"[⑧]

---

① 周蒙,冯宇.诗经百首译释[M].哈尔滨:黑龙江人民出版社,1986:175.

② 崔述.读风偶识:卷三[M]//续修四库全书:第64册.上海:上海古籍出版社,2002:272.

③ 陈子展.诗三百解题[M].上海:复旦大学出版社,2001:291.

④ 毛诗正义:卷四[M]//十三经注疏.北京:中华书局,2009:714.

⑤ 牟庭.诗切[M].济南:齐鲁书社,1983:781-787.

⑥ 蓝菊荪.诗经国风今译[M].成都:四川人民出版社,1982:249.

⑦ 邓荃.《诗经·国风》译注[M].北京:宝文堂书店,1986:249.

⑧ 蒋立甫.诗经选注[M].北京:北京出版社,1981:92.

五为描写守防将士生活说。金启华《诗经全译》:"(《清人》)写戍守防地的将士们的生活。"①

毛《传》:"清,邑也。彭,卫之河上,郑之郊也。介,甲也。重英,矛有英饰也。消,河上地也。麃麃,武貌。重乔,累荷也。轴,河上地也。陶陶,驱驰之貌。左旋,讲兵。右抽,抽矢以射,居军中为容好。"②郑《笺》:"清者,高克所帅众之邑也。驷,四马也。二矛,酋矛、夷矛也,各有画饰。乔,矛矜,近上及室题,所以悬毛羽。"③据此可知:清是邑名,高克帅众屯兵于此;彭、消和轴则是清邑之地,皆郑、卫边境之地,在黄河边上。"二矛"指酋矛和夷矛,《周礼·考工记·庐人》载:"酋矛常有四尺,夷矛三寻。"④可知二者为长短不同之矛。矛是商周时代主要的作战兵器之一,主要功用是直刺和扎挑。矛柄上,常用羽毛为饰。诗中之"英",正如毛《传》云"矛有英饰";诗中之"乔",韩诗作"鷮",即雉羽。"重英"和"重乔"都是指缠绕缚扎在矛柄上羽饰。

"左旋右抽",是对讲武练兵场面的细节描绘。春秋时期已有大规模的车战,已经产生了制作精良又可操控自由的战车。"一乘战车,理想的乘员编制,为三人:左人持弓矢,为车左;右人持长兵,为车右;中间一人为御手。若将帅在车,则居中——中间有鼓,击鼓以为号令,御手于是居左,即郑笺所谓'将居鼓下,故御者在左'。"⑤然而也常常有一乘二人的情况,从东周的文物图像看到的情况多是如此,有学者认为这可能是常制,是很有道理的。"这时候,则御手在左,战士在右,弓矢、戈矛,车右可以轮番使用。"(详参图1)⑥

图1 美国弗利尔美术馆藏战国刻纹铜鉴上的战车

资料来源:扬之水.诗经名物新证[M].北京:北京古籍出版社,1999:280-281.

战车在接敌的过程中,远者,以弓矢;近者,以矛戟。但无论远战、近战,都必须以舆侧向敌。⑦《秦风·驷驖》中描写秦公打猎的细节时说:"奉时辰牡,辰牡孔硕。公曰左之,舍拔则获。"⑧从其中描写的情形来看,其时车的左边是御手,秦公则引弓在右。"左之",即是命御

① 金启华.诗经全译[M].南京:江苏古籍出版社,1984:178.
② 毛诗正义:卷四[M]//十三经注疏.北京:中华书局,2009:715.
③ 毛诗正义:卷四[M]//十三经注疏.北京:中华书局,2009:715.
④ 周礼正义:卷四一[M]//十三经注疏.北京:中华书局,2009:2003.
⑤ 扬之水.诗经名物新证[M].北京:北京古籍出版社,1999:283.
⑥ 扬之水.诗经名物新证[M].北京:北京古籍出版社,1999:284.
⑦ 蓝永蔚.春秋时期的步兵[M].北京:中华书局,1979:185.
⑧ 毛诗正义:卷六[M]//十三经注疏.北京:中华书局,2009:785.

手驾车向左旋转，而以舆侧向兽。如此方能获得最为开阔的射届，最有利于命中目标。① 作战亦如田猎。“左旋”，是战车在车战中的基本动作，郑《笺》云“日使其御者习旋车”②，毛《传》云“讲兵”，详略有别，皆是对战车训练演习之事的概括。“右抽”，三家诗作“右搯”，《说文·手部》：“搯，掐也。……《周书》曰‘师乃搯’。搯者，拔兵刃以习击刺，诗曰：‘左旋右搯。’”③“右抽”，毛《传》言“抽矢以射”；“右搯”，《说文》谓“拔兵刃以习击刺”。两者意思相近，都是指战车左旋之际，车右士兵的战术动作。焦琳《诗蠲》说：“御车之人，犹回旋其车，习为进退疾徐之节；车右之士，犹抽出其刃，习为击刺杀伐之形。”④可谓恰当地指明诗中所描写的情状。《清人》正是一篇歌咏郑国戍边将士讲兵训练的作品，“有绘风绘水手段”⑤的作者精细地描述了将士的武习场面，充满感情地咏赞了将士们高昂的精神风貌。

毛《序》所述诗本事，见于史籍记载。《春秋·闵公二年》：“十有二月，狄入卫，郑弃其师。”⑥《左传》曰：“郑人恶高克，使帅师次于河上，久而弗召，师溃而归，高克奔陈。郑人为之赋《清人》。”⑦杜预《注》云：“高克，郑大夫也，好利而不顾其君，文公恶之而不能远，故使帅师而不召。《清人》，《诗·郑风》也，刺文公退臣不以道，危国亡师之本。”⑧就其具体的政治背景和特定寓意，已不可详知，就诗本文而言，《清人》当是描绘歌咏郑国大夫高克讲兵练阵之诗，赞美之意可见而讽刺之义不明。

因此，前述五说中，当以蒋立甫《诗经选注》的赞扬清邑军士说为最善，诗人赞扬其军容严整，战术精熟，充满着勇武的精神。联系“五礼”礼制进行观照，此诗中透露出了“军礼”中大师礼的信息。

四、《羔裘》之诗旨

关于《羔裘》之诗旨，古今大致有以下七说：

一为借古以刺当朝说。毛《序》：“《羔裘》，刺朝也。言古之君子，以风其朝焉。”⑨郑《笺》申之云：“郑自庄公而贤者陵迟，朝无忠正之臣，故刺之。”⑩今人陈子展《诗经直解》等从之。

二为赞美郑国大夫说。朱熹《诗集传》：“言此羔裘润泽，毛顺而美。彼服此者，当生死之际，又能以身居其所受之理，而不可夺。盖美其大夫之词。然不知其所指矣。”⑪方玉润《诗经原始》卷五从之。

---

① 扬之水.诗经名物新证[M].北京：北京古籍出版社，1999：284.

② 毛诗正义：卷四[M]//十三经注疏.北京：中华书局，2009：715.

③ 许慎.说文解字[M].北京：中华书局，1963：251.

④ 焦琳.诗蠲：卷三[M]//民国时期经学丛书：第一辑第32—34册.台湾：文听阁图书有限公司，2008.

⑤ 吴闿生.诗义会通[M].上海：中华书局上海编辑所，1959：64.

⑥ 春秋左传正义：卷一一[M]//十三经注疏.北京：中华书局，2009：3878.

⑦ 春秋左传正义：卷一一[M]//十三经注疏.北京：中华书局，2009：3881.

⑧ 春秋左传正义：卷一一[M]//十三经注疏.北京：中华书局，2009：3881.

⑨ 毛诗正义：卷四[M]//十三经注疏.北京：中华书局，2009：718.

⑩ 毛诗正义：卷四[M]//十三经注疏.北京：中华书局，2009：718.

⑪ 朱熹.诗集传：卷四[M]//.北京：中华书局，2019：79.

三为赞美郑大夫叔詹说。何楷《诗经世本古义》云："'羔裘如濡'，郑人美其大夫之词，疑美叔詹也。……叔詹始终忠于其国，故使齐桓闻其名而晋文为之礼，临难不避，'舍命不渝'也；累建正论，'邦之司直'也；郑有三良同时为政，则所谓'三英粲兮'者也。是诗在《郑风》，非叔詹无足当此美者。"①钱澄之《田间诗学》同。

四为子产赞美子皮说。丰坊伪《子贡诗传》："子皮为政，忠直文武，子产美之，赋《羔裘》。"②伪《申培诗说》："郑子皮卒，子产思之，追颂焉。"③

五为赞美子产说。姚舜牧《重订诗经疑问》云："苟非舍命不渝，可称邦之司直、邦之彦乎？据此诗而求其人，必也子产乎！其行己也恭，其事上也敬，其养民也惠，其使民也义，此便是舍命不渝的样子。"④

六为赞美直臣说。郝懿行《诗问》曰："《羔裘》，美直也。牟氏曰：郑之君荒于耽乐，有直臣进谏，顿绝羔裘，著牵裾之节，君仁臣直，诗人美而为之辞。"⑤今人程俊英《诗经译注》同。

七为刺俗士得贵仕说。牟庭《诗切》云："《羔裘》，刺俗士得贵仕也。"⑥

周代服制是礼制的重要内容，其中羔裘为卿、大夫以上等级的贵族阶层的常服。郑《笺》云："缁衣、羔裘，诸侯之朝服也。"⑦则诸侯亦服羔裘。"洵"，韩《诗》作"恂"，皆借为"询"，《尔雅·释诂》云："询，信也。"⑧毛《传》训"侯"为"君"，郑《笺》谓："君者，言正其衣冠，尊其瞻视，俨然人望而畏之。"⑨而陆德明《释文》引韩《诗》则曰："侯，美也。"⑩马瑞辰《毛诗传笺通释》："《左氏传》曰：'楚公子美矣君哉！'古字训君者多有美义。侯为君又为美，犹皇与烝为君又为美。"⑪可见，毛说与韩说相异而实相通，郑《笺》则着重言其刚威之美。"舍命不渝"，毛《传》："渝，变也。"⑫古音"渝"为侯部，与"偷"音同，故韩《诗》以"偷"借作"渝"。郑《笺》云："是子处命不变，谓守死善道，见危授命之等。"⑬很好地揭示了诗中"舍命不渝"的内涵。

二章"豹饰"，毛《传》："豹饰，缘以豹皮也。"⑭孔《疏》："《唐风》云'羔裘豹祛''羔裘豹袖'，然则缘以豹皮，谓之为祛、袖也。"⑮则所谓豹饰，即是用豹皮作羔裘袖子之美饰。据《礼记·玉藻》和《管子·揆度篇》的相关记载，"羔裘豹饰"暗示着诗人所赞美的对象是一位卿大

---

① 何楷.诗经世本古义：卷二十四[M].文渊阁四库全书：第81册.台北：台湾商务印书馆，1983：805-806.

② 钟惺.古名儒毛诗解十六种[M]//四库全书存目丛书：经部第65册.济南：齐鲁书社，1997：33.

③ 钟惺.古名儒毛诗解十六种[M]//四库全书存目丛书：经部第65册.济南：齐鲁书社，1997：41.

④ 姚舜牧.重订诗经疑问：卷二[M]//文渊阁四库全书：第80册.台北：台湾商务印书馆，1983：635.

⑤ 郝懿行.诗问：卷二[M]//续修四库全书：第65册.上海：上海古籍出版社，2002：217.

⑥ 牟庭.诗切[M].济南：齐鲁书社，1983：794.

⑦ 毛诗正义：卷四[M]//十三经注疏.北京：中华书局，2009：718.

⑧ 尔雅注疏：卷一[M]//十三经注疏.北京：中华书局，2009：5586.

⑨ 毛诗正义：卷四[M]//十三经注疏.北京：中华书局，2009：718.

⑩ 陆德明.经典释文：卷五[M].北京：中华书局，1983：64.

⑪ 马瑞辰.毛诗传笺通释：卷八[M].北京：中华书局，1989：263-264.笔者案：《尔雅·释诂》曰："烝、皇，君也。"《广雅·释诂》曰："皇、烝，美也。"马瑞辰据此为说。

⑫ 毛诗正义：卷四[M]//十三经注疏.北京：中华书局，2009：718.

⑬ 毛诗正义：卷四[M]//十三经注疏.北京：中华书局，2009：718.

⑭ 毛诗正义：卷四[M]//十三经注疏.北京：中华书局，2009：718.

⑮ 毛诗正义：卷四[M]//十三经注疏.北京：中华书局，2009：718.

夫。《吕氏春秋·不苟论·自知》"汤有司过之士"[①],高诱《注》曰:"司,主也。主,正也,正其过阙也。"[②]诗中"邦之司直"一语则显示这位卿大夫乃是司直之官,主规谏之事。

"羔裘晏兮,三英粲兮",马瑞辰《毛诗传笺通释》云:"今按《尔雅》:'晏晏,温温,柔也。'晏与温双声而义同,晏与燠亦双声。裘取其温,晏之义当为温燠。至下句'三英粲兮',乃言裘之鲜盛耳。"[③]说善可从。毛《传》谓"三英"为"三德"[④],不得经义,闻一多《诗经通义》曰:"英,饰也。《清人》传:'重英,矛有英饰也。'《閟宫》传:'朱英,茅饰也。'英皆训饰。《羔裘》传:'素丝以英饰。'知裘之饰亦曰英。"[⑤]

从诗文上看,可以推知这是赞美郑国一位重要官员的诗。毛《序》曰:"《羔裘》,刺朝也。言古之君子,以风其朝焉。"[⑥]认为是诗人陈古讽今,郑《笺》亦表此意,而申言曰:"郑自庄公,而贤者凌迟,朝无忠正之臣,故刺之。"[⑦]这种主观臆测,是显得迂曲而缺乏可信度的。朱熹《诗集传》曰:"盖美其大夫之词,然不知其所指矣。"[⑧]其说稳当。《左传·昭公十六年》载郑六卿饯韩宣子于郊,"子产赋郑之《羔裘》。宣子曰:'起不堪也。'"[⑨]可见春秋时人是把此诗当作赞美之诗的,不然子产不会向强国之卿赋此诗,韩起也不会谦言"不堪"。朱熹《诗序辨说》又说:"《序》以变风不应有美,故以此为言古以刺今之诗。今详诗意,恐未必然。且当时郑之大夫如子皮、子产之徒,岂无可以当此诗者?但今不可考耳。"[⑩]朱熹猜测此诗可能是赞美子皮、子产等郑国贤士大夫的,伪《子贡诗传》、伪《申培诗说》认为是子产赞美子皮而作此诗,姚舜牧《重订诗经疑问》认为此诗为赞美子产而作,这些猜想,除朱熹立言谨慎而可称外,其余都显得过于主观,缺乏必要的历史观照而失于妄断。陈启源《毛诗稽古编》驳朱子曰:"《辨说》之讥《羔裘叙》过矣……至释为美其大夫,而欲以子皮、子产当之,不知《诗》止于陈灵,郑二子之去《诗》世已五六十年矣。襄二十九年,鲁人为季札歌《郑》,《羔裘》诗久编入周乐。是年子皮始当国,子产之为政又在其后,鲁何由先有其诗也?昭十六年,郑六卿饯韩宣子,子产赋《郑》之《羔裘》,不应取人誉己之诗,歌以夸客也。朱子说《诗》无乃未论其世乎?近世伪为申公《诗说》者,以此诗为子皮既卒,子产思之而追赋。傅会至此,知有《集传》而已矣。"[⑪]观朱子原话,显然陈启源没有客观地对待朱子之言,然而所论却有力地否定了丰坊、姚舜牧之说。

细味诗文,此诗确是一篇赞美诗,而毛《序》、郑《笺》将此诗视作赞美古之君子,以刺郑文公朝无忠正之臣,无乃过于迂曲。朱《传》指出此诗"盖美其大夫之词",可谓正得诗之本义。方玉润《诗经原始》曰:"《羔裘》,美郑大夫也。……愚谓此诗非专美一人,必当时盈廷硕彦济

① 吕氏春秋:卷二十四[M]//文渊阁四库全书:第848册.台北:台湾商务印书馆,1983:486.

② 吕氏春秋:卷二十四[M]//文渊阁四库全书:第848册.台北:台湾商务印书馆,1983:486.

③ 马瑞辰.毛诗传笺通释:卷八[M].北京:中华书局,1989:265.

④ 毛诗正义:卷四[M]//十三经注疏.北京:中华书局,2009:718.

⑤ 闻一多.诗经通义[M]//闻一多全集:第4册.武汉:湖北人民出版社,1993:200.

⑥ 毛诗正义:卷四[M]//十三经注疏.北京:中华书局,2009:718.

⑦ 毛诗正义:卷四[M]//十三经注疏.北京:中华书局,2009:718.

⑧ 朱熹.诗集传:卷四[M]//北京:中华书局,2017:79.

⑨ 春秋左传正义:卷四七[M]//十三经注疏.北京:中华书局,2009:4516.

⑩ 朱熹.诗序辨说[M]//北京:中华书局,2017:30.

⑪ 陈启源.毛诗稽古编:卷五[M].皇清经解道光九年(1829)学海堂刊本。

美一时，或则顺命以持躬，或则忠鲠而事上，或则儒雅以声称，皆能正己以正人，不愧朝服以章身。故诗人即其服饰之盛，以想其德谊经济文章之美，而咏叹之如此。"[①]方氏之论自有道理，但稍嫌宽泛。何楷《诗经世本古义》以为郑人美其大夫叔詹而作，钱澄之《田间诗学》从之。此说或然。就史实而言，《左传·僖公七年》载管仲言于齐桓公曰："郑有叔詹、堵叔、师叔三良为政，未可间也。"[②]郑厉公二十四年（前677），叔詹以执政大臣诣齐被执，后经鲁逃归（事见《春秋·庄公十七年》《左传·庄公十七年》）；郑文公三十五年（前638），楚成王入飨于郑都，飨毕夜出，郑文夫人芈氏（楚女）送于军，成王取郑之姬姓二女以归，叔詹刺其无礼（事见《左传·僖公二十二年》）；三十六年（前637），晋公子重耳及郑，郑文公不礼，叔詹谏之（事见《左传·僖公二十三年》）；四十三年（前630），晋文公伐郑求杀叔詹，詹固请往，晋人将烹之，詹视死如归，晋文公乃命弗杀，厚为之礼而归之（事见《国语·晋语四》，《史记·郑世家》亦载此事而相异）。可见，叔詹作为郑国厉、文二君的股肱之臣，忠直可鉴。衡之以诗，所谓"邦之司直"，叔詹直谏文公当礼遇晋公子重耳，可以见之；所谓"舍命不渝"，叔詹几被谗杀于齐而见烹于晋，亦足以当之。故何楷、钱澄之以为郑人美其大夫叔詹而作《羔裘》，诚有可能。倘若此说属实，则此诗创作时间当在叔詹将见烹于晋之后。[③] 然而，将此诗视为赞美叔詹之作，毕竟属于推测，过于具体而又实在缺少更多的确证。

为稳妥起见，宜将此诗视为郑人歌咏郑国大夫的一首赞美诗，应无疑义。联系"五礼"礼制进行观照，此诗透露出春秋时期有关郑国贵族服制的信息。

五、《郑风》贵族政治生活诗的文化精神

在前文的考析中，笔者认为，《缁衣》一诗是对当时聘问之事的描写和咏唱，作者应是郑国的一位大夫，到来访的宾客馆舍中施行馈赠之礼。《孔丛子》载孔子说"于《缁衣》见好贤之心至"[④]，"好贤"两字非常允当地揭示了此诗的文化内涵。诗首章曰："缁衣之宜兮，敝予又改为兮。适子之馆兮，还予授子之粲兮。"[⑤]二章、三章略变文辞，同调复咏，皆一片亲贤好贤之意。黄中松《诗疑辨证》曰："《礼记·缁衣》：'子曰：好贤如《缁衣》。'《孔丛子》：'孔子曰：于缁衣见好贤之至。'今读其词，欢爱之意，笃厚之情，殷勤缱绻，有加无已，不啻家人父子之相亲者，好贤若此，宜夫子屡叹之也。"[⑥]编《诗》者将此诗列于《郑风》之首，序《诗》者释此诗为赞美郑武公贤能之诗，或许都是从此诗的文化内涵方面作考虑。郑大夫之好贤，正代表郑国之好贤。引而申之，好贤即是以尊德亲仁为本，行顺礼贵和之道。

《左传·襄公二十六年》记载的一次赋诗活动，正展示了郑国尊德亲仁、顺礼贵和的国家

① 方玉润.诗经原始：卷五[M].北京：中华书局，1986：209.

② 叔詹，亦曰郑詹（见庄十七年《左传》），郑厉公之子，郑文公之弟。堵叔，即僖二十年之泄堵寇、僖二十四年之堵俞弥。师叔，即孔叔。参见：邵炳军.春秋文学系年辑证[M].北京：高等教育出版社，2013：591.

③ 参见：邵炳军《春秋文学系年辑证》"前630年郑大夫作《羔裘》"条.北京：高等教育出版社，2013：589-592.

④ 孔丛子：卷一[M]//续修四库全书：第932册.上海：上海古籍出版社，2002：710.

⑤ 毛诗正义：卷四[M]//十三经注疏.北京：中华书局，2009：710-711.

⑥ 黄中松.诗疑辨证：卷二[M]//文渊阁四库全书：第80册.台北：台湾商务印馆，1983：635.

形象:"秋七月,齐侯、郑伯为卫侯故,如晋,晋侯兼亨之。晋侯赋《嘉乐》。国景子相齐侯,赋《蓼萧》。子展相郑伯,赋《缁衣》。叔向命晋侯拜二君,曰:'寡君敢拜齐君之安我先君之宗祧也,敢拜郑君之不贰也。'"①子展赋《缁衣》之诗,杜预《注》云:"义取'适子之馆兮,还予授子之粲兮',言不敢违远于晋。"②叔向所言"敢拜郑君之不贰",孔《疏》指出:"《缁衣》首章云:'缁衣之宜兮,敝予又改为兮。适子之馆兮,还予授子之粲兮。'欲常进衣服、献饮食,是其不二心也。"③可见,子展赋《缁衣》,正是通过传递其中蕴藏的文化内涵,向晋国示好,从而展示了良好的国家形象,实现了良好的外交效果。

《论语·乡党》述君子之服曰:"缁衣羔裘。"④《礼记·玉藻》述君子之服曰:"羔裘豹饰,缁衣以裼之。"⑤如果说《缁衣》借君子服饰寄寓亲贤好贤之意的话,《羔裘》一诗则借君子之服兴发对本国忠正贤良之卿大夫的真情赞美。三章首二句依次云"羔裘如濡,洵直且侯""羔裘豹饰,孔武有力""羔裘晏兮,三英粲兮"⑥,歌咏这位卿大夫的外在服饰之美、体格之美以及内在的品格之美。三章末二句依次云"彼其之子,舍命不渝""彼其之子,邦之司直""彼其之子,邦之彦兮"⑦,则是激赞此位高任重的卿大夫的贤能。所谓"舍命不渝",王国维《与友人论诗书中成语书二》指出:"克鼎云:'王使善夫克舍命于成周。'毛公鼎云:'厥非先告父厝,父厝舍命,毋有敢蠢,尃命于外。'是'舍命'与'尃命'同意。'舍命不渝'谓如晋解扬之致其君命,非'处命'之谓也。"⑧所谓"司直",《左传·襄公七年》曰:"正曲为直。"杜预《注》曰:"正人曲。"⑨王引之《经义述闻》卷五"邦之司直"条指出:"主正人过则谓之司直。……襄二十七年《传》:宋左师请赏,公与之邑六十,以示子罕,子罕曰:'以诬道蔽诸侯,罪莫大焉。纵无大讨,而又求赏,无厌之甚也。'削而投之。君子曰:'彼己之子,邦之司直。乐喜之谓乎?'是'邦之司直'主正人过之明证。"⑩所谓"彦",毛《传》云"彦,士之美称"⑪,《尔雅·释训》篇云:"美士为彦"⑫。此卿大夫上能致君命,下能正民阙,是为邦国之彦杰也。

《羔裘》赞美执政卿大夫内外兼善、忠诚正直的美质贤能,体现着郑人对邦国行政官员的价值崇尚。诗中极力颂扬的卿大夫是郑人心目中推崇的执政楷模:以德为本,内外兼修,文采高标,勇武刚毅,上致君命,下正民阙,保国安民,临危不惧。大诗人杜甫"致君尧舜上,再使风俗淳"的政治理想,与此诗可谓具有相当的共通性。因此可以说,《羔裘》在热情地赞美郑国卿大夫的贤能美德的同时,寄寓着诗人的政治理想,而这,也是郑人的政治理想和文化

---

① 春秋左传正义:卷三七[M]//十三经注疏.北京:中华书局,2009:4321.
② 春秋左传正义:卷三七[M]//十三经注疏.北京:中华书局,2009:4321.
③ 春秋左传正义:卷三七[M]//十三经注疏.北京:中华书局,2009:4321.
④ 论语注疏:卷十[M]//十三经注疏.北京:中华书局,2009:5418.
⑤ 礼记正义:卷三〇[M]//十三经注疏.北京:中华书局,2009:3206.
⑥ 毛诗正义:卷四[M]//十三经注疏.北京:中华书局,2009:718.
⑦ 毛诗正义:卷四[M]//十三经注疏.北京:中华书局,2009:718.
⑧ 王国维,著.黄爱梅,点校.王国维手定观堂集林[M].杭州:浙江教育出版社,2014:27.
⑨ 春秋左传正义:卷三〇[M]//十三经注疏.北京:中华书局,2009:4207.
⑩ 王引之.经义述闻[M]//续修四库全书:第174册.上海:上海古籍出版社,2002:380.
⑪ 毛诗正义:卷四[M]//十三经注疏.北京:中华书局,2009:718.
⑫ 尔雅注疏:卷四[M]//十三经注疏.北京:中华书局,2009:5637.

心理的体现。毛《序》说："《羔裘》，刺朝也。言古之君子，以风其朝焉。"[①]似乎，作《序》者也意识到此诗寄寓的是诗人的政治理想。希望国君"举贤而授能，循绳墨而不颇"、为实现美政理想"虽九死其犹未悔"的屈原，应能在此诗中获得深深共鸣。

《羔裘》二章言"羔裘豹饰，孔武有力"[②]，已经鲜明地体现出郑人崇武尚力之文化精神了，这种精神在《叔于田》和《大叔于田》二诗中有着更为集中的体现。据前文所述，这两篇都是以郑国贵族政治生活中的田猎活动为题材的作品，热情地赞美郑国的一位勇武非凡的贵族人物"叔"。《叔于田》三章首句依次云"叔于田""叔于狩""叔适野"[③]，简单交待"叔"行田猎之事，接着采用夸张和对比的方式，咏赞其"洵美且仁""洵美且好""洵美且武"[④]，展现出"叔"超凡出众的人格风范之美。孔《疏》释首章曰："此皆悦叔之辞。时人言叔之往田猎也，里巷之内全似无复居人。岂可实无居人乎？有居人矣，但不如叔也，信美好而且有仁德。"[⑤]凤应韶《凤氏经说》卷三"叔于田"条曰："第一章之仁，承居人为爱人；则第三章之武，承服马为材勇；第二章之好，承饮酒为温克。"[⑥]所言甚是。在诗人看来，"叔"之所以超凡出众，乃因其内具温善仁德之美，外有勇武刚健之美，合而为文质彬彬之人格风范美。

跟《叔于田》着重于"虚写"不同，《大叔于田》则注重"实赋"，对"叔"其人其事作了较多正面、具体的叙述。[⑦] 全诗三章，每章十句，各章首四句皆极写"叔"御术之娴熟高超，各章中间两句则约笔点画，展现了"叔"率众在狩猎之薮宵夜围猎的盛大场面，首章末四句是关于"暴虎"的叙写，最足于显示"叔"之勇武。"襢裼暴虎"[⑧]，呈现的是与猛兽搏战之激烈以及"叔"之英勇无畏。"将叔无狃，戒其伤女"[⑨]两句，是用亲爱之语表达诗人对"叔"的爱与忧，巧妙地烘托出"叔"的雄豪气概。二章、三章的末四句则像是工笔描绘，表现出"叔"卓绝的射御技能。有论者指出："这两首赞歌正是以描摹'叔'俊美的外貌，强健的体格，美好的质量，超人的风度及神奇的射技、御术，与猛兽搏击时惊人的力量，展示了'叔'男性的阳刚之美。只不过《叔于田》是用虚拟的手法来颂扬男子的阳刚之气，《大叔于田》则在打猎的具体行动中显示男子的阳刚之美。这是力量的展示，是壮美的颂歌。"[⑩]此言允当。而所谓阳刚、壮美，其实皆是郑人崇武尚力之文化精神的高度呈现。

《清人》是歌咏郑国大夫高克"将兵而御敌于竟"（毛《序》）时讲兵练阵之诗，崇武尚力的主题在此诗中亦得以突显。在战争年代，崇武尚力可谓是诸侯列国共同的风尚，而"春秋战争之多者莫如郑"（王应麟《诗地理考》卷二），不论是外出征伐还是受侵自卫，都促使郑国谋求雄盛的兵力以自强或自保，因而崇武尚力的精神也必然是郑国的内在需求。这种精神，对御敌将士而言，更是不可缺失。《清人》诗三章，皆直赋军事演练场面中的人事与物事，描绘

① 毛诗正义：卷四[M]//十三经注疏.北京：中华书局，2009：718.
② 毛诗正义：卷四[M]//十三经注疏.北京：中华书局，2009：718.
③ 毛诗正义：卷四[M]//十三经注疏.北京：中华书局，2009：713.
④ 毛诗正义：卷四[M]//十三经注疏.北京：中华书局，2009：713.
⑤ 毛诗正义：卷四[M]//十三经注疏.北京：中华书局，2009：713.
⑥ 凤应韶.凤氏经说：卷三[M]//丛书集成初编.上海：商务印书馆，1936：61.
⑦ 董治安.漫谈《叔于田》《大叔于田》的夸饰特色[M]//诗经鉴赏集.北京：人民出版社，1986：119-120.
⑧ 毛诗正义：卷四[M]//十三经注疏.北京：中华书局，2009：713.
⑨ 毛诗正义：卷四[M]//十三经注疏.北京：中华书局，2009：713.
⑩ 杨秀礼.《诗·郑风》地域风格研究[D].上海：上海大学，2008：17.

战马的彪悍、将士们训练的刻苦、军容的严整和战术的精熟，表现出将士们昂扬的精神风貌。可以说，《清人》就是郑国崇武尚力精神的诗性展示。

值得关注的是，这几篇反映郑国贵族政治生活的诗作，密切关联着周代聘问相见之礼仪、田猎习武之礼制、服饰隆杀之礼容，折射着当时郑国诗礼和融的礼乐文化风貌，在文化精神层面实现了诗义与礼义的合一。从写作时间上说，这五篇诗歌产生于春秋前中期（前770—前547），正是由“礼乐征伐自天子出”的历史阶段向“礼乐征伐自诸侯出”的历史阶段演变的时期。① 在这一时期中，“礼”仍然影响社会生活方方面面的重要制度规范，从外在礼仪到内在礼义，都给时人以深刻影响。《礼记·曲礼上》载：“道德仁义，非礼不成；教训正俗，非礼不备；分争辨讼，非礼不决；君臣上下，父子兄弟，非礼不定；宦学事师，非礼不亲；班朝治军，涖官行法，非礼威严不行；祷祠祭祀，供给鬼神，非礼不诚不庄。是以君子恭敬、撙节、退让以明礼。”②这很好地揭示了周代“礼”对社会生活的重大影响。从《春秋》《左传》等先秦典籍记载的当时大量有关“礼”的人事和言论来看，《礼记·曲礼上》的这段论述，与春秋前中期的历史文化状况是能相匹应的。晁福林先生甚至认为：“就整个春秋时期的社会面貌而言，‘礼崩乐坏’并非其时代特征。春秋时期，传统的礼不断被更新和扬弃，社会人们对礼的重视和娴熟，较之以往，有过之而无不及。”③这是很有道理的。

就春秋时期的郑国而言，它源自西周王族，承传着西周宗法社会的礼乐文化基质，保留着知礼、重礼和用礼的传统。春秋初年小霸的郑庄公就体现出践行礼义的自觉，已有论者撰文对其礼治精神作了探讨。④ 春秋中后期，国势衰弱的郑国，作为诸侯争霸的争夺对象，屡遭征讨，这种形势下，常借助“礼”作为捍卫国家利益之武器，恪守礼义并实行灵活的外交策略成为郑国的立国之本。面对周边列强，郑国统治阶层更加重视“礼”，在与诸侯邦交中应对得体，深受好评。在郑国的贵族阶层中，言礼、守礼、行礼的观念是显著的。《左传·僖公二十四年》载宋成公路过郑国，郑文公询问皇武子如何礼遇宋君，皇武子认为宋为殷商后裔，“于周为客”，宜待之以厚礼。郑文公从之，获得了史家的肯定：“享宋公有加，礼也。”⑤《左传·襄公三十年》载郑国贵族内斗，伯有氏败亡，事后，子产将伯有及其家族中战死之人殓而葬之，因此而使得“子驷氏欲攻子产”。对此，子皮认为子产的行为符合礼义，怒而制止说：“礼，国之干也。杀有礼，祸莫大焉。”⑥《左传·昭公三十年》载游吉说：“礼也者，小事大、大字小之谓，事大在共其时命，字小在恤其所无。”⑦这些事例中，都可以看出礼文化观念在郑国统治阶级意识形态中的根深蒂固。郑国卿大夫普遍具有很高的礼学修养，在内政外交活动中从容应对，尽显名卿风流。《左传·襄公三十一年》载卫大夫北宫文子陪同卫襄公前往楚国，路过郑国时，受到了郑国很好的礼遇，事后北宫文子对卫君说：“郑有礼，其数世之福

① 关于《郑风·缁衣》《叔于田》《大叔于田》《清人》《羔裘》之作时，以及春秋时期各历史阶段的划分及其社会形态的基本特征。（参见：邵炳军.春秋文学系年辑证[M].北京：高等教育出版社，2013：96，127，129，424，589，绪论 9.）

② 礼记正义：卷一[M]//十三经注疏.北京：中华书局，2009：2663-2664.

③ 晁福林.春秋时期礼的发展与社会观念的变迁[J].北京师范大学学报，1994(5)：47.

④ 于成宝.论郑庄公的礼治精神[J].长春理工大学学报，2009(2)：179-181.

⑤ 春秋左传正义：卷一五[M]//十三经注疏.北京：中华书局，2009：3947.

⑥ 春秋左传正义：卷四〇[M]//十三经注疏.北京：中华书局，2009：4370.

⑦ 春秋左传正义：卷五三[M]//十三经注疏.北京：中华书局，2009：4615.

也，其无大国之讨乎！《诗》云：'谁能执热，逝不以濯。'礼之于政，如热之有濯也。濯以救热，何患之有？"[①]高度赞扬了郑国在践行礼义上的出色表现。正是由于郑国卿大夫能在外交应对中以礼行事，才使得郑国在外交中"鲜有败事"[②]。在同时期的诸侯国中，郑国是承续传统礼制文化较多的侯国之一，甚至能凭此影响别国。《左传·昭公四年》载楚盟会诸侯，楚灵王曾问礼于子产，而得"伯子男会公之礼六"[③]，于此可见一斑。

综上所述，《缁衣》为郑大夫改造新衣赠给来访使者之诗，《叔于田》《大叔于田》为郑人赞美上层贵族田猎及其威仪之诗，《清人》为歌咏郑大夫高克讲兵练阵之诗，《羔裘》为郑人歌咏郑大夫仪范风神之诗。这几篇反映郑国贵族政治生活的诗作，是郑人的政治理想和文化心理的生动体现，透露出周代聘问交游、田猎习武、服饰隆杀等相关礼仪制度与习俗，蕴含着好贤尚直、崇武尚力、尊德亲仁、顺礼贵和的文化精神，折射出当时郑国诗礼和融的文化风貌。

The Poetic Purport and Cultural Spirit of the Aristocratic Political Life Poems in *Zhengfeng*

Liu Tingsong

(College of Chinese Language and Literature, Zhaoqing University, Zhaoqing Guangdong 526061)

Abstract: *Ziyi*(缁衣) is a poem given to the visitors by an aristocrat in Zheng Guo after alternating his new clothes for the visitors. *Shuyutian*(叔于田) and *Dashuyutian*(大叔于田) are poems for the Zheng people to praise the hunting and the prestige of the upper nobility. *Qingren*(清人) is a poem that sings a Zheng Guo aristocrat Gao Ke's military training array. *Gaoqiu*(羔裘) is a poem for the Zheng people to sing the demeanor and spirit of Zheng Guo aristocracy. These poems reflect the political life of the nobles of the state of Zheng. They are the vivid embodiment of the political ideal and cultural psychology of the people of Zheng. They reveal the etiquette systems and customs of the Zhou Dynasty, such as engagement, hunting, martial arts, and costume killing. They contain the cultural spirit of upholding straightness, strength, virtue, benevolence, courtesy, and harmony, by which the cultural features of the state of Zheng at that time are reflected.

Keywords: The Book of Songs; *Zhengfeng*(郑风); Noble; Poetic purport; Cultural spirit

（学术编辑：胡旭）

刘挺颂，男，肇庆学院文学院讲师。

① 春秋左传正义：卷四〇[M]//十三经注疏.北京：中华书局，2009：4376.

② 春秋左传正义：卷四〇[M]//十三经注疏.北京：中华书局，2009：4376.

③ 春秋左传正义：卷四二[M]//十三经注疏.北京：中华书局，2009：4419.

诗词学研究

Journal of
Chinese Studies,
Xiamen University

主持人语

吴在庆

本刊第七辑刊发四篇有关旧体诗的对仗、苏轼慢词的成就、唐五代五家词集文献叙录和考察《续会稽掇英集》一书的研究文章。这些文章各自就所关注探讨研究的问题与对象,提出看法,呈献研究所得,颇值得学界关注。

钟振振教授《对仗可分解到单字——旧体诗创作新说:对仗篇》一文,从自己旧体诗研究与创作实践提出"对仗可分解到单字"。认为对仗"宜分解到单字,而不仅仅是单词。……从理论上说,对仗而分解到单字,较之仅分解到单词,有可能更新、更活、更多变。从实践上说,写得好则可能会更有趣,更有味,更奇妙而匪夷所思"。他以自作的多首诗,如《洪洞大槐树》之"迁移曾活国,苦难只生民";《忻州怀古》之"大农劳馈饷,颇牧作干城";《桂平》之"金田通大泽,玉汝成小康"等律句加以说明以单字对仗的妙处。如其所云,上举第一例:"'活国'是'使国家活起来',是一个动宾结构;'生民'则是'人民',是一个集合名词。语法结构与词性都不同。但分解到单字,'活'对'生','国'对'民'',却很工。"

刘尊明教授《论苏轼长调慢词的创作成就》一文,以苏词具体词篇之解评,说明苏轼长调慢词取得了提高词品、开拓词境、革新词风、创用新调、推进词律等五方面的建树。他指出:"在词品、词境、词风的提升、拓展与创新方面,东坡的长调慢词取得了以少胜多、承前启后的革新开拓成就,在用调和词律方面,东坡的长调慢词创作也并非不懂音乐不守律,而是对用调创调和词体词律也做出了探索与贡献。"

邓子勉教授《唐五代五家词集文献叙录》一文,就历代书目书志等著录的唐五代温庭筠、和凝、冯延巳、李璟和李煜等人的词集进行排比考核,显示五位词人词集的编辑、传抄、刻印、版本等状况。这一文献叙录工作是十分必要和有意义的,为学界深入研究确定这五位词人的真实词作及了解其词集各种版本情况提供方便与助益。

夏勇副教授《〈续会稽掇英集〉文本窜乱考》一文,通过具体翔实的考证指出"黄康弼辑《续会稽掇英集》是一部问题颇多的北宋地方文学总集",指出该书"包括所署王安石官衔前后不一、部分作者在熙宁十年前已经逝世、部分诗作与书名'会稽'不合、卷二内部出现残篇《诸公送行诗序》、实际收诗数量并非一百二十五篇等”均为其窜乱之迹。他进而指出:“细绎该书,可知所收并非全为送程师孟出守越州之作,而是混杂了相当多送程师孟赴江西任职之作。这或是由于该书在流传过程中出现残损,后乃有人以关涉程师孟的另一部江西送行集的若干内容与之搭配,遂产生今本《续会稽掇英集》的大面积窜乱与缺略现象。”

上述诸文均有所发见与新意,值得学界同人关注。

对仗可分解到单字

——旧体诗创作新说：对仗篇

钟振振

（南京师范大学　文学院　江苏　南京　210023）

摘要：对仗是近体诗创作中最基本最重要的技法之一。当下介绍诗律的读物，包括王力《诗词格律》，论及对仗，都说上下句语法结构须一致，相对的词语须词性相同。这只是教初学者要守规矩，按其规矩却未必能写出精彩的对仗。古人写诗靠熟读经典，举一反三；靠语言感觉，习惯成自然，并不讲语法。如今的古汉语语法，是近现代学者借鉴西方语言的语法而构建的，出现很晚。又，古人讲词汇只粗分两大类："实词"与"虚词"。所谓"实词"指名物词，与现代汉语里"有实际意义"的"实词"非同一概念。所谓"虚词"，则是除名物词之外的一切其他词汇，与现代汉语里"没有实际意义，只有语法功能"的"虚词"，也非同一概念。古人并没有现代汉语中"名动形数量代副介连助叹"等词性概念。其创作实践中，不同词性词语相对仗，不同语法结构句相对仗的情形甚多。故当下介绍诗律的读物，关于对仗的界定不完备、不准确。笔者以为，对仗之要诀，宜分解到单字，而不仅是单词。物理意义上的物质变化到分子为止，分子不变，故不产生新物质；化学意义上的物质变化则要突破分子界限，到达原子层面，旧分子拆分重组为新分子，故能产生新物质。对仗以单词为最小单位，好比物理学变化到分子为止；以单字为最小单位，好比化学变化可到达原子层面。论全新变化与千变万化，"化学变化"较"物理变化"更占优势。故对仗分解到单字，较之仅分解到单词，有可能更新更活更多变。写得好则可能会更有趣，更有味，更奇妙而匪夷所思。

关键词：近体诗；创作；对仗

对仗，是中国传统诗词创作中最基本，也是最重要的技法之一，早在《诗经》时代就有，如《诗·小雅·采薇》："昔我往矣，杨柳依依。今我来思，雨雪霏霏。"而且还是"扇面对"。此后一直到近体诗定型的唐代，在汉、晋、南北朝、隋等历代古体诗里，也都有。只不过那是"自选动作"，用或不用，是诗人的自由。到了近体诗里，它才成了"规定动作"。一般来说，五七言律诗与五七言排律，必须对仗。至于词，虽没有硬性规定，但在某些词调的某些句位，采用对仗句式往往成为多数作者的自觉选择，是所谓"约定俗成"。

五七言律诗与五七言排律，特别是五七言排律，对仗既是"规定动作"，又是"主要得分手段"。如杜甫的七律名作《登高》（风急天高猿啸哀），就通篇都是对仗。对于传统诗词的其他样式来说，对仗虽只是"自选动作"，但也可以是"主要得分手段"。如王之涣的五绝名作《登鹳雀楼》，也通篇都是对仗。王维的五律《使至塞上》，以一联精彩的对仗"大漠孤烟直，长河落日圆"而传诵千古，但其他六句，似乎并不特别出众。这就好比某些在"世界杯"足球赛中取得了不俗战绩的球队，未必个个球员都是大牌，但只要有两三位超级球星组成"黄金搭档”，也可能杀进决赛。

任何“得分手段”都只是“手段”，最终能否“得分”，还要看你是不是善于运用。若不善于运用，则“得分手段”也可能导致“失分”，诚所谓“成也萧何，败也萧何”。对仗也不例外，写得好，活色生香，灵动流走，珠联璧合，川媚山辉；写得不好，陈腐落套，呆滞刻板，彆腿掣肘，两败俱伤。

下面，结合自己的创作体会，说一说我所理解的对仗。

当下许多介绍诗词格律的普及读物，包括王力先生的《诗词格律》《诗词格律十讲》等，谈到对仗，都说上句与下句须语法结构一致，相对的词语须词性相同，如名词对名词，动词对动词，形容词对形容词之类。但这只是教初学者要守规矩。按这些规矩去对仗，像清人李渔《笠翁对韵》那样“天对地，雨对风，大陆对长空”，虽然中规中矩，却未必能写出精彩的对仗来。古人写文章，写诗词，靠的是熟读经典，举一反三；靠的是语言感觉，习惯成自然，哪里讲什么“语法”？如今各大学中文系所教授的“古汉语语法”，是近代学者马建忠《马氏文通》借鉴西方语言的语法而构建，又经过后来诸多学者的不断改进与完善才定型的，它的出现很晚。又，古人讲词汇，只粗分两大类——“实词”与“虚词”。所谓“实词”，指的是实有的名物词，也就是现代汉语里的“具体名词”，如“柴米油盐”“桌椅板凳”之类。与现代汉语里凡“有实际意义”的词汇都叫“实词”，不是同一个概念。所谓“虚词”，则是除“实有名物”之外的一切其他词汇，与现代汉语里“没有实际意义，只有语法功能”的“虚词”，也完全不是一码事。总之，在古人那里，并没有我们现代汉语中分得那么明确、清晰、细致入微的“名动形数量代副介连助叹”等词性概念。因此，在古人的诗词创作实践中，不同词性的词语相对仗，不同语法结构的句子相对仗的情形并不少见。明白这一点，我们便知道，当下那许多介绍诗词格律的普及读物，关于对仗的界定是不完备、不准确的。初学写诗词，不妨像小学生初学写毛笔字那样，把它当作“描红簿”，点横竖撇捺，依样画葫芦；但写到一定的程度，就要明确树立这样一个意识：那些所谓的“规矩”，并不见得就是古人的“规矩”，更不是金科玉律；必须“敢”越雷池，打破那些条条框框，万不可画地为牢，“守”法自弊！

对仗的要诀，我个人的领悟是：宜分解到单字，而不仅仅是单词。用自然科学来打比方，物理学意义上的物质变化一般只到分子为止，分子不变，故不产生新的物质；而化学意义上的物质变化则一般要突破分子的界限，到达原子的层面，旧分子拆分重组为新分子，故能产生新的物质。对仗而以单词为最小单位，就好比物理学变化到分子为止；以单字为最小单位，则好比化学变化可到达原子层面。若论全新变化与千变万化，当然是“化学变化”较“物理变化”更占优势。因此，从理论上说，对仗而分解到单字，较之仅分解到单词，有可能更新、更活、更多变。从实践上说，写得好则可能会更有趣、更有味、更奇妙而匪夷所思。

试举拙作若干首为例。如五律《洪洞大槐树》（二〇一四年）：

寻常一槐树，八九百年身。
见惯别离事，走过千万人。
迁移曾活国，苦难只生民。
不死根犹在，神州神此神。

其中“迁移曾活国，苦难只生民”一联，说明代的几次大移民曾经改变了全国因元末战乱而造成的人口与土地不平衡的局面，对国家的经济发展起到了重要的历史作用；但离乡背井、颠沛流离的苦难却是由老百姓来承担的。“活国”是“使国家活起来”，是一个动宾结构；“生民”则是“人民”，是一个集合名词。语法结构与词性都不同。但分解到单字，“活”对“生”，“国”对“民”，却很工。

又如五律《忻州怀古》（二〇一三年）：

三关多壮节，千古几雄争。
山有奔腾势，水无柔媚声。
大农劳馈饷，颇牧作干城。
微此风霆护，哪容云雨耕。

其中“大农劳馈饷，颇牧作干城”一联，“大农”是户部长官（军粮的征集与运输，是户部的职责）的别称，而“颇牧”是战国时期赵国两位名将廉颇、李牧的并称。二者虽同属名词，但结构并不一样。然而，如分解到单字，则“大”对“颇”，“颇”借其形容词或副词义；“农”对“牧”，“牧”借其行业名词（“农林牧副渔”之“牧”）义，看起来就工了。

又如五律《桂平》（二〇一四年）：

涛惊藤峡壮，邑叹桂枝香。
二水分秋月，一山收夕阳。
金田通大泽，玉汝成小康。
愿景群飞蝠，周天舞吉祥。

其中“金田通大泽，玉汝成小康”一联，“金田”是广西桂平市的金田村，太平天国起义之地，是一个地理专名；而“玉汝”则是宋代张载《西铭》所谓“贫贱忧戚，庸玉女（即‘汝’）于成也”（贫贱忧戚如同打磨璞玉一样磨炼你，使你成功）之意，是一个动宾结构。语法结构与词性都不同。但分解到单字，“金”对“玉”则工。“大泽”是陈胜吴广起义的“大泽乡”，也是一个地理专名；而“小康”则是一个偏正词组。语法结构与词性也都不同。但分解到单字，“大”对“小”则工。

又如五律《登北固楼》（二〇一四年）：

词唱南徐好，楼登北固高。
檐牙啮银烂，犄角瞰金焦。
塔影春秋笔，江声日夜潮。
书生便文弱，到此亦能豪。

其中“檐牙啮银烂，犄角瞰金焦”一联，“银烂”是圆月，唐代卢仝《月蚀》诗有“烂银盘从海底出”之句；“金焦”则是金山与焦山的合称。语法结构与词性也都不同。但分解到单字，则“银”对“金”、“烂”对“焦”（借为“焦头烂额”的那个“焦”），就很工。

又如五律《游布达拉宫，恨无六世达赖仓央嘉措灵塔》（二〇一二年）：

一抹云飞白,四垂天静蓝。
琳宫百折上,灵塔几寻探。
独不见嘉措,同谁作快谈?
所欣诗有在,真气拂林岚。

其中"琳宫百折上,灵塔几寻探"一联,"百折上"是二一句法,"几寻探"是一二句法,语法结构差异更大。但如分解到单字,则"折"对"寻","折"本义虽是动词,这里却作为"百"的量词;而"寻"这里虽是动词,借其量词"八尺为一寻"之义,与"折"对仗便工。类似的例子还有五绝《为中国韵文学会贺宋代文学国际研讨会开幕》(二〇〇〇年):

学术因时变,文章有代雄。
好裁天水碧,快写满江红。

其中"学术因时变,文章有代雄"一联,"因时变"是二一句法,"有代雄"是一二句法,语法结构差异也相当大。"代雄"语出南朝梁萧子显《南齐书·文学传》:"若无新变,不能代雄。""代"是"替代",为动词。借用为"时代"之"代",与"时"对仗亦工。

又如上文所录《游布达拉宫,恨无六世达赖仓央嘉措灵塔》中另一联"独不见嘉措,同谁作快谈","嘉措"即六世达赖喇嘛仓央嘉措,乃藏族人名的汉字音译;"快谈"则是形容词加名词的偏正词组。语法结构与词性也都不同。但如分解到单字,则"嘉"可借其形容词("美好")义,"措"可借其名词("举措")义,于是与"快谈"对仗,看起来也很工稳。类似的例子,还有五律《己卯孟夏为浙江新昌李白与天姥国际学术讨论会作》(一九九九年):

南风迟昴日,东浙熠奎星。
旧雨连宵至,新茶一座馨。
灯花传太白,炉火继纯青。
从此唐诗路,宜镌百丈铭。

其中"灯花传太白,炉火继纯青"一联,"太白"是人名,即李白;"纯青"则是形容词。语法结构与词性也都不同。但如分解到单字,"太"对"纯","白"对"青",则不可谓不工。

又如五言排律《武当山》(二〇一二年):

道教汉文化,仙都明武当。
峰危天可柱,云漫海如床。
金顶风披露,朱垣雪隐藏。
东来朝气紫,西坐帝衣黄。
一剑少林敌,三丰太极张。
大兴言乃验,举世瞩玄光。

其中"一剑少林敌,三丰太极张",是说武当剑可敌少林棍,武当张三丰开创了太极拳。这两句的语法结构、各单词词性差别相当大。但分解到单字，则“一”对“三”，“少”对“太”（此二字常对举，如祭祀规格有“太牢”“少牢”，职官名目有“太师”“少师”“太傅”“少傅”，等等），却很工。因此，全联亦不失为宽对。在排律诗的诸多对仗里，偶有一二这样的另类，可救因对仗句数量多而容易造成的窒息，宛如围棋的“眼”，有“眼”则一大片棋皆活，无“眼”则一大片棋皆死矣。

又如五律《贺凤凰出版社建社三十周年》（二〇一四年）：

> 三十立功德，针线嫁衣裳。
> 读物充寰海，凭人计码洋。
> 谁夸兰麝贵，孰与墨油香？
> 浴火六经在，高台起凤凰。

其中“读物充寰海，凭人计码洋”一联，“读物”是一个名词，“凭人”即“任人如何如何”，并不是一个单词。语法结构明显不同。但分解到单字，“物”对“人”则很工。附及，“寰海”即全国；“码洋”则是图书出版发行的专用术语，指全部图书定价总额，“洋”是“三百块大洋”的那个“洋”，即“钱”。两者虽同属名词，但风马牛不相及，似乎很难相提并论。但分解到单字，则“洋”借为太平洋、大西洋的那个“洋”，与“海”对仗便工，且横生出几分妙趣来。

又如五律《至江汉大学出席高等学校诗教工作暨当代中华诗教理论研讨会，下榻沌口经济开发区三角湖度假村》（二〇一〇年）：

> 三角湖村月，两天江汉人。
> 此来非度假，所得是求真。
> 经济须开发，风骚莫泯沦。
> 中华有诗教，大学正当仁！

其中“此来非度假，所得是求真”一联，名词“假期”之“假”，借为形容词“虚假”之“假”，以与“真”对。七律《雁门关》（二〇一三年）：

> 北戒山河一链横，雁门高阁压长城。
> 国除秦楚谁勍敌，世不汉唐休远征。
> 马阻单于南下牧，牛安六郡雨中耕。
> 千年事逐秋鸿去，壮气犹飞百尺甍。

其中“马阻单于南下牧，牛安六郡雨中耕”一联，匈奴酋长“单于”之“单”（读“蝉”），借为数字“单独”之“单”，以与“六”对。七绝《邛海观渔》（二〇一四年）：

> 远岫云飞狂草字，近湖水印好花枝。
> 渔舠三五猎邛海，曳得堆舱乱跳诗。

其中“远岫云飞狂草字，近湖水印好花枝”一联，书法“狂草”之“草”，借为植物“草木”之“草”，以与“花”对。这些也都是分解到单字来对仗的用例。

又如五律《台湾东西横贯公路》(二〇〇八年)：

过海解重甲，开山胜五丁。
康庄劳斧凿，峡谷走雷霆。
桥拱长新月，灯编太古星。
军声同此路，横贯万峰青。

其中“过海解重甲，开山胜五丁”一联，“重甲”是“两层铠甲”，喻指全副武装，是一个偏正词组；“五丁”则是“五丁力士”，传说里古蜀国的五个大力士，曾开山修蜀道，是一个专用名词。语法结构与词性也不尽相同。但分解到单字，则“重”对“五”是数字对，“甲”对“丁”可借义为天干对，却很工稳。近似的例子还可举五言排律《伊犁》(二〇一四年)：

云乱真丝白，天垂宝石蓝。
有山长戴雪，无谷不蒸岚。
日落牛羊下，星高鹰隼探。
闹花春在夏，征雁北由南。
令节过重五，胜游争再三。
牧歌能伴舞，疆史足倾谈。
青袅帐中爨，红飞颧上酣。
伊犁醇似酒，一醉尽千罈。

其中“令节过重五，胜游争再三”一联，“重五”是农历五月五日端午节，而“再三”则是“一而再，再而三”的意思，语法结构与词性也不尽相同。但如分解到单字，则“重”对“再”是隐性数字对，“五”对“三”是显性数字对，亦甚工稳。

笔者的这一认知，还可以反过来表述。对仗要想对得好，字面的“工”固然很重要，但更重要的是，这个“工”不能以“合掌”或“近于合掌”为代价。如果能做到“貌合神离”——单字极“工”而组成单词及语句后却又能拉开上下联之间的句义距离，使文笔飞扬起来，那对仗便“活”了。拙作七律《五一二大地震四周年祭》(二〇一二年)：

交胜天人道未穷，三川地裂一针缝。
生灵下界方刍狗，死魄中宵竟烛龙。
雨后蕈排新市镇，风前壁立旧云峰。
曙光红衬国防绿，民气军声叠万重。

其中“生灵下界方刍狗，死魄中宵竟烛龙”一联，以“生灵”对“死魄”，“生”对“死”之为的对，固不必说；“灵”与“魂”可组成单词“灵魂”，“魄”与“魂”亦可组成单词“魂魄”，因此“灵”对“魄”也是很工整的。然而“生灵”是活人，“死魄”却不是死人。如果用死人来对活人，虽不算“合掌”,但距离总没有拉开,仍然缺乏张力,句意不够劲健。此联对仗的看点,在“死魄”是初生的月亮。《新唐书》卷二七《历志》曰:“凡月朔(农历每月初一)而未见曰‘死魄’。”此时夜晚因无月光照明,故显得特别黑暗。全联的意思是说,天地不仁,视下界生灵如草扎成的狗,不加爱惜(指“四一二”大地震中,有太多的人死去);但中国人是坚强的,万众一心,奋起救灾,哪怕是漆黑的深夜,也有火龙在熊熊燃烧!上联是“天胜人”,下联是“人胜天”,终极指向是“人定胜天”。这样的对仗,应该说还是比较成功的。

又如五绝《澳门妈阁》(一九九九年):

红阁存妈祖,黄轩有子孙。
易干沧海泪,难蚀故乡魂。

其中“红阁存妈祖,黄轩有子孙”一联,看点在于,分解到单字,“红”对“黄”,“阁”对“轩”(借为建筑物之“轩”),“妈”对“子”,“祖”对“孙”,都很工;但组成单词,则“红阁”即“红色的楼阁”,是一个偏正词组;“黄轩”即“黄帝轩辕氏”,是一个人物专名;“妈祖”也是一个人物专名;而“子孙”不是。两对词语,结构都不同。这首诗写在澳门回归之前,此联是说,澳门还存有妈祖庙,证明澳门人并未忘记自己是黄帝的子孙。上下联看似平列,实为因果。这样的对仗,内涵较丰富,应该说也是成功的。

又如七绝《偏头关过八路军一二〇师抗日战地》(二〇一三年):

抗日何尝不正面,奔雷昔亦过偏头。
关前多少英雄血,都入黄河天际流。

其中“抗日何尝不正面,奔雷昔亦过偏头”一联,看点在于,分解到单字,“日”(借为“日月”的“日”)对“雷”,“正”对“偏”,“面”对“头”,也都很工;但组成单词,则“抗日”是一个动宾结构;“奔雷”(即“迅雷”)是一个偏正结构;“偏头(关)”是一个地理专名;而“正面”不是。两对词语,语法结构与词性都不同。此联是说,八路军何尝没有正面抗日?他们以迅雷之势奔袭日军占领下的偏头关便是证明。“正面抗日”是现代语,“偏头”则其语俚俗,本来不易入诗。巧用来构成一联对仗,不但有意义,而且有趣味,应该说也是成功的。

关于对仗,值得探讨的问题还有许多。限于篇幅,本文重点只谈“对仗不必拘泥于语法结构与词性,宜分解到单字”这一个方面。其他隅见,容异日另外撰文论述。不当之处,尚祈诗词创作界、评论界的诸位同仁批评指正。

Parallelism Split into Single Character
——New Theory of Classical Poetry Creation: Parallelism

Zhong Zhenzhen
(School of Liberal Arts, Nanjing Normal University, Nanjing, 210023, China)

Abstract: Parallelism is one of the most fundamental and important skill in modern-style poetry creation. Touching upon parallelism, the rhythm book, including Wangli's *Rhythm of Poetry*, tells us that syntactic structure of the above and the following sentences should be the same, and property of parallel words should be identical. They teach beginners to abide by the rules, but rules do not always lead to good parallelism. Ancient poets usually read plenty of classics: they drew inferences about other cases from one instance; they got language sense and they needed no syntax. Learning from western languages, modern scholar established grammar of ancient Chinese. Meanwhile, there are only two kinds of words in ancient Chinese: notional words and empty words. Notional words refer to name and matter, not the "notional words" which mean "practical sense" in modern Chinese language. Empty words refer to any other words except name and matter, not the "empty words" which mean "grammatical function" in modern Chinese language. The ancients have no concept of noun, verb, adjective, numeral, quantifier, pronoun, adverb, preposition, conjunction, interjection and so on. In their creation, parallelism can be employed in words of different properties and in sentences of different syntactic structure. It implies that definitions about parallelism are inaccurate and imperfect in rhythm books nowadays. This essay argues that the tip of parallelism is to split into single character, not single word. An analogy might be helpful here that the changes of matter in the physical sense are constraint to molecules, and molecules remain the same matter, so no new matter is produced. The change of substance in chemical sense needs to break through the molecular boundary and reach the atomic level. The old molecules are split and recombined into new molecules, so new substances can be produced. In some rhythm books nowadays the parallelism takes the word as the smallest unit, this is just like matter goes up to the molecule in the discipline of physics, whereas in this essay, the parallelism takes the character as the smallest unit, as matter goes up to the atomic level in the discipline of chemistry. In terms of creativity, "chemical change" is more potent than "physical change". Compare with single word, parallelism split into single character can be more dynamic and more changeable. If you can write it well, it might be more interesting, more wonderful and more fantastic.

Keywords: Modern-style Poetry; Creation; Parallelism

(学术编辑:刘荣平)

钟振振,男,南京师范大学文学院教授,中国韵文学会会长。

论苏轼长调慢词的创作成就

刘尊明

（深圳大学　文学院　广东　深圳　518066）

摘要：苏轼曾受到“不协音律”一类的批评，主要指向的是其长调慢词，从而影响和遮蔽了历代对东坡长调慢词的深入研究。事实上，苏轼的长调慢词虽只有17调41首，数量不及其小令和中调之多，却取得了非常突出的创作成就。主要表现在五大方面：其一，提高词品，厥功甚伟；其二，开拓词境，成就卓著；其三，革新词风，贡献巨大；其四，创用新调，意义非凡；其五，推进词律，颇有建树。在词品、词境、词风的提升、拓展与创新方面，东坡的长调慢词取得了以少胜多、承前启后的革新开拓成就，在用调和词律方面，东坡的长调慢词创作也并非不懂音乐不守律，而是对用调创调和词体词律也做出了探索与贡献。

关键词：苏轼；长调慢词；创作成就

历代词话词论考察和论述长调慢词的发展演变，多聚焦于柳永、周邦彦、姜夔、吴文英等精通音律以创调而著称的大家身上；二十世纪以来的词学史研究对东坡词的创作成就和词史地位的评价，也多偏重于从“以诗为词”的宏观视野来观照苏轼对宋词发展所做出的开拓与创新，而较少分从词调词体的角度来探讨东坡小令短调和长调慢词各有怎样的特征与成就。尽管王国维曾有过“长调自以周、柳、苏、辛为工”之评[①]，将苏轼长调（慢词）的创作与柳永、周邦彦、辛弃疾诸大家相提并论，但一来他并没有展开具体的论述，二来由于传统词论有关东坡词“多不协音律”一类的批评多指向其长调慢词，也就影响和遮蔽了人们对东坡长调慢词的深入研究。

据笔者检索、考订与统计，在《全宋词》所收东坡词363首作品中，除去失调名残句9首用调不详之外，其余354首所用词调总计76调；虽然长调慢词只有17调41首，不及小令（40调231首）和中调（19调82首）数量多[②]，但创作成就却最为突出。本文拟从以下五个方面，对东坡长调慢词的创作成就加以考察与评述。

一、提高词品，厥功甚伟

词最早在唐五代民间发展和流行的时候，与歌谣等民间艺文形式一样，抒情言志、写景

① 王国维.人间词话·删稿[M]//唐圭璋辑.词话丛编.北京：中华书局，1986：4258.

② 刘尊明.东坡词用调数量和成就的统计与分析[J].齐鲁学刊，2018(5)；刘尊明.东坡长调慢词的创作数量及发展历程[J].社会科学战线，2018(7).

叙事，原是无施不可的，并未形成艳科的格局，也无人鄙视它，其地位和品格也就本无所谓卑下。“词为艳科”或成为“娱宾遣兴”的“小道”“小词”，词的品格和地位趋向卑下，乃是词从民间走向城市和文人，尤其是晚唐五代以来《花间集》出现以后的事情。在苏轼之前，虽然有范仲淹、王安石等人在提高词品方面有所作为，但毕竟零散单薄，不成气候。至东坡出现，始于词品的提高做出卓越的贡献。对此，宋金时人实已有所体认与揭示，如胡寅云：“及眉山苏氏，一洗绮罗香泽之态，摆脱绸缪宛转之度，使人登高望远，举首高歌，而逸怀浩气，超然乎尘垢之外，于是《花间》为皂隶，而柳氏为舆台矣。”①又如王灼云：“东坡先生非醉心于音律者，偶尔作歌，指出向上一路，新天下耳目，弄笔者始知自振。”②又如刘辰翁云：“词至东坡，倾荡磊落，如诗如文，如天地奇观，岂与群儿雌声学语较工拙！”③又如元好问云：“自东坡一出，性情之外，不知有文字，真有‘一洗万古凡马空’气象。虽时作宫体，亦岂可以宫体概之！”④这些评价都突破了时人对东坡词的批评之声，充分肯定了东坡对正大高远的新词品的建树之功；虽是就东坡词的创作整体而论，但包括他的慢词长调在内则是不言而喻的。吴熊和先生论东坡提高词品云：“苏轼‘以诗为词’，他把词家‘缘情’与诗人‘言志’两者很好结合起来，文章道德与儿女私情，于是并见乎词。他的《念奴娇》(大江东去)、《水调歌头》(明月几时有)这些逸怀浩气的词，在词中树堂堂之阵，立正正之旗，词品与人品得到了高度的统一和融合。就是写闺情的词，也品格特高，如他的《贺新郎》(略)。‘待浮花浪蕊都尽，伴君幽独’，可与杜甫《佳人》‘天寒翠袖薄，日暮倚修竹’的格调比高。”⑤举例则皆为东坡慢词长调的代表作，说明东坡在提高词品方面其慢词长调所做出的贡献更为高标卓著。很明显，东坡对词品的提高，与他“以诗为词”，拿词来和诗一样地抒情言志是分不开的。如果说，在东坡的小令短调中还有一定数量的艳情之作和游戏之篇，那么在东坡慢词长调的创作中，除了《雨中花慢》“邃院重帘何处”一词、《沁园春》“情若连环”一词等极少篇章属于赋咏恋情或闺情之外，则几乎摒弃了艳情之作和游戏之笔，而更多地灌注了以士大夫文人为创作主体和抒情形象的思想情感、襟怀品格、审美趣味和人生哲理，不纤弱，不颓废，不浮靡，不淫艳，而是或气象恢宏，或境界阔大，或托意高远，或蕴藉深厚，故其慢词长调在艺术品格上也就自然得到了前所未有的整体性的提高与升华。

二、开拓词境，成就卓著

清代刘熙载评曰：“东坡词颇似老杜诗，以其无意不可入，无事不可言也。”⑥尽管其以东坡词比老杜诗，推尊东坡词在内容题材的表现上达到了无施不可的境界，似乎有些夸大其词；尽管今人或亦指出，东坡词中所表现的一些具有开拓创新意义的内容题材，在唐五代敦

---

① 胡寅.酒边集序[M]//施蛰存主编.词籍序跋萃编.北京：中国社会科学出版社，1994：169.

② 王灼撰，岳珍，校正.碧鸡漫志校正[M].北京：人民文学出版社，2015：29.

③ 刘辰翁.辛稼轩词序[M]//施蛰存主编.词籍序跋萃编.北京：中国社会科学出版社，1994：201.

④ 元好问.新轩乐府引[M]//吴熊和.唐宋词通论.北京：商务印书馆，2003：201.

⑤ 吴熊和.唐宋词通论[M].北京：商务印书馆，2003：201.

⑥ 刘熙载.艺概·词概[M].上海：上海古籍出版社，1982：108.

煌民间词中以及在北宋前期少数文人中词中已经初露端倪；尽管我们也承认，东坡词不仅难比老杜诗，即使与东坡诗相比，在内容题材的表现上也不无差距；但是，东坡"以诗为词"的革新，在词境的创造和拓展上，做出了比前人更集中更突出的整体成就，则已成共识。东坡对词境的创造性表现，一方面是向外部世界开拓，从广度上扩大词表现社会生活的空间和领域，另一方面则向内心世界开掘，从深度上加强词的抒情性和个性化特征。在词境的开拓上，东坡的小令短调固然以作品数量众多、内容题材更为广泛丰富而著称，而东坡的慢词长调虽然只有 17 调 41 首，却也取得了以少胜多、纵横驰骋的突出成就，其艺术贡献和词史意义丝毫不逊色于小令短调；甚至可以说，在"以诗为词"的开拓创新、艺术境界的阔大深远等方面，东坡的慢词长调更掩盖和超越了小令短调的光彩和魅力。

就东坡 17 调 41 首慢词长调的整体创作来看，其内容题材的表现涉及宴饮、交游、唱和、酬赠、节令、游赏、怀古、咏怀、羁旅、送别、友情、咏物、写景、恋情、闺情、悼亡、梦幻、仙道等多种类别，在十多调数十首作品中能有如此琳琅满目的题材内容的抒写，则不仅超出了北宋中前期张先、欧阳修、王安石等人慢词长调的表现范围，甚至也突破了以大力创作慢词长调而著称的柳永的艺术格局。

如果我们再分从创作场域、描写对象、抒情形象等方面来加以细致考察，则东坡慢词长调的创作更表现出向士大夫文人的日常生活和情感世界集中开掘的趋势和特征。我们几乎看不到东坡慢词长调创作的场域或背景是出自青楼妓馆、歌楼舞榭的迹象，即使不无在"花间""尊前"一类环境下的赋咏与歌唱，那也是以士大夫文人的交游聚会、宴饮游赏为范围，如《劝金船》一词，为熙宁七年东坡赴密州之任前参加杨绘在杭州流杯堂（一作中和堂）举行的饯别宴会的唱和之作；又如《满庭芳》"香叆雕盘"一词，乃元祐二年东坡在朝任翰林学士时参加驸马都尉王诜举办的著名的"西园雅集"之作；而更多的创作场合和背景则指向与士大夫文人的仕途人生相关联的广阔空间，如官府、驿舍、旅途、家园以及山水自然和古迹历史。他已不再像柳永等人的慢词长调那样多为乐工歌妓而制作，并多以歌妓舞女、女性生活、男女之情为描写对象，而是转向以士大夫文人的生活和人生为主要表现内容，故其描写对象和抒情主人公既以词人自己为中心，亦旁及仕途人生中的同僚、师长、朋友、兄弟、妻妾，乃至历史上的英雄、豪杰、帝王、神仙、僧道、文士、诗人，以及现实生活中的邻里、儿童、父老等各种普通人物。除了《贺新郎》《三部乐》《雨中花慢》三词为描写和悼念侍妾朝云，另有《雨中花慢》《沁园春》《满庭芳》等少数篇章涉及女性和佳人之外，东坡慢词长调的描写对象和抒情主人公已然转变成以男性的士大夫文人为主体了，这就改变了自"花间词"以来直至柳永的《乐章集》多以女性形象和男女之情为表现对象的传统格局，堪称是对词的表现内容和艺术境界的一次极大的解放与扩展。

兹略举三例如下：

> 楚山修竹如云，异材秀出千林表。龙须半剪，凤膺微涨，玉肌匀绕。木落淮南，雨晴云梦，月明风袅。自中郎不见，桓伊去后，知孤负、秋多少。　　闻道岭南太守，后堂深、绿珠娇小。绮窗学弄，梁州初遍，霓裳未了。嚼徵含宫，泛商流羽，一声云杪。为使君洗尽，蛮风瘴雨，作霜天晓。——《水龙吟》①（《全宋词》P277）

---

① 唐圭璋．全宋词[C]．北京：中华书局，1965：277．以下凡引《全宋词》皆出此版，仅插注页码。

小沟东接长江，柳堤苇岸连云际。烟村潇洒，人闲一哄，渔樵早市。永昼端居，寸阴虚度，了成何事。但丝莼玉藕，珠粳锦鲤，相留恋，又经岁。　　因念浮丘旧侣，惯瑶池、羽觞沉醉。青鸾歌舞，铢衣摇曳，壶中天地。飘堕人间，步虚声断，露寒风细。抱素琴，独向银蟾影里，此怀难寄。——《水龙吟》(《全宋词》P330)

归去来兮，吾归何处，万里家在岷峨。百年强半，来日苦无多。坐见黄州再闰，儿童尽、楚语吴歌。山中友，鸡豚社酒，相劝老东坡。　　云何。当此去，人生底事，来往如梭。待闲看，秋风洛水清波。好在堂前细柳，应念我、莫剪柔柯。仍传语，江南父老，时与晒渔蓑。——《满庭芳》(《全宋词》P278)

第一首《水龙吟》，元本题作“赠赵晦之吹笛侍儿”，乃元丰三年十一月东坡谪居黄州时所作。据孔凡礼《苏轼年谱》考证：“赵昶(晦之)知藤州，简昶忧南方兵事。昶在藤餽丹砂，报以蕲笛，赋《水龙吟》赠昶侍儿。”①可见其创作背景乃是基于东坡与赵昶作为士大夫文人共同的仕途遭遇及其相互的问答馈赠，其实东坡此时只是“闻道”而并不认识这个岭南太守后堂中的“吹笛侍儿”，所以这首词寄赠的真正对象乃是“吹笛侍儿”背后的主人岭南太守赵昶，故词篇虽以咏笛及吹笛侍儿为题材，而主题却在于“为使君洗尽，蛮风瘴雨，作霜天晓”，寄托的则是一份超逸旷达的思想情怀。故张炎评此词“清丽舒徐，高出人表”②，而胡仔所列东坡十余首“杰出”的“佳词”中，也有这首“咏笛词”③。

第二首《水龙吟》，亦为元丰五年东坡谪居黄州时所作。此词虽在东坡慢词长调中并非杰作，但在刻画贬居黄州时期的风物人情和日常生活，抒写闲居无成抑郁难伸的内心情怀方面，亦情景逼真，饶有风致。上片不仅写小沟、长江、柳堤、苇岸之自然风物，亦写烟村之潇洒与渔市之哄闹，以及丝莼玉藕、珠粳锦鲤的江城物产和日常饮食，颇有生活气息。而下片抒写对“浮丘旧侣”的思念，当指参寥子等方外友人与东坡的友情，所谓“谪居以来……，释、老数公，乃复千里致问，情义之厚，有加于平日”④，用以烘托映衬其谪居情怀，亦复真切动人，意境深远。

至于第三首《满庭芳》，东坡有序云：“元丰七年四月一日，余将去黄移汝，留别雪堂邻里二三君子。会李仲览自江东来别，遂书以遗之。”将其创作背景和时地揭示得清清楚楚，也鲜明地体现了东坡慢词长调的创作与其仕途人生的密切关系。从题材内容来看，这不过是一首抒写离别的作品，然而东坡此词所写的离别却并非一般的男女离别，而是与谪居五年之久的黄州江城、东坡雪堂及其朋友、乡亲的离别；词中既充满了对仕途人生的万千感慨和透彻参悟，更体现了对谪居黄州的日常生活和普通人物的细致书写与无限感怀；邻里君子、山中社友、儿童、父老，人物都平凡而纯朴；楚语吴歌、鸡豚社酒、细柳柔柯、渔网蓑笠，风物皆普通而真切。此词在东坡慢词长调中也算不得杰作，一向未受到特别重视，但这种切近于士大夫文人仕途人生及其日常生活的抒写视角和表现内容，也堪称是对“花间”小令和柳永慢词的有力突破和拓展。

---

① 孔凡礼.苏轼年谱：卷十九[M].北京：中华书局，1998：492.

② 张炎.词源：卷下“杂论”[M]//唐圭璋辑.词话丛编.北京：中华书局，1986：267.

③ 胡仔.苕溪渔隐丛话后集：卷二十六[M].北京：人民文学出版社，1984：192.

④ 苏轼.与参寥子[M]//张志烈等主编.苏轼全集校注.石家庄：河北人民出版社，2010：6706.

由抒情扩展到言志，将情与志的抒写更紧密地结合起来，并以议论和理趣入词，提升词的思想高度，深化词的哲理意蕴，也堪称是东坡"以诗为词"拓展词境的一个鲜明特征。这种创作倾向和艺术成就，既是从其慢词长调崭露头角的，也是以其慢词长调最为卓著的。如作于熙宁七年(1074)的《沁园春》"赴密州早行马上寄子由"一词写道：

孤馆灯青，野店鸡号，旅枕梦残。渐月华收练，晨霜耿耿，云山摛锦，朝露漙漙。世路无穷，劳生有限，似此区区长鲜欢。微吟罢，凭征鞍无语，往事千端。　当时共客长安，似二陆初来俱少年。有笔头千字，胸中万卷，致君尧舜，此事何难。用舍由时，行藏在我，袖手何妨闲处看。身长健，但优游卒岁，且斗尊前。(《全宋词》P282)

此词上片写赴密州早行情景，尚带有模仿柳永羁旅行役词的迹象，但下片追忆兄弟当年客游京师的经历，尤其是抒写青年时代的人生志向和经历仕途挫折后的复杂心理，即事而发，慨然有感，则带有了较明显的言志成分和议论色彩，这便在柳永羁旅词的基础上拓展出言志说理的新境界。两年后在密州所作《水调歌头》"明月几时有"中秋词中，同样是出处行藏的矛盾，悲欢离合的体验，手足之情的感怀，苏轼则在驰想于天上人间的广袤时空中，将这种对人生哲理的体认、以议论入词的创作，推进到一种融理入情、情理浑然的新高度。即使是在徐州所作《永遇乐》赋燕子楼这样带有艳丽情事的梦幻词，东坡也善于通过梦幻与联想来咏怀和说理："将佳人、倦客、芸芸众生相联系，使历史、现实与未来相沟通，概括出'古今如梦，何曾梦觉，但有旧欢新怨'的哲理警句，既表达了深刻的人生空漠感，又流露出自己要摒弃欢怨之情超越如梦人生的情怀。结尾二句设想后人登黄楼凭吊自己，也如自己今天凭吊关盼盼一样，揭示出生生灭灭、转古成今的自然规律，使自己从悲哀的感情漩涡中解脱出来，于是词意升华到超旷放达的高境。"[①]到了贬谪黄州时期，苏轼对于人生的参悟更加丰富深刻，其词中的理趣也进一步升华，达到与其生命相融、与其性情合一的至高境界。这在他此期所作《念奴娇》《水调歌头》《满江红》《满庭芳》《哨遍》等慢词长调中都有精彩的表现。如《满庭芳》写道：

蜗角虚名，蝇头微利，算来着甚干忙。事皆前定，谁弱又谁强。且趁闲身未老，尽放我、些子疏狂。百年里，浑教是醉，三万六千场。　思量。能几许，忧愁风雨，一半相妨。又何须，抵死说短论长。幸对清风皓月，苔茵展、云幕高张。江南好，千钟美酒，一曲满庭芳。(《全宋词》P278)

这是元丰五年七月东坡贬谪黄州时，到武昌王文甫家饮酒所作，既表达了对名利和得失的嘲讽与鄙弃，也抒发了对世俗和生死的自适与超越。全篇虽以议论为主，但不乏精切生动的比喻，亦有真率激越的抒情，堪称情理相融，境界高远。又如《水调歌头·快哉亭作》：

落日绣帘卷，亭下水连空。知君为我，新作窗户湿青红。长记平山堂上，攲枕江南烟雨，渺渺没孤鸿。认得醉翁语，山色有无中。　一千顷，都镜净，倒碧峰。忽然浪起，掀舞一叶白头翁。堪笑兰台公子，未解庄生天籁，刚道有雌雄。一点浩然气，千里快

① 陶文鹏.苏轼诗词艺术论·论东坡哲理词[M].上海：上海古籍出版社，2001：184-185.

哉风。(《全宋词》P279)

这首赋咏黄州快哉亭词属于东坡的"杰作"之一,作于元丰六年六月。全篇以写景为主,在雄奇阔大的自然境界中议论说理,既嘲笑宋玉"雌雄之风"的议论"未解庄生天籁",更揭示词人从大自然中所体悟的人生哲理:只要胸中葆有"一点浩然气",就能享受人生"千里快哉风"!这正是东坡谪居黄州时的心态和襟怀的写照,于是词的艺术境界也就在哲理中得到了有力地提升。又如《念奴娇·中秋》:

凭高眺远,见长空万里,云无留迹。桂魄飞来光射处,冷浸一天秋碧。玉宇琼楼,乘鸾来去,人在清凉国。江山如画,望中烟树历历。　　我醉拍手狂歌,举杯邀月,对影成三客。起舞徘徊风露下,今夕不知何夕。便欲乘风,翻然归去,何用骑鹏翼。水晶宫里,一声吹断横笛。(《全宋词》P330)

这首中秋词也写于元丰五年(公元 1082 年)东坡谪居黄州时,与同调"赤壁词"写于同时同地,堪称姊妹篇,所不同的"赤壁词"是借凭吊古迹、追怀历史以咏叹人生、阐发哲理,而此词则是一首节令词,除了描写中秋节令的自然风情之外,词人更运用了游仙的艺术形式,融入了浪漫的神话传说,调动了缥缈的艺术想象,创造了一个"水晶宫"般的神奇世界,借以象喻和寄托词人所追求的美好生活和高洁情怀,而词境也达到了超逸清旷、充满哲思理趣的审美高度,故被后人推为堪与《水调歌头》"明月几时有"相媲美的中秋词的第二杰作。

三、革新词风,贡献巨大

东坡对宋词的革新成果,还体现在对词风的创新与丰富上。这既是他追求"自是一家"的美学风貌的表现,也是他采取"以诗为词"的创作手段的产物。对词风的创新与对词境的拓展相生相伴,相呼相应,共同体现和奠定了东坡在宋代词史上所取得的伟大成就和神圣地位。在这个方面,东坡慢词长调的成就和贡献亦掩抑了其小令短调的光彩。

东坡革新宋代词风的最大贡献和鲜明标志,就是对"豪放"词风的创新和建树。尽管此前的词坛不无刚健、豪壮一类词风的端倪,但真正自觉追求和创建"豪放"词风者则非东坡莫属。尽管东坡最早创作且自诩为"颇壮观"的是《江城子·密州出猎》这首小令,而从时人的记载评述以及对词史词风的影响力来看,《念奴娇·赤壁怀古》则不啻为东坡最典范的豪放词,而且堪称是宋词经典中的经典。

大江东去,浪淘尽、千古风流人物。故垒西边,人道是、三国周郎赤壁。乱石穿空,惊涛拍岸,卷起千堆雪。江山如画,一时多少豪杰。　　遥想公瑾当年,小乔初嫁了,雄姿英发。羽扇纶巾,谈笑间、樯橹灰飞烟灭。故国神游,多情应笑我,早生华发。人间如梦,一尊还酹江月。(《全宋词》P282)

怀古题材在唐诗中已有精彩表现,在唐五代至北宋前期的词坛上不过偶尔涉及,而明确以“怀古”为词题者则首见东坡，其“以诗为词”的创作思路清晰可见。东坡写此词时的人生境遇和精神风貌并非意气风发，而沉潜于词中的内心情感也似乎难言豪放。此词之所以被时人和后人奉为东坡最经典的豪放词，就在于词人用主要篇幅描绘的“大江东去”“江山如画”的自然景象，充满了摧枯拉朽、激荡人心的生命活力，所追忆的三国豪杰周郎“雄姿英发”“羽扇纶巾”的形象和“谈笑间”破敌建功的伟业，又是那样青春热烈、豪迈潇洒，具有无法抗拒的审美魅力！当壮丽阔大的自然物象与清雄英发的历史人物融为一体的时候，它所生成的雄奇之境、阳刚之气和豪迈之风，也就淹没了词人一己的忧郁、低沉、感叹与悲伤。自然江山、历史豪杰与自我心灵三者的水乳交融，便创造了这篇空前绝后的豪放经典和宋词绝唱。宋代胡仔评赞曰：“东坡‘大江东去’《赤壁词》，语意高妙，真古今绝唱！”[①]金朝元好问亦云：“词才百许字，而江山人物无复余蕴，宜其为乐府绝唱！”[②]“绝唱”之誉，苏词当之无愧！

东坡对宋代词风的革新成就，还突出地体现在对“清雄”风格的创造上。以气象恢弘、气势豪迈、境界开阔、意境壮丽为主质的豪放词，虽是东坡所创建的最引人注目最具革命性的新词风，但这类作品数量并不多，而东坡更多的词作则体现了一种“清雄”之风。这是一种融合豪与婉、兼济刚与柔而以清丽、雄奇为特质的新风格。《水调歌头》中秋词就是这类词风最典范之作：

> 明月几时有，把酒问青天。不知天上宫阙，今夕是何年。我欲乘风归去，又恐琼楼玉宇，高处不胜寒。起舞弄清影，何似在人间。　转朱阁，低绮户，照无眠。不应有恨，何事长向别时圆。人有悲欢离合，月有阴晴圆缺，此事古难全。但愿人长久，千里共婵娟。（《全宋词》P280）

此词之所以被宋人和后人誉为中秋词的第一名篇[③]，固然因为词中所表达的“忠爱之言，恻然动人”[④]，所抒写的旷达胸怀代表了东坡的人生风范，所阐发的人生哲理也特别能给人启示，另外当也与此词所创造的清雄风格密切相关。词人驰骋浪漫飘逸之想，引领磊落浩然之气，出入天上与人间，交融自然与人生，把中秋月夜描绘得那样清丽而雄阔，把内心情怀刻画得如此委婉真切，“尤觉空灵蕴藉”[⑤]，既有“大开大合”的“奇逸之笔”[⑥]，又能做到“清空中有意趣”[⑦]，与《江城子·密州出猎》和《念奴娇·赤壁怀古》等豪放词杰作虽同属阳刚壮丽之美，而又别具清雄奇丽之风。

苏轼革新宋代词风的另一重要贡献，是建树了独具个性特征的“旷逸”之风。这是一种与豪放、清雄有别，融铸旷达与飘逸为一体，以旷达、洒落为基调，以通脱、超逸为风神的一种

---

① 胡仔.苕溪渔隐丛话前集：卷五十九[M].北京：人民文学出版社，1984：411.

② 元好问.题闲闲书赤壁赋后[M]//邹同庆等.苏轼词编年校注.北京：中华书局，2007：409.

③ 胡仔《苕溪渔隐丛话后集》卷三十九云：“中秋词自东坡《水调歌头》一出，余词尽废。”（胡仔.苕溪渔隐丛话后集[M].北京：人民文学出版社，1984：321.）杨慎评点《草堂诗余》卷四云：“东坡中秋词，《水调歌头》第一，此词（指《念奴娇》“凭高眺远”）第二。”（邹同庆等.苏轼词编年校注[M].北京：中华书局，2007：428.）

④ 董毅.续词选：卷一[M]//邹同庆等.苏轼词编年校注.北京：中华书局，2007：178.

⑤ 刘熙载.艺概·词曲概[M].上海：上海古籍出版社，1982：121.

⑥ “大开大合”语出王闿运《湘绮楼词选》前编，“奇逸之笔”语出郑文焯《手批东坡乐府》。（邹同庆等.苏轼词编年校注[M].北京：中华书局，2007：181.）

⑦ 张源.词源：卷下“意趣”[M]//唐圭璋辑.词话丛编.北京：中华书局，1986：261.

新词风。这种旷逸之风在东坡词中数量既多，表现较为普遍，也特别能代表东坡的个性特征和人生风范。早在知密州时所作《沁园春》早行词和《水调歌头》中秋词中，面对坎坷不遇的人生和行藏出处的矛盾，东坡就已表现出乐观旷达的精神，并与激越之调、潇洒之致相结合，呈现为旷放、清旷或高旷的风姿。又如前举《满庭芳》"蜗角虚名"一词，虽然议论色彩较重，却亦颇有旷逸之风，"使功名競进之徒读之可以解体，达观恬淡之士歌之可以娱生。"①即使在《念奴娇·赤壁怀古》这首典范的豪放词中，也穿插和渗透着"人间如梦，一尊还酹江月"的旷放因素。尽管这种旷逸之风在东坡小令短调中也颇有体现，但东坡慢词长调的贡献仍然显得特别突出。

东坡慢词长调的创作除了参与开创和建树"豪放""清雄""旷逸"的新词风之外，对传统的以"婉约"为主体的旧词风的改造与丰富也取得了重要成果。《水龙吟·次韵章质夫杨花词》便是代表作之一：

似花还似非花，也无人惜从教坠。抛家傍路，思量却是，无情有思。萦损柔肠，困酣娇眼，欲开还闭。梦随风万里，寻郎去处，又还被、莺呼起。　不恨此花飞尽，恨西园、落红难缀。晓来雨过，遗踪何在，一池萍碎。春色三分，二分尘土，一分流水。细看来，不是杨花点点，是离人泪。(《全宋词》P277)

以咏物题材入词，在唐五代敦煌民间词中已有发端，至北宋风气渐开，以咏花鸟名物为多，风格也多偏于婉约。章词原唱即为一首典型的婉约词，将柳絮与莺燕蜂蝶、兰帐玉人、章台金鞍等名物意象联缀在一起，写得婉媚绮丽，犹是"柳七郎风味"。东坡次韵之作，虽然仍将杨花与佳人叠映在一起，而是花是人，已浑然莫辨，做到了虚实结合，形神兼备；尤其重要的是，词人对杨花的刻画更突出其飘零沦落的命运和不舍探寻的精神，并灌注了词人深切真挚的怜惜叹赏之情，已剥落了香艳柔媚的情调，增添了清丽纯真的风采。宋人评曰："东坡和之，若豪放不入律吕，徐而视之，声韵谐婉，便觉质夫词有织绣工夫。晁叔用云：'东坡如毛嫱、西施，净洗却面，而与天下妇人斗好，质夫岂可比耶！'"②正指出了东坡词以清丽改造绮艳而又不失谐婉的特征所在。

四、创用词调，意义非凡

东坡在慢词长调的创作上更注重"创意"，在提高词品、开拓词境、刷新词风等各方面所取得的卓越成就，既如上文所述，亦已得到历代词学的认同。然而东坡慢词长调在"用调"上的特色与建树，历代词学则缺少全面细致的探讨，而以批评指摘居多，似乎有失客观公允。实则东坡于慢词长调的创作虽不以"创调"而著称，却既不乏创调之例，又在采调用调、协律变律等方面多有创获，其成就和意义也非同一般。

其一，东坡在慢词长调上已有自己的创调。

在首见东坡词的4个慢词长调中，《贺新郎》一调即为东坡所首创。有关此调的创作本

① 陈秀明.东坡诗话录[M]//邹同庆等.苏轼词编年校注.北京：中华书局，2007：461.

② 朱弁.曲洧旧闻：卷五[M].北京：中华书局，2002：158.

事和时间，宋代杨湜《古今词话》所记东坡守杭时为官妓秀兰所作之说，或出穿凿附会，但其所解"子瞻之作，皆纪眼前事，盖取其沐浴新凉，曲名《贺新凉》也。后人不知之，误为《贺新郎》"①，当不为无据。参据古今记载和考证，此词当为东坡于绍圣初年南贬惠州时为侍妾朝云所作，词赋其晚凉新浴情景，并咏榴花象喻其高洁情怀，词意与曲名正相吻合，具有较明显的创调始词的特征。《词谱》收《贺新郎》一调，亦谓"此调始自苏轼"②。虽然东坡对此调的创制在声律上还未能做到尽善尽美，《词律》《词谱》皆不取东坡词为正体，但东坡此词却以寄托深远的创意和婉曲缠绵的妙境而冠绝一时，有力地带动了此调的流行，使此调共以 439 首传词而成为两宋慢词长调的"金曲"之一③。

其二，东坡词中另有首见的慢词长调共 3 调，即《哨遍》、《醉翁操》和《三部乐》。

其中《哨遍》一调，东坡之前既不见文献记载，也无唐宋人词作，东坡乃第一个用此调填词的作者。东坡此调共 2 首，其一作于元丰五年谪居黄州时，隐括陶渊明《归去来辞》；其二作于元祐三年在朝为翰林学士时，题曰"春词"。考唐宋大曲又名"大遍"，其段落结构中亦有"哨"之一名，则《哨遍》一调当来自大曲，或亦疑为琴曲。尽管不一定是东坡创调，但自东坡首次采用之后，这个二百余字的长调便在宋代词坛流行起来，两宋共传词 18 首，除东坡 2 首外，另有王安中、曹冠、辛弃疾等十数人作词凡 16 首，东坡对宋词长调的繁衍所起到的推动作用不言而喻。《醉翁操》一词与《哨遍》隐括词为同年稍后同地之作，其性质为琴曲词。此琴曲首创于北宋前期的太常博士沈遵，以滁州琅琊山水和醉翁事迹为题材，然无人为之作词；三十年后，庐山道人崔闲妙于琴乐，又重谱此曲，东坡遂首为填词。有关《醉翁操》其曲与词之创作本事和背景，因见诸东坡词序以及时人跋语，记载详尽，事实和性质皆清晰无疑。惟囿于琴曲多属高雅音乐的传统观念，故历代各本东坡词集多不收此调之词。然东坡首次大胆为流行琴曲填词，遂创宋代以琴曲入词调之先例，相继者有郭祥正、楼钥、辛弃疾等人，而至南宋，此调终于得以编入稼轩词集中，东坡的创新探索之功，亦不可掩没。至于《三部乐》这一长调，虽然无法确定是否为东坡创调，然东坡首用此调填词，则并无疑问。此词乃东坡绍圣三年南贬惠州时为病重的侍妾朝云而作，声情哀婉凄艳，催人泪下。此调两宋共传词 7 首，除东坡外，另有周邦彦、陈亮、吴文英等人有作；此调能得到以创调和格律而著称的周邦彦、吴文英等人的沿用，东坡用调的影响亦可见一斑。

其三，东坡也创造性地采用了一批尚属新声性质的慢词长调。

在东坡所用的 17 个慢词长调中，除上述首见和创始于东坡的 4 调外，另有 13 调属于沿用北宋前期开始流行的新声词调。其中以首见或创调于柳永者最多，凡 6 调，即《永遇乐》、《满江红》、《醉蓬莱》、《八声甘州》、《戚氏》和《归朝欢》；其他首见于毕大节、张先、欧阳修、刘潜、张才翁、沈唐、杨绘凡 7 人各 1 调，即《满庭芳》、《沁园春》、《水龙吟》、《水调歌头》、《雨中花慢》、《念奴娇》和《劝金船》。毕大节盖北宋初期人，杨绘为北宋中后期与东坡同时人，其余 5 人皆为早于东坡之北宋中前期人。可见东坡对已有慢词长调的采用从宋初到同时代皆

---

① 胡仔.苕溪渔隐丛话后集[M].北京：人民文学出版社，1984：327.

② 王奕清等.钦定词谱：卷三十六[M].北京：中国书店，2010：677.

③ 在宋代常用词调综合排行榜上，《贺新郎》居第 12 位；在宋代慢词长调排行榜上，《贺新郎》继《水调歌头》《念奴娇》《满江红》《沁园春》之后排列在第 5 位。参见刘尊明，王兆鹏.唐宋词的定量分析[M].北京：北京大学出版社，2012：118.

有，而以北宋前期为主，以首见柳永为多。除了《劝金船》《戚氏》二调的运用出于唱和的限制与应歌的需要而别无选择之外，应该说其他各调的运用都体现了东坡在选调用调上的主观能动性及其开拓创新的精神。

在北宋前期，以柳永对慢词长调的开创居功甚伟、影响最大，所以东坡采用首见和创始于柳永的慢词长调也最多，但东坡并不是盲目地追从，而是有选择地运用，其中既折射了东坡对柳词学习与继承的创作心理，更反映了东坡对柳词突破与超越的艺术成就。对《满江红》《八声甘州》《归朝欢》三调的运用，主要体现了东坡在继承中创新的成果。柳永对这三调的运用，已奠定了其各自清丽、高远、凄凉的声情与风格特征，尤其是《八声甘州》一调的创作，曾被东坡推赏为“不减唐人高处”①，而东坡更在此基础上进一步发掘和创造出清雄、旷放、沉郁的风调与意境；而于《满江红》一调的声情和格调的开拓贡献最大，此调之所以能成为宋代慢词长调的四大金曲之一，成为后代豪放词人所喜用和擅长的一大名调，与东坡对此调的创造性运用是分不开的。对《永遇乐》《醉蓬莱》《戚氏》三调的运用，东坡则完全突破了柳永以来的风调与声情。《永遇乐》首见柳永词 2 首，一祝贺仁宗圣寿，一献颂苏州太守，皆赋咏本调，声情欢悦，盖为柳永创调。稍后有解昉、王仲甫各 1 首，解词题“春情”，王词咏梅，仍不脱柳词的欢愉情调。东坡盖为此调第四位作者，共作词 2 首，“长忆别时”一首题“寄孙巨源”，是东坡赴知密州途中追忆与孙洙分别情景之作，声情风格已变得凄清感伤，堪称是对柳词本调的第一次“变奏”；“明月如霜”一首作于知徐州任上，赋燕子楼情事，化实为虚，如梦似幻，高华沉深兼而有之，达到了情、景、理水乳交融的艺术高度，则对柳永等人词从内容到风格都做出了突破和创新，堪称是对本调的再度“变调”，并因此而成为杰作名篇。《醉蓬莱》一调为北宋前期教坊创制的新声，柳永首为填词，内容颂圣祝寿，声情富丽清雅；其后欧阳修词咏艳情，变得俚俗轻艳；韦骧词题“廷评庆寿”，亦为祝寿词。东坡盖为此调第四位作者，其词乃谪居黄州时重阳节赠别太守徐君猷之作，既抒朋友离别情谊，亦咏节令风俗和人生感怀，不悲亦不喜，沉挚而清旷，也对柳永以来此调本意和声情做出了突破与创新。至于《戚氏》这支长调，两宋仅见柳词和苏词各一篇，东坡向柳永学习及其与柳词竞胜的创作心理，于此调的运用亦可窥一斑。此调柳词叙写登临悲秋，羁旅感怀，声情感伤沉郁，风格凄丽悲凉，当时即有“《离骚》寂寞千年后，《戚氏》凄凉一曲终”之评②；而东坡此词则为宴饮应歌之作，故赋咏穆天子会西王母之传说故事，声情愉悦欢快，风格洒脱飘逸，亦属“变调”之作。

在采用北宋初期以来流行的其他慢词长调时，东坡的择调意向和审美选择也主要指向的是那些高亢之调、清越之声，而对那些声情风格豪婉兼具、亦刚亦柔的富于弹性和张力的曲调，东坡则着力开掘了其豪放、清雄、旷逸、洒脱、空灵等方面的声情与风调。如《水调歌头》这支来自大曲摘遍的长调，无论是以刘潜与黄庭坚互见的边塞词为创始，还是以苏舜钦、尹洙的沧浪亭唱和词为更早，都表现出高亢清越的声情，飘逸洒脱的风格。东坡很早就敏锐地注意到这支奇特的新声长调，在知密州时就第一次采用它写出了令“余词尽废”的“中秋绝唱”，此后在知徐州、贬黄州期间，东坡又用此调写出了另一首中秋唱和词、快哉亭词及隐括韩愈《听颖师弹琴》词，将此调清雄高旷、空灵蕴藉的风格意境发挥得淋漓尽致。《水调歌头》之所以能成为宋词长调中的第一金曲，东坡当居首功。又如《沁园春》一调，在张先、韦骧的

---

① 赵令畤.侯鲭录：卷七[M].北京：中华书局，2002：183.

② 王灼撰，岳珍校正.碧鸡漫志校正[M].北京：人民文学出版社，2015：28.

早期创作中，或寄赠，或祝颂，其声情风格特征并不突出，而经由东坡写出“赴密州早行”一词之后，其挥洒扬厉、豪迈俊爽的风格特征也就得到了发掘和突显，从而成为宋词四大长调金曲之一。至于《水龙吟》一调，欧阳修的首见之作不过是一首风情绮丽婉媚的恋情词，东坡作为第二位作者，却相继写出了 6 首词作，除了咏杨花的次韵词继承了此调流美婉约一面的声情格调之外，更发掘了此调清丽舒徐、空灵飘逸、俊爽高旷等方面的风格情调，亦使此调成为两宋长调名曲之一（排名第 7）。又如《满庭芳》一调，盖首见于宋初的毕大节，为祝寿词；张伯端、则禅师词，皆以牧牛喻禅境；陈偕 2 首，一题“西湖”，一题“送春”；晏几道词，为追念西楼歌女而作；秦观词，或写恋情，或赋游乐；黄庭坚词，或咏茶，或赠妓；其中又尤以秦观早年所写蓬莱阁恋情词最为传诵，主要以声情流美、风格绮丽而擅胜。东坡大致为此调的第八位作者，共作词 6 首，或表现仕途，或咏叹人生，或阐发哲理，或刻画人物，或描写雅集，有叙有议，情理兼融，在绮丽婉媚之外，又别开旷达、遒劲、慷慨之风，亦使此调成为两宋长调名曲之一（排名第 6）。最典范的例子当推《念奴娇》一调，沈唐的首见之作，写春暮风景，赋离别相思，声情妩媚，风格婉丽，盖与本调相合。东坡作为此调的第二位作者，说明他对此调亦高度关注，且独具慧眼。他用此调共作词 2 首，一题“赤壁怀古”，一题“中秋”，声情激越高亢，风格豪放清雄，堪称是对此调本意的突破与“变声”，或者是向此调原本就具有的高亢声情的“回归”。《念奴娇》能成为宋词长调第二名曲，亦数东坡贡献最大。

东坡词在宋代即受到“不协音律”一类的批评，由于词乐的失传，后人对东坡词究竟如何“不协音律”往往不得其解，故多从东坡在慢词长调中突破声律方面进行解释与辨析，见仁见智，多无定论。从以上的考察和分析中我们可以看到，东坡在慢词长调的运用中往往表现出对其本调声情和风格的突破与创新，这种带有“变调”、“变声”或“变奏”性质的表现，或许正是东坡词（主要为其慢词长调）蒙受“不协音律”一类诟病的关键或症结所在。事实上，东坡在运用慢词长调中所表现的这种对本调声情风格的变化与突破，虽然以开拓创新的成果为主导，但也并非没有失误之处。如对《戚氏》一调的运用，因出于酒筵应歌的需要，仓促之间随声写就，敷演神仙故事而成，虽见敏思俊才，却于择调上声情不合，正犯了所谓“哀声而歌乐词”的忌讳[①]。此调于东坡之后便成绝响，固然与其三叠长调的难度有关，而东坡此词的不够成功恐怕也是原因之一。

五、推进词律，颇有建树

宋人除批评东坡词“不协音律”之外，另有“句读不葺之诗”[②]“长短句中诗”“移诗律作长短句”等议论[③]，应该主要针对的是东坡的慢词长调。那么东坡慢词长调在属于歌词文学层面的声律体式方面究竟有怎样的表现与成就呢？是否不合、不守“声律”呢？于“声律”有无建树、创获呢？对此，参考历代词学有关考察和探讨，我们认为：东坡慢词长调在声律上亦颇

① 沈括.梦溪笔谈：卷五“乐律一”[M].成都：巴蜀书社，1995：43.

② 胡仔.苕溪渔隐丛话后集：卷三十三引[M].北京：人民文学出版社，1984：254.

③ 王灼《碧鸡漫志》卷二引录时人的评论：“或曰：‘长短句中诗也。’”“今少年妄谓东坡移诗律作长短句。”（岳珍.碧鸡漫志校正[M].北京：人民文学出版社，2015：26，28.）

有建树，于词律有推进之功。

其一，属于东坡词首见与创调的慢词长调具有相当的典范性。

对此，我们可以《词律》《词谱》的收录来加以考察和观照。作为清代两部较权威的归纳词的格律谱式的集成之作，二书于唐宋词调的收录往往不是以创始的作品为标的，而是多取最具代表性的词作为“正体”，以体式有所变化的作品为“又一体”。在首见与创调于东坡的4个慢词长调中，除《贺新郎》被列为“又一体”外，其余《哨遍》《醉翁操》《三部乐》3调皆被列为“正体”，说明东坡在这些慢词长调的创作中是具有声律体式的典范性的。如《醉翁操》一调乃为琴曲填词，故东坡采用平韵，而且是“以元寒删先四韵同用”[①]，句短韵密，加上句法的散文化，表现出轻快流美的声情，空灵跌宕的风姿，便很好地体现了与琴曲相合的声律特征。郑文焯评曰：“读此词，髯苏之深于律可知。”[②]赞东坡此词“深于律”，应非谀美之辞。南宋辛弃疾作此调，即以东坡词为范式，“辛词以东冬江三韵同用，犹遵古韵”[③]。又如《哨遍》一调，《词律》《词谱》皆以东坡隐括陶渊明《归去来辞》一篇为“正体”，以其“春词”一首为“又一体”，另以王安中、曹冠、刘克庄、辛弃疾等人词各为“又一体”。东坡此调2首，在声律体式上“用三声叶韵”，“又其体颇近散文，平仄往往不拘”[④]，“春词”一首又有减韵和部分句法的变化，这些表现特征应与此调来自大曲或琴曲有关。东坡在词序中交待他隐括陶辞的缘起和目的，是因为“有其词而无其声”，是为了“使就声律”“使家童歌之”，可见他具有较明确的合乐可歌、协律而作的自觉意识，而事实上东坡此调声情洒脱，风格清新，也很好地达到了声词契合的艺术效果。正因为如此，东坡此调不仅获得了历代词论的好评，如“《哨遍》一曲，隐括《归去来辞》，更是精妙，周、秦诸人所不能到”[⑤]，“东坡《归去词》特胜，不特其音律之谐也”[⑥]，而且其三声叶韵的声律特征也得到了两宋词人的遵循。至于《贺新郎》一调，《词律》《词谱》之所以不把东坡词列为“正体”，主要是因为下片第八句作七言句，而后来常用体式则作上三下五句法的八字句；另外，东坡此词局部字声平仄也与常用体式略有不同，如被《词谱》所指“俱作拗体”的两片第四句“手弄生绡白团扇”“秾艳一枝细看取”，字声平仄分别作“仄仄平平仄平仄”“平仄仄平仄仄仄”，又如下片第八句“花前对酒不忍触”，连用五仄声，都表现出拗峭不谐的声情。尽管如此，东坡此词对于入声韵的运用、字声间用“拗体”以及句式参差的变化，都奠定了此调怨而不怒、哀而不伤的声情特征，沉郁跌宕、清越高远的艺术风韵，所以《词谱》仍不得不以东坡此词列为重要的别体之一；而东坡此体也得到了南宋叶梦得、韩淲等人的继承，如被列为正体的叶梦得词两片第四句亦用“拗体”，韩淲词于下片第八句亦为七言句。可见东坡此调并非是不守“正体”声律，而是作为创调所表现出的独特个性，虽然并非尽善尽美，却仍然显示了东坡词的创调之功及其协律特性。

其二，东坡采用已有的慢词长调时，对声律的突破也是符合声律规则的。

被宋人及后人视为东坡“以诗为词”“不协音律”重要表征的作品，应该主要是《念奴娇》

---

① 王奕清等.钦定词谱：卷二十二[M].北京：中国书店，2010：385.

② 郑文焯撰，孙克强等辑校.大鹤山人词话：卷一[M].天津：南开大学出版社，2009：55.

③ 王奕清等.钦定词谱：卷二十二[M].北京：中国书店，2010：385.

④ 王奕清等.钦定词谱：卷三十九[M].北京：中国书店，2010：717.

⑤ 张炎.词源：卷下“杂论”[M]//唐圭璋辑.词话丛编.北京：中华书局，1986：267.

⑥ 杨慎评点.草堂诗余：卷五[M]//邹同庆等.苏轼词编年校注.北京：中华书局 2007：393.

《水龙吟》等长调之作。如《念奴娇》"正体",上片前五句作"四,五,四。七,六"句式,下片第二三句作"四,五"句式、第四五句作"七,六"句式、第七八句作"四,五"句式,而东坡"赤壁词"则分别作"四,三、六。四,三、六"句式,"五,四"句式,"四,三、六"句式,"五,四"句式。实际上,东坡所做的这种句式的改变,是在符合词调乐句和词体结构的范围内进行的,与乐句对应的词句的字数和长度并没有改变,只是句式的分合略有变化,这是符合声律规则的,也不会影响词调的歌唱。东坡这样做,并非他不懂词调的音乐和声律,而是为了更好地表达思想感情和艺术风格的需要。东坡所作另一首《念奴娇》中秋词,便与创始于沈唐而后来成为此调正体的句式完全符合,《词谱》即以东坡这首中秋词为"正体",而以"赤壁词"为"又一体"。实际上《词谱》完全应该以首见的沈唐词列为"正体",之所以列第二作者的东坡中秋词为"正体",大致是有鉴于东坡此词的艺术成就;即使是被列为"又一体"的"赤壁词"的句式句法,也得到了南宋词人包括以精通音律而著称的姜夔的局部采用,说明东坡"赤壁词"对《念奴娇》词调声律的突破原是合乎法度的创新之举。另一经常被引述的例证,即《水龙吟》杨花词结尾句式的变化,正体作"三,六,四"句式,《全宋词》即依正体断句为"细看来,不是杨花点点,是离人泪",但另有一些版本则按语意读作"细看来、不是杨花,点点是、离人泪",实际上也是合乎声律规则的句式变化。此外,在《满江红》《水调歌头》《醉蓬莱》等调的创作中,东坡也都有句式或用韵等方面的变化,被《词谱》列为"又一体"。

其三,东坡在慢词长调的运用上也表现出声律精严的一面。

东坡在慢词长调运用方面所表现出的声律精严一面的特征和成就,长期受到遮蔽和忽略,虽然有少数学者曾指出这一点,但并未受到普遍的关注和认同。实际上,东坡在这个方面的表现是值得深入挖掘的,也是应该予以肯定的。

东坡在慢词长调的创作中已表现出分辨和谨守四声、注重运用去声字和领字等较为精细的声律特征。如《八声甘州》一调,首见柳永词,陈偕继作,但陈偕并没有很好地领会和发扬柳词所奠定的声律风格特征,东坡却做到了后来居上,青胜于蓝。兹录全词如下:

> 有情风、万里卷潮来,无情送潮归。问钱塘江上,西兴浦口,几度斜晖。不用思量今古,俯仰昔人非。谁似东坡老,白首忘机。　记取西湖西畔,正暮山好处,空翠烟霏。算诗人相得,如我与君稀。约他年、东还海道,愿谢公、雅志莫相违。西州路,不应回首,为我沾衣。(《全宋词》P297)

《词谱》卷二十五收此调,以柳永词为正体。东坡这首"寄参寥子"词,虽然在题材和风格上对柳词做出了突破和创新,"寄伊郁于豪宕"[①],被誉为"词境至此观止"的杰作[②],但是东坡此词在声律上却与柳词保持高度一致。这主要表现在两个方面:其一是表现出分辨和谨守平上去入四声的声律倾向[③]。比较苏词和柳词,全篇97字,有79字的字声平仄都与柳词相同,而且是平对平、上对上、去对去,甚至是入对入。如柳词"冉冉物华休"句,东坡词作"俯仰昔人非",字声平仄完全相同,其中"物"与"昔"皆为入声字;又如柳词"叹年来踪迹"句,东坡

---

① 陈廷焯.白雨斋词话:卷八[M].北京:人民文学出版社,1983:219.

② 郑文焯撰,孙克强等辑校.大鹤山人词话:卷一[M].天津:南开大学出版社,2009:53.

③ 参见田玉琪.词调史研究[M].北京:人民出版社,2012:248.

词作"算诗人相得",字声平仄皆作"去平平平入",三声非常分明。即使是18处字声的不同(上文标下划线的字),也是符合声律规则的。比如这些平仄不同的字多处于句首,如柳词"一番洗清秋",东坡词作"无情送潮归","一"字为入声,"无"字为平声,但因在句首,可以不计;况且"一"字亦可以入代平,则东坡于此处用平声"无"字,亦无不可;另外有一些字皆同属仄声,只是未严格区分上去入三声而已。可见东坡于慢词长调的创作不仅具有"协律"的特征,而且还表现出比较精严的意识。其二是对去声字和领字句的成功运用。如柳词中"对""渐""是处""惟有""不忍""望""叹""想"等字词,皆属领字,且多用去声,形成跌宕高远的声情特征。东坡对此颇有领会和发扬,除开篇首句"有"字略有欠缺外,其余"问""不用""谁似""记取""正""算""约""愿"等字,皆属领字,而且多用去声字作领字,所产生的艺术效果丝毫不逊色于柳词。

东坡对于慢词长调声律的完善与定型也做出了贡献。举《永遇乐》一调为例。《词谱》卷三十二收此调,共分七体,而首列东坡"明月如霜"燕子楼词为正体,注云:"此调押仄韵者,以此词为正体,宋词俱如此填。若晁词之前段结句六字折腰,柳词两首及张词、无名氏词之句读异同,皆变格也。"①实际上,此调首创于柳永(2首),其后作者有解昉、王仲甫,《词谱》不以柳词作谱,也不以其他精于声律的词人之作为例,而是选取东坡燕子楼词来作谱,且奉为"正体",可见东坡对此调所起到的规范与定型作用。如果说前三位作者共4首词作在句读声律上还略有参差,那么此调到了东坡笔下,其所作两篇的体式已变得非常严整精致,则将此调的句读、声律完全定型下来。这主要表现在五个方面:(一)两片第八句字声皆作平平仄仄,改变了柳词还不够定型的声律(一作平仄平平,一作平平平仄);(二)在柳永等人还存在异体的情况下,于两片第十句皆作七言句,句法呈上三下四结构,字声为仄平平、平平仄仄,形成常用模式;(三)谨守柳词上片结尾六言句后四字仄平平仄的声律,下片结尾四言句柳词皆作平平仄仄,而东坡词皆作仄平仄仄,更为抑扬顿挫;(四)上片起句第二字用入声字,多为时人和后人沿用;(五)两片起二句、第四、五句和第七、八句,柳永等人还只是偶尔用对偶,东坡则多用对偶句,亦为东坡对此调歌词在修辞技巧上的加强与提升,也得到了后人的继承。

东坡所用慢词长调往往一调多词,尤其是像《满江红》《水调歌头》《水龙吟》《满庭芳》四调,每调都达5首、6首之多;与柳词的一调多体的突出现象相比,东坡一调多词则呈现出更精严更稳定的声律特征。如《满江红》,东坡之前,柳永、张先、张昪三位词人共作词6首,其中一半用入声韵,一半用上去声韵,而东坡此调5首则全用入声韵,对于建树此调高亢激越的声情和慷慨豪放的风格,当起到了重要作用。又如《水调歌头》,东坡之前,刘潜、尹洙等人词已于上片第五、六句、下片第六、七句偶尔间叶两仄韵,但并不普遍;东坡用此调作词5首,除一篇为残句外,其余4首有3首都插入了仄韵,尤其是中秋词一篇,"我欲乘风归去,又恐琼楼玉宇""人有悲欢离合,月有阴晴圆缺"四句,各叶两仄韵,说明东坡对此调于平韵中夹叶仄韵的声律特点是有独特领会的,而事实上东坡这首中秋词于两片之中各穿插两仄韵,也的确起到了丰富词调声情的艺术效果,使得此词的声律情韵更加跌宕多姿。正因为如此,这种夹叶仄韵的体式,在黄庭坚、晁端礼、贺铸、叶梦得、辛弃疾等人《水调歌头》的创作中也得到了继承。又如《水龙吟》,此调虽创始于欧阳修《鼓笛慢》,但东坡则是继欧阳修之后北宋用此调作词最多的词人,他一共作词6首,对于此调体式声律的发展创新和成熟定型,都做出了突出的贡献。其一,东坡在欧词之外开创了上片以七言一句、六言一句开篇的新体式。《词

① 王奕清等.钦定词谱:卷三十二[M].北京:中国书店,2010:589.

谱》卷三十收此调，共列二十五体，首列东坡"露寒烟冷蒹葭老"一词为正体，注云："此调句读最为参差，今分立二谱，起句七字，第二句六字者，以苏轼词为正格；起句六字，第二句七字者，以秦观词为正格。"①其二，东坡在此调句式声律的表现上也达到了既灵活丰富又精严稳定的艺术高度。如两片的第九、十句，欧词分别作"便直饶、更有丹青妙手"，"暗消魂，但觉鸳衾凤枕"，上片为上三下六句法的九字一句，下片作三言一句、六言一句，句式还不够定型；东坡则形成五言一句、四言一句的基本定式，只有咏杨花词下片"细看来，不是杨花点点"，及另首下片"抱素琴，独向银蟾影里"两处，用欧词句式。又如两片的第三句至第八句共六句两韵，皆为四言句式，东坡也很好地继承和保持了欧词的这一基本定式。另外，两片结尾句，上结作六字折腰句，如"知孤负、秋多少"，字声皆作平（或仄）平仄、平（或仄）平仄；下结为四字句，如"作霜天晓"，节奏为一二一，字声作仄平平仄，6 首也保持高度的一致。《词谱》总结云："此调前后段第三句至第八句，例作四字句，前后段第九句五字，第十句四字，前结六字折腰，后结四字。宋人精于审音，添字、减字、摊破句法，悉中律吕。其谱不传，填者但以苏词、秦词为式可也。"②也指出和肯定了东坡此调在声律上所具有的典范性。

The Creative Achievement of Sushi's Slow Tune

Liu Zunming

(School of Humanities, Shenzhen University, Shenzhen 518066, China)

Abstract: There have been criticisms of Sushi's *Ci* for the works' "rhythm inharmonious", which mainly target his slow tune. Because of this, Sushi's slow tune was lack of study in academic history. In fact, although the amount of Sushi's slow tune was less than that of his short tune and middle tune, his poetry of slow tune has outstandingly obtained creative achievement. The achievement is represented in five aspects: firstly, enormous contribution to improving the quality of *Ci*; secondly, remarkable accomplishment of expanding the realm of *Ci*; thirdly, tremendous contribution to reforming the style of *Ci*; fourthly, vital significance of using new tunes; fifthly, important influence on advancing the rhythm of *Ci*. In the aspects of improving the quality of *Ci*, expanding the realm of *Ci*, reforming the style of *Ci*, Sushi's slow tune has achieved innovative and expansive goals which serve as a link between the past and the future. In the aspects of tune selection and rhythm, Sushi' slow tune also has made exploration and contribution.

Keywords: Sushi; Slow Tune; Creative Achievement

（学术编辑：刘荣平）

刘尊明，男，深圳大学文学院教授。

① 王奕清等.钦定词谱：卷三十[M].北京：中国书店，2010：537.

② 王奕清等.钦定词谱：卷三十[M].北京：中国书店，2010：537.

唐五代五家词集文献叙录*

邓子勉
（江苏第二师范学院　文学院　南京　210013）

摘要：词的结集刊行始于唐五代作家，就已知的而言，还是屈指可数的，即温庭筠、和凝、冯延巳、李璟和李煜五家，民国时被辑录成集的词人不计。此就历代书目书志等著录的晚唐五代五家词集，排比考核，以见其词集的编辑、传抄、刻印、版本等。

关键词：唐五代；词集文献；书目书志

一、温庭筠

温庭筠（812？—870？），字飞卿，旧名歧，太原祁（今山西祁县）人。举进士不第，官终国子助教。才情绮丽，善鼓琴吹，尤工律赋。著有《握兰集》《金荃集》《乾馔子》等。

欧阳炯《花间集序》有"近代温飞卿复有《金筌集》"云云[①]，欧阳炯为五代人，仕前后蜀。"金筌"多作"金荃"，这是较早提及温氏词集者。宋陆游《渭南文集》卷二十七有《跋金奁集》，云：

> 飞卿《南乡子》八阕，语意工妙，殆可追配刘梦得《竹枝》，信一时杰作也。淳熙己酉立秋，观于国史院直庐，是日风雨，桐叶满庭。放翁书。[②]

跋作于宋孝宗淳熙十六年（1189）。知温氏词集又名《金奁集》，或以为"金奁"为"金荃"之误。清顾嗣立《温飞卿诗集笺注后记》云："今所见宋刻止《金荃集》七卷，《别集》一卷，《金荃词》一卷。"[③]知宋刊温氏诗文集附有词一卷，按：宋王尧臣等《崇文总目》卷五"别集类"载有温氏《握兰集》三卷《金荃集》十卷[④]，又宋晁公武《昭德先生郡斋读书志》卷四中"别集类中"载温

* 本文系国家社科基金年度项目《词籍文献通考》（批准文号：14BZW083）的成果。

① 见赵崇祚.花间集[M]//王鹏运.四印斋所刻词.上海：上海古籍出版社，1989：503.

② 陆游.渭南文集[M]//陆放翁全集：上册.北京：中国书店，1992：166.

③ 刘学锴.温庭筠全集校注：下册[M].北京：中华书局，2007：1304.

④ 王尧臣.等.崇文总目[M]//许逸民，常振国.中国历代书目丛刊：第一辑上册.北京：现代出版社，1987：186.

氏《金荃集》七卷《外集》一卷，未云是否附有词。提要云："能逐弦吹之音，为侧艳之辞。"[①]或附有词。

温氏词集见于后世著录的有：

(一)抄本

其词集见于丛编中收录的有：

1.《唐宋八家词》本，清鲍氏知不足斋抄本，其中有《金奁集》一卷补一卷，清魏之琇校，清鲍廷博跋。藏国家图书馆。按：魏之琇(1722—1722)，字玉璜，号柳州，钱塘(今浙江杭州)人。家世医，著有《续名医类案》。鲍廷博(1728—1814)，字以文，号渌饮。本安徽歙县人，寓居浙江杭州、桐乡等。补歙县庠生，后参加省试未中，遂绝意仕进。因刻丛书，受朝廷嘉奖，八十六岁时，恩赏为举人。著有《花韵轩小稿》等。此本有鲍氏跋，后人传抄时多迻录，此据《彊村丛书》本录于下：

> 右《金奁集》一卷，计词一百四十七阕，明正统辛酉海虞吴讷所编《四朝名贤词》之一也。编纂各分宫调，此他词集及词谱所未有。间取《全唐诗》校勘，中杂韦庄四十七首、张泌一首、欧阳炯十六首，温词只六十三首，疑是前人汇集四人之作，非飞卿专集也。按：飞卿有《握兰》《金荃》二集，"金奁"岂即"金荃"之讹耶？元本为梅禹金先生评点，余从钱唐汪氏借抄得之。[②]

明吴讷编有《四朝名贤词》，又名《唐宋名贤百家词》，今存明朱丝栏抄本，四十册，藏天津图书馆，天津古籍出版社1989年据以影印出版。核以其书，并无《金奁集》一书。津图藏本虽为明抄本，但并不是吴氏原稿本，检第二十一册《后山居士词》末题有"正德五年孟秋巧夕前一日录"，第三十册《竹山词跋》末有"正德丁卯季夏十月苏台云翁志"，正德丁卯为正德二年(1507)，知津图藏本是在吴讷卒后五十余年抄成。书前有"诸儒姓氏"，其中列唐五代作家人名凡十八人，包括温庭筠在内，核以这十八人，实为所收《花间集》中的作者。鲍氏云所收《金奁集》一卷，计词一百四十七阕，或另有所据，其中搀杂有韦庄四十七首、张泌一首、欧阳炯十六首，温氏词只有六十三首。按：梅鼎祚(1549—1615)，字禹金，号胜乐道人，宣城(今属安徽)人。申时行为内阁大学士，荐于朝，辞不赴。归隐于书带园，藏书达数万卷。著有《梅禹金集》《鹿裘石室集》等。知此书原为梅氏藏书，或抄自吴讷编《唐宋名贤百家词》本，有梅氏评点，此书后为钱塘汪氏家收藏，钱塘汪氏疑指钱塘汪氏振绮堂，鲍氏借汪氏藏本传抄。

2.《唐宋词八种》本，清知足知不足馆抄本，其中有《金奁集》一卷，见《中国丛书广录》著录。又有按语云："台湾'中央图书馆'藏，清齐召南手校。天津图书馆亦有藏。"[③]。检《中国古籍善本书目》卷三十著录有温庭筠《金奁集》一卷，云清抄本，清齐召南校并跋[④]，藏浙江图

---

① 晁公武.郡斋读书志[M]//许逸民，常振国.中国历代书目丛刊：第一辑上册.北京：现代出版社，1987：992-993.

② 温庭筠.金奁集[M]//朱孝臧.彊村丛书.上海：上海古籍出版社，1989：373.

③ 阳海清.中国丛书广录[M].武汉：湖北人民出版社，1999：844.

④ 中国古籍善本书目[M].集部：下册.上海：上海古籍出版社，1989：1993.

书馆。二家著录的其间或有关联。按：王绍兰(1760—1835)，字畹馨，号南陔，自号思惟居士，浙江萧山人。清乾隆五十八年(1793)进士，知闽县，又知泉州府，为福建按察使、福建布政使、福建巡抚。其藏书处为知足知不足馆，著有《诚斋文脍前集》。知此书原本为王氏家藏。又齐召南(1703—1768)，字次风，号琼台，晚号息园，浙江天台人。清乾隆元年(1736)举博学鸿词，授翰林院编修，官至礼部侍郎。著有《宝纶堂文抄》《诗抄》等。

3.《十家词抄》本，清何元锡抄本，其中有《金奁集》一卷，藏南京图书馆。按：清丁丙《善本书室藏书志》卷四十著录有温飞卿《金荃词》一卷，精抄本，何梦华藏书。云：

> 唐自大中后，诗衰而倚声作。至庭筠始有专集，名《握兰》、《金荃》。右一卷，有无名氏跋。凡词一百四十七阕，明正统辛酉海虞吴讷所编《四朝名贤词》之一，间取《全唐诗》校勘，中杂韦庄四十七首、张泌一首、欧阳炯十六首，温词只八十三首。疑是前人汇集四人之作，非飞卿专集也。原本为梅禹金先生评点，余从钱塘汪氏借抄得之。飞卿词继太白之后，开延巳之先，为倚声家鼻祖。有“钱江何氏梦华馆藏”“布衣暖，菜根香，诗书滋味长”印。①

多是因袭鲍氏跋云，其中“八十三”当是“六十三”之误。其中有梅氏评点，与鲍氏知不足斋抄本同源。此本当为《十家词抄》中之物，盖析出著录者。按：何元锡(1766—1829)，字敬祉，号梦华、蜨隐等，清钱塘(今浙江杭州)人。监生，候选县主簿。藏书处名梦华馆，藏书达八万余卷。著有《秋神阁诗抄》。

又见于藏家著录的抄本有：

1.《劳氏碎金》卷中著录有《金奁集》一卷，手抄本。劳格跋云：“咸丰戊午十月，传知不足斋写本，复从《渭南文集》卷第二十七录此，双声阁主人手书。”②知是传抄自鲍氏知不足斋所藏。按：劳权(1818—1861?)，字平甫，号巽卿、卿，又号蟫盦、饮香词隐、双声阁主人等，清仁和(今浙江杭州)人。藏书处曰丹铅精舍、沤喜亭等。劳格(1820—1864)，字季言，与其兄劳权髫年俱以治经补弟子员，后遂不与试，丹铅杂陈，专攻群史，有“二劳”之称。编有《丹铅精舍书目》。此本录有渌饮居士(鲍廷博)题识和陆游《跋金奁集》一文。又云：“《欧阳文忠集》一百三十二近体乐府《应天长》第三篇校云：《金奁集》作温飞卿词。”劳权案云：“《花间集》实作韦庄词，欧集校误，惟集名与此本合。”据《景刊宋金元明本词》之《景宋吉州本欧阳文忠公近体乐府》，《应天长》见于《欧阳文忠集》一百三十三，罗泌于《应天长》“绿槐阴里黄莺语”校语云：“《花间集》作皇甫松词，《金奁集》作温飞卿词。”③按：宋绍兴十八年(1148)刊《花间集》作皇甫松词，而《四部丛刊》本影印明万历壬寅(1602)刊《花间集》作韦庄词，知劳氏所见当是明刊本。又《中国古籍善本书目》卷三十“总集”著录有唐温庭筠《金奁集》一卷，云清劳权抄本，清劳权校，曹元忠跋④，藏上海图书馆。所指当为此本。曹元忠(1865—1927)，字夔

① 丁丙.善本书室藏书志[M].刻本.杭州：钱唐丁氏开雕，1901(清光绪二十七年).

② 吴昌绶.劳氏碎金[M]//丛书集成续编：第71册.上海：上海书店，1994：274.

③ 欧阳修.景宋吉州本欧阳文忠公近体乐府[M]//吴昌绶，陶湘.景刊宋金元明本词.上海：上海古籍出版社，1989：42.

④ 中国古籍善本书目[M].集部：下册.上海：上海古籍出版社，1989：1993.

一，又作撰一，号君直，吴县（今江苏苏州）人。清光绪二十年（1894）举人，官内阁侍读、资政院参议。著有《笺经室遗书》等。

2. 傅增湘《藏园群书经眼录》卷十九著录有《金奁集》一卷，云："旧写本。旧人以朱笔校过。有'璠案'云云。钤有'双溪草堂图记'朱、'孙星衍印'白各印。"（李木斋先生遗书。辛巳）[①]又录有毛晋《跋金荃集》一文。按：汪文柏，字季青，号柯庭，一作柯亭，安徽休宁人，占籍浙江桐乡。汪森弟，清康熙间官兵马司指挥。藏书处有古香楼、摛藻堂，藏书印有"双溪草堂图记"等。著有《柯庭余习》《古香楼吟稿》等。又李盛铎（1859—1937），字椒微，号木斋、师庵居士等，江西九江人。清光绪十五年（1889）榜眼，民国时任山西民政长、参议院议长等。喜藏书，木犀轩为其藏书总称。辛巳为清光绪七年（1881），知傅氏所得为李氏木犀轩藏旧抄本。

3.《中国古籍善本书目》卷三十著录有温庭筠《金奁集》一卷补一卷，清抄本，清翁同书跋，清翁之润校并跋[②]，藏国家图书馆。按：翁同书（？—1865），字祖庚，号药房，江苏常熟人。清道光二十年（1840）进士，授翰林院编修，官至巡抚，卒谥文勤。著有《药房诗文集》《文勤杂著》等。翁之润，斌孙长子。

（二）刊本

近代有朱祖谋辑《彊村丛书》本，所收除温庭筠词六十二首外，还有韦庄词四十八首、欧阳炯词十六首、张泌词一首，以及张志和《渔父》十五首，共计一百四十二首。曹元忠跋云：

> 此为明正统辛酉海虞吴讷编《四朝明贤词》本，而鲍渌饮从钱唐汪氏借抄者。卷首题《金奁集》，次行为温飞卿庭筠，与《渭南文集》跋《金奁集》语合，惟卷末黄钟宫调列《渔父》十五首，题为张志和，而在飞卿集中，吾友沤尹颇以为疑。元忠按：张志和无集，其《渔父词》附见李德裕集，故《舆地纪胜》"荆湖北路·岳州·洞庭湖·青草湖"诗载："青草湖中月正圆，巴陵渔父棹歌连。钓车子，橛头船，乐在风波不用仙。"注云："李文饶记元（当作玄，下同）真子张志和渔歌。"又"两浙西路·安吉州·仙释门"出张志和，云有《渔父词》五首，其一曰："霅溪湾里钓鱼翁，舴艋为家西复东。江上雪，浦边风，笑著荷衣不叹穷。"李文饶称其："隐而有名，显而无事，不穷不达，严子陵之徒欤？"盖记《渔父词》而论及之。《瀛奎律髓》所谓"张志和《渔父词》五首在李卫公集中"是也。是张志和《渔父词》唐时只见李德裕集，其后《尊前集》本之，顾亦仅五首。而此集多至十五首，且无一首相同者。据《直斋书录解题》，有《元真子渔歌碑传集录》一卷，云："尝得其一时倡和诸贤之词各五章，及南卓、柳宗元所赋，通为若干章，因以颜鲁公碑述《唐书》本传，以至近世用其词入乐府者，集为一编，以备吴兴故事。"疑此集所载当是同时诸贤倡和，或南卓、柳宗元所赋者，本题"《渔父》十五首和张志和"，传抄本以为衍"和"字而去之。不然，此集于韦庄、张泌、欧阳炯之词犹且以为飞卿，岂有《渔父词》明知非张志和所作，而强题其名之理哉？特传抄本既去"和"字，展转至北宋，无知之者。是以《声画集》"观画·题画门"载陈子高《奉题董端明渔父醉乡烧香图》十六首，内渔父七首，中有"雷泽田渔翊圣

① 傅增湘.藏园群书经眼录：第四册[M].北京：中华书局，1983：1345.

② 中国古籍善本书目[M].集部：下册.上海：上海古籍出版社，1989：1993.

明，射蛟南幸见升平。稍分天汉昭回象，更和江湖欸乃声。"注云："上驻跸会稽，因览黄庭坚所书张志和《渔父词》十五首，戏同其韵。"可知黄庭坚所见本，其《渔父》十五首下已题张志和，于是从而书之。及至南宋，高宗又从而和之，则此集之题张志和，实出宋本。宋贤不尚考据，词又止尊前酒边嘌唱而已，虽《渔父》倡和诸贤及南卓、柳宗元等姓名具在，亦不暇订正。明吴讷编《四朝名贤词》即用其本，所以飞卿《金奁集》有张志和《渔父词》也。沤尹搜罗词集不遗余力，倘并《元真子渔歌碑传集》录得之，必能证成吾言。丙辰寎月，曹元忠客海上刘氏楚园书。[①]

跋作于民国五年(1916)，云出自明吴讷编《四朝明贤词》本《金奁集》，而今存明抄吴讷编本没有《金奁集》，也是因袭知不足斋鲍氏所云云，其中多出张志和《渔父》十五首。朱祖谋跋云：

此鲍渌饮手稿，朱笔别纸附写本后。按：宋吉州本《欧阳文忠公集》刻成于庆元二年，"近体乐府"校语引《尊前》《金奁》诸集。陆放翁跋《金奁集》云："飞卿《南乡子》八阕，语意工妙，殆可追配刘梦得《竹枝》，信一时杰作也。淳熙己酉立秋，观于国史院直庐。"此则更在庆元之前。盖宋人杂取《花间集》中温、韦诸家词，各分宫调，以供歌唱。其意欲为《尊前》之续，故《菩萨蛮》注云："五首已见《尊前集》。"吴伯宛谓："《尊前》就词以注调；《金奁》依调以类词，义例正相比附也。"《南乡子》本欧阳炯作，放翁目为温词，可见标题飞卿由来已古。《尊前集》有张志和《渔父》五首，以校此集，无一相同，而亦沿志和名者。吾友曹君直据《书录解题》有"元真子渔歌，尝得其一时倡和诸贤之辞各五章，及南卓、柳宗元所赋，通为若干章，集为一编，以备吴兴故事"等语，谓此集所载，当是同时诸贤倡和，或南卓、柳宗元所赋者，疑本题"《渔父》十五首和张志和"，传抄本以为衍"和"字而去之，不然，集于韦庄、张泌、欧阳炯之作，犹且属于飞卿，断无于《渔父》明知非志和所作而强题其名也。今为目录，依《花间集》分别作者名氏，标注调下。其《渔父词》当如曹说，定为"和张志和"云。丙辰三月谷雨日，归安朱孝臧。[②]

跋作于民国五年，知是据鲍氏知不足斋藏本传抄而刊刻的，至于"宋人杂取《花间集》中温、韦诸家词，各分宫调，以供歌唱"云云，认为时书为宋人采自《花间集》而成的，这是有道理的。原书中搀杂有韦庄、欧阳炯、张泌、张志和四家词，凡八十首。刻入《彊村丛书》时，已标示出各家归属。至于张志和《渔父》十五首，曹元忠以为不是张氏之作，是时人和唱张志和《渔父》词，朱孝臧于跋文中也认可了这种说法。按：鲍氏知不足斋抄《金奁集》存词一百四十七首，中有《菩萨蛮》二十首，因五首已见于所刊《彊村丛书》本《尊前集》中，不再收录。

(三)版本未详者

1. 明杨慎《辞品》卷二"《金荃》"条云："温飞卿辞名《金荃集》，荃，即兰荪也，音筌。《兰畹》，唐人辞曲集名，与《花间集》出入，而中有杜牧之辞。"[③]

---

① 温庭筠.金奁集[M]//朱孝臧.彊村丛书：第1册.上海：上海古籍出版社，1989：369-372.

② 温庭筠.金奁集[M]//朱孝臧.彊村丛书：第1册.上海：上海古籍出版社，1989：373-375.

③ 杨慎.辞品[M].刻本，明嘉靖.

2. 明王世贞《弇州四部稿》卷一百五十二“说部・艺苑卮言附录一”云:“温飞卿所作词曰《金荃集》,唐人词有集曰《兰畹》,盖皆取其香而弱也,然则雄壮者固次之矣。”[①]

3. 明王骥德《新校注古本西厢记》“引证书目”其中有《金荃集》词附[②]。

4. 明毛晋《跋金荃集》云:“相传有《方城令诗集》五卷、《汉南真稿》十卷、《握兰》《金荃》等集,今不尽传,仅见宋刻《金荃集》七卷《别集》一卷。参之迩来分体本子,略有不同。其小词亦名《金荃集》,尚容嗣镌。”[③]

5.《御选历代诗余》卷一百十二“词话・唐二”引《北梦琐言》云温氏“词有《金荃集》,盖取其香而软也”[④]。

6. 清王闻远《孝慈堂书目》著录有温庭筠《金奁集》一卷[⑤]。

以上均不详卷数与版本。

二、和凝

和凝(898—955),字成绩,郓州须昌(今山东东平)人。年十七举明经,后梁贞明二年(916)登进士第。后唐天成中为翰林学士,官至中书舍人、工部侍郎。后晋天福年间拜中书侍郎同中书门下平章事。后汉天福中除太子太保,封鲁国公。后周时为太子太傅。词集有《红叶稿》《香奁集》。

(一)《香奁集》

较早见于宋沈括《梦溪笔谈》卷十六“艺文三”,云:

> 和鲁公有艳词一编,名《香奁集》,凝后贵,乃嫁其名为韩偓,今世传韩偓《香奁集》,乃凝所为也。凝生平著述分为《演纶》《游艺》《孝悌》《疑狱》《香奁》《籯金》六集,自为《游艺集序》,云:“予有《香奁》《籯金》二集,不行于世。”凝在政府,避议论,讳其名,又欲后人知,故于《游艺集序》述之,此凝之意也。予在秀州,其曾孙和惇家藏诸本,皆鲁公旧物,末有印记甚完。[⑥]

此又见宋江少虞《新雕皇朝事实类苑》卷三十九和尤袤《全唐诗话》卷五引录,知和凝与韩偓都有《香奁集》,据宋人载述,韩氏《香奁集》为诗集,如晁公武《郡斋读书志》卷四中、尤袤《遂初堂书目》、陈振孙《直斋书录解题》卷十九等著录。至于和氏《香奁集》,所载为艳词小曲。按:胡仔《苕溪渔隐丛话・前集》卷二十三云:

---

① 王世贞.弇州四部稿[M].刻本,王氏世经堂,1577(明万历五年).

② 王骥德.新校注古本西厢记[M]//续修四库丛书:集部:第1766册.上海:上海古籍出版社,1995:20.

③ 毛晋.隐湖题跋[M]//冯惠民,李万健.明代书目题跋丛刊:下册.北京:书目文献出版社,1994:1982.

④ 沈辰垣,等.御选历代诗余[M].杭州:浙江古籍出版社,1998:497.

⑤ 王闻远.孝慈堂书目[M]//丛书集成续编:第68册.上海:上海书店,1994:904.

⑥ 沈括.梦溪笔谈[M]//津逮祕书.刻本,明崇祯中虞山毛氏汲古阁.

《遯斋闲览》云:《笔谈》谓《香奁集》乃和凝所为,后人嫁其名于韩偓,误矣。唐吴融诗集中有《和韩致元侍郎无题二首》,与《香奁集》中无题韵正同,偓叙中亦具载其事。又尝见偓亲书诗一卷,其《袅娜》《多情》《春尽》等诗多在卷中。偓词致婉丽,非凝言余有《香奁集》不行于世。凝好为小词,洎作相,专令人收拾焚毁,然凝之《香奁集》乃浮艳小词,所谓不行于世,欲自掩耳,安得便以今《香奁集》为凝作也?①

此又见宋曾慥《类说》卷四十七引录,据此知韩氏《香奁集》行世,而和氏《香奁集》失传,以致时人误认韩氏诗集为和氏词集。晁公武《郡斋读书志》卷四中于《韩偓诗》二卷《香奁集》云:"《香奁集》一卷,或曰和凝既贵,恶其侧艳,故诡称偓著云。"宋薛季宣《艮斋先生薛常州浪语集》卷三十《香奁集叙》云:

韩渥《香奁集》二卷,蜀本诗一百一篇;京师本赋二篇、诗一百七篇、曲词二章;秘阁本同,亡诗十篇。三家篇什相糅莒,差次不伦,以雠比除复重定,著赋诗曲词一百十二,以朱墨辨,阁、京本皆已刊正可传。渥字致尧,唐翰林学士承旨,朱全忠颛命,以渥行礼为简傲,放外以死,事见《唐传》。曰字致光者,讹也。渥为诗有情致,形容能出人意表,有集二卷,其一此书。晋相和凝亦尝著《香奁集》,皆委巷艳词,猥亵不可示,儿时已有曲子相公之号。沈括《笔谈》著论乃以是为凝书,陈正敏为辨之,设二事以验,谓吴融集有《和致光无题诗》二,与《香奁诗》韵正同,而此集序中正载其事,一也;向尝于渥裔坰所见渥亲书所作诗卷,其《袅娜》《春尽》《多情》等篇多出卷中,二也。渥富才情,词致婉丽,固非凝及。而《北梦琐言》载:凝小词布于汴洛,作相之后,收拾焚毁,则凝之集乃浮艳小词,安得遂以《香奁》为凝作?走谓正敏辩得矣。《传》称凝尝自刊已集为板本,而特谓《香奁集》不行于时,行不行在凝,则此集为可知也。况诗与词曲固有不言之辨,其诗有岐下作者,而凝未尝在岐。《江表志》:王延彬子继士与渥子寅亮幼日通家,寅亮母尼,即荐福院讲筵,偶见又别者也。今诗亦在此什,则斯集也为渥语可不疑。夫人之著书,上世犹不免沿袭《春秋》大典,亦有十数家书学者,不究谓何,泛以名取,则晏吕之传为孔氏之经矣。以凝艳曲视渥集者,不几于此乎?信《笔谈》者虽甚或于此,必自有辨。年月日,叙。②

按:韩渥一作韩偓。正敏即陈正敏,著有《遁斋闲览》。明毛晋《跋香奁集》云:

沈梦溪云:"和鲁公凝有艳词一编,名《香奁集》,凝后贵,乃嫁其名为韩偓,今世传韩偓《香奁集》,乃凝所为也。"此说惟刘潜夫信之,石林、遁斋、虚谷诸公俱以为误。吴融和韩侍郎无题诗三首,及致光亲书《袅娜》《多情》等诗为证,则斯编是致光作无疑矣。如凝之《香奁》,乃浮艳小词,集名偶同耳。况凝自谓不行于世,后人又何必借韩侍郎行本以行之耶?③

---

① 胡仔.苕溪渔隐丛话[M].清刻本,耘经楼藏版.

② 薛季宣.艮斋先生薛常州浪语集[M]//丛书集成续编:第104册.上海:上海书店,1994:637-638.

③ 毛晋.隐湖题跋[M]//冯惠民,李万健.明代书目题跋丛刊.下册:北京:书目文献出版社,1994:1982.

刘潜夫即刘克庄,石林、遁斋、虚谷分别指宋人叶梦得、陈正敏和元人方回,对沈括的说法,自宋以来多有人表示怀疑。如王楙《野客丛书》卷二十四云:

> 欧公词曰"池外轻雷池上雨,雨声滴碎荷声"云云,末曰:"水晶双枕,旁有堕钗横。"此词甚脍炙人口。旧说谓欧公为郡幕日,因郡宴,与一官妓荏苒,郡守得知,令妓求欧词以免过,公遂赋此词。仆观此词正祖李商隐《偶题》诗云:"小亭闲眠微醉消,石榴海柏枝相交。水纹簟上琥珀枕,旁有堕钗双翠翘。"又"池外轻雷"亦用商隐"芙蓉塘外有轻雷"之语,"好风微动帘旌",用唐《花间集》中语。欧词又曰:"栏干敲遍不应人,分明窗下闻裁剪。"此语见韩偓《香奁集》。①

知署名韩偓《香奁集》中是存有词的,按:宋楼钥《攻媿集》卷五十二《求定斋诗余序》云:"平日游戏为长短句甚多,深得唐人风韵,其得意处,虽杂之《花间》《香奁集》中,未易辨也。"②则词集《香奁集》在南宋似依然存世。

明胡应麟《少室山房笔丛》卷三十二"四部正讹下"云:

> 《香奁集》,沈存中、尤延之并以和凝作,凝少日为此诗,后贵盛,故嫁名韩偓,又不欲自没,故于他文中见之。今其词与韩不类,盖或然也。方氏《律髓》以偓同时吴融有此题为讹,不知此正凝假托之故。不然,胡以弗托之温、韦诸子而托之偓?叶少蕴以为韩熙载,则姓与事皆近之。总之,俱五代耳,叶以不当见《唐志》为疑,此不然,《唐志》如罗隐、韦庄、刘昭、禹真,皆五代人也。③

又明董其昌《容台文集》卷三《江南春题词》云:"吏部徐大冶为舍人时,和倪瓒《江南春》之词,每韵八首,又广之为四时,而夏秋冬各八首,虽文生于情,而意若有托,非仅仅《比红诗》《香奁集》等者,且窄韵奇语叠出不枯,如渡泸之师七纵犹擒,如桃源之路再入不误,先时和者皆自废矣。岂非'蒹葭''白露'独写伊人之怀,铁心石肠不掩广平之藻者乎?"④所云《香奁集》当存有词,或明时此书尚存。

(二)《红叶稿》

此书不见清以前著录,清朱彝尊《词综》卷二词人小传云和凝有《红叶稿》云云⑤,至《御选历代诗余》卷一百一"词人姓氏"就直言"其长短句名《红叶稿》"⑥。王国维《唐五代二十一家词辑》之《红叶稿》跋云:

---

① 王楙.野客丛书[M].上海:上海古籍出版社,1991:344.

② 楼钥.攻媿集[M]//张元济,等.四部丛刊.上海:上海商务印书馆,1929.

③ 胡应麟.少室山房笔丛[M]//广雅书局丛书.刻本,广雅书局,1896(清光绪二十二年).

④ 董其昌.容台文集[M]//四库全书存目丛书,集部:171册.济南:齐鲁书社,1997:342.

⑤ 朱彝尊.词综[M].上海:上海古籍出版社,1978:26.

⑥ 沈辰垣,等.御选历代诗余[M].杭州:浙江古籍出版社,1998:470.

案:《宋史·艺文志》有和凝《演论集》三十卷。又《游艺集》五十卷、《红药编》五卷。《御选历代诗余》云凝有集百余卷,长短句名《红叶稿》。殆即宋志所云《红药编》者。然考焦纮《国史·经籍志》,《红药编》五卷入制诰类,则非长短句明矣。今考《历代诗余》所选凝词,除见于《花间集》《全唐诗》者,其《抛球乐》《喜迁莺》二阕,亦见冯延巳《阳春录》,余无所增益。恐所谓《红叶稿》者,亦但据《词综》书之。但《词综》唯云凝有《红叶稿》,《历代诗余》遂以为凝词之名耳。兹辑成一卷,仍用此名,以便称举而已。光绪戊申季夏海宁王国维记。[①]

作于清光绪三十四年(1908),疑本无《红叶稿》一书,为朱氏误书《红药编》,而且朱氏小传中并未明言《红叶稿》为词集,是《御选历代诗余》编纂者的误读。按:宋王尧臣等《崇文总目》卷十二"别集"载有《红药编》五卷,与他人制诰集类排列在一起,又宋郑樵《通志》卷七十"艺文略第八·别集四·制诰"载有《红药编》五卷,注云:"晋和凝所撰制诰。"[②]

此书有民国年间排印《海宁王忠悫公遗书》本。又见于刘毓盘辑《唐五代宋辽金元名家词集》,民国间排印本,刘氏《辑校和凝红叶稿跋》云:

余髫龀时侍先大夫,谒秀水杜方伯筱舫丈苏州寓庐。……丈所藏有宋大字本和凝《红叶稿》一卷,凡百余首,末附宋人跋曰:"鲁公相晋高,悔其少作,悉索而悔之,其存者曰《红叶稿》,故曰唐人也。"丙辰秋,假馆秀州,访之陆颂襄同年,曰丈既归,辟小园于报忠埭,其邻也,今易姓矣,其后人不可问。《红叶稿》更无知之者。吁,四十年来沧桑乖迭,区区孤本,不再流传,辑为一编,鲁公其许我否?丁巳夏,江山刘毓盘校毕并识。[③]

跋作于民国六年(1917),按:杜文澜(1815—1881)字小舫,又作筱舫,清代秀水(今浙江嘉兴)人。少年中举,官至江苏道员,署两淮盐运使。著有《宋香词》《憩园词话》《词律校勘记》等。刘氏云杜氏藏有宋刊大字本《红叶稿》,却不见历代著录,而宋刊孤本竟也迷失,真相难明。

三、冯延巳

冯延巳(903?—960),一名延嗣,字正中,广陵(今江苏扬州)人。南唐烈祖时召授秘书郎,累官户部侍郎、中书侍郎同平章事等,官终太子太傅。著有《阳春集》。

其词集见于宋人著录的有:

1. 张侃《张氏拙轩集》卷五《跋拣词》云:"又《香奁集》,唐韩偓用此名所编诗,南唐冯延巳亦用此名所制词,又名《阳春》。"[④]云冯氏词集名《香奁集》,未见后人著录。

---

① 王国维.唐五代二十一家词辑[M]//谢维扬,房鑫亮.王国维全集:第1册.杭州:浙江教育出版社,广州:广东教育出版社,2010:258.

② 郑樵.通志:第1册[M],杭州:浙江古籍出版社,1998:827.

③ 施蛰存.词籍序跋萃编[M].北京:中国社会科学出版社,1994:21.

④ 张侃.张氏拙轩集[M]//景印文渊阁四库全书:第1181册.台北:台湾商务印书馆,1986:430.

2. 马令《南唐书》卷二十一本传云：

著乐章百余阕，其《鹤冲天》词云："晓月坠，宿云披银烛，锦屏围。建章钟动玉绳低，宫漏出花迟。"又《归国谣》词云："江水碧，江上何人吹玉笛。扁舟远送潇湘客，芦花千里山月白。伤行色，明朝便是关山隔。"见称于世。元宗乐府词云"小楼吹彻玉笙寒"，延巳有"风乍起，吹皱一池春水"之句，皆为警册，元宗尝戏延巳曰："'吹皱一池春水'，干卿何事？"延巳曰："未如陛下'小楼吹彻玉笙寒'。"元宗悦。①

马令，北宋徽宗时在世。知冯延巳所著词集或北宋时已刊行。

3. 陈振孙《直斋书录解题》卷二十一著录有《阳春录》一卷，云：

南唐冯延巳撰，高邮崔公度伯易题其后，称其家所藏最为详确，而《尊前》《花间》诸集往往谬其姓氏，近传欧阳永叔词亦多有之，皆失其真也。世言"风乍起"为延巳所作，或云成幼文也。今此集无有，当是幼文作。长沙本以置此集中，殆非也。②

为长沙刻《百家词》本，元马端临《文献通考》卷二百四十六"经籍考七十三"据以著录。

4. 罗愿《新安志》卷十"记闻"云：

冯相国乐府号《阳春录》者，冯氏子孙泗州推官璪尝以示晏元献公，公以为真赏。至元丰中，高邮崔公度伯易跋以为李氏既有江左，文物甲天下，而冯公才华风流又为江左第一，其家所藏集，乃光禄公手抄，最为详确。而《尊前》《花间》诸集中往往谬其姓氏，近时所镂欧阳永叔词亦多有之，皆传失其真本也。崔公云。③

知冯氏词集为其后裔所编辑，检《江南通志》卷一百十九"选举志·进士"载宋仁宗天圣年间，有冯璪，武进人④。献《阳春录》于晏殊者，或为此人。又崔公度，《宋史》有传，英宗时授和州防御推官，为国子直讲。神宗朝依附王安石，哲宗朝以直龙图阁卒。

5. 尤袤《遂初堂书目》"乐曲类"著录有《阳春集》⑤，未标明卷数和版本。

今存冯氏词集，前有宋仁宗嘉祐三年(1058)陈世修序，云：

南唐相国冯公延巳，乃余外舍祖也。公与李江南有布衣旧，因以渊漠大才，弼成宏业。江南有国，以其勋贤，遂登台辅。与弟文昌左相延鲁俱竭虑于国，庸功日著，时称二冯焉。公以金陵盛时，内外无事，朋僚亲旧，或当燕集，多运藻思，为乐府新词，俾歌者倚

---

① 马令.南唐书[M]//刘晚荣.述古丛抄.刻本，古冈刘氏藏修书屋.1879(清光绪五年).

② 陈振孙.直斋书录解题[M]//许逸民，常振国.中国历代书目丛刊：第一辑下册.北京：现代出版社，1987：1474—1475.

③ 罗愿，新安志[M]//宋元方志丛刊：第8册.2006：7764.

④ 江南通志[M]//景印文渊阁四库全书：第510册.台北：台湾商务印书馆，1986：513.

⑤ 尤袤《遂初堂书目》[M]//许逸民，常振国.中国历代书目丛刊：第一辑下册.北京：现代出版社，1987：1155.

> 丝竹而歌之，所以娱宾而遣兴也。日月寖久，录而成编。观其思深词丽，韵律调新，真清奇飘逸之才也。噫！公以远图长策翊李氏，卒令有江介地，而居鼎辅之任，磊磊乎才业何其壮也。及乎国已宁，家已成，又能不矜不伐，以清商自娱，为之歌诗，以吟咏情性，飘飘乎才思何其清也。核是之美，萃于一身，何其贤也。公薨之后，吴王纳土，旧帙散失，十无一二。今采获所存，勒成一帙，藏之于家云。①

知北宋即有刊本，《御选历代诗余》卷一百一"词人姓氏"云嘉祐中陈世修编定为《阳春录》一卷，所谓"采获所存"，似为陈氏编辑者，当与其裔孙所编不尽同，冯氏词集较早是名《阳春录》的。按：《景宋吉州本欧阳文忠公近体乐府》校文多处提及冯氏《阳春录》，又有罗泌跋云：

> 元丰中，崔公度跋冯延巳《阳春录》，谓皆延巳亲笔，其间有误入六一词者，近世《桐汭志》《新安志》亦记其事。今观延巳之词往往自与唐《花间集》《尊前集》相混，而柳三变词亦杂《平山集》中，则此三卷，或甚浮艳者，殆非公之少作，疑以传疑可也。郡人罗泌校正。②

知混同他人词作不少。

宋以后著录冯氏词集的有《阳春录》，又名《阳春集》《阳春词》等，述如下：

（一）《阳春录》

此书见于宋以后著录的有：

1.《宋史》卷二百八"艺文志"著录有《阳春录》一卷③。

2. 明毛晋《汲古阁毛氏藏书目录》著录有《阳春录》五卷④。按：卷数与其他著录和今存本多不同，情况不明。

3. 清朱彝尊《词综》"发凡"与卷三冯氏小传均云有《阳春录》一卷⑤。

4.《江南通志》卷一百九十三"艺文志·集部"著录有《阳春录》一卷⑥。

以上均未言版本。另明钱溥《秘阁书目》"诗集"著录有《阳春》⑦，按"诗集"后附载有不少词集，《阳春》列于《南唐二主词》之后。

（二）《阳春集》

见于今存词集丛编中收录的有：

（1）明吴讷辑《唐宋名贤百家词》本，明朱丝栏抄本，藏天津图书馆，其中有《阳春集》

---

① 冯延巳.阳春集[M]//王鹏运.四印斋所刻词.上海：上海古籍出版社，1989：503.

② 欧阳修.景宋吉州本欧阳文忠公近体乐府[M]//吴昌绶，陶湘.景刊宋金元明本词.上海：上海古籍出版社，1989：42.

③ 脱脱，等.宋史[M].北京：中华书局，1977：5359.

④ 毛晋，汲古阁毛氏藏书目录[M].抄本.

⑤ 朱彝尊.词综[M].上海：上海古籍出版社，1978：7，57.

⑥ 江南通志[M]//景印文渊阁四库全书：第512册.台北：台湾商务印书馆，1986：646.

⑦ 钱溥.秘阁书目[M]//四库全书存目丛书：史部第277册.济南：齐鲁书社，1996：30.

一卷。

(2)《汲古阁未刻词》本,清光绪抄本,藏上海图书馆,其中有《阳春集》一卷。

(3)《宋金元名家词抄》本,清抄本,藏上海图书馆,其中有《阳春集》一卷。

又见于藏家著录的有:

1.抄本

(1)清汪宪《振绮堂书目》卷二"闰·抄本集类杂集并总集·第一格"载"南唐二主、冯相国、陈简斋、韩山人,合一册",注云:"《二主词》一卷,李璟、李煜撰,自序。《阳春集》一卷,冯延巳撰。《简斋词》一卷,宋陈与义撰。《韩山人词》一卷,宋韩奕撰。卷末有毛扆朱笔跋,少岳道人手抄本。"[①]按:项元淇(1500—1572),字子瞻,别号少岳,又号少岳山人,元汴兄,秀水(浙江嘉兴)人。补诸生,以赀为光禄寺署丞。性狷介寡俦,博学嗜古,工诗词,尤好临摹古法书,以草圣擅名。少岳道人手抄本疑为项氏抄本。

(2)清范懋柱《天一阁藏书目》卷四之四著录有《阳春集》一卷,绵纸,抄本[②]。

(3)清陈撰《稽瑞楼书目》"邑中著述捐入兴福寺"著录有《南唐二主词》一卷,旧抄,附《阳春集》,一册[③]。

(4)清张金吾《爱日精庐藏书志》卷三十六著录有《阳春集》一卷,抄本,云从钱塘何氏藏本传录。云:

> 南唐冯延巳撰。延巳工诗,尤善乐府,每宾朋宴集,则自制新词,被之弦管,积久成帙。后经兵革,散失殆尽。陈世修裒集所存,勒为是编,凡一百十八阕。南唐当元宗之时,强邻压境,国势日削,为国相者方运筹赞画之不暇,乃以绮语相高,试问此日何日,而可以声律自娱乎?世修以亲故之私,曲为掩饰,亦可云欲盖弥彰者矣。其书本无足取,特以传本颇稀,故录存之。焦氏《经籍志》著录,《直斋书录解题》作《阳春录》,云有高邮崔公度题后,今本不载,未知陈氏所见即此本否?[④]

按:钱塘何氏即何元锡。焦氏《经籍志》即明焦竑编的《明史经籍志》,知此本后无崔公度题识。

(5)清瞿镛《恬裕斋藏书记》卷四著录有《阳春集》一卷,旧抄本。云:

> 南唐冯延巳撰,陈世修辑并序。陈氏《书录》作《阳春录》,谓后有高邮崔公度伯易题。是本已佚,亦萧飞涛所抄,卷后有"嘉靖甲辰秋假文氏抄本,录于悬磬室,縠记",盖出自钱叔宝抄藏本。卷首有"萧江声读书记""白妙""珍玩"二朱记。[⑤]

---

① 汪宪.振绮堂书目[M].铅印本,1886(清光绪十二年).

② 范懋柱.天一阁藏书目[M].刻本,清文选楼.

③ 陈撰.稽瑞楼书目[M]//潘祖荫.滂喜斋丛书.刻本,潘氏京师.1877(清光绪三年).

④ 张金吾.爱日精庐藏书志[M]//续修四库全书丛书:史部第925册.上海:上海古籍出版社,1995:625.

⑤ 瞿镛.恬裕斋藏书记[M].抄本.

云后有崔公度题，知出自宋本。按：钱谷（1508—?），字叔宝，号磬室，明长洲（今江苏苏州）人。少从文徵明学画，以绘事妙天下。性嗜书，尤嗜抄书，藏书处名悬磬室。由钱氏题记知，此本借自文徵明家藏，于明世宗嘉靖二十三年（1544）抄成，后为萧江声所得。此书又见瞿镛《铁琴铜剑楼藏书目录》著录，有上述题识文，文字略异，末注："卷首有飞涛朱记。"①知飞涛即萧江声。按：瞿良士《铁琴铜剑楼藏书题跋集录》于《南唐二主词》一卷、《阳春集》一卷、《简斋词》一卷（旧抄本）有题跋三则，逐录于下：

> 嘉靖甲辰秋假文氏抄本录于悬磬室。毂记。《阳春集》后。
>
> 右词三卷，从磬室借录，因再阅原本，乃磬室手抄，可重，遂留之，而以此本归焉。磬室知余之重其手迹，当亦不吝也。第一卷为《南唐二主》；第二卷为《阳春集》，南唐相冯延巳所著。志南唐君竞尚浮靡，逐于声律技艺，而不复知政治之事，其败亡晚矣。然其词调往往逸丽流畅，无不可诵，至其怨声，鲜不呜咽，要亦变风之余习也，知音之士，当不弃焉；第三卷为简斋陈去非词，尤古雅顿挫，阕阕可诵，人云简斋善冥搜静觅，颇得佳句，信哉！闲窗漫题，兼质诸磬室，他日校定，当为刻之以传。嘉靖甲辰冬十一月，少岳山人复初识。
>
> 乙未长夏，假洞庭东山叶氏朴学斋藏本录于留余堂东轩，书此以识岁月。星源萧江声。以上《简斋词》后。②

知此三种为萧江声抄本，今存中国国家图书馆，《中国古籍善本书目》著录，乙未为清康熙五十四年（1715）。又叶树廉（1619—?），字石君，号道毂，江苏常熟人。积书数千卷，明末遭兵乱，所藏尽毁，藏书处名朴学斋。萧氏所据即为叶氏藏书。按萧江声，字飞涛，星源当是其号，常熟人。据引录少岳山人跋云云，知此三种实同前汪宪《振绮堂书目》著录者，只是汪氏著录多《韩山人词》一卷，大概后有所佚失。

（6）清朱学勤《别本结一庐书目》"抄本"著录有"宋元词二十一卷（旧抄，二册）"，其中有《阳春集》一卷③。当为词集丛抄中之物。

（7）清陈徵芝《带经堂书目》卷四下著录有《阳春集》一卷，明抄本④。

（8）张钧衡《适园藏书志》卷十六著录有《阳春集》一卷，旧抄本。其中引录冯氏（海粟冯子振、孱守老人）手跋曰："南唐风调，自是北宋雅林也。戊戌九日细读一过。"⑤按：冯子振（1253—1348），字海粟，湖南攸县人。元成宗大德二年（1298）登进士及第，为集贤院学士、待制、节度使等，晚年退居乡里，笔耕不休。戊戌即大德二年。

（9）张乃熊《莛圃善本书目》卷五上"抄稿本上·旧抄精抄本"载唐宋三家词三卷，云："旧抄本，一册，江南春柳校跋。"注三家词为：冯延巳《阳春集》、侯寘《懒窟词》和王沂孙《玉笥山

---

① 瞿镛.铁琴铜剑楼藏书目[M].刻本，元和江氏.1897（清光绪二十三年）.

② 瞿良士.铁琴铜剑楼藏书题跋集录[M].上海：上海古籍出版社，2005：354.

③ 朱学勤.别本结一庐书目[M]//丛书集成续编：第68册.上海：上海书店，1994：1092.

④ 陈徵芝.带经堂书目[M].刻本，顺德邓实，民国.

⑤ 张钧衡.适园藏书志[M].刻本，民国.

人词集》[1]。

(10)王重民《中国善本书目提要》著录有《阳春集》一卷,一册,北图藏书。为赵氏星凤阁抄本(十行二十字),又云卷内有"赵印辑宁"印记[2]。赵辑宁,清钱塘人,不过赵氏星凤阁抄本多为赵辑宁命其长子赵之玉抄录的。

2.刻本

(1)清侯文灿编《十名家词集》本,有清康熙二十八年侯氏亦园刻本,其中有《阳春集》一卷。

(2)清王鹏运辑《四印斋所刻词》本,清光绪十四年王氏家塾刻本,其中有《阳春集》一卷补遗一卷。冯煦序云:

> 往与成子漱泉有《唐五代词选》之刻,尝以未见吾家正中翁《阳春集》足本为憾。后二年来京师,遇王子幼霞,出彭文勤家所藏汲古旧抄。借而读之,得未曾有。幼霞遂以是编授之剞氏,而属煦引其端。词虽导源李唐,然太白、乐天兴到之作,非其专诣。逮及季叶,兹事始邕。温、韦崛兴,专精令体。南唐起于江左,祖尚声律。二主倡于上,翁和于下,遂为词家渊丛。翁俯印身世,所怀万端,缪悠其辞,若显若晦。揆之六义,比兴为多。若《三台令》《归国谣》《蝶恋花》诸作,其旨隐,其词微,类劳人思妇,羁臣屏子,郁伊怆怳之所为。翁何致而然耶?周师南侵,国势岌岌,中主既昧本图,汶闇不自强,强邻又鹰瞵而鹗睨之,而务高拱,溺浮采,芒乎芴乎,不知其将及也。翁负其才略,不能有所匡捄,危苦烦乱之中,郁不自达者,一于词发之。其忧生念乱,意内而言外,迹之唐五季之交,韩致尧之于诗,翁之于词,其义一也。世直以靡曼目之,诬已。善乎,刘融斋先生曰:"流连光景,惆怅自怜,盖亦易飘飏于风雨者。"知翁哉!知翁哉!煦系出文昌左相,为翁族孙,既幸是编之得传于世,而幼霞甄采之勤,为尤可感也。光绪己丑秋八月金坛冯煦。[3]

作于清光绪十五年(1889)。按:成肇麟(1844—1901),字漱泉,号原卿,江苏宝应人。彭元瑞(1732?—1803),字掌仍,又字辑五,号芸楣,别署身云居士。清乾隆二十二(1757)年进士,历官礼、兵、吏、工四部尚书、太子太保。著有《恩余堂辑稿》《知圣道斋书目》《知圣道斋读书跋》。刘熙载(1813—1881),字伯简,号融斋,晚号寤崖子,江苏兴化人。道光二十四年(1844)进士,官至左春坊左中允、广东学政。又有王鹏运跋云:

> 右冯正中《阳春集》一卷,宋嘉祐戊戌陈世修辑。陈振孙《书录解题》云:"《阳春录》一卷,崔公度跋称其家所藏最为详确。《尊前》、《花间》往往谬其姓氏。近传永叔词亦多有之,皆失其真也。"此本编于嘉祐,既去南唐不远,且与正中为戚属,其所编录自可依据,益见崔跋之不谬。《书录》又云:"风乍起"一阕当是成幼文作,长沙本以置冯集中。"此集适载此阕,殆即长沙本也。刻本久佚,从彭文勤传抄《汲古阁未刻词》录出,斠勘授

① 张乃熊.莪圃善本书目[M].台北:广文书局,1969.

② 王重民.中国善本书目提要[M].上海:上海古籍出版社,1983:685.

③ 冯延巳.阳春集[M]//王鹏运.四印斋所刻词.上海:上海古籍出版社,1989:331.

> 梓。并补遗若干阕。未刻词前后有文勤朱书序目，兹附卷末，亦好古者搜罗之一助云。光绪十五年六月己卯临桂王鹏运跋。[①]

作于光绪十五年，此本后附刻彭氏记及所藏书之名目，可资考核。

另周庆云《晨风庐书目》"第一类·词类·乙·词集之属"著录有《阳春集》，一册[②]，未标明卷数版本。

(三)《阳春词》

《御选历代诗余》卷一百十三引《柳塘词话》云："冯正中乐府思深语丽，韵逸调新，多至百首。有杂入六一集中者，黄山谷、陈后山虽以庸滥目之，然诸家骈金俪玉，而《阳春词》特为言情之作。"[③]又《四库全书总目》于《御定历代诗余》"提要"云："洎乎五季，词格乃成。其歧为别集，始于冯延巳之《阳春词》；其歧为总集，则始于赵崇祚之《花间集》。"[④]见于清代藏书家著录的有：

1. 清王闻远《孝慈堂书目》著录有《阳春词》一卷[⑤]，未标明卷数与版本。
2. 清许宗彦《鉴止水斋藏书目》著录有《阳春词》一本[⑥]。未标明卷数与版本。

四、李璟、李煜

李璟(916—961)，字伯玉，初名景通，彭城(今江苏徐州)人，南唐烈祖李昪过世后，李璟即帝位。与后周交战，败后削去帝号，改称国主，史称南唐中主。又避后周信祖郭璟讳而改名李景。庙号元宗。李煜(937—978)，字重光，初名从嘉，号钟隐等，南唐元宗李璟第六子。宋太祖建隆二年(961)继位，史称李后主，在位十五年。宋太祖开宝八年(975)，宋军攻破南唐都城，李煜降宋，被封为右千牛卫上将军、违命侯。

李璟存词不多，仅四五首，李煜存词三十余首，《御选历代诗余》卷一百一"词人姓氏"云后主李煜"妙于音律，能自谱乐府，后人合中主所作，刻之为《南唐二主词集》一卷"。二人词集宋时已合刊于世，陈振孙《直斋书录解题》卷二十一著录有《南唐二主词》一卷，云：

> 中主李璟、后主李煜撰。卷首四阕《应天长》《望远行》各一、《浣溪沙》二，中主所作。重光尝书之，墨迹在盱江晁氏，题云："先皇御制歌词，余尝见之于麦光纸上，作拨镫书。"有晁景迂题字。今不知何在矣，余词皆重光作。[⑦]

---

① 冯延巳.阳春集[M]//王鹏运.四印斋所刻词.上海：上海古籍出版社，1989:346.

② 周庆云.晨风庐书目[M].铅印本.

③ 沈辰垣，等.御选历代诗余[M].杭州：浙江古籍出版社，1998:500.

④ 永瑢，等.四库全书总目[M].北京：中华书局：下册.1995:1825.

⑤ 王闻远.孝慈堂书目[M]//丛书集成续编：第68册.上海：上海书店，1994:905.

⑥ 许宗彦.鉴止水斋藏书目[M]//中国著名藏书家书目汇刊.北京：商务印书馆影印，2005.

⑦ 陈振孙.直斋书录解题[M]//许逸民，常振国.中国历代书目丛刊：第一辑，下册.北京：现代出版社，1987:1474.

所载为长沙所刻《百家词》本，元马端临《文献通考》卷二百四十六“经籍考七十三”据此著录。又尤袤《遂初堂书目》著录有《李后主词》①，未标明卷数版本。

宋以后见于著录的有：

(一)抄本

见于今存词集丛编中收录的有：

1. 明吴讷辑《唐宋名贤百家词》本，明抄本，藏天津图书馆，其中有《南唐二主词》一卷。

2.《南词》本，董氏诵芬室抄本，藏国家图书馆，其中有《南唐二主词》一卷。

又见于后世著录的有：

1. 清汪宪《振绮堂书目》卷二“闰·抄本集类杂集并总集·第一格”著录云：“南唐二主、冯相国、陈简斋、韩山人合一册。”注云：“《二主词》一卷，李璟、李煜撰；自序、《阳春集》一卷，冯延巳撰；《简斋词》一卷，宋陈与义撰；《韩山人词》一卷，宋韩奕撰。”又云：“卷末有毛扆朱笔跋，少岳道人手抄本。”少岳道人当为项元淇，参见“冯延巳”条。知原为毛氏汲古阁藏书。

2. 清陈揆《稽瑞楼书目》“邑中著述捐入兴福寺”著录有《南唐二主词》一卷，旧抄本，附《阳春集》，凡一册。

3. 清瞿镛《恬裕斋藏书记》卷四著录有《南唐二主词》一卷，旧抄本，云：

> 此书见陈氏《书录》，谓卷首四阕，中主李璟作，余皆后主李煜作，疑与冯延已《阳春集》皆出宋嘉祐中陈世修手辑，多从所是墨迹录传，故有残阙，邑人萧飞涛抄本。

萧飞涛其人参见“冯延巳”条。此又见于瞿镛《铁琴铜剑楼藏书目录》卷二十四，云“卷首有汲古阁朱记”，知曾为毛氏汲古阁庋藏。《中国古籍善本书目》载《南唐二主词》一卷，著录为清康熙五十四年萧江声抄本②，即为瞿氏所藏，今藏国家图书馆。

4. 清瞿世瑛《清吟阁书目》卷二“名人批校抄本”著录有《南唐二主词》，云：“旧抄本，鲍校补，四种合一。”③知为鲍氏知不足斋藏书，云“四种合一”，疑同汪宪《振绮堂书目》著录者，有鲍氏校补。

5. 傅增湘《藏园群书经眼录》卷十九著录有《南唐二主词》一卷，云：

> 旧写本，十行二十字。目录三十题，三十九阕。本书题低四格，每题下注明墨迹在某家或见某集，间于每阕后载本事，低五格。《谢新恩》七首缺字甚多。钤有“乐意轩”“吴氏藏书”朱文印。(己未)④

己未为民国十八年(1929)。按：吴成佐，字赞皇，号懒庵。清长洲(今江苏苏州)人，为吴铨次

---

① 尤袤.遂初堂书目[M]//许逸民，常振国.中国历代书目丛刊：第一辑，下册.北京：现代出版社，1987：1155.

② 中国古籍善本书目[M].集部：下册.上海：上海古籍出版社，1989：1956.

③ 瞿世瑛.清吟阁书目[M]//丛书集成续编：第68册.上海：上海书店，1994：1042.

④ 傅增湘.藏园群书经眼录：第4册[M].北京：中华书局，1983：1336-1337.

子。铨殁，成佐年幼，藏书多散佚，后重自搜罗，建藏书楼三楹，藏书处为乐意轩。编著有《懒庵偶存稿》《乐意轩书目》等，藏书印为"乐意轩吴氏藏书"。又按：吴铨，字容斋，号璜川。随父迁居上海，老而复迁居苏州。清雍正年间为吉安知府，归田后，居潢川，室名璜川书屋，又筑遂初园，以校书藏书为事，数至万卷，多宋元善本。又傅增湘《双鉴楼善本书目》卷四著录有旧抄本《南唐二主词》一卷[①]，当指此书。

6.《中国古籍善本书目》载《南唐二主词》一卷，清抄本[②]，藏南京图书馆。

7.《中国古籍善本书目》载《南唐二主词》一卷，清光绪三十四年王国维抄本，王国维跋，藏国家图书馆。

(二)印本

1. 明万历四十八年吕远墨华斋刻本《南唐二主词》一卷，明谭尔进辑，藏上海图书馆。谭氏《题南唐二主词》云：

> 阳羡在《南唐书》，辞义严正，然于二主之文才未尝不痛惜焉。尔时家国阴阴如日将莫，二主乃别有一副闲心寄之词调，竟以此获不朽矣。是集世所传南唐二主词，特其一斑也。读之，皆凄怆悲动，亦复幽闲跌宕，如多态女子，如少年书生，落调纤华，吐心婉挚，竟为有情人案头不可少之书，异哉！嗣主少时于庐山瀑布前构书斋，为它日终焉之计。及大渐之际，群鹤翔空，双龙据殿，此岂凡骨邪？后主少而聪颖，尤喜属文，兼攻书画。至读其杂制诗及亲诔周后数百余语，转折流连，性柔材大，更非人所及也。予谓明道崇德之谥，未足为嗣主生色。违命侯之封，亦未足为后主减光。但使二主不为有国之君，居然慧业文人，自足风流千古，斯亦可为二主之定论也。万历庚申华朝，谭尔进序并书，时年十七。

谭尔进，字抑之。里贯行迹不详，万历间在世，此书编成时，才十七岁。其中有校语，略辨作品归属，或录典事，涉及的词作约二十首。

2. 清侯文灿辑《十名家词集》本，清康熙二十八年侯氏亦园刻本，其中有《二主词》一卷。此本见缪荃孙《目录词小说谱录目》著录，有《南唐二主词》，云清康熙侯文灿刊《名家词》本。

3.《四部备要》本，民国二十五年(1936)排印本，其中有《南唐二主词》(不分卷)。《四部备要书目提要》卷四云：

> 词至南唐二主，眼界始大，感慨始深，故后人之研究长短句者必追溯二主，所以探其源也。陈廷焯《白雨斋词话》云："南唐中宗《山花子》云：'还与韶光共憔悴，不堪看。'沉郁之至，凄然欲绝。后主虽善言情，卒不能出其右。"又云："后主词思路悽惋，词场本色，不及飞卿之厚，自胜牛松卿辈。"清侯氏文灿所辑《十名家词集》，内有南唐二主词一卷，计中主四首，后主三十三首。阮文达称其简择不苟。本局特根据侯本校印，以公

---

① 傅增湘.双鉴楼善本书目[M].刻本.

② 中国古籍善本书目[M].集部：下册.上海：上海古籍出版社，1989：1957.

同好。[1]

知是据侯氏刻本排印的。

4. 郑振铎《西谛书目》卷五著录《南唐二主词》一卷,清朱景行辑,清光绪十五年咏花馆刊本,一册。与《咏花馆诗余》合一册。[2]

5. 佚名《平妖堂藏书目》著录有《南唐二主词》,影印本,一册,一元。[3]

(三)版本不详者

1. 明钱溥《秘阁书目》"诗集"著录有《南唐二主词》。[4]

2. 明毛晋《汲古阁毛氏藏书目录》著录有《南唐二主词》一卷。

3. 清曹寅《楝亭书目》卷四著录有《南唐二主词》,二卷,一册。[5]

4. 清朱彝尊《词综》"发凡"著录有《南唐二主词集》一卷。[6]

5. 清王闻远《孝慈堂书目》著录有《南唐二主词》一卷,一册。[7]

6. 清张宗松《清绮斋藏书目》著录有《南唐二主词》一卷,一册。[8]

以上著录的均未标明版本。另明赵琦美《脉望馆书目》著录有《南唐二主长短句》一本[9],未标明卷数版本。

On the Literature of Five Writers' *Ci* Collections of the Tang and Five Dynasties

Deng Zimian

(College of Arts, Second Normal University, Nanjing Jiangsu Province 210013)

Abstract: The collection and publication of *Ci*, as far as is known and let alone those which discovered and taken into record during the period of the Republic of China, began in the the Tang and Five Dynasties by virtue of the endeavours of five authors known as Wen Tingyun, He Ning, Feng yansi, Li Jing and Li Yu. This essay is a consideration of the five collections of the late Tang and Five Dynasties that were recorded in not just the Catalogologic books. By comparing and examining the text, the editing, copying, engraving and publishing, and version of the

① 四部备要书目提要[M]//四部备要:第100册.北京:中华书局.1989:142.

② 郑振铎.西谛书目[M].下册,北京:北京图书馆出版社,2005.

③ 平妖堂藏书目[M].抄本.

④ 钱溥.秘阁书目[M]//四库全书存目丛书:史部第277册.济南:齐鲁书社,1996:30.

⑤ 曹寅.楝亭书目[M]//丛书集成续编:第68册.上海:上海书店,1994:839.

⑥ 朱彝尊.词综[M].上海:上海古籍出版社,1978:5.

⑦ 王闻远.孝慈堂书目[M]//丛书集成续编:第68册.上海:上海书店,1994:904.

⑧ 张宗松.清绮斋藏书目[M].抄本.

⑨ 赵琦美.脉望馆书目[M]//丛书集成续编:第68册.上海:上海书店,1994:333.

collections can be seen.

Keywords: Tang and Five Dynasties; *Ci* collection literature; Catalogologic books

（学术编辑：吴在庆）

邓子勉，男，江苏第二师范学院文学院教授。

《续会稽掇英集》文本窜乱考*

夏　勇
（杭州电子科技大学　人文学院　浙江　杭州　310018）

摘要：黄康弼辑《续会稽掇英集》是一部问题颇多的北宋地方文学总集，包括所署王安石官衔前后不一、部分作者在熙宁十年前已经逝世、部分诗作与书名“会稽”不合、卷二内部出现残篇《诸公送行诗序》、实际收诗数量并非一百二十五篇等。细绎该书，可知所收并非全为送程师孟出守越州之作，而是混杂了相当多送程师孟赴江西任职之作。这或是由于该书在流传过程中出现残损，后乃有人以关涉程师孟的另一部江西送行集的若干内容与之搭配，遂产生今本《续会稽掇英集》的大面积窜乱与缺略现象。

关键词：《续会稽掇英集》；疑点；程师孟；江西；窜乱

一、问题的提出

黄康弼辑《续会稽掇英集》是唯二存世的北宋地方文学总集之一，另一部即著名的《会稽掇英总集》。基于二者间显而易见的关系，历代书目往往将其连带著录，均视为面向北宋越州（今浙江绍兴，古称会稽）的总集。

较之《会稽掇英总集》的广受瞩目，古今学者对《续会稽掇英集》普遍缺乏关注。这令目前学界有关《续会稽掇英集》的认知，大抵仍停留于描述其基本面貌与价值的表象层面，并且所描述内容亦大体雷同。如丁丙《善本书室藏书志》卷三十八，先引该书卷首李定序“熙宁丁巳，朝廷以给事中、集贤殿修撰程公出领牧事，于是中外巨德、台省诸英各赋诗以赠行，合一百二十五篇”云云，后称：“考《（嘉泰）会稽志》，程名师孟，熙宁十年十月以给事中充集贤殿修撰知，元丰二年十二月替。熙宁十年，岁正丁巳，下即元丰改元戊午。程公守越，仅逾二年。当时赋诗饯行，多至一百二十余家，足以瞻风气之盛。”[①]胡玉缙《四库未收书目提要续编》亦据李定序提供的信息，称该书“录熙宁十年吴充等一百二十五人送程师孟出守越州诗”[②]，他无所及。至于陆心源《仪顾堂题跋》卷十三称该书“所录皆熙宁十年吴充等一百二十五人送

* 本文系本人主持的国家社科基金青年项目“历代地域总集编纂史论”（批准号：14CZW040）的阶段性成果.

① 丁丙.善本书室藏书志[M]//续修四库全书：第927册.上海：上海古籍出版社，2002：636-637.

② 胡玉缙.续四库提要三种[M].上海：上海书店出版社，2002：344.

程思孟出守越州诗也"[①],则是将李定序的"篇"字误认作"人"字,同时又误写"程师孟"为"程思孟"。直至今人谢思炜主编《续修四库全书总目提要・集部》,对该书的描述依然是:"此书五卷,录宋神宗熙宁十年(1077)吴充等人送程师孟出守越州诗一百二十五篇,前有元丰元年(1078)李定序。"[②]

细绎《续会稽掇英集》其书,可知上述说法颇多似是而非、人云亦云之处。较明显问题有:一,该书所收诗作并非全为送程师孟出守越州而作;二,实际收诗数量并非一百二十五篇。三,全书并非只有李定撰写的那篇序言。本文对此一一予以考辨。

二、《续会稽掇英集》的五大疑点

丁丙等所据《续会稽掇英集》之底本,均为明钱穀抄本或清人影写本。《续修四库全书》已据浙江图书馆藏本影印。笔者检阅《续修四库全书》本与浙图藏原本后,发现该书疑窦重重,以下五点最为突出:

第一,所署王安石官衔前后不一。该书所收作者,绝大多数只出现一次;唯王安石于卷一、卷二各出现一次。卷一所署官衔为"镇南军节度使、检校太傅左仆射平章事",卷二为"工部郎中、知制诰"[③]。按,王安石于宋仁宗嘉祐六年(1061)任知制诰,宋神宗即位后,他颇受重用,熙宁二年(1069)升任参知政事,熙宁十年(1077)以镇南军节度使、同平章事判江宁府。若《续会稽掇英集》所收确为熙宁十年(1077)诸人送程师孟出守越州诗,自应署王氏官衔为"镇南军节度使、检校太傅左仆射平章事",何以卷二出现他多年前担任过的较低级别官职?

第二,部分作者在熙宁十年(1077)之前已经逝世。如卷二的李柬之,《宋史》卷三一〇载:"熙宁六年,卒,年七十八。"[④]熙宁六年为1073年。如是,他何以能在1077年为程师孟出守越州赋诗送行?同属此例的还有卷二的邵亢与齐恢,前者卒于熙宁四年(1071),后者卒于熙宁二年(1069)。

第三,部分诗作与书名"会稽"不合。综观全书,确实多次提及与今绍兴地区有关的名号,如"山阴""会稽""剡中""剡东""剡溪""兰亭""鉴湖""若耶""稽山"等。问题主要出在第二卷,该卷有多首诗作明确提到"西江""豫章楼""洪州""江西""南昌""九江"等,全是今江西省内的地名;而且细绎这些诗作,无一流露出关涉绍兴的痕迹。若该书真的只是一部"会稽"送行集,何以有这么多作者不约而同提到关涉江西的地名,显得这些诗更像是为送程师孟赴江西任职而作?

第四,卷二不仅所收诗作问题重重,还有一篇问题更大的《诸公送行诗序》。一般来说,序言应出现在全书之首。《续会稽掇英集》确乎开篇即为李定《诸公送行诗序》,但笔者翻检

① 陆心源,冯惠民.仪顾堂书目题跋汇编[M].北京:中华书局,2009:194.

② 谢思炜.续修四库全书总目提要:集部[M].上海:上海古籍出版社,2014:350.

③ 丁丙《善本书室藏书志》卷三十八"续会稽掇英集五卷"条下曾比较《会稽掇英总集》与《续会稽掇英集》中王安石官衔称谓之不同,指出:"王安石标工部郎中知制诰,与正集(按,即《会稽掇英总集》)之独称王安石为史馆王相者不同。"并猜测《续会稽掇英集》"似当时本为专集,后则附《掇英》以传,遂题《续集》耳"(同前,第637页)。可惜未能进一步比较《续会稽掇英集》内部的王安石官衔差异。

④ 脱脱.宋史:第29册[M].北京:中华书局,1977:10176.

原书,却发现卷二另有一篇与李定序完全不同的《诸公送行诗序》,全文曰:"得一人之诗,参以一国之听,听与诗合,乃为可传。况见诸君之诗与继政之人,又序本末,以冠于篇者,则后日朝廷有采诗官得之,可以无疑矣。载于乐章,传于国史,其能朽乎?熙宁元年正月望日序。"①该序既无署名作者,内容上也是一个只剩末尾部分的残篇,撰写时间更是在熙宁元年(1068),比李定作序的元丰元年(1078)早十年。至于它的位置,则更让人困惑,非但未出现于全书之首,甚至也未出现于卷二之首;关于这一点,将在本文第三部分详细描述。由此再考虑到前及卷二存在的王安石官衔问题、李柬之等人的卒年问题、部分诗作牵涉江西的问题,不能不让人怀疑卷二的很大一部分内容实际上与会稽送行无关。

第五,该书实际收诗数量并非一百二十五篇。丁丙等提供的一百二十五篇的数字,均源自李定《诸公送行诗序》"中外巨德、台省诸英各赋诗以赠行,合一百二十五篇"②云云。又全书卷首"标目"曰:"第一卷二十三首,第二卷二十一首,第三卷二十三首,第四卷三十二首,第五卷二十六首。"③合计总篇数亦为一百二十五。然而笔者清点正文后,却发现卷一实有二十一首,卷二实有二十首,五卷合计实有一百二十二篇。

三、《续会稽掇英集》部分诗作乃为程师孟赴江西任职而作

上述五大疑点,可归结为两大问题:一是《续会稽掇英集》的部分内容是否与会稽送行主题无关?二是今本《续会稽掇英集》是否已和原貌不同?这里首先考察第一个问题。

综观《续会稽掇英集》原书及其他资料,笔者认为它并非一部送程师孟出守越州诗作的专集,而是混杂了相当多送程师孟赴江西任职之作。书以"会稽"为名,颇有名不符实之嫌。

程师孟(1009—1086),字公辟,吴(今江苏苏州)人,景祐元年(1034)进士。据《宋史》以及《北宋经抚年表》《宋代郡守通考》等其他文献的记载,他曾先后在南康军、楚州、夔州路、河东路、洪州、江南西路、福州、广州、越州、青州等地任职。其中,庆历五年(1045)至八年(1048)间知南康军;庆历八年(1048)至皇祐二年(1050)间知楚州;嘉祐五年(1060)、六年(1061)间知洪州;治平三年(1066)起任江南西路转运副使;熙宁元年(1068)又转知福州;熙宁三年(1070)至八年(1075)间移知广州;熙宁十年(1077)至元丰二年(1079)间出知越州;元丰三年(1080)知青州,不久致仕。

由此可见,程师孟曾两度在江南西路任职。第一次是在宋仁宗嘉祐年间任洪州知州,洪州治今江西南昌;第二次是从宋英宗治平三年(1066)到宋神宗熙宁元年(1068)间,任江南西路转运副使。据此,我们即可理解《续会稽掇英集》卷二何以出现那么多有关江西之诗作,因为它们本就是为送程师孟赴江西任职而作,而非熙宁十年(1077)送其出守越州之作;也只有这样,我们才能看到熙宁十年(1077)之前就已逝世的李柬之、邵亢、齐恢等的诗作,以及官衔仅为"知制诰"的王安石。

接下来的问题是:《续会稽掇英集》卷二的部分诗作与程师孟哪一次为官江西有关?笔

---

① 黄康弼.续会稽掇英集:卷二[M]//续修四库全书:第1682册.上海:上海古籍出版社,2002:473.

② 黄康弼.续会稽掇英集:卷首[M]//续修四库全书:第1682册.上海:上海古籍出版社,2002:467.

③ 李定.序[M]//续修四库全书:第1682册.上海:上海古籍出版社,2002:468.

者认为，更可能与其出任江南西路转运副使有关。

首先，诗作本身提供了内证。《续会稽掇英集》卷二所收王安石诗云："西江一节铸黄金，最慰章滨父老心。长孺乡来真强予，次公今不异重临。余风尚有欢谣在，陈迹非无胜事寻。豫想新篇能寄我，十年华省放情深。"①按，此诗又见于南宋李壁《王荆公诗注》卷三十，题作《送程公辟转运江西》。诗题本身就透露出其与程师孟任职江南西路转运副使有关的信息。首联后的李壁注更是明确说："公辟于嘉祐间，尝为洪州。至治平三年(1066)，为江西路转运副使。故公诗有'不异重临''最慰漳滨'之句。"②完全落实了该诗系王安石为程师孟任职江南西路转运副使而作。至于程师孟此前任洪州知州一事，王安石亦赋诗，见《王荆公诗注》卷八，题作《送程公辟之豫章》；明嘉靖本《临川先生文集》卷六亦收此诗，题作《送程公辟守洪州》，该诗自然未见收于《续会稽掇英集》。又《续会稽掇英集》卷二所收吴充诗曰："曾乘使君马，数上豫章楼(少卿前守洪州)。北阙领新命，西山追旧游。使星催县弩，乡月伴仙舟。却顾区区者，风波鬓已秋。"③作者自注"前守洪州"四字，清楚显示了他撰写此诗时，程师孟已是第二次赴江西为官，其官职只能是江南西路转运副使。

其次，卷二所含佚名《诸公送行诗序》篇末署"熙宁元年正月望日序"，这显示了相关送行诗作之结集很可能也在该时段，亦即1068年初前后。通常情况下，古代的送行集往往结撰于送行的就近时段，而程师孟出任江南西路转运副使的治平三年(1066)至熙宁元年(1068)间，显然距该序的撰写时间更近。因而我们更有理由认为，《续会稽掇英集》卷二所收部分诗作应与程师孟出任江南西路转运副使有关，其写作时间应即治平三年(1066)。

四、今本《续会稽掇英集》存在大面积窜乱

上述《续会稽掇英集》卷二包含多篇送程师孟赴江西任职之诗作的情况，不能不让人怀疑今本《续会稽掇英集》已非原貌。

具体来说，卷二凡收二十首诗，前两首的作者为钱藻、熊本，观篇中的"越水""越山"字样，应是送程师孟出守越州之作。随后便出现了异常现象：

其一，纵览浙图藏《续会稽掇英集》原书，每一页面均有八行，每行十六个字格；当熊本诗结束于卷二的第二页正面第四行，也就是该页面的中间位置后，却出现了整整一个半页面的空白。

其二，直到第三页正面的开端，才重新出现题作"诸公送行诗序"的文字，然而该序正文却又只是一个仅剩尾声的残篇。

其三，"诸公送行诗序"结束后，接以一个"朝贤送行诗下"的小标题，然而通览全书，却无法发现"朝贤送行诗上"的字样。

其四，随后的十四首诗，七首明确提到"西江""豫章楼""洪州""江西""南昌""九江"等，

① 黄康弼.续会稽掇英集：卷二[M]//续修四库全书：第1682册.上海：上海古籍出版社，2002：473-474.

② 王安石，李壁，李之亮.王荆公诗注补笺[M].成都：巴蜀书社，2002：556.

③ 黄康弼.续会稽掇英集：卷二[M]//续修四库全书：第1682册.上海：上海古籍出版社，2002：474.

显然与江西有关。至于其他七首，李柬之、邵必分别卒于熙宁六年(1073)与四年(1071)，其诗应属江西送行之作；齐恢诗有“牛斗星辉动使车”句，“牛斗”即牛宿与斗宿，其对应的分野正是江西，加之齐氏卒于熙宁二年(1069)，故必为江西送行之作；未肱[①]诗有“旧时再访钟陵草”句，钟陵为古县名，初设于西晋太康年间，属豫章郡管辖，唐宝应元年(762)因避代宗李豫讳，改豫章县为钟陵县，贞元中又改名南昌县，可见必为江西送行之作；裴煜署“尚书司封员外郎、秘阁校理、知苏州”，据《(正德)姑苏志》卷三载：“裴煜，治平二年九月丁未，以开封府提刑除秘书阁校理、知苏州。三年九月己丑，入判三司都磨勘司，替沈扶缺。”[②]可见裴氏于治平二年(1065)、三年(1066)间知苏州，这与程师孟自治平三年(1066)起任江南西路转运副使的时间点恰好吻合，故而裴诗亦应属江西送行之作。至于该卷的最后四首诗，分别有“买臣”“若耶”“鉴湖”“越江”之字样，应属会稽送行之作。

由此可见，今本《续会稽掇英集》卷二存在大面积窜乱。从佚名“诸公送行诗序”到裴煜诗，基本可以认定乃为程师孟任职江西而作。它们以集中连片的形式存在，并且有自己的序言与小标题。这使我们不难推测，该部分内容实际上应来自另一部以江西送行为主题的总集，其书至少包括“朝贤送行诗上”与“朝贤送行诗下”两部分。观今本《续会稽掇英集》卷首的李定序与“标目”，均显示该书应收一百二十五首诗，而正文卷一、卷二所收实际篇数却与之不合，则是该书恐怕在流传过程中有过残缺，其中尤以卷二为甚，后乃有人以关涉程师孟的另一部江西送行集的若干内容配入该书，遂产生今本《续会稽掇英集》的窜乱与缺略情况，这可谓古籍流传过程中的常见现象。[③]

至于窜乱发生的时间，可能为时甚早。今本《续会稽掇英集》源自明隆庆二年(1568)钱穀抄本，乃与《会稽掇英总集》一并抄录。晚明文震孟称该本系钱氏“早岁所抄，无一惰笔，乃从宋刻本而录者”[④]，应可信从。因为如果钱氏在抄录时做了整齐划一化的加工的话，我们恐怕无法看到如此多的矛盾错乱，尤其是卷二不合常规的一个半页面空白与出现在卷内的残篇序言。所以，这种窜乱应发生于明中叶以前。

明中叶以前，该书声名不彰，甚少见于书目著录。南宋陈振孙《直斋书录解题》卷十五著录《会稽掇英集》二十卷、《续集》四十五卷，曰：“熙宁中郡守孔延之、程师孟相继纂集。其《续集》则嘉定中汪纲俾郡人丁燧为之。”[⑤]相同内容亦见《文献通考》卷二百四十九。此南宋丁燧辑《会稽掇英续集》四十五卷，显然并非北宋黄康弼辑《续会稽掇英集》五卷。元代编纂的《宋史·艺文志》著录孔延之《会稽掇英集》二十卷、程师孟《续会稽掇英集》二十卷，亦与黄康弼本不合，加上该志错漏极多，所以其信息不足为据。可以说，宋、元时《续会稽掇英集》的流传状态并不明晰。至明代，该书乃明确见于书目著录，如孙能传等《内阁藏书目录》卷八著录“《会稽掇英集》八册，又《续集》二册，全”，提要曰：“宋熙宁间，孔延之知越州军，搜采晋、唐以

---

① 未肱，应系“朱肱”之误。

② 林世元，王鏊.(正德)姑苏志[M]//北京图书馆古籍珍本丛刊：第26册.北京：北京图书馆出版社，2000：35.

③ 同为浙江图书馆收藏的清顾有孝辑《纪事诗钞》抄本十卷，末二卷便配自顾有孝编纂的另一部诗集《骊珠集》，且抄配颇有错乱之处。

④ 文震孟.跋[M]//续修四库全书：第1682册.上海：上海古籍出版社，2002：492.

⑤ 陈振孙，徐小蛮，顾美华.直斋书录解题[M].上海：上海古籍出版社，1987：453.

来山川胜迹名贤诗文，共为十卷。又会稽主簿黄康弼编次名贤送行诗为《续集》七卷。"[①]按，浙图藏清人影写钱穀抄本《续会稽掇英集》亦为二册，正与《内阁藏书目录》的著录相吻合。二者间的差别在于，浙图藏《续会稽掇英集》的第一册包含卷一至卷三部分，第二册包含卷四与卷五部分，较明内阁藏本少两卷。若《内阁藏书目录》著录无误，则钱穀据以抄录的底本本身，恐怕就是一个残本；并且该底本若果真如文震孟所说，是一个"宋刻本"的话，那它恐怕早在宋代即已出现残缺，当然也不排除在后世流传过程中发生残缺的可能，由此乃为文本窜乱提供了空间。

综上所述，我们可以将前及丁丙等的说法修正如下：今本《续会稽掇英集》源自明钱穀抄录的一个颇有残缺的"宋刻本"。由于该本在流传过程中发生窜乱，故而已然包含有两部分内容。其中的主体是熙宁十年(1077)吴充等送程师孟出守越州之作；另一部分则是治平三年(1066)李柬之等送程师孟赴任江南西路转运副使之作。合计凡一百一十人所撰诗作一百二十二篇。

Research of the Issue of Text-mingle of the Anthology of Kuaiji's Excellent Works

Xia Yong

(College of Humanities, Hangzhou Dianzi University, Hangzhou 310018, China)

Abstract: *Xukuaijiduoyingji* compiled by Huangkangbi is a collection of local literature in the Northern Song Dynasty with many problems, including the inaccuracy of Wang Anshi's official position, the misrecording of the death year of some authors who died before 1077, the irrelevancy of some poems that do not match the title "kuaiji", the misplacement of a fragmental text of the Preface to the Farewell Poems in volume 2, as well as the incorrect total number of the poems collected, etc. If we read this book carefully, we will find, for example, that not all of the works were written for seeing Cheng Shimeng off to Yuezhou to become an officer but quite a number of works for seeing Cheng Shimeng off to Jiangxi to become an officer are involved. This may be due to the damage of the original book during its circulation, which made it possible then for someone to match it with another book which was about seeing Cheng Shimeng off to Jiangxi. Therefore, the serious problems of mismatching and omission in the present edition of Xukuaijiduoyingji have arisen.

Keywords: *Xukuaijiduoyingji*; doubtful point; Cheng Shimeng; Jiangxi; mismatching

(学术编辑：王传龙)

夏勇，男，杭州电子科技大学副教授。

① 孙能传，张萱.内阁藏书目录[M]//续修四库全书：第917册.上海：上海古籍出版社，2002：115.

南光论丛

Journal of
Chinese Studies,
Xiamen University

安藤正次《国语学通考》(1931):日本昭和初期国语学建构*

李无未

(厦门大学 中文系 福建 厦门 361005)

摘要:日本安藤正次《国语学通考》(1931)明显不同于上田万年《国语のため》(1897)与《国语学の十讲》(1916),研究理论与方法已经相当成熟,其成就为:对国语学对象及概念内涵有所界定,从理论上将国语学范畴化,由此,给进一步研究相关学术问题的学者提供了先决条件;构筑国语学体系,使得国语学研究框架得到完善,梳理其内部各种关系与职责;具有强烈的理论与方法论意识,研究的操作程序与方式科学有序;国语文献学基础雄厚,让人感到,其国学的"功力"非同一般;在具体问题的研究上,安藤正次取得了突出的成就。比如"史的国语学"研究,在《国语学通考》中,有所突破;学术视野开阔,吸取国内外新的国语学学术信息,引证文献十分丰富,使得其国语学研究代表了那个时代日本国语学的最高学术水平;在许多日本国语学者"大东亚国语学意识"甚嚣尘上之际,安藤正次算是比较冷静地看待日本"国语"的作用的。《国语学通考》与中国等国家国语学著作具有清楚的"相通性",但对中国学术在日本国语学中所应该具有的作用估计不足。

关键词:安藤正次;《国语学通考》(1931);国语学建构;成就;中国国语学;相通性;问题意识

研究日本国语学史,大正昭和初中期的安藤正次是个不可或缺的非常重要的语言学人物,他所发表的日本国语学系列著作,曾经引起日本国语学界的高度重视,称之为继"语言学之父"上田万年及上田万年学生之后的国语学大家之一。有意思的是,安藤正次曾长期担任台湾大学前身,即台北帝国大学的国语学教授、校长,所以,在安藤正次身上,具有了双重身份"标签",既是日本本土的日本国语学者,也是日本占领台湾时期的日本国语学者。研究日本国语学史肯定不可能越过他,研究台湾语言学史,尤其是台湾日本语学史与汉语学史也必须关注他,这在东亚语言学史上是个惊人的奇迹。因为《国语学通考》最能代表安藤正次的日本国语学成就,所以,我们以《国语学通考》为研究对象,兼而述及他的其他国语学著作,以期对他的国语学学术价值有一个基本客观的评估。

* 本文是国家社科基金重大项目"东亚珍藏明清汉语文献发掘与研究"(编号:12&ZD178)资助成果之一。

一、安藤正次及其《国语学通考》

《国语学通考》,安藤正次著,六文馆,1931年发行。收入《安藤正次著作集》第1卷[东京:雄山阁出版社,昭和四十九年(1974)十月]中。①

安藤正次(1878—1952),是著名的日本国语学者。在神宫皇学馆读本科时,成为上田万年的私淑弟子(见《上田万年年谱》)。1904年在东京帝国大学文科大学博言学科选课修毕。同年,任神宫皇学馆教授。1916年任文部省国语调查会嘱托,在上田万年领导下制订日本国语政策。1917年任日本女子大学校教授。后到德国英国法国留学。1928年任台北帝国大学教授。从1941年开始任台北帝国大学大学总长(大学校长),直到1945年辞任归国。1945年任文部省国语审议会会长,尽力解决日本国语国字问题。1946年制定当用汉字现代假名标记。为设立国立国语研究所奔走。1946年任东洋大学教授,1950年任东洋大学大学院长。这期间,他兼任立正大学、昭和女子大学、法政大学、驹泽大学等大学教授。

著作(编集)主要有:《日本文化史》第1卷(古代)(大镫阁,1922);《古代国语の研究》(内外书房,1924,内外思想丛书);《小さい国语学》(广文堂书店,1924);《言语学概论》(早稻田大学出版部,1927,文化科学丛书);《国语学概说》(广文堂,1929)②;《国语学通考》(六文馆,1931);《古典と古语》(三省堂,1935);《直毘霊 神の道とやまと心》(日本精神丛书,教学局,1939);《木麻黄 歌集》(私家版,1939);《国语国字の问题》(河出书房,1947);《国语と文化》(创元社,1947,百花文库);《国语学》(三省堂出版,1948);《国语国字问题を说く》(大阪教育图书,1948);《国语の概说 言语篇学习のしおり》(编,明治书院,1952);《安藤正次著作集》(全7卷)(雄山阁,1973—1975)。

《国语学通考》的详细目录是:序。第一章,国语学的对象。一般语言学和特殊语言学、特殊语言学和国语学;国语学的对象、国语、集团语、方言、国家和语言;国语的正体、个人的语言和社会的语言、个人差、社会制约;个人语言和方言·国语、方言区划;标准语、共通语、东京语和地方语、方处的区划和时代的区分;过去时代的国语、过去的语言意识、文字和语言、普遍性和恒久性;语言和记录、国语和国民精神、理想的国语研究;国语的标记法、汉字和假名。第二章,国语学的体系。国语学三部门、记述国语学、精确的记述、静止国语现象;事实的认识和记述、古代语和现代语;记述国语学的观点、普遍的和特殊的、东京语和共通语、方言;共通语和特殊语、比较的标准、共通语和特殊语及其二语并用;共通语的意识、共通语的势力;史的国语学、国语动态现象;国语史的考察、两种方法、史的国语学和比较语言学;一般国语学、国语的特性、国语和国民性;凭借国语统一国民精神、国语问题、殖民地的国语教育;国语教育、国语教授、方言矫正、国字问题、假名标记问题。第三章,国语学的展开。国语的自觉、奈良朝时代;平安朝时代、辞书编纂、歌学书辈出;古文献学、近世国语学的两个源

① 安藤正次.国语学通考[M].东京:六文馆,1931;安藤正次著作集:第1卷[M].东京:雄山阁出版社,1974;日本文化厅编写.国语施策百年史[M].东京:ぎょうせい株式会社,2006.

② 安藤正次.小さい国语学[M].东京:广文堂书店,1924;国语学概说[M].东京:广文堂,1929;语言学概论[M].东京:早稻田大学出版部,1929.

流、属于古书训读语释系统；属于歌学系统、假名遣研究、定家假名标记；“てにをは”研究、“てにをは”传授；家康文艺复兴、打破秘传口授、旧派学者寄与；契冲、万叶研究、假名标记研究；春满和契冲、真渊、真渊和古文献学、国意考；古代语复现的思想、新井白石、国学者国语研究。第四章，语音研究。国语音韵体系、正雅与不正；契冲五十音图观、白石国音论、真渊五十音论、春海五十音论；笃胤五十音论、五十音图与近世国语学、大矢透音图研究；五十音图与国语语音、悉昙音图和五十音图、元音、长元音；辅音、五类声、遍口声、排列的顺序；阿和二行的“ウ”、阿也二行的“イ”；五十音图的价值、阿女都千的词、伊吕波歌、假名的惯用和音的推移；文字的种类、意字和音字、各种意字、各种音字、语言和音群、文字依据语言性质特殊发达、汉字和中国语、国语和汉字；汉字字音研究、《韵镜》渡海而来、《韵镜》研究、语音研究和汉字之用法研究、直音拗音、清音浊音、古代国语音韵；过去语音考察的缺陷、语音考察的将来。第五章，语态研究。语态是什么？文典形态论和语态研究；国语多音节语、一音节国语、一音节接头辞、国语接头辞性质、音节性质和符合语构成、音节性质和音节种类、音义说、音义学派诸家、以吕波音义派、言灵派、五十音义派、一行一义派、堀秀成的音义本末考；单语和音节和音；国语是附着语、印度尼西亚语之例、国语助词、接词种类、接词性质、国语的接头词、国语的接尾词；复合语、复合单位语、单语和复合语的分界、复合动词情况、名词和动词复合情况；语的构成、构成上的原则、造语成分。第六章，语义研究。语义是什么、意义学和语源学、语的意义、语的外形和内容、造语者和社会、原义忘却、社会之力、社会的约束推移；原义和转义、词汇之行不同、语言是记号的、社会通念、语言习得过程、语感、Stylistic（文体）；辞书、辞书种类、我国的辞书、《新撰字镜》、《和名类聚抄》、《类聚名义抄》、《伊吕波字类抄》、其他的辞书；《字镜集》、《和玉篇》、《平他字类抄》、《下学集》等、《聚分韵略》、《海藏略韵》、《节用集》类、国语语言辞书、辞书定义、辞书发达考察、歌语辞书类；古语语源的研究、《和句解》、《日本释名》、益轩《八要诀》、契冲语源说、贞德和契冲和益轩、国学者语源说、《东雅》、《雅言音声考》、写声起源说、国语一般辞书；语义研究和语源研究、语义研究三阶段、在语源研究上需注意的事项；外来语、借用语、传来忘却、国语中外来要素、国语原始体系、汉语的要素、和语和汉语、字音语和字训语、字注训、字形训、别训流用、据字造语抄、训义语。第七章语法研究。听者和话者、语法是什么、属于语法考察范围音韵现象、属于语法考察范围语义约束、语法和词汇是兄弟、词汇兄弟的范围、区域的、时代的；一般的和特殊的、记述的研究、历史的研究、静的和动的、不规则・排除例外、ゴザイマス・ゴザル、正格活用・变格活用、规范的研究、规范标准；初期国语研究、印度、ギリシヤ（希腊）、中国、中国音韵学・文字学；中世时代欧洲语法研究、偏重文章法、イスパニヤ（西班牙）サンシエス、一般语法、惟理语法、十九世纪语法研究、ライブニッツ（莱布尼兹）、ヘルデル（黑尔迪尔）、グリム（格里姆）、ボツプ（庞朴）；《手尔波大概抄》、《手尔波大概抄之抄》、《大概抄》系统诸书、《脚结抄》、《词の玉の绪》；活用发见、《无言抄》、《和字正滥抄》、《和字古今通例全书》、活用研究独立、《语意考》和《日本书纪通证》、富士谷成章“装”、《御国词活用抄》、《词の八ちまた》（词八衢）、《词の通路》；文典体系、《文章撰格》、语学新书、成于邦人之手兰语语法书、成于外人之手日本文典；アルヴアレス（阿尔瓦雷斯）、ロドリゲ-ス（罗德里格斯）、コリヤ-ド（科里亚德）、オヤング-レン（奥杨克莱恩）、ホフマン（霍夫曼）、明治初年学制和文法科、语汇别记及其他、田中・中根二氏《日本文典》、《广日本文典》、アストン（阿斯顿恩）、チエンブレン（杰布琳）；《广日本文典》体系、文典体系和国语特性、明治以前语法研究、明治以后语法研究、文典体系再检讨。

其“附录”主要有:口语文起伏变化、二语并用在地域上的语言教育、世界语言国际调查。此外,还有《国语学总说》等内容。

二、写作《国语学通考》前国语学与语言学的准备

在《国语学通考》出版之前,安藤正次曾发表了《小さい国语学》(1924)、《国语学概说》(1929)、《语言学概论》(1929)三本书,可以看作是《国语学通考》写作的前期国语学与语言学理论准备。

《小さい国语学》目录:第一章,序说,国语学是什么。国语学性质、研究的部门、研究的方法、国语学应用的方面。第二章,语言和文字。语言是什么、语言的习得、语言的社会特质、世界语言和日本语、语言和文字及其关系、关于日本汉字和假名、片假名五十音图、平假名伊吕波歌。第三章,国语和方言。国语是什么、文语和口语、国语的时代区分、标准语和方言、方言的地域区划。第四章,国语音韵。语言和音声、发音器官构造及作用、国语元音、国语辅音、促音拗音、音便转呼音连浊、音的变化、国语声调。第五章,国语的语词。固有语和外来语、语词的分化、语词的复合、国语的品词、意义的变化。第六章,国语学的发达(国语学史要)。国语学史是什么、国语意识的发达、第一期国语学、第二期国语学、第三期国语学。从其目录可以看出,《小さい国语学》是作者研究“国语学”的一个有效的尝试,介绍的虽然是一般的国语学知识,带有普及性质,但已经完全初具《国语学通考》的框架规模,这是应该注意到的。

《国语学概说》目录:第一章,序说。包括国语学的性质,研究的部门,音韵、单语、单语法、文章法,研究方法,国语学的应用方面。第二章,语言和文字。包括语言是什么,语言的习得,语言的社会特质,世界语言和日本语,语言和文字的关系,在我国的汉文和假名,片假名五十音图,平假名伊波吕歌,汉字的音训,あて字。第三章,国语和方言。包括国语是什么,文语与口语,国语的时代区分,标准语和方言,方言的地方区划。第四章,国语的音声。包括语言和音声,发音器官构造及其作用,国语的元音,国语的辅音,促音,拗音,音便,转呼音,连浊,音的变化,国语声调。第五章,国语的语词。包括固有语和外来语,语词的分化,语词的复合,国语的品词,意义的变化。第六章,国语学史要。包括国语学史是什么,国语意识的发达,第一期的国语学,第二期的国语学,最近的过去国语学。

相较于《小さい国语学》,可以说,《国语学概说》基本框架没有什么变化。安藤正次在《国语学概说》序说得很清楚,《国语学概说》是《小さい国语学》增订本。出版时,为了区别《小さい国语学》,将名字也由《小さい国语学》改为《国语学概说》。

《语言学概论》主要内容是:第一章,序说。语言研究;语言学是怎么样的学问;语言学建设。第二章,世界的言语。系统的分类。八个语族。第三章,语言音声。言语和音声;发音器官构造及作用;音声类别;音响的性质;辅音;元音;连音及其音节。第四章,语言本质。运动和言语;言语和思想;言语和文字。第五章,言语发达及其变迁。从构成上看世界的语言;言语变迁和原始时代语言;国语和方言、文语和口语;日本国语史的考察及其方言的考察。

与上田万年《语言学》相比[①]，安藤正次《语言学概论》晚出30多年，在语言学体系构建上的“格局”却明显缩小了许多，局限性还是很大的，远不如上田万年《语言学》意蕴深刻，格局阔大。最主要的是，没有像上田万年那样，构建属于自己的特色鲜明的语言学理论体系，比如东亚语言学，所以，影响力有限，这是可以肯定的。

尽管如此，我们还是认为，这本书有自己的特点，无论如何，对《国语学通考》写作起到了理论建设上的铺垫作用。理论基础雄厚，必然带来对日本国语相关问题上的理论认识，也是很显然的。

在写作《国语学通考》之前，安藤正次对国语学史的研究已经进行，比如《古代国语の研究》(1924/1974)，[②]这也是研究《国语学通考》国语学问题的基础之一。《古代国语の研究》的主要内容是：第一章，序说。语言与思想的关系，文化对语言的影响，语言的变化有类推与同化因素，但更有社会的约束机制在里面；语言习得、词汇排列顺序、外来语进入国语等，都反映了国语的特性。第二章，时代与区域的国语概观。确认国语史上音韵、词汇、语法变迁路程，还要从各自时代的区分观察。同一个时代语言变迁，根据区域相异而发掘其特点，也是一个新的观察角度。第三章，古代国语研究资料。利用文献记录研究某一个历史时期国语，是可以的，但对文献记录之前的国语历史研究则明显。第四章，古代国语的音韵结构。包括语言和音声、古代国语母韵的发达、古代国语的鼻音、波行古音。第五章，国语语词的构成。关于语词发达的假说、形容词的分化。“论纂”部分主要包括古代的国语、建国时代的国语、上代文直接叙述法、古代语法的变迁、上代汉字的用法、语言文化史考察。

安藤正次在《古代国语の研究》“从著者到读者(代凡例)”中说，日本学者对古代国语的研究，迄今仍未超出江户时代国学者视野范畴，这确实是日本大正时代学者的耻辱。因为在史学和考古学等方面，已经取得了长足的进步，但国语部门依然停留在守旧的状态，这肯定是令人遗憾的。著者花费了相当大篇幅对古代国语研究的概况进行叙述。安藤正次的意思明确，是希望把构成新的研究“气运”当作今日的急务加以考虑。安藤正次称，他的研究，在方法上，是历史的研究，而不是比较的研究。他认为，人们常常利用周边国家的国语，比如中国语来解释日本古代国语，是今人所具有的“通弊”。这种比较，成效并不明显。因此，《古代国语の研究》以记述形式为主，限定历史学的研究，而比较研究则是第二位的，不过是暂借其比较研究之力而已。安藤正次也说，自己的研究对日本国语的系统理论问题等有所省略。对古代国语的许多问题，学术界论争很多，比如音韵、语词研究，也没有详细展开。这个表白，很能说明问题，至少在表面上看来，研究日本古代国语，安藤正次存在着排斥历史比较语言学研究理论与方法倾向。很显然，与上田万年《语言学》所表明的具有强烈的历史比较语言学理论意识是不同的，很值得我们深入思考。

---

① 上田万年.语言学[M].原名：言语学，上田万年，新村出笔录，柴田武校订.东京：教育出版，1975.

② 安藤正次.古代国语の研究[M].东京：内外书房，1924//内外思想丛书：安藤正次著作集：第2卷.东京：雄山阁出版社，1974.

三、《国语学通考》学术特点与价值

(一)《国语学通考》写作缘起

安藤正次在《国语学通考》序说,1928 年 4 月,在荷兰海牙召开语言学国际会议;同年,11 月,在英国(牛津大学)召开东洋学者大会,决定提交世界语言国际调查的提案。此提案,以印度日耳曼语族语言研究为基调。安藤正次强调,尽管用语言学法则再行检讨各国语言的时代一定到来了,但应该认识到,学者们仍停留在一般的"守旧"意识上。日本国语学,自明治中叶以后,受到欧洲语言学的刺激,可以看到,取得了长足的进步,今日昭和时代学生,特意脱离了旧的学术框架的束缚,感到有必要站在自主的立场,揭示日本国语潜藏的真相,发掘国语的特性,开拓新的局面。但是,照葫芦画瓢,一味地模仿欧洲语言学理论,不也是很愚蠢的做法吗?空自急切追求新的东西,如同看见猎人逐鹿之举而招致讥讽的情况一样吧!这本《国语学通考》一卷,分为七章,国语学基本构架清楚、问题意识突出。论述先人的业绩功过,供后进攻学之鉴。国语学所涉领域广泛,所涉问题十分复杂。但期待有所创获。

(二)《国语学通考》之前的日本国语学著作

安藤正次《国语学通考》发表之前,日本的国语学著作已经出版了一些,比如关根正直《国语学》(1891)、上田万年《国语のため》(1897))、《国语学史》(1896—1897)、八杉贞利《国语学》(1901)、藤冈胜二《国语研究法》(1907)、龟田次郎《国语学概论》(1909)、保孝科一《国语学精义》(1910)、上田万年《国语学の十讲》(1916)、金泽庄三郎《国语学通论》(1917)、小林好日《国语学概论》(1930)等。① 可以说,国语学体系研究由草创到初显规模,已经能够走向稳步发展道路,学术研究已经开始有了一定的理论与实践基础。

比如关根正直《国语学》,从其目录可以看到最初草创形态,这本书只讲语音与语法两项内容:上篇,音格。第一章,直音;第二章,拗音;第三章,音变;第四章,音通;第五章,略音;第六章,约音;第七章,延音。中篇,言格。第一,体言之部。第一章,名词;第二章,代名词;第三章,接续词。第二,活用言之部。第一章,动词;第二章,形容词;第三章,助动词。第三,天仁远波。第一章,感叹词;第二章,助辞;第三章,接辞。下篇,句格。第一章,系辞;第二章,结辞;第三章,系辞重复格;第四章,结辞省略格;第五章,结辞接续格;第六章,变格。尽管在内容与体式上尽显粗放,但在对国语学功能的理解上,有可取之处。比如关根正直就在绪言中说:"贯通国民国语意识,成为大一统;对外邦,则可唤起我同胞一体之感觉,乃本邦特有之现象。国语定会成为国家之独立之象征。斯学之盛衰,不仅与文学有关系,与国势之消长,

---

① 关根正直.国语学[M].东京:弦卷书店,1891;上田万年.国语のため[M].东京:富山房,1897-1903;八杉贞利.国语学[M].东京:哲学馆,1901;藤冈胜二.国语研究法[M].东京:三省堂书店,1907;龟田次郎.国语学概论[M].博文馆"帝国百科全书",1909;保孝科一.国语学精义[M].东京:同文馆,1910;上田万年.国语学の十讲[M].通俗大学会,1916;金泽庄三郎.国语学通论[M].东京:早稻田大学出版部讲义录,时间不详,大约是 1917 年前后;小林好日.国语学概论[M].东京:万上阁,1930.

国民之元气亦有很大之关系。""国语与外邦之语有区别"、"国语之法亦随时代而变迁"①。可见,关根正直对日本国语功能及时代特性之认识是很到位的。

上田万年《国语のため》(1897)构建国语学体系框架,具有独创性,所论已经涉及了国语研究范畴、标准语、国语价值、国语和国家、国语学术精神、国语人物、国语文献等内容,如此之深刻,是过去所未曾有过的,这就奠定了近现代学者国语学研究的基础。

上田万年《国语学史》[明治 29—30 年(1896—1897)],是上田万年在东京帝国大学博言学科给学生讲授"国语学史"课程笔记[新村出笔录,古田东朔校订,教育出版株式会社,昭和五十九年(1984)版],构建国语学与国语学史框架。《国语学史》分为"国语学"与"国语学史"两大部分。其国语学涉及了国语学内涵、语言学方法与手段、语言学范围和领域、日本语历史等内容。比如语言学范围和领域,就强调标准语、方言、卑言(俗语)等研究对象。而"国语学史",将日语历史分为三个时期。每个时期都有代表性的人物和著作。比如第一个时期,首先提到的是契冲,然后是贝原益轩、新井白石等。第三个时期,还设置了"外国人研究日本语历史"一节,具有鲜明的国际视野。上田万年《国语学史》对后来的国语学史著作影响很大,比如保科孝一《国语学小史》(1899)、花冈安见《国语学研究史》(1901)、保科孝一《国语学史》(1907)、长连恒《日本语学史》(上下,1908)等。古田东朔说,这些著作,无一不是在上田万年《国语学史》基础之上,增补与修订而成。②

安田敏朗《近代日本言语史再考》也提到上田万年《国语学史》欧美语言学理论框架来源问题(第 54—55 页,2018),主要是受ヘルマン・パウル(保罗 Hermann paul,1846—1921)《语言史诸原理》(*prinzipien der Sprachgeschichté*,1880)的影响。

但我们阅读德国人パウル《语言史诸原理》(福本喜之助译为《语言史原理》,讲谈社,1965)后,感到这个推论还不确切。保罗《语言史诸原理》叙说,讲史学流派、讲理论与方法,涉及文化科学方法。其他各章,则讲语言发达的本质、语言的分裂、音韵的变迁、语义的变迁、类推、构文的基本关系、混成、创造语、孤立化及反作用、新的集团形成、意义的分化、心理的范畴和文法的范畴、词的形成和变化的发生、品词的区别、语言和文字、语言的混用、共通语和标准语等内容。很明显,这与上田万年《国语学史》差别不小,如果说上田万年《国语学史》参照保罗《语言史诸原理》,也只能是部分参照,而不是在整体框架上参照了保罗《语言史诸原理》。

还有,保孝科一《国语学精义》(1910),值得特别推崇,该书勾画出国语学系统的基本形式轮廓,所讨论的问题非常广泛,十分引人注目。从其目录上可以窥见基本面貌:第一编,总论。第一章,国语学的目的及其范围;第二章,国语学和古典学的关系;第三章,国语学的语言学研究;第四章,国语的声音学研究。第二编,国语学的过去。第一章,绪论;第二章,与国语相关的科学研究;第三章,与国语相关的实际研究。第三编,国语学的现在。第一章,绪论;第二章,与国语相关的科学研究(音韵语法等);第三章,与国语相关的实际研究(国语教育)。第四编,国语学的将来。第一章,绪论;第二章,与国语相关的科学研究(音韵,包括实验音声学);第三章,与国语相关的实际研究(包括欧美语言教学法)。第五编,结论。

上田万年《国语学の十讲》(1916)更是振聋发聩,全面梳理了日本国语国字在国家战略

① 关根正直.国语学[M].东京:弦卷书店,1891.

② 上田万年.国语学史[M].东京:教育出版社,1984.

布局上的历史与现实问题,为日本国家语言规划与战略出谋划策。以日本国语为核心,覆盖其所有的殖民地,这和其配合“国家大战略”丝丝相扣,隐含的“大格局”构想,是非常明显的。

(三)《国语学通考》学术特点与价值

安藤正次《国语学通考》发表之时,日本国语学已经处于发展的成形期,许多学者对日本国语学问题的思考,明显不同于上田万年《国语のため》(1897))、《国语学史》(1896—1897)、《国语学の十讲》(1916)的时代,已经相当成熟。《国语学通考》代表了那个时代日本国语学的成绩,主要表现在以下几个方面:

其一,《国语学通考》对国语学对象及概念内涵有所界定,从理论上将国语学范畴化,由此,给学者们进一步研究相关的学术问题提供了先决条件。理论意识浓郁,是其明显的学术特征。安藤正次说,把语言学作为研究对象,就要考虑到,语言学所涵盖的内容十分广泛。从大的方面来看,语言学可以分为两个学术领域,一般语言学和特殊语言学。一般语言学,通过人类语言事实抽象一般的语言学理论,考察由过去到现在,在世界出现的语言现象,去发现支配语言的种种法则,以阐明语言的起源、发达、现状为目的体系。特殊语言学,局限于某些范围,把语言现象作为研究对象。但国语学是把一个国家的国语作为研究对象,仅仅属于特殊语言学的部类之一。特殊语言学和国语学之间也存在着几分有趣的差异点:特殊语言学的对象范围,是由语言性质决定的。考虑语言分布的地域,由语言“亲属”性质决定的,而不是从国家地域去判定的。例如,日耳曼语语言学所取范围,属于印度日耳曼语支系之一语派,属于同一个系统的语言,比如德语、荷兰语、英语、瑞典语等语言都包含在内。其学术领域,超越了国家的边境线、政治上的区划。而国语学的研究对象范围,由一个国家的版图、政治上的区别为前提而决定的。

国语学所涉及的研究对象及概念内涵,还有如国语正体、标准语、不同时代国语标准语、国语和民族精神,国语的理想研究等问题,安藤正次都有很到位的论述。比如国语正体,他的讨论限定在现代时期。为何日本各方面人士都把东京语作为日本国语的标准语?这与日本社会语言生活的认知程度直接相关,东京语被整个日本社会认可,就要受到社会规范的制约,个人的语言行为服从于社会关系。

其二,《国语学通考》所构筑的国语学体系,使国语学研究框架形式得到完善,其内部各种关系与职责梳理,清楚明白,给人以比较完备的整体性印象,具有一种动人的逻辑力量,思维模式焕然一新。安藤正次构筑的国语学体系,内在逻辑结构十分紧密。比如国语学部门,他认定有三个:记述国语学、史的国语学、一般国语学。这种区分,是从研究方法入手而确定其性质的。比如“记述国语学”,他说,正确地记述同一个时段的国语学语言事实就是“记述国语学”。捕捉事实真相,发现事实真相,还要运用一定的手段表现出来,这其实是运用了精确描写的手段与方式。同一个时段,就意味着研究的对象是在一个“共时范围”内的,所以,他说是“静的现象”。但记述国语学也存在着一定的局限性,就是受到“时的制限”,只能部分地反映事实真相,比如只是一味地研究现代国语,那么,就很难认识到过去的国语事实,由此,就需要改变研究方法,于是“史的国语学”应运而生。“史的国语学”,关心的是国语变迁的倾向,进化的路程,以及造成国语在各个历史时段呈现不同面貌的原因。“史的国语学”研究,意味着“时移而事异”,所以,是“动的研究”,所发现的当然也就是“动的现象”。从方法上来说,安藤正次认为主要有两点:一是异时相继而产生“继起的现象”,顺着次序,发现最初发达进化的历史过程，寻求到了其变迁的轨迹。二是从"继起的现象"的"到达点"回溯，返回到了出发点。前者由古及今，后者由今及古。"一般国语学"，从国民精神的表现观察国语，阐明国语特性，从而维护国语的纯正性，期待它成为一个健全发达、特别进步、制定国语政策、国语教育的部门。为何强调这个部门的"国民精神性"？因为要通过建立国语学而实现统一国民精神的国家理想，国语学的政治性特征由此而显露出来。安藤正次联系到日本的实际，即许多国家难以解决的问题，在日本则在制度层面上确定了研究目标。

由国语学三个部门而展开国语学研究，范畴明晰，界限清楚，可以就此深入挖掘，而又反过来促进日本国语学内部体系的完善，内部结构各支撑部分联系是十分紧密的。

其三，《国语学通考》具有强烈的理论与方法意识，研究的操作程序与方式科学有序，也是安藤正次成功的标志之一。比如第一章，他先提出"国语学研究的对象"问题。在这个大前提下，要考虑的第一件事，就是国语学的本质是什么。所以，第一句话就说：把语言作为研究的对象，所包含的就是科学的语言学，但范围是很大的。由此引出了两个分类，即一般语言学和特殊语言学两大语言学范畴。这当中，特殊语言学和国语学关系密切，并且属于特殊语言学的一个学术领域，由此，日本国语学成为关注的重点。到此为止，已经经过了语言、语言学、两大语言学领域、特殊语言学、国语学五个层级，层层推进。第六个层次，是国语学内部所涉及的各种理论问题，安藤正次需要一一辨析，这是后面研究的理论基础。比如国语学的对象、国语、集团语、方言、国家和语言；国语的正体、个人的语言和社会的语言、个人语言差别、社会制约；个人语言和方言・国语、方言区划；标准语、共通语、东京语和地方语、方处的区划和时代的区分；过去时代的国语、过去的语言意识、文字和语言、普遍性和恒久性；语言和记录、国语和国民精神、理想的国语研究；国语的标记法、汉字和假名等。每一个概念内涵界定都关乎整体性结构的构建成功与否，所以，安藤正次在这方面下了很大的功夫。这在操作程序上是正确的选择。

其四，国语文献学基础雄厚，让人感到其国语学的"功力"非同一般。比如安藤正次对国语辞书的研究，把它归在了"语义研究"领域中。在界定什么是辞书之后，对辞书进行了分类，然后，又举出了若干辞书进行说明，比如《新撰字镜》《和名类聚抄》《类聚名义抄》《伊吕波字类抄》等；《字镜集》、《和玉篇》、《平他字类抄》、《下学集》等、《聚分韵略》、《海藏略韵》、《节用集》类、国语语言辞书、辞书定义、辞书发达考察、歌语辞书类等。这些辞书的例举，不是随意的，而是有针对性的，很典型。比如《新撰字镜》，确定其性质，是与《和名类聚抄》相比较而确定的。他说，《新撰字镜》，完全是表示汉字字音和训义的，是字书。而《和名类聚抄》则以意义为标准分类，属于"事项"辞书。这和一般学者所定义的"和式百科全书"，分为 32 部 249 门是一致的。安藤正次进一步认为，《新撰字镜》音训，由东倭音训和西汉音训结合而成，文字则有正字、俗字、通字之别，如此，把《新撰字镜》史料年代提前到了汉代，这就超出了一般学者所认识的《新撰字镜》和《玉篇》年代相当的看法，见解独到，但需要进一步考证。如果真的如安藤正次所论，《新撰字镜》不但在日本国语史研究意义重大，就是在东亚汉语史与汉字史的研究上同样具有重大意义。这是一个很大的突破。值得注意的是安藤正次所作的注释，其配合正文结论性的观点，标明自己的依据与考据文献为何。有许多是吸收学术界已有研究成果的，作者一并注出文献出处，其严谨的学术态度由此可见一斑，比如《和名类聚抄》注，他写道：关于《和名类聚抄》诸本，狩谷棭斋《笺注倭名类聚抄》卷一的卷头记述，参订诸本目录，成为可参考之资。又主要参酌赤堀又次郎氏《国语学书目解题》有关本书的记述，还就其三种版本进行了考订。由此可见,安藤正次研究国语学十分重视古典文献学的作用,而不是仅靠理论作空洞的研究。文献学功底不一般,这也是他超越许多前辈和同辈学者的地方。

其五,在具体问题的研究上,安藤正次取得了突出的成绩。比如"史的国语学"研究,在《国语学通考》中有所突破,比如:认为是"动的现象",在这个认识的前提下,确立研究的一般性理论,就是"国语进化路程论",进而追寻造成变化的原因是什么,从而揭示"史的国语学"运行的规律。《国语学通考》把"史的国语学"理论问题解决了,就可以指导研究的实践。这个实践的结果,就是推衍出《国语史序说》(1936)这样的学术著作,二者是互为因果关系的[①]。我们看一下《国语史序说》内容就可以知道基本情况。《国语史序说》(1936)目录为:序。第一章,绪言。第二章,国语成立期。日本石器时代、在古代的异种族、南方系和北方系、日本语和朝鲜语。第三章,初代国语和大化革新。初代国语、由音韵识别而见到的情况、由语词构成而见到的情况、外来语、大化革新和国语的发达、氏族制度和国语、中国集权制的确立和国语。第四章,集中·偏在的时代。大学的创始、奈良朝学制·教育、国民自觉抬头、神佛习融合和和汉习融合、《万叶集》用语、祝词宣命用语、从奈良朝到平安朝、文语和口语。第五章,分散·均等的时代。武家政治展开、武士阶级的教养、文化分散、镰仓时代的地方制度、文权和僧侣、汉语·佛语的增加、男子的文学、战记物语的语汇、汉语的范围、东国语和西国语、地方语的势力、从院政时代到室町时代。第六章,二元对立的时代。二元对立的意义、江户词汇、德川江户人词汇、江户词汇的性质、三河词汇、关东词汇、江户和上方、文语的世界和口语的世界、方言。第七章,一元·统一的时代。明治维新和国语、教育的普及、新闻杂志的发达、汉语的流行、洋语的流行、译语·译字、在普通教育教授国语、国语·国字诸问题。第八章,结语。

安藤正次《国语史》(1937)也属于日本"史的国语学"研究范畴[②]。从表面上看,浓缩了《国语史序说》的基本内容,但实际上,安藤正次也有自己的新的思考,比如在"国语史"框架上,线索清楚,安藤正次列有四条主线:关于国语史、国语的特质、音韵的展开、语词的发达。提纲挈领,简明扼要。无疑,安藤正次将国语学史研究再向前推进一步。

无论是《国语史序说》也好,还是《国语史》也好,都是安藤正次在《国语学通考》"史的国语学"理论指导基础上的拓展性研究,是安藤正次"史的国语学"研究的系列成果之一,更是其国语学大厦框架支撑的重要构成部分。

在安藤正次《国语史序说》(1936)之前,日本国语学史著作,已经有学者发表,比如上田万年《国语学史》讲义(1896—1897,课堂传授)、保孝科一《国语学小史》(1899)、花冈安见《国语学研究史》(1902)、保孝科一《国语学史》(1907)、吉泽义则《国语学史》(1933)、吉泽义则《国语学史概说》(1933)、时枝诚记《国语学史》(1932)、东条操《明治大正の国语学》(1933)、龟田次郎《国语学书目解题》(1933)、保孝科一《新体国语学史》(1934)、山田孝雄《国语学史要》(1935)。但像《国语史序说》与《国语学通考》"史的国语学"体系相衔接的著作并不多见。安藤正次《国语史序说》之后,日本国语学史著作,主要有:重松信弘《国语学史概说》(1939)、

① 安藤正次.国语史序说[M].东京:刀江书院,1936.

② 安藤正次.国语史:岩波讲座"国语教育"[M].东京:岩波书店,1937.

小岛好治《国语学史》(刀江书院,1939)等[①],与《国语史序说》相比,似乎也没有更多的创见。至少在文献挖掘上,还不够深入。这其实,可归结于《国语学通考》的理论铺垫之功。

其六,学术视野开阔,吸取国内外新的国语学学术信息,引证文献十分丰富,使得其国语学研究代表了那个时代日本国语学的最高学术水平。比如标准语、不同时代国语标准语、国语和民族精神,国语的理想研究,与上田万年《国语のため》《国语学史》《国语学の十讲》所论如出一辙。由此可以看出,上田万年学术"谱系"基本精神,在安藤正次手里已经得以延伸。

引证文献丰富,可从"成于外人之手的日本文典"一节看得十分清楚(258—259 页)。安藤正次追溯到了元龟年间,比如 Alvares《日本文典》,1572 年出版,1574 年在罗马刊行,1594 年在日本天草刊行。天草版题名为:EMMANUELIS ALVARI ESOCIETATE IESV DEINSTITVIONE GRAMMATICA LIBRI TRES. Coniugat onibus accessit interpretatio Iapponica. INCOLDEGIO 依据拉丁语文章法结构,举出日本语例证(285 页)。葡萄牙传教士所作完全是文法式的口语书,对日本国语学的考察相当到位。Rodriguez 的《日本文典》很有名,1604 年在长崎出版。1825 年出版法译本。19 世纪,欧洲有关日本文典研究越来越兴盛起来,Siebold、Leon de Rosny、Donker Curtius、Leon Pagés、Hoffmann、Aston 等学者的著作相继问世。安藤正次本人也有《国语学における上欧米人の贡献》(1906)等论文论述这些文献的价值[②]。对海外日本国语学文献收集,新村出也做了许多工作,其《典籍丛谈》(东京:冈书院,1925)就有这方面内容,安藤正次在注释中也有所说明[③]。

其七,在许多日本国语学者"大东亚国语学意识"甚嚣尘上之际,安藤正次算是比较冷静地看待日本国语的作用的,也算难得。比如在第二章"国语学的体系"中,涉及"东京语和共通语、方言;共通语和特殊语、比较的标准、共通语的意识、共通语的势力"等敏感性问题时,安藤正次提出"共通语和特殊语二语并用"原则,他说,无论如何,在一个国家内部,应该在部分地区,维持特殊语的势力。在其地域中,共通语和特殊语二语并用。比如在鹿儿岛、冲绳,"普通语"与鹿儿岛语、冲绳语等"特殊语"共存。这体现的是,对"特殊语",一定要与对待"普通语"一样,具有"同等的尊敬"。这种国语学观念,相对于"语言殖民霸权"的态度,是比较温和的。很显然,与其老师上田万年《国语学の十讲》(1916)的态度不一样,上田万年认为,国语"标准语"的适用范围,除了大和民族,以及在日本的其他原住民,比如阿伊奴,不同时代"归化"的民族之外,新加入版图的朝鲜、台湾、南洋国家和地区,也是如此。不失去大和民族特色,包容、融化外来"分子",还保持自己的纯洁性,这是上田万年所希望的。一句话,上田万年不希望"二语并存"现象存在。用日本的"国语"同化殖民地语言,最终达到消灭"国语"之外语言的目的。我们在日本学者寺川喜四男《大东亚诸语言和日本语——以发音为中心》

① 保孝科一.国语学小史[M].东京:大日本图书株式会社,1899;花冈安见.国语学研究史[M].东京:明治书院,1902;保孝科一.国语学史[M].东京:早稻田大学出版部,1907;吉泽义则.国语学史[M].东京:文献书院,1933;吉泽义则.国语学史概说[M].东京:文献书院,1933;时枝诚记.国语学史[M].东京:岩波书店,1932;东条操.明治大正の国语学[M].东京:育英书院,1933;龟田次郎.国语学书目解题[M].东京:明治书院,1933;保孝科一.新体国语学史[M].东京:育英书院,1934;山田孝雄.国语学史要[M].东京:岩波书店,1935;重松信弘.国语学史概说[M].东京:武藏野书院,1939;小岛好治.国语学史[M].山田孝雄校阅,东京:刀江书院,1939.

② 安藤正次.国语学における上欧米人の贡献[J].国学院杂志,1906,13(6,7,9,12).

③ 新村出.典籍丛谈[M].东京:冈书院,1925:261.

(1945)一书中也看到了同样的“声音”①。寺川喜四男则在“写在前面的话”说,他希望自己从大的方面对“二语并用地”的日本语方言政策问题再行检讨。由此可见,他的语言政治理念是很清楚的,带有明显的“殖民语言学”研究意识。他说,日本语,作为大东亚诸民族“共通语”,负有重大使命,这是当时不可更改的,也是希望最终用日语“同化”其他殖民地民族语言。所以,在附录《在二语并用地域实施的语言教育》一文中,认为,在“二语并用地域”,实施“一语专用主义语言教育”效果十分好,将其全部住民的语言变成“国语化”,是近代国家的理想。所谓把国民的国语统一化,对国家统治具有重要意义(288—299页)。从本质上来说,这个论断,还是没有脱离“殖民语言学”意识。

安藤正次虽然态度上比较温和,认定“共通语和特殊语二语并用”,但不是恒定状态,而是运用了一个渐进的措施,也就是说,“共通语和特殊语二语并用”是有阶段性的。所以,这个“温和态度”,究其实质,只是个学术层面的观点,但在当时日本军国主义甚嚣尘上之际,在殖民地很难积极推进下去。

《国语学总说》(1934/1974)可以看作是《国语学通考》“衍生品”。②《国语学总说》分为四章:第一章,与国语研究相关的序说;第二章,国语研究种种之相;第三章,语音研究及汉字假用源流;第四章,语义·语态·语法的研究。从其所论来看,并不是《国语学通考》的简单“压缩”,而是原有“国语学”理论的进一步阐发。比如对“国语”和“母语”、国语与公用语、国家语概念的理解,与《国语学通考》第一章所论有差别,增加了“公用语”与“国家语”概念的内涵的探讨。这是应该注意到的。

四、《国语学通考》日本国语学地位、“相通性”及学术局限

安藤正次《国语学通考》在日本的影响很大,当然引起人们的关注,这是不言而喻的。此后,日本国语学界在这方面的努力进入了一个新的历史阶段,陆续出版了一些国语学理论性著作。比如桥本进吉《国语学概论》(1932)、高桥龙雄《国语学原论》(1934)、城户幡太郎《国语表现学》(1935)、东条操《国语学新讲》(1937)、菊泽季生《新国国语学序说》(1936)、松冈静雄《日本言语学》(1928/1940)等。③ 这些国语学著作,或多或少有所创新与发展,标志着日本国语学已经进入了一个新的历史阶段。《国语学通考》充分发挥了“承前启后”的作用。

安藤正次对《国语学通考》之前的日本国语学研究历史也有所梳理:他在《国语学概说》(1929)第六章,“最近过去的国语学”一节有所总结④:明治以后的国语学,可分为语言学输入之前和输入之后两个阶段。前者的时代是继承前代国语学的时代。明治维新的复古精神,强烈地体现在国语学上。所谓上流的定家假名标记,完全被驱逐出“正统”地位,结果,历

---

① 寺川喜四男.大东亚诸语言和日本语——以发音为中心[M].京都:大雅堂,1945.

② 安藤正次.国语学总说[M]//安藤正次著作集:第1卷.东京:雄山阁出版社,1974:301-395.

③ 桥本进吉.国语学概论[M].岩波书店,1932;高桥龙雄.国语学原论[M].东京:中文馆书店,1934;城户幡太郎.国语表现学[M].贤文馆,1935;东条操.国语学新讲[M].东京:刀江书院,1937;菊泽季生.新兴国语学序说[M].文学社“文学社丛书”,1936;松冈静雄.日本言语学[M].东京:刀江书院,1940,改订1928年著作.

④ 安藤正次.国语学概说[M].东京:广文堂,1929:271-273.

史假名标记的势力却得到了国学者的认可。很显然,其趋势,草创成为一种风气。人们忙于输入泰西文明,成为一股不可忽视的风潮。振兴国语学,势在必行。但是,关于国语国字改善问题,很快变成革新运动。在庆应二年十二月,前岛密已经将国语国字改良之议,送达当时的将军德川庆喜之手。明治新政之后,即明治二年,南部义筹向大学提出《修国语论》建议,前岛密向集议院第一次提出《国文教育之议》和《废汉字私见书》,在朝野之间,兴起有关国语国字之议论。明治十六、十七年前后,把假名作为国字,或把罗马字作为国字,由罗马字会发起了极其激烈的讨论。其运动,一起一伏,因时而盛时而而衰,今天仍在继续这种讨论。在这个运动之初,为专门家之外的有识之士所称道,逐渐也有一些学者参与其中。明治二十七八年以后,接受新教育的国语学者、语言学者,在学界成为一种极其强大的势力,更以新的面目出现。西洋语言学知识的普及,新的科学方法得到了应用,在国语学上,表现在历史的研究、比较的研究诸多方面。即便就是音韵的观察,依据音声学、实验音声学知识,进步轨迹非常清楚。现今的国语学,由江户时代国语学者开疆拓土,承受新的学术之光,在新视野学者之手中耕耘,渐渐达到了秋之丰硕的收获状态,前景十分美好。按,这里所谓"以新的面目出现"情况,就是指上田万年等学者的研究,进入了新的"国语学"创造时代。这是一个分水岭。《国语学通考》则是新的国语学研究成熟的标志之一,因而在日本的国语学史上具有重要意义。

安藤正次《国语学通考》与中国等国家国语学著作具有清楚的"相通性",最起码都潜藏着上田万年等"国语学"理论要素在里面。

胡以鲁《国语学草创》(1912/1923)是中国学者所写的第一部带有中国语言学特色的普通语言学著作。① 全书分 10 编,前边有章炳麟写的序。其目录为:第一编,说国语缘起;第二编,国语缘起心理观;第三编,说国语后天发展;第四编,国语后天发展心理观;第五编,说国语成立之法则;第六编,国语在语言学上之位置;第七编,论方言及方音;第八编,论标准语及标准音;第九编,论国语与国文之关系。附:论译名。一些学者已经对《国语学草创》有所研究,并予以高度评价,比如王力《中国语言学史》(1981);邵敬敏、方经民《中国理论语言学史》(1991),以及海晓芳《论析中国第一部语言学著作〈国语学草创〉——从西方的语言学影响说起》(2011)等。② 章炳麟的《〈国语学草创〉序》称赞说:"文学士胡仰曾,自帝国大学博言科得业归,著《国语学草创》十篇,本之心术,比之调律,综之词例,证之常言,精微毕输,黄中通理,其用心可谓周矣!""治语学者所未有也。"黎锦熙《国语学讲义》(1919)称:"本国语言,谓之国语,都是今年发生的新名词。至于国语学,更是向来所无。胡以鲁氏着《国语学草创》一书,自此书始。"③中国没有国语学,就胡以鲁《国语学草创》来讲,不会是空穴来风,而是与他留学日本,借鉴日本国语学有关。海晓芳称:"胡以鲁则是将'国语学'带入中国的第一人。'国语学'在日本是指日语语言学,胡以鲁'国语学'的称呼也是从日本引进的。他当时留学的日本东京帝国大学是日本介绍西方语言学的重镇,由上田万年第一次将西方语言学引入

① 胡以鲁.国语学草创[M].上海:商务印书馆,1913.

② 王力.中国语言学史[M].太原:山西人民出版社,1981;邵敬敏、方经民.中国理论语言学史[M].上海:华东师范大学出版社,1991;海晓芳.论析中国第一部语言学著作《国语学草创》——从西方的语言学影响说起[J].东アジア文化交涉研究 7.大阪:日本关西大学,2011:187-203.

③ 黎锦熙.国语学讲义[M].上海:商务印书馆,1919:2.

日语的研究中,他是日本国语学的创始人。而胡以鲁留学之时,上田万年刚好担任东京帝国大学国语学讲座,由此可以看出二者之间的关联。也就是说,胡以鲁要像上田那样,将西方的语言学理论引入到汉语的研究中,由此建立汉语的语言学。"这就等于承认胡以鲁的国语学与日本国语学的直接关系。但海晓芳在论证时,主要还是从《国语学草创》中出现的西方语言学者名字为线索入手,谈《国语学草创》与西方语言学的关系,似乎《国语学草创》的基础完全是西方语言学造成的。我们认为,这种论证方式,肯定是有效的,但从整个《国语学草创》框架来说,与"泛泛"的西方语言学的"国语学"形式具有直接关系的证据还不容易找到,因此,间接影响的可能性很大。反而是与日本"国语学"的形式构建,包括关心的问题,有许多是可以直接相通的,直接的影响则不可忽视。

比如"说国语缘起"。胡以鲁说:"言语心之声,精神动作之产物也。"讲语言的产生,语言与人的心理、与自然的关系。中国语言的摹声词特异之处。中国语言发展的不同时期。讲语音发音原理,以 36 字母为例,并用罗马字标记音值,讲中国语音发音特点。顾炎武十部、孔广森十八部,王念孙二十一部,双声叠韵,及古韵古音诸学说。中原之音、语意之缘起,涉及许慎六书。认识到汉语的特点:"吾国语大抵单节音也,意有余而音不足,故同一近似之语,意在字义有辨,而语音同者甚多数也。"引章太炎说,讲对转、旁转、阴阳对转;"音之长短以辨词品""音之长短以辨词用"国语缘起心理观:"语言精神活动之产物也,故探究语言当自其胚胎作用之精神活动始。"。其他还有"说国语成立之法则""国语在语言学上之位置"等论述也很重要,突出了胡以鲁建立中国国语学的理想与信念。

黎锦熙《国语学讲义》(1919)也是一部重要的国语学著作,其目录为:上篇。第一章,发端。第二章,音韵。注音字母之制定(附表)、注音字母与声音学、注音字母与标准音(即国音)、注音首字字母之应用各方面。第三章,词类。第四章,语法。第五章,结论。下篇。第一章,前清关于简字音标及统一国语之档;第二章,关于注音字母之法令档案;第三章,关于国语全部进行之法令档案。上篇占了 59 页篇幅,下篇占了 58 页篇幅。黎锦熙《国语学讲义》的重要贡献在于,提出了确定现代汉语的语音、词汇和语法等具体标准,并对中国国语学成果进行了有效的清理和总结。后来,黎锦熙又写了几部重要著作,比如《国语讲坛》(1921)、《新著国语学概要》(1922)、《新著国语教学法》(1924)等。[①]

朱麟公主编《国语问题讨论集》(1921)汇集了许多学者研究国语问题的论文。[②] 其中关心的问题,比如国语的意志和势力、国语的价值、国语的进化、国语和国文、国文的将来、国语和国音、国语文法、国语教材、国语教学、国语统一等,也都曾是日本学者关心的日本语国语学的一些问题,这说明,两国在思考国语学的问题上有许多共同之处。但无可讳言的是,日本学者讨论国语学时,不可避免地带有"语言殖民政策"倾向,这确实是非常大的区别。也可以看到,中国学者关心国语问题时更集中在现实的语言问题,在国语学框架下,中国国语学史问题则关注不够,这也是十分明显的。

中国国语学著作犹如雨后春笋般竞相出现,比如刘复《中国文法通论》,尔槑《国语文法讲义》,许地山《国语文法大要》,吴庚鑫《国语文典》,李直《国语文法》,陈浚介《白话文文法纲

① 黎锦熙.国语讲坛[M].上海:中华书局,1921;新著国语学概要[M].北京:商务印书馆,1922;新著国语教学法[M].北京:商务印书馆,1924.

② 朱麟公.国语问题讨论集[M].上海:中国书局,1921.

要》,王应伟《实用国语文法》,杨树达《中国语法纲要》《高等国文法》,陈承泽《国文法草创》,金兆梓《国文法之研究》,马继桢《国语典》,胡适《国语文法概论》,易作霖《国语文法四讲》,黎锦熙《新着国语文法》《国语文法纲要六讲》,邹炽昌《国语文法讲义》《国语文法向导》,汪震《国语文法》,吴耕莘《国语法典》等。

一些语言学理论著作也具有强烈的"国语学意识",比如王古鲁《言语学通论》(1931),主要取材于安藤正次《语言学概论》,对其书内容进行编译。同时,又以胡以鲁《国语学草创》和黎锦熙《国语学讲义》语音部分为基本依据(陈琪 2012)等①。安藤正次在中国的学术影响由此可见一斑。

我们在挖掘《国语学通考》的学术价值时,还应该对《国语学通考》存在的一些问题进行讨论:

其一,因为要兼顾国语学体系与教学,很自然,《国语学通考》涉及的许多学术领域问题有待深入进行,比如欧美"国语学"与日本国语学之间关系如何?世界各国强调国语学之重要性,为何主要在于强调其国语所代表的民族语言的精神内核?

有一提法,肯定是比较客观的,就是《国语学通考》没有摆脱"大东亚国语学意识"的束缚,比如论述"一般国语学"作用,名义上是为实现国民精神统一的国家理想需要而设,但在实际上,"语言殖民"意识十分突出。安藤正次称,北海道和桦太的阿伊努语、桦太的通古斯语,台湾的生番语等不是问题,在国语政策上应该留意的是,朝鲜的朝鲜语、台湾的中国语。在日本,不能采用"二语并用主义",意思很清楚,在日本版图之内的领土,全部依据国语进行统治,所以,不能允许二语并用现象存在。很显然,安藤正次还是希望在其殖民地强行推行日本语,用日本语统一国民精神,达到最终"同化"的目的。

其二,研究日本国语学,从历史上形成的东亚汉字文化圈视野出发,具有实事求是的态度,也是研究日本国语学无法回避的内容。因此,从东亚汉字文化圈学术"互动"关系角度切入显得尤为必要,即也要体现汉语言文字研究枢纽作用。我们看到,《国语学通考》对中国学术在日本国语学所应该具有的作用估计不足。

其三,日本国语学,说到底是语言学,性质十分清楚,正像安藤正次所说的,是特殊的语言学。在国际上,从甲柏连孜《汉文经纬》(1881)、《语言学》到索绪尔《普通语言学教程》等比较语言学、历史比较语言学、结构主义语言学,蓬勃发展。在日本国内,上田万年等《语言学》理论意识,小仓进平《朝鲜语学史》文献发掘,以及松下大三郎等语法观念在发生变化,应该有很好体现,但在安藤正次著作中体现不够,这也是一个明显的缺憾。②

中国学者研究安藤正次《国语学通考》还很少见,我们希望通过本研究引起学者们对安藤正次"国语学"系列成果的注意,思考与之相关的东亚"国语学"史产生、发展、形成、各国之间关系与差异,以至对当前各国存在状态的深刻认识,从而使得东亚国语学史研究走向系统化、科学化。

---

① 王古鲁.言语学通论[M].上海:世界书局,1931;陈琪.王古鲁日本访书考论[M].历史文献研究:总第31辑,上海:华东师范大学出版社,2012.

② 小仓进平.朝鲜语学史[M].刀江书院,1920;松下大三郎.标准汉文法[M].东京:纪元社,1926.

Ando Masatsugu's *General Research on Japanese Linguistics* (**1931**): Construction of Japanese Linguistics in the Early Showa Period

Li Wuwei

(Chinese Department of Xiamen University, Xiamen, 361005, China)

Abstract: Ando Masatsugu's *General Research on Japanese Linguistics* (1931) is much different from Ueda Kazutoshi's *Objects of Japanese Language*(1897) and *Ten Lectures on Japanese Linguistics*(1916). Ando Masatsugu's research theory and methods are quite mature, with his research achievements as followings: a. definition of the objects and connotation of Japanese linguistics by categorizing the definition theoretically, which lay foundation for further studies on relative issues; b. systemizing the Japanese linguistic research and perfecting its research frame by making clear its inner relations and roles; c. Possessing the sharpened awareness of research theory and methodology with scientific research procedures and modes; d. solid basics on philology of Japanese linguistics; e. outstanding achievements on specific researches, such as research on the history, which is ground breaking; f. wide research horizon achieved by adopting the latest research results home and abroad and by abundantly citing literatures, which declares its top place in the field of Japanese linguistics research in those days; g. clinical view on the purpose of Japanese linguistics research against the prominent Greater East Asia Co-Prosperity Sphere. While Ando Masatsugu's *General Research on Japanese Linguistics* (1931) is definitely related to similar academic works on official languages in other countries such as that on official Chinese, while the role the Chinese scholars' researches are supposed to play in Japanese linguistics is underestimated.

Keywords: Ando Masatsugu *General Research on Japanese Linguistics* (1931); Construction of Japanese research; Achievements; Chinese linguistics research using the Japanese research frame; Relativeness; criticism

(学术编辑:陈明娥)

李无未,男,厦门大学中文系教授。

楚望楼骈体文语言风格析论

庄雅州
（台湾中正大学 中文系 台湾 台北 106）

摘要：本论文旨在析论先师成惕轩教授《楚望楼骈体文》的语言风格，以见其骈文形式之特点。除前言及结论外，全文主体共分三节：首先介绍语言风格与文学风格之要素、涵义与功用，并比较二者之异同。其次，从音韵风格、词汇风格、语法风格三方面分项析论《楚望楼骈体文》语言风格的内涵，并举实例以明之。最后总结其语言风格具有回环跌宕的音韵美、典雅精炼的辞藻美，对称平衡的形式美，借以窥见其骈文之语言美感，并为探讨其文学风格奠立基础。

关键词：成惕轩；骈文；语言；风格

一、前言

先师成惕轩教授毕生以怜才好善为职志，以著述为名山事业，诗、文、联语皆足以名家，尤以骈文更是独步当时，扬芬后代。其裒辑成书者计有《楚望楼骈体文》内编118篇、外编25篇、续编72篇，合计215篇。[①] 颂辞、贺辞、记、传、序、跋、书、启、碑、箴、铭、寿序、杂文，各体皆工，美不胜收。故友张仁青学长，专攻骈文，得先师衣钵，其《成楚望先生之骈文》云：

> 成氏之文，虽系镕铸百家，不宗一派，但讲求写作之技巧，重视时代之精神，无论形式、内容，并皆充实。加以旧学湛深，海涵地负，所作多清新纯懿，而有儒者风，故能于新潮陵荡之时，文苑尘霾之会，润色鸿业，振藻扬葩，使此最足以表现中国文字优美之骈文，不致作广陵之绝，厥功伟矣。赵瓯北诗云："江山代有才人出，各领风骚数十年。"真不啻为成氏咏也。[②]

---

① 成惕轩.楚望楼骈体文：内编[M].台北：中华书局，1973. 成惕轩.楚望楼骈体文：外编[M].台北：中华书局，1973. 续编[M].台北：商务印书馆，1984. 龚鹏程《楚望楼诗文集》收录骈文164篇，主要是寿序41篇，只取5篇，删去36篇，并芟除所有注脚。（龚鹏程辑.楚望楼诗文集[M].合肥：黄山书社，2014.）

② 张仁青.成楚望先生之骈文[M]//庆祝阳新成楚望先生七秩诞辰论文集.台北：文史哲出版社，1981：694.张仁青.六十年来之骈文[M]//程发轫.六十年来之国学：册五.台北：正中书局，1975.介绍近代骈文名家有李详、樊增祥、陈含光、戴培之、楚望师、谢鸿轩、李猷等二三十人。但在《骈文学》则独推楚望师与徐陵、庾信、陆贽、苏轼、汪中、洪亮吉并列为"骈林七子"，足见其备极推崇。（张仁青.骈文字[M].台北：文史哲出版社，1984：457-563.）

虽推崇备至，尚无虚谀之嫌。所憾者，在旧学陵夷之今日，骈文术业专精，几成绝学。知音罕觏，阐其遗芬者更是屈指可数。笔者有幸忝列门墙，渥承嘘植，[①]平日笃好经学、语言文字学、古代科技史，于古文理论略有涉猎，于骈文则素乏究心，本无妄赞一辞之资格，只以语言风格学近年崛起于语言学领域之中，以新知阐发旧学，颇有发展空间，用敢不辞谫陋，持以蠡测先师之高文，借以报答师恩于万一云尔。2009 年 6 月适值先师百年诞辰，淡江大学台北校区举办“中国语文表达学术研讨会——以成惕轩先生之诗文为主题”，本论文因迫于时日，曾以节略方式发表，虽项目完整，例证粗备，而有骨无肉，终非全璧，今全文完成，亦足以稍赎昔日之愆尤。

二、语言风格与文学风格

(一)语言风格学概说

1. 语言三要素

符号论学者苏珊·朗格(Susan K. Langer)认为人是最会发明符号的动物，而语言是人类所发明的最惊人的推论性符号。[②] 语言是音义结合的体系，对内可以让人的大脑起思维作用，对外可以表达情意，与他人交际、沟通，展现人作为社会动物的特性。[③] 将语言分析开来，主要有三个要素：

(1)语音

由发音器官发出，是语言的物质材料，也是语言的外部形式，又包含音高、音强、音长和音质(音色)四个要素。[④]

(2)词汇

词包含音义，是最小的可以独立运用的造句单位，一种语言中所有的词和成语等固定用语的总汇就叫做词汇。[⑤] 词汇在语言中具有建筑材料的作用，词汇越丰富，语言就越繁杂，越发达。

(3)语法

语法是词形变化法和用词造句法规则的总和。词汇必须接受语法规则的支配，才能使语言清晰地、完整地表达人类的思想。[⑥]

以上这三个要素，相互协调，相互制约，合乎规律地共处在一个整体之中，人类的语言始得以发挥实际的功用。

2. 语言风格的涵义

---

① 庄雅州.高山仰止忆恩师[M]//成惕轩先生逝世十周年纪念集.台北：文史哲出版社，1999:219-222.

② 苏珊·朗格.情感与形式[M].刘大基，等译，台北：商鼎文化出版社，1991:40.

③ 叶蜚声，徐通锵.语言学纲要[M].3 版.北京：北京大学出版社，1997:7，24.

④ 马学良.语言学概论[M].武汉：华中工学院出版社，1981:26.

⑤ 叶蜚声，徐通锵.语言学纲要[M].3 版.北京：北京大学出版社，1997:126.

⑥ 王振昆，谢文庆，刘振铎.语言学基础[M].北京：中央广播电视大学出版社，1983:19.

风格是内容与形式统一所显现的独特个性，亦即特殊的风貌和格调。人有风格，语言与文学作品也有其风格。语言的风格是指语言体系本身的特点和语言运用中各种特点的综合表现。其种类既包括语言的民族风格、功能风格及语体风格，也包括语言的时代风格、流派风格、个人风格和表现风格等。①

至于语言风格学的内涵，宋振华、王今铮《语言学概论》说：

> 风格学的任务，是研究语言风格的本质、语言风格的构成、语言风格产生和变化的规律、语言风格的类型和风格学的研究方法及历史经历。②

所谈虽侧重语言风格学的目的任务，但对其研究重点几乎已涵盖无遗了。

由于语言具有三要素，所以语言风格的内涵分析开来也就包含三个方面：

(1)语音风格

例如平仄的变化、用韵的讲求、叠音的结构，乃至于拟声、双声、叠韵、谐音、节奏和停顿的配合等都可增强语言的音乐性和生动性。③

(2)词汇风格

不同的词汇会形成不同的风格，例如成语、谚语、歇后语、反映特有习俗、时代的词语、具有褒贬色彩的用语、不同语体的专门词汇，甚至是经过修饰的词藻、词类活用、反义词和模糊词语等都会产生不同的效果。④

(3)语法风格

例如短句和长句、例程句和变式句、不同的语气形式、灵活的虚词，都可表现不同的风格特点。⑤

3. 语言风格学的功用

语言学是古老的学门，语言风格学则是新兴的学科，由于学者们不断的努力，它不仅回过头来影响语言的发展，甚至也影响到其他的领域：

(1)有助于语言的表达

语言风格学讲求的是语言风格的类型与规律，不同的风格类型有其不同的适用场合，也会影响到语言表达的良窳。如果能了解其本质，掌握其规律，必然可以使语言的表达得体而有效。

(2)有助于文学的鉴赏

文字是语言的纪录，文学是文字的奇葩、语言的艺术。阅读文学作品，首先接触到的是语言纪录的文字，必须了解语言风格，才能具体了解作品的语音、词汇、语法，进而去鉴赏作品的形式与内容，以及两者统一所呈现的文学风格。

(3)有助于语文的教育

---

① 张德明.语言风格学[M].长春：东北大学出版社，1990：25.

② 宋振华，王今铮.语言学概论[M].修订版.长春：吉林人民出版社，1979.

③ 黎运汉.汉语风格探索[M].北京：商务印书馆，1990：56-57.

④ 黎运汉.汉语风格探索[M].北京：商务印书馆，1990：57-58.

⑤ 黎运汉.汉语风格探索[M].北京：商务印书馆，1990：58-61.

语文水平的高下，决定个人前途的发展、国民素质的优劣。使学生正确认识语言风格，可以提升他们对于语言的了解与运用，也可以增进文学的欣赏与写作的能力。至于对语言与文学研究的裨益，更不在话下。

(二)文学风格学概说

1. 文学的要素

文学是什么呢？徐志平、黄锦珠《文学概论》说：

> 文学是透过创造性的想象，藉由语言文字的组织安排，以含蓄的方式，在达到审美效果的同时，传达了作者以当时文化的环境为基础所蕴涵的思想与情感的一门艺术。[①]

可见文学是以语言文字表达思想、情感、想象的艺术。在艺术分类里属语言艺术。[②] 正如其他艺术一样，文学也可具有内容与形式两大要素：

(1)文学的内容：所谓内容，是指构成事物的内在诸因素的总和。文学作品中的题材、主题、意象、情节皆属之。[③]

(2)文学的形式：所谓形式是指事物外在诸要素的组织、结构和表现形态。文学作品中的结构、文学语言、表现手法、体裁皆属之。[④]

2. 文学风格的涵义

向锦江、张建业《文学概论新编》说：

> 文学风格是内容与形式有机统一中所呈现的总的艺术特色。[⑤]

广义的文学风格包含作品风格、作家风格、流派风格、时代风格、地域风格、民族风格、阶级风格和文体风格等。在这许多风格中，最重要的是作品风格和作家风格。尤其作品风格是研究其他各种风格的基础，缺乏它，其余风格都无从谈起。[⑥]

作品风格又称表现风格，可从作品的内容与形式去探讨。不仅表现在语言上，而且还表现在题材的选择和处理、主题的开掘、人物的塑造、情节结构的安排等各个方面，但是它又不是各方面特点的简单相加，而是一个统一的表现。[⑦]

《文心雕龙·体性篇》云：

---

① 徐志平，黄锦珠.文学概论[M].台北：洪叶文化公司，2009：41-42.

② 艺术的种类分为实用艺术（如建筑、工艺）、造型艺术（如绘画、雕塑）、表情艺术（如音乐、舞蹈）、语言艺术（如诗歌、散文、小说）、综合艺术（如戏剧、电影），见彭吉象.艺术学概论[M].北京：北京大学出版社，1984：269-393.

③ 姚鹤鸣.文学概论精讲[M].北京：北京大学出版社，2001：59、65-75.

④ 姚鹤鸣.文学概论精讲[M].北京：北京大学出版社，2001：59、74-85.

⑤ 向锦江，张建业.文学概论新编[M].北京：北京师范学院出版社，1988：220.

⑥ 向锦江，张建业.文学概论新编[M].北京：北京师范学院出版社，1988：217. 周振甫.文学风格例话[M].南京：江苏教育出版社，2006：1-234.

⑦ 吴中杰.文艺学导论[M].3版.上海：复旦大学出版社，2007：193-194.

才有庸隽，气有刚柔，学有浅深，习有雅郑。并情性所铄，陶染所凝，是以笔区云谲，文苑波诡者矣。[①]

很明确指出作家个人内在的才华、气质、个性，外在的学识、习染、兴趣，铸成作家的风格，这些风格表现在作品上，就形成他与其他作家不同的指标，李白飘逸，杜甫沉郁，岑参雄浑，王维闲适，就是因为他们的创作个性不同的缘故。

3. 文学风格学的功用

文学风格是文艺美学的重要范畴，从文学的创作与接受的角度来看，文学风格功用可以分三个层面言之：

(1)作家艺术成熟的标志

人之不同，各如其面，文坛上不乏风格相似的作家，但绝无风格完全相同的作家。一个作家累积相当数量的作品后，能自成一格，产生独特的艺术魅力，才表示他的作品已经成熟，可以岿然成家，甚至引领风骚，蔚为一个流派的宗师。

(2)读者欣赏的桥梁

读者欣赏文学作品，嗜好各有不同，往往是与其性向相近的作品，较具有吸引力。等到深入作品的内容与形式之后，涵泳渐广，体会日深，心得也就与日俱增，更能了解作家的作品风格。所以文学风格往往是引导读者欣赏文学作品的重要媒介。

(3)批评家评论的标准

比起一般读者，文学批评家是更客观、更专业的人士。他们对作品评论的标准与态度十分严谨，从内容到形式，从体裁到风格，从审美感知到审美判断，都有其具体的原则与精密的方法，等到他们对作品作出整体的评价时，意境是否深远，风格是否独特，往往是重要的圭臬。

(三)语言风格与文学风格异同

由于文学作品是语言的艺术，语言风格与文学风格自然同中有异，异中有同，具有不可分割的关系：

1. 就范畴言

语言风格学属于语言学，文学风格学属于文艺学。语言应用的范围极广，文学仅是其中一端，因此，语言风格表现的领域要比文学风格表现的领域宽广。但就文学作品而言，语言风格只是文学风格的一部分，文学风格的容量又比语言风格大。[②]

2. 就位阶言

语言是文学的原始材料，文学是语言的精美产品；语言风格是文学风格的基础，文学风格是语言风格的高层建筑。宫殿之美，百官之富，没有坚实的地基，是不可能凭空出现的。

3. 就特色言

语言风格具有整体性、稳定性、交错性，是具体的，可以看得到，摸得着，可以分析，可以认识的。文学风格具有形象性、美感性、多样性、独特性，是抽象的，看不到，摸不着，只能意

---

① 刘勰.文心雕龙注[M].范文澜，注．台北：文光出版社，1973：505.

② 黎运汉.汉语风格探索[M].北京：商务印书馆，1990：5-6.

会，难以言传。[①]

4. 就表现言

语言风格学是客观的、求真的，将语言材料——语音、词汇、语法进行理性的分析，以期得出个人风格的特色。文学风格是主观的、求美的，分析内容与形式的特色之后，往往以高度抽象的形容词，如雅正、绮靡、浏亮、缠绵等加以描述，以期表达概括的印象、综合的评价。[②]

三、楚望楼骈体文语言风格的内涵

王了一（力）先生《古汉语通论・骈体文的构成》以为：

> 骈文的语言有三方面的特点：第一是语句方面的特点，即骈偶和“四六”；第二是语音方面的特点，即平仄相对；第三是用词方面的特点，即用典和藻饰。[③]

张仁青《骈文学》也认为骈文的构成要件有五，即对偶精工，典故繁伙，辞藻华丽，声律谐美，句法灵动。[④] 所言均属语言的范畴，今即分语音、词汇、语法三项析论《楚望楼骈体文》的语言风格：

（一）音韵风格

1. 平仄

声调是汉语的一大特色，这是由音律中的高低律决定的，与长短律也有关系。[⑤] 古代汉语声调分平上去入四声，平声包含今日的阴平、阳平，上去入声合称仄声，在普通话中，入声已变为其他声调，叫“入派三声”。平仄相对是骈文和诗词曲的核心，其主要的规则是以平对仄，以仄对平，一三五不论，二四六分明。看似机械而刻板，实则在规律中有变化，声调起伏，抑扬有致，具有音律之美。

骈文又称“四六文”，因其句式以四字句、六字句为主，在四字句有两种平仄格式，[⑥]《楚望楼骈体文》屡见，如：

> 甲式：平平仄仄，仄仄平平。
>
> 笺裁蜀锦，洪度飘零。（内编《薛玉松遗诗序》）
>
> 乙式：仄仄平平，平平仄仄。

---

① 黎运汉.汉语风格探索[M].北京：商务印书馆，1990：7-14，163-168.

② 程祥徽.语言风格初探[M].台北：书林出版公司，1991：17-20. 竺家宁.语言风格与文学韵律[M].台北：五南图书公司，2001：13-15.

③ 王力.古汉语通论[M].台北：泰顺书局，出版年不详：294-295.

④ 张仁青.骈文学[M].台北：文史哲出版社，1984：91-306.

⑤ 谢云飞.文学与音律[M].台北：东大图书公司，1978：14-16，20-22.

⑥ 王力.古汉语通论[M].台北：泰顺书局，出版年不详：304.

百里攀辕，口碑不绝。（续编《宁乡丛稿序》）

六字句有四种平仄格式，[①]《楚望楼骈体文》亦屡见，如：

二四甲式：平平仄仄平平，仄仄平平仄仄。
刘公一纸之书，汉祖三章之法。（外编《于秀人先生八秩寿序》）
二四乙式：仄仄平平仄仄，平平仄仄平平。
宁有空空妙手，能题卧雪之碑。（内编《楚望楼诗自序》）
三三甲式：平仄仄仄平平，仄平平平仄仄。
仗大雅以扶将，纪嘉宾之戾止。（内编《赠日本小野秀雄教授序》）
三三乙式：仄平平平仄仄，平仄仄仄平平。
患卮言之漫衍，申大义于时中。（续编《孔孟学会褒贤赠语》）

大体严守平仄，然偶亦有不甚符合正格者，如续编《不足畏斋诗序》："瑶池鸡犬，……青灯蟾蜍。"属四字句甲式，但"春灯蟾蜍"四字皆平，"春灯"本应为仄仄，而作平平，遂与"瑶池"平仄不谐。又如续编《红并楼诗序》："哀乐迫于中年，间关极其万里。"属三三甲式，节奏点在第三、第六字，故"间关极其万里"，"极"本应为平，而作仄，则拗矣！这是因为早期骈文只求口吻调利，不斤斤于绳墨，梁陈以后，四六平仄始成定型，但大家亦难免有自然变化，不拘常格，在体裁风格之外，见其个人风格者，此不仅骈文为然，近体诗之拗救，亦有类似现象。

2. 节奏

节奏是事物在一定时间内的重复运动。在自然环境中，日月循环，春秋递嬗，潮起潮落，虫鸣鸟叫，乃至人的呼吸、心跳，钟的左右摆动，引擎的快速旋转，无不有节奏存在，节奏是音乐、文学、舞蹈、绘画、书法、建筑等各种艺术的共同要素，也是生命力的泉源。作为语言艺术的文学，语音的高低、轻重、长短、快慢、停延、音质变化以及基调所营造的音乐美，就是节奏。[②] 由此可见，字句的长短、声调的高低、语气的轻重缓急，都与节奏息息相关。而最显而易见的，莫过于平仄。王了一先生《古汉语通论》说：

> 节奏点的平仄是最严格的，四字句的第二字、第四字是节奏点；六字句如果是二四式，第二、第四、第六字是节奏点，如果是三三式，第三、第六字是节奏点。五字句和七字句也可由此类推。[③]

骈文的节奏点是按文句的不同而变化着，在朗诵这些作品时，特别注意平仄及其节奏点，并配合语音的轻重缓急、高低变化、停顿间歇，则自然产生抑扬顿挫、美妙和谐的音乐美。例如上文的"百里攀辕，口碑不绝"，里、辕、碑、绝是节奏点；"宁有空空妙手，能题卧雪之碑"，有、空、手、题、雪、碑是节奏点。朱光潜说：

① 王力.古汉语通论[M].台北：泰顺书局，出版年不详：305.
② 雷淑娟.文学语言美学修辞[M].上海：学林出版社，2004：59.
③ 王力.古汉语通论[M].台北：泰顺书局，出版年不详：305.

从前文学批评家常用的“气势”“神韵”“骨力”“姿态”等词，看起来好像有些玄虚，其实他们所指，只是种种不同的声音节奏。①

节奏在文学上的重要性，可以思过半了。

3. 押韵

诗歌是韵文，古代称之为“文”，骈文、散文是非韵文，古代称之为“笔”。但文学体裁往往互相影响，当以骈体写作介于半诗半文的辞赋，以及箴、铭、颂、赞、哀祭等文时往往讲求押韵。② 在《楚望楼骈体文》三册中，除外编无韵语外，内编的《金门颂》《五养箴》《四维箴》《思过室铭》《祀孔文》等五篇，续编的《严静波先生八秩寿颂》《许静仁先生九秩寿颂》《尹母石太夫人寿颂并序》《黄达云先生八秩寿颂》等四篇，都夹有韵语，仅占全部骈体文的4%而已。续编四篇有韵之骈文，其标题皆为“寿颂”，以示与其他无韵语之寿序有所区隔。而内编卷一收颂四篇，独《金门颂》有韵，其他《还都赋》《介寿堂颂》《嵩海颂》三篇则无韵，续编的《慈庵颂》亦然，是其有韵与否，又不可徒以标目求之。其押韵有二类：

(1)一韵到底：

如内篇《五养箴：养望》：

饬躬修己，日就月将。匪求闻达，其声自扬。涣散无序，庞杂无章。大而靡当，疏而不详。泄泄沓沓，矫饰虚张。凡兹六病，必革必匡。集思广益，挈领提纲。劳谦是宝，历久弥光。

所押纯属上平声阳韵，《五养箴》其余各箴、《金门颂》也都是一韵到底。

(2)换韵：

如内编《祀孔文》：

道缵黄虞，泽流洙泗。(去声寘韵)光昭四方，仪范千世。(去声霁韵)
至仁周物，始于亲亲。(平声真韵)贵德尚齿，以明人伦。(平声真韵)
善教因材，本于无类。(去声寘韵)顺时执中，以袪群蔽。(去声霁韵)
敬事节用，足食足兵。(平声庚韵)半部《论语》，克臻治平。(平声唐韵)
尊王攘夷，毋僭毋越。(入声月韵)一字千秋，实惧乱贼。(入声职韵)

每两句押韵，每隔四句就换另一个韵。平仄韵交替出现，而且所叶之韵往往是音近相通，而非同韵。除了《祀孔文》外，《四维箴》、《思过室铭》及《严静波先生八秩寿颂》等四篇寿颂也是如此。

《文心雕龙・声律篇》云：

---

① 朱光潜.艺文杂谈[M].合肥：安徽人民出版社，1981：80.

② 褚斌杰.中国古代文体学[M].台北：台湾学生书局，1991：201. 沈祥源.文艺音韵学[M].武汉：武汉大学出版社，1998：196.

异音相从谓之和，同声相应谓之韵。①

平仄、节奏主要是异音相从，叶韵则是同声相应，两者似相反而实相成。叶韵主要是应用文学音律中的音色律，②把同一个韵（主要元音及韵尾都相同）的字每隔若干字之后重复出现，宛如跳圆舞曲或芭蕾舞，相当规律，使作品产生一种回环往复的音乐美，可表现节奏的段落、情感的变化，同时也便于诵读，易于记忆。如《五养箴》是为张岳军《谈修养》而撰写，养身、养心、养慧、养量、养望，重点各有不同，情感亦异，故所押之韵各有差别。《养望》综合各种修养，匡正六病之后的表现，不求闻达，其声自扬，故以声响洪亮的阳韵来表达内心的光明磊落。《祀孔文》是告于孔子的祭祀文，孔子不仅是儒家的至圣先师，也是中国文化的大宗师，其道广大，影响深远，而遭逢乱世，怅触多端，故经常换韵、通用，以见其情感之起伏变化。

（二）词汇风格

1. 遣词

人之写作，是因字而生句，积句而成章，积章而成篇。可见词汇是构成文章的基本单位，选词用字，十分重要。汉语词汇的类型不下数十种，每种词汇都各有其特性，也各有其功用。张万有《文学语言审美论析》云：

同义词的选用，表意精确；反义词的调遣，对照鲜明；同音词的使用，幽默含蓄；多义词的安排，深刻隽永；色彩词的巧用，鲜艳明丽；模糊词的奇用，委婉曲折；口语词的配合，通俗朴实；书面语词的调动，规范严密；方言词的选择，亲切自然；古语词的穿插，庄重典雅；外来词的点缀，新颖别致；谚语的设置，形象生动；成语的妙用，言简意赅；歇后语的搭配，活泼风趣。③

骈文是唯美文学之一，自然更重辞藻。今即以内编《美槎探月记》为例，以见《楚望楼骈体文》辞藻之繁富。该文第三段云：

公元一九六九年七月十六日上午，阿姆斯特朗与其同僚艾德林、柯林斯二君，自佛罗里达州甘乃廸角，乘阿波罗十一号宇宙飞船，假农神五号火箭升空，历航程二十五万英里，于二十日下午四时十七分，阿姆斯特朗步下登月小艇，遂以人类第一人，踏入月球表面之宁静海。

此段以古文翔实交代美槎探月的始末，以及本文写作的缘由，并纳入“阿姆斯特朗”“艾德林”“柯林斯”“佛罗里达州甘乃廸角”“阿波罗”“农神”“宁静海”等许多译音、译义的外来语，可见骈文不仅可以打破骈散界限，也可运用外来语甚至新造词，如“美槎”“宇宙飞船”“火箭”“英里”“登月小艇”“月球”，俾顺应时代潮流，发挥与时俱进的纪事功能。

① 刘勰.文心雕龙注[M].范文澜注，台北：文光出版社，1973：553.

② 谢云飞.文学与音律[M].台北：东大图书公司，1978：23-26.

③ 张万有.文学语言审美论析[M].香港：新世纪出版社，1992：57.

除此段外，前面二段、后面三段都是纯粹的骈体文，词汇当然以同义词、反义词、书面语、古语词、成语、色彩词、联绵词、叠字、虚词为大宗，如：

“二者摄境有判，持义攸殊。”此为同义词相对，以强调其内外皆有区别。

“一谓熙熙相属之人寰，一谓浩浩无垠之域表也。”此以反义词衬托天上人间之迥殊。

“奋精神之大无畏，开历史之新纪元”，此用书面语，虽未雕琢，而较白话文凝练。

“璇玑察微，土圭立准。”古语词典出《尚书·尧典》、《周礼·地官·大司徒》，比书面语更为典雅。

“壮哉斯人，前无古人。”应用成语，达到言简意赅之效果。

“玉宇琼楼之咏，青天碧海之吟。”典出苏轼《水调歌头》词、李商隐《嫦娥》诗，命意深切，寄托遥远。而颜色词之运用，使文字多彩多姿。

“一轮皎洁，千里婵娟。”婵娟为联绵词，由美女借代为明月，益添月光之明媚。

“空空玉斧，伐丹桂以何从？穆穆金波，问素娥其安在?”叠字“空空”拟声、“穆穆”状物，皆有助于声色之美。

“云泥靡隔，缟纻相欢，亦云盛已。”“亦云盛已”多用虚字，以致其赞叹。

可见除了方言、俚语、俗谚、歇后语等少数词语不宜入于美文外，其他各种词汇几已粲然大备。

2. 藻饰

在选择词语之后，还要对词语进行加工，使其精炼华美，这就是藻饰。对有美文之称的骈文而言，藻饰的功夫特别重要。藻饰之道多端，如张仁青《骈文学》论及辞藻华丽，有“骈文修辞十要”，①显示最符合时代潮流者莫过于从修辞学入手，莫道才《骈文通论》言骈文藻饰的方式有六，即分别从修辞角度及修辞手段言之，②可援以析论《楚望楼骈体文》之藻饰：

(1)颜色藻饰

自然界充满五彩缤纷的事物，故骈文家每以青、红、皂、白、蓝、绿、紫、黄等色彩词，使艳彩纷呈，鲜明相衬，如：

湖邻青草，圃接黄花。(正编《萧寺秋游记》)

很有技巧地交代了郊游地点在新竹青草湖，季节是菊花盛开的秋天。画面淡雅，令人悠然意远。

(2)形态藻饰

或状人之外貌，服饰、动作、心理，或写景物之性状、外观、动止，皆力求具体生动。如：

---

① 张仁青.骈文学[M].台北：文史哲出版社，1984：221-236. 十要即：锻炼字句、奇诡、代字、夸饰、善用虚字、潜气内转、遒逸、奇偶叠韵、先模拟后变化、新变。

② 莫道才.骈文通论[M].南宁：广西教育出版社，1994：129-134.

勤披缥帙，博涉艺文。诗摹咏絮之篇，字仿簪花之格。（正编《孟都中山学院记》）

此写乌拉圭爱兰娜笃爱东土文物，师事萧子升，勤于研习中国文学艺术，传播于异邦，其手挥口诵，令人佩服。

(3)数量藻饰

或以一、三、千、万等具体数字极言大小、多少、广狭；或以尽、满、并、咸等抽象字眼收其夸饰、映衬之效。如：

苍天四围，赤地千里。（外编《吴礼卿先生七秩寿序》）

1946年吴礼卿入疆，但见"苍天四围，赤地千里"，寥寥八字，而新疆天高野阔，荒漠无垠的景象，如在眼前。

(4)比拟藻饰

以譬喻、转化的修辞格加强文字的张力，包含明喻、隐喻、借喻、拟人、拟物等。如：

地错犬牙，峙北军之壁垒；天留鹑首，迟上将之旌旗。（外编《于秀人先生八秩寿序》）

"地错犬牙"，谓陕西地形复杂，如犬牙之相错；"天留鹑首"，谓周天十二次有鹑首，代表秦地的分野，以喻20世纪初，清廷既倾，于秀人被推为西北靖国军总司令。都是以相类似的事物来作譬，显得十分贴切。

(5)摹状藻饰

摹状是摹写视觉、听觉、嗅觉、触觉等感觉的辞格，透过各种感觉的描摹，自然可以增添文章的声色之美。如：

五剧车喧，万灯宵霁。鸡鸣而起，尽多攘利之徒；龙门一登，便成钓誉之薮。（续编《九歌图序》）

"五剧车喧""鸡鸣而起"写听觉；"万灯宵霁""龙门一登"写视觉，而征逐名利之徒的丑态，也就跃然纸上了。

(6)铺排藻饰

铺排又称夸张、夸饰，是张皇铺叙超过客观事实的修辞格。汉赋以铺张扬厉为尚，骈文受其影响，故丽词雅义，美不胜收。如：

观夫篇目粲陈，匠心潜注。广征四库，博涉九流。或细陶杜之遗编，兼志老庄之要籍。地不囿夫东海西海，学无歧于今人古人。豹全貌以皆窥，凤一毛而必采。是其涵摄之丰也。（续编《谈艺杂录序》）

此为旅美云麓居士之书作序，分涵摄之丰、铨品之公、撰述之勤且笃三端，此处所引，仅其一隅。盖为人作序，与人为善，所谓广征四库，博涉古今，难免有溢美之处，不足为奇。

以上六种藻饰，前三者就修辞角度言之，后三者就修辞手段言之。修辞之学，是研究如何调整语文表意的方式，设计语文优美的形式，使精确而生动地表达出说者和作者的意象，期待能引起读者共鸣的一种艺术。[①] 其范围极广，在研究路线上，可从小到大，掌握语音、词语、修辞格，考察其修辞功能；也可从大到小，分析语体和风格的构成方式及其对各种语言材料选择的影响。[②] 单就修辞格而言，即不下数十种，几乎都有助于藻饰。此处所言的比拟、摹状、铺排，不过是其运用较广的几种而已。但窥豹一斑，已可知修辞之重要。

3. 用典

繁用典故为骈文的一个要件。凡是引证历史中事实及前人言语入于文者，皆曰典故，前者谓之“用事”（事典），后者谓之“用词”（语典）。[③] 楚望师《中国文学里的用典问题》以为文学作品所以必须用典，其故有四：用典可以减少文字上的累赘，为议论找根据，便于比况和寄托，用以充足文气。[④] 由于这些理由，使得诗文能够文词简洁、意蕴丰富、情意委婉、体制典雅，因而骈文家及骚人墨客皆用力甚深。骈文之用典依张仁青《骈文学》、莫道才《骈文通论》所言，至少有六种方式：[⑤]

（1）明用

征引典故或明言其人，或明引其事，最简单，亦最普遍，又称“实用”。如：

> 且征诸前志，康衢之谣，小儿可歌；香山之作，老妪都解。又乌得以其为语体而少之哉？（正编《乐章集序》）

“康衢之谣，小儿可歌”，见《列子・仲尼篇》，“香山之作，老妪都解”，见《唐书・白居易传》，稍加检索，即不难得之。

（2）暗用

用典痕迹不甚明显，不作用典解释亦可理解，又称“虚用”。如：

> 弥天腾鼓角之声，大地碎山河之影。（正编《山房对月记》）

此二句自杜甫《阁夜》诗“五更鼓角声悲壮，三峡星河影动摇”蜕化而出，而浑然天成，莫见其迹，可谓运典之最高境界。

（3）正用

指用典的目的与典源文献中表示的意义彼此一致，这是最常见的用典方式。如：

---

① 黄庆萱.修辞学[M].台北：三民书局，1975：9.

② 王希杰.修辞学通论[M].南京：南京大学出版社，1996：53.

③ 张仁青.中国骈文析论[M].台北：东升出版公司，1980：71. 张仁青.骈文学[M].台北：文史哲出版社，1984：137.

④ 成惕轩.中国文学里的用典问题[J].东方杂志复刊，1968，1(11)：92-93.

⑤ 张仁青.骈文学[M].台北：文史哲出版社，1984：153-161. 莫道才.骈文通论[M].南宁：广西教育出版社，1994：115-118.

柳侯乃河东之望，文学炳于甲科。晋国则天下莫强，山川郁其佳气。（外编《贾煜如先生八秩寿序》）

贾煜如，山西沁水人，前清进士，曾主持坛坫，总绾试政。可谓地灵人杰，以河东柳宗元为譬，堪称贴切。所用典故，皆合史实。

（4）反用

指用典的内容与典源文献的内容意思相反，可收衬托、对比之效，这种方法较为罕用。如：

权因分属，则马首靡瞻。（外编《徐柏园先生六秩寿序》）

《左传·襄公十四年》："唯余马首是瞻。"此言"马首靡瞻"，谓进退无所依从，与典源之意适得其反。

（5）借用

用典时表达的意思与典源原义仅是借用关系，作者往往在使用时赋与新意，此法亦不常用。如：

莽莽兵尘，纪樱都之噩梦。（续编《蓬海集跋》）

樱都指东京。"樱都噩梦"，字面为日本东京之恶梦，实则借指日本侵华八年，带给华夏民族的苦难，寄慨遥深。

（6）活用

根据行文环境的特别情况，把典源的内容加以灵活变化，或将使用范围加以扩大。可极尽出神入化之能事，而达到雅俗共赏之目的。如：

换同缣素，幸笼昙礦之鹅；镂以苕华，定宝赵家之燕。（续编《王止庵篆刻启》）

此四句谓王羲之尝以手书《黄庭经》换取山阴道士白鹅；汉成帝曾以玉印赐与爱妃赵飞燕。"赵家之燕"指赵飞燕，为与"昙礦之鹅"相对，故加以灵活改写，事为我使，融合无间，已臻化境。

此外，莫道才《骈文通论》论用典的手法，有人名引带法、地名（物名）引带法、中心概括法、以偏带全法、原文照录法、局部改动法。① 可以参考，不赘。

（三）语法风格

1. 句式

字词是语言中可以独立运用的最小符号；句子则是语言中最大的语法单位，又是交际中

① 莫道才.骈文通论[M].南宁：广西教育出版社，1994：118-122.

最基本的表述单位。[①] 句子的结构格式，就叫句式，是语法学的中心。[②] 不同的文体有不同的句式，如散文极为自由，近体诗最为固定，骈文则句式繁杂，在例程中有变化，从整齐中求参差。莫道才《骈文通论》将骈文基本句式分为骚体句、诗体句、叠字句、虚词句、箴体句、散体句。[③] 种类繁多，且较侧重骈文与其他文体的关系。骈文的句式诚然多来自其他文体，如四字句脱胎于《诗经》，六字句源出《楚辞》，四六句肇端于汉赋，五、七言句取之于古诗，再以单行的散句穿插其间。[④] 但由于骈文向称四六，从句中字数的多少，更能见其特色，所以一般学者多就此言其句式，如张仁青《骈文学》述其习用者 55 句式，未免过繁。[⑤] 王了一先生《古汉语通论》则将四六句基本结构分为五种，这是由对仗来决定的。再加上五字句、七字句、三字句、八字句，[⑥]可说最为简要，兹依其说，胪举《楚望楼骈体文》之例以实之：

（1）四四

魏晋时代的骈文以四字句为多，节奏一般为二二，意义单位和节奏单位是一致的，如：

> 铁锁已沉，金瓯待补。（内编《还都颂》）

平仄为“仄仄仄平，平平仄仄”，字句简短，读来铿锵有力。

（2）六六

节奏分为三三、二四两种。三三的句式，一般是第四字用虚词，也可以划分为三一二。二四的句式，是以二字为基础，也可划分为二二二，如：

> 嗟古道之寖亡，问横流其安居。（内编《怜才好善篇》）

节奏为三三中的三一二，第四字“之”“其”为虚词。身逢乱世，感慨良深。用二虚词，便与五言诗有别，又能妙达语气。

（3）四四四四

连用四个四字句，接近于《诗经》句式，如：

> 孝友型家，勋华照国；望隆三事，声溢九区。（外编《张岳军先生八秩寿序》）

张岳军功高望隆，声华夙着。故全文以推崇其功业作起，读之有金石声。

（4）四六四六

连用两个四六句，在骈文句式中最有代表性，肇始于刘宋，齐梁后完全成型。如：

---

① 叶蜚声，徐通锵.语言学纲要[M].3 版.北京：北京大学出版社，1997：126、90.

② 张万有.文学语言审美论析[M].香港：新世纪出版社，1992：63.

③ 莫道才.骈文通论[M].南宁：广西教育出版社，1994：60.

④ 王力.古汉语通论[M].台北：泰顺书局，出版年不详：312、313、336.

⑤ 张仁青.骈文学[M].台北：文史哲出版社，1984：261-280.

⑥ 王力.古汉语通论[M].台北：泰顺书局，出版年不详：301-304.

白袷青春,犹及江南之盛。红蕖绿水,倍添邗上之华。(外编《宗孝忱先生七秩寿序》)

宗师敬之(孝忱),江苏如皋人。以小篆、古文驰名南溟。此言其早年参江苏省长幕时事。以“白袷青春”“江南之盛”“红蕖绿水”“邗上之华”切其时地,令人想见其公余优游之风姿。

(5)六四六四

此倒四六句而叠用之,在整齐中有变化。如:

视宋广平之赋,别具新裁。赓何水部之吟,定多佳制。(续编《梅花诗专辑序》)

为中国《诗经》研究会会友《梅花诗专辑》作序,以唐代宋璟《梅花赋》、梁朝何逊梅花诗作结,十分贴切。两六字句节奏皆为上一下五,与一般上三下三、上二下四例程有所不同,饶有变化。

(6)其他

①五字句

诗句一般节奏为二三,是在四言诗的二二当中插入一个音或在后面加添一个音。骈文则为二一二或一四。如:

运思如转圜,用字若铸鼎。(续编《菁华书屋诗文集序》)

此谓陈赞昕运思顺畅,用字凝练。出之以五言对句,不甚讲究平仄,有五古之风。

②七字句

诗句一般节奏为四三,是由五言诗扩展而来。骈文则为三四、三一三、二五、四一二、二三二等。如:

髫龄赓老凤之声,暮齿笃慈乌之爱。(内编《仪孝堂诗跋》)

张默君为西安事变烈士邵元冲夫人,曾任考试委员,擅诗文及章草。久侍其母仪孝老人膝下,刊母作问世。此言其少作如雏凤继老凤之声,暮年笃慈乌反哺之恩。七言对句连用两“之”字,见其似诗而实文。

③三字句

节奏一般为一二或二一,音节短促,与骈文温文尔雅之文风不甚相符,故使用不多。如:

峙刍束,缮甲兵。抚流亡,宣威德。(内编《黄达云先生七秩寿序》)

此连用四个三字句,推许北宋韩琦、范仲淹以儒臣递为边帅,整军抚民,西夏闻之破胆,以况黄达云南征北讨,战功彪炳。为充足文气,《楚望楼骈体文》之三字句每连用四个,是其特色。

④八字句

节奏有一二一四或一二三二,五代及宋代骈文常用之。如:

披晏婴三十年之裘，入崔儦五千卷之室。（外编《告皇考皇妣文》）

此言节俭如先秦晏婴，好学如隋朝崔儦，堪慰双亲于九泉之下。两个八字句显得纡徐不迫。

2. 句法

文学作品由无数字句组合而成，句子千变万化，多彩多姿，而归纳其类别，不过单句与复句两大类。

(1)单句

由一个词或一个短语构成，其结构可分为五种，①由于骈文多对句，为求完整计，所举之例多在两句以上，就复句见其单句结构：

①主谓结构：

是表述关系，由主语和谓语构成。主语是陈述的对象，谓语是陈述的内容。如：

青衿色坏，翠袖尘污。（内编《重印五种遗规序》）

两句言青年男女沉溺声色，多越轨行为。"色坏"形容青青子衿，"尘污"形容翠袖红颜，都是主谓结构。

②偏正结构：

是修饰关系。修饰语在前，较次要；中心语在后，较主要，一偏一正，故谓之偏正结构。如：

浩浩邺侯之架，已蜕仙蟫。迢迢衡岳之云，不回征雁。（内编《哭李渔叔教授文》）

李师渔叔，湖南湘潭人，以诗文名家，精研《墨子》。此言李教授仙逝，返乡无期。以唐邺侯李泌切其姓、其学，以衡山切其故乡，不仅十分妥帖，且清气往来，令人回肠荡气，"浩浩""迢迢"二句皆属偏正结构。

③述宾结构：

是关涉关系，述语在前，表示动作；宾语在后，表示受动作支配的事物，如：

先生亲提义旅，迅扫妖氛。（外编《何敬之先生八秩寿序》）

何敬之功勋彪炳，此二句言其北伐之英勇，"提""扫"是动词，简洁有力，"义旅""妖氛"是宾语，相衬益彰。

④述补结构：

是补充关系，述语在前，表示动作或行为；补语在后，是补充说明动作或行为发生的有关情况的词或短语，其种类极多，包含受事、关切、交与、凭借、处所、时间、原因、目的等。② 如：

---

① 叶宝奎.语言学概论[M].厦门：厦门大学出版社，2003：258-260. 叶蜚声，徐通锵.语言学纲要[M].3版.北京：北京大学出版社，1997：95-98.

② 许世瑛.中国文法讲话[M].修订3版，台北：开明书店，1969：91-137.

辞家雁埔，负笈羊城。（外编《阙拨云先生七秩寿序》）

阙拨云少时离乡背井，远赴广州黄埔陆军军官学校就读。报国壮志，不同凡响。“辞”“负”是述词，“家”“笈”为宾语，“雁埔”“羊城”则是补充说明其处所的补语。

⑤联合结构：

是并列关系，两个或两个以上的构成成分在语法上的地位是平等的。如：

若夫繁文缛词，谀墓媚灶。一以弋名，一以网利。（续编《论文德》）

“繁文”与“缛词”，“谀墓”与“媚灶”，都是联合结构，以其有伤文德，无益著述，非壮夫所为，故相提并论。

(2)复句

复句是由两个或两个以上的单句结合而成，它们之间在意义上有联系，而互不充当句子成分。单句成为复句的组成成分，就失去独立性，称为分句。[①] 分句之间可能具有联合、加合、平行、补充、对待、转折、交替、排除、比较，时间、因果、目的、假设、条件、推论、擒纵、衬托、逼进等关系。[②] 以其关系复杂，以下仅举五种以概其余。

①转折关系

上下两句所叙述的两件事不谐和，或两小句的句意相违背。通常用关系词“而”或“然”，间亦有不用关系词者。如：

余维楹帖虽曰小道，而妆点湖山，酬应人事，每周于用，殊有可观。（续编《神鼎山房联语序》）

对联多薄物小篇，属雕虫小技，然应用甚广，无施不可。此为联语名家伏嘉谟《神鼎山房联语》作序，故由对联功用作起，一波三折，跌宕有致。

②时间关系

两件事时间有先后。常用关系词“比”、“及”、“则”、“已”、“即”、“既而”、“始”、“然后”和“且”等，亦有不用者。如：

东塾读书，志程朱之正学。西湖游宦，挹苏白之清芳。（内编《静园联草序》）

此谓李静园少年读书，颇有大志，厥后游宦西湖，不废吟咏。不用关系词，而一先一后，了无可疑。

③因果关系

表示事情的原因及其结果。原因小句在前，后果小句在后。关系词用“以”“为”“故”“是以”“以此”等。如：

① 左松超.汉语语法：文言篇[M].台北：五南图书公司，2003：206.

② 许世瑛.中国文法讲话[M].修订3版．台北：开明书店，1969：191-277.

> 汉置五经之博士，民德于焉归厚，人文以之化成。（外编《邓萃英先生八秩寿序》）

邓萃英历任北平师范大学、厦门大学、河南大学校长，为教育名家，故以汉置五经博士，教博士弟子员，汉代因而蔚为盛世，极言教育之重要。两个后果小句连用“于焉”“以之”为关系词，强调其功用之宏。

④假设关系

假设某种情况，可能会发生某种后果。由假设小句和后果小句构成。假设小句关系词为“若”“如”“苟”“即”“果”“诚”“倘”“使”“令”，后果小句关系词为“即”“则”“斯”等。如：

> 傥自封其故步，不借镜于他山，其将何以汇众长，资攻错乎？（续编《台中图书馆落成纪念碑》）

在知识爆炸的今日，如果束书不读，则绝无与时俱进之理。以假设关系复句，极言读书求知之重要，正切合图书馆之特性。

⑤递进关系

“乙尚且如此，别说是甲”，有由浅入深，更进一层之意。关系词为“况”“而况”。如：

> 阳邑山川钟秀，霓咏代赓，后之视前，应无多让。况运际中兴，宏开云路，英麾奋起，兹正其时。（内编《南都典试与人书》）

此为抗战胜利之后，楚望师典试南京，鼓励乡人踊跃报考高普考之书函。谓湖北阳新，人才辈出，文风甚盛，况国家中兴，广开巍科，更是有志青年奋起之时。用一“况”字，期勉之意弥殷。

3. 对偶

骈文之得名，取义于通篇多作偶句，如二马之并驰。如无对偶，则与散文无以异，也就不成其为骈文了。由于汉字系单音节方块文字，古代诗文家据此特点，常将字数相等、结构相同的文句两两相对，构成对偶句格以表达相类、相关或相反的语意。[①] 在语法上，对偶不仅须词性相对，意义相对，而且句法结构也须相互对称，如主语对主语、谓语对谓语、述语对述语、宾语对宾语、定语对定语，观乎上文句法各例，可以思过半了。对偶的方式，《文心雕龙·丽辞篇》提到言对、事对、反对、正对四种。[②] 后来迭有增衍，如唐代上官仪有六对之说，皎然有八对之论。空海《文镜秘府论》扩为 29 种对，张仁青《骈文学》更参酌众家之说，胪列其重要者 30 种。[③] 洋洋大观，炫人耳目。莫道才《骈文通论》从语言句法、语言词法、音韵技巧、描写角度四方面归纳 16 种对，[④]可说纲举目张，繁简适中，兹就《楚望楼骈体文》举例以明之：

---

① 戴锡琦，戴金波.古诗文修辞艺术概观[M].北京：首都师范大学出版社，1991：138.

② 刘勰.文心雕龙注[M].范文澜，注．台北：文光出版社，1973：588.

③ 张仁青.骈文学[M].台北：文史哲出版社，1984：95-136.

④ 莫道才.骈文通论[M].南宁：广西教育出版社，1994：84-93.

(1)从语言句法看

①当句对

字句内部自身成对。又名“本句对”“连环对”。如：

> 不知韩潮苏海，才固难齐。岛瘦郊寒，诣多独造。(内编《楚望楼诗自序》)

“韩潮”对“苏海”，“岛瘦”对“郊寒”皆句中自相为对，而唐宋几位名家的异同也略可一窥。

②单句对

只有两句组成的对仗形式，又称“单对”。此为对仗之基础，十分重要。如：

> 冰壶无点于垢氛，金鉴特输其忠悃。(外编《张莼沤先生八秩寿序》)

张莼沤久司谏职，柏台风范，以玉洁冰清、公忠体国为尚，“冰壶”“金鉴”二句正见其特色。

③隔句对

间隔一句与前一句为对，亦即一、三句对，二、四句对。又称“偶对”“偶句对”“双句对”。此为骈文最普遍的对仗方式。如：

> 无滞于物，直空明镜之台。允执厥中，庶弭恒河之劫。(续编《艺海微澜序》)

巴壶天，台湾师大教授，其学涵茹佛、儒，造诣精湛，以之入诗，颇得禅趣，亦不失中庸之道。此四句隔句相对，直将儒、佛打成一片。

④长联对

出句和对句分别由三个以上的单句组成。又称“长偶对”。因其有散体疏朗活泼之美，唐以后颇受欢迎。尤以三联对、四联对最为常见。如：

> 溯史迹，则业开箕子，早为先哲之遗。
> 论国情，则侮御周原，要在同仇之列。(正编《议设中韩文化协会启》)

中韩比邻，历史渊源深厚。值日寇侵华之际，更是唇齿相依，同仇敌忾，故有成立中韩文化协会之必要。剀切之言，出之以三联对，更能畅其情。

(2)从语言词法看

①正名对

指类别属性相同的事物，彼此对仗的方式。又称“同类对”“的名对”“正对”“切对”“合璧对”。如：

> 选士之制，上踵于汉唐。官人之方，旁稽夫欧美。(续编《莫柳忱先生七秩晋五寿序》)

莫柳忱，曾总绾试政。所辖考选主管选士，铨叙主管官人，皆属要政，而能上踵汉唐，旁稽欧美，正见眼光之远，绩效之彰。“选士”对“官人”，“制”对“方”，“上踵”对“旁稽”，“汉唐”对“欧美”，属性、词类相同，平仄相反，对仗十分工整。

②异名对

指不同类事物的对仗，与正名对相反，而较为宽松。又名“平头对”“普通平对”。如：

> 桓景遘灾，竟乏囊萸之效。山阳重过，但闻邻笛之声。（续编《悼卢声伯教授》）

卢元骏，政治大学教授。夙工词曲，妙解宫商，不幸因病逝世。此言先生如汉代桓景重阳遇灾，竟然药石罔效；己则如晋朝向秀之过山阳故庐，闻邻人笛声而思旧。哀伤之情，溢于言表。“桓景”为人名，“山阳”为地名，“囊萸”为药名，“邻笛”为乐器名，皆属异名而相对。

③虚字对

运用虚字以相对仗，又名“虚词对”。虚字包含关系词（如之、与、于、虽、故）语气词（如夫、岂、也、哉、呜呼），虽无具体意义，而既可增字衍声，舒缓语气，又可贯通文脉，表达情感，妙用无穷，为诗文所不可或缺。如：

> 憔悴经霜之柳，生也何堪？缠绵作茧之蚕，死而后已。（内编《薛玉松遗诗序》）

女诗人薛玉松，才命相妨，福慧难并，廿年违难，万里辞亲，其境遇可谓既穷且酷。“憔悴”四句，暗用晋朝顾悦之、唐朝李商隐典故，写其蒲柳早衰，情丝难断，真是凄婉欲绝。用一“也”字，一“而”字，而生何堪，死后已，更见其绵绵无穷期。善用虚字，通体俱贯，其妙用有如此者。

④叠字对

以重叠词相对，又名“连珠对”。迭字有叠音，有叠义，可以状物拟声，有时亦可充当动词与名词，为汉语构词一大特色。如：

> 檄移凛凛，直愈头风。书记翩翩，争传手笔。（外编《黄伯度先生八秩寿序》）

黄伯度，夙掌记室，此言其文笔佳妙，足与建安七子陈琳、阮瑀相媲美。“凛凛”状其檄文正气凛然，“翩翩”写其书记豪迈不拘，叠同字而用之，比用单字生动有力。

⑤数字对

以数字一、二、三、十、百、千、万、亿等相对，又名“数目对”。数字有实数，有虚数，可以显示事物之多少、大小、高下、强弱等。如：

> 纤云乍卷，一点两点之萤。清风徐来，千竿万竿之竹。（续编《萤桥纳凉记》）

萤桥在台北汀州路，今日已沦尘嚣，昔时则为市郊消暑胜地。此处所写纤云萤光，清风徐来，正是夏日景象。“一点两点之萤”对“千竿万竿之竹”，多少悬殊，掩映成趣。

（3）从音响技巧看

①双声对

对句中连用同声母之复词。如：

> 依违牛李之间，寥落龙云之外。（正编《李商隐评论序》）

世之诋义山者众矣，此言其处牛李党争之时，仕途坎壈，实属无可奈何，不宜多苛责。“依违”为喻母字，无声母，“寥落”为来母字，音 l，皆双声。

②叠韵对

对句中连用同韵母之复词，如：

> 翳维蓝筚经营之会，风云澒洞之秋。（外编《余幄奇先生六秩寿序》）

余幄奇，干城负重，勋华久昭。起首言创业维艰之际，时局混乱之时，必有应运崛起如先生者。“经营”为青庚韵，音 iŋ，“澒洞”为董送韵，音 uŋ。

③双声叠韵交互对

在对仗中双声复词对叠韵复词，或叠韵复词对双声复词属之，如：

> 巢乌殷孺慕之情，原鸰笃友于之爱。（续编《菁华书屋诗文集序》）

陈赞昕隐于花莲，工诗文。此言其作品多有赤子孺慕之情，兄弟脊令之爱。“孺慕”为遇韵字，音 u，“友于”为喻母字，无声母。在双音节复词中，双声、叠韵的分布相当广泛。王了一先生说：

> 押韵是一种回环往复之美，双声、叠韵也是一种回环之美。这种形式美在对仗中才能显示出来。①

信然。但在对偶中，双声对、叠韵对较常见，双声叠韵对则较为罕观。

(4)从描写角度看

①方位对

运用东西南北、上下左右、内外前后等方位词作对。如：

> 然其爱才若渴，说士能甘。收瑰奇于岩穴之中，振滞屈于绳枢之下。（内编《怜才好善篇》）

楚望师任试委 24 年，公余都讲上庠，传播中华文化。毕生以怜才好善为职志，提携后进，不计其数。此篇自言初衷，至为恳切，谓韩退之，欧阳修爱才若渴，得士心悦，甘于食肉，拔擢贤才，不问出身。“岩穴之中”“绳枢之外”，以方位词点出求贤不辞辛苦，无远弗届。

②颜色对

---

① 王力.略论语言形式美[M]//龙虫并雕斋文集.北京：中华书局，1982：471-478.

以青、红、皂、白、蓝、绿、紫、黄等颜色为对，又称“彩色对”。如：

丹砂玉札，囊括靡遗。绛雪玄霜，舶来堪拟。（外编《许晓初先生七秩寿序》）

许晓初为著名实业家，旅沪期间，先后创设企业公司40余家，来台后从事社会工作与国民外交，颇有贡献。此言其早年主持中法大药房时，擘画维勤，纤微必谨，丹砂、玉札、绛雪、玄霜无不具备。以四种带有颜色词之药材与丹药，代表所有医药，而字面骤然亮丽许多。

③人名对

以古今人物之姓名、字号为对。如：

衔华佩实，牧斋许贻上以代兴。逸藻清源，荀慈视仲则为少友。（续编《师橘堂诗序》）

故友张梦机，曾任高雄师范大学、中央大学教授。工诗词，为李师渔叔入室弟子，并时髦俊，罕有其匹。此以清代钱谦益期许王士祯代己而兴，邵齐焘视黄景仁为少友，两组人名对，寄托自己对后学期望之殷，亦怜才好善之意。

④典事对

出句与对句皆有典故。如：

愿吾仁青毋忘肱之三折，毋诩手之八叉，博采众长，以自成其馨逸焉耳。（内编《历代骈文选序》）

故友张仁青，曾任中山大学、文化大学教授，工骈文，为楚望师之传人。肄业于台湾师范大学国文系四年级时，即广搜历代骈文，由晋朝刘琨《劝进表》迄清代王闿运《秋醒词序》，凡一百篇，为之作注，集结成书。[①] 楚望师期许其毋忘三折肱知为良医，毋自诩有唐代温庭筠八次叉手辄成八韵小赋之才，唯有博采众长，方可名家。此二典故，一出《左传·定公十三年》，一出宋代尤袤《全唐诗话》，期勉之余，不忘殷殷告诫，诚善为人师。

四、楚望楼骈体文的语言美感

针对不同的研究对象，不同的学门有不同的研究方法，方法运用愈精密，则析论愈深入，特色愈显著。语言风格学的研究方法，专家学者多认为最重要的有三种：分析综合法、比较法、统计法。[②] 受限于篇幅与时力，上文采取的是分析综合法，对《楚望楼骈体文》的音韵、词汇、语法三方面进行分析描写，因而在此有必要对其他方法略加补苴，唯仅属于片面举例性

① 张仁青.历代骈文选[M].台北：中华书局，1984.

② 张德明.语言风格学[M].长春：东北大学出版社，1990：290-304. 黎运汉.汉语风格探索[M].北京：商务印书馆，1990：26-32. 竺家宁.语言风格与文学韵律[M].台北：五南图书公司，2001：15-18.

质，窥豹一斑，犹不足以见其全貌，故仅探讨其语言美感，而不敢侈言总括其语言风格之特色。

在此所以将焦点集中在语言美感，是因为骈文又称美文，以语言文字为重要手段，以追求美感为首要目标，而语音、词汇、语法是语言的三大要素，掌握这三大要素的风格，自然也就得到探索其文学美感的钥匙，也就是由语言风格进入文学风格的领域。诚如竺家宁所言：

> 文学作品的赏析，可以从两个方向切入，一个是文学的角度，一个是语言的角度。前者是综合的、印象的、直觉的、求美的；后者是分析的、理性的、客观的、求真的。正如一栋建筑，你必须由不同的视角，才能看到、看清它的全貌。对认识作品而言，文学的角度、语言的角度，二者是相辅相成的，惟有两者的合作，才能全面地看清楚作品的面貌，也才能真正谈文学赏析。[①]

只有透过语言风格的分析，才能达成文学赏析的目标，这正是本文写作的动机。

(一)回环跌宕的音韵美

汉字是单音节的孤立语，林师景伊认为具有完整性(完形)、统整性、稳定性、艺术性等特性。[②] 独则单兵独斗，合则并肩作战，甚至组成百万雄师，十分灵活，极适合中国产生特有的诗词曲、辞赋、骈文、对联等务声律、讲对偶的文体。[③]

音韵之美主要来自于平仄、节奏与押韵。骈文中的平仄，是指相对各节的声调交替有其规律。例如内编的《薛玉松遗诗序》共 27 对句，其平仄分布如下：

> 四字句甲式平平仄仄、仄仄平平，如“编蒲学早，咏絮思清”，有 11 对。
>
> 四字句乙式仄仄平平、平平仄仄，如“处境弗侔，得天差厚”，有 9 对。
>
> 六字句二四甲式平平仄仄平平，仄仄平平仄仄，如“定滋谢砌之兰……傥认湘妃之竹”，有 2 对。
>
> 六字句二四乙式仄仄平平仄仄，平平仄仄平平，如“憔悴经霜之柳，……缠绵作茧之蚕”有 1 对。
>
> 六字句三三甲式平仄仄仄平平，仄平平平仄仄，如“文史足于三冬，啸歌出于斗室”，有 2 对。
>
> 五字句甲式仄仄仄平平，仄仄仄平平，如“才命之相妨，福慧之难并”，有 2 对，但“慧”为拗字。
>
> 五字句乙式平平平仄仄，仄仄仄平平则未见。

此文四字句共 20 对，占 74%，六字句共 5 对，占 18.5%，四六句合计 25 对，高达 92.5%，是

---

① 竺家宁.语言风格与文学韵律[M].台北：五南图书公司，2001：89.

② 林尹.文字学概说[M].台北：正中书局，1971：23-27.

③ 庄雅州.论汉字之特质及其与文学体裁之关系[M]//纪念瑞安林尹教授百年诞辰学术研讨会论文集.台北：文史哲出版社，2009：203-225.

严守平仄的四六文。句中平仄各节间隔匀称，各组（一联成一段）句脚平仄排列也合乎抑扬规律，属于启功所谓的律调而非古调。[①]

节奏是事物在一定时间内的重复运动，这是一种自然规律，也是各种艺术共同要素。没有节奏，就没有生命，万事万物如此，文学艺术也不例外。平仄是文学节奏中最重要的骨干，平仄虽有定式，但根据往复型（如《薛玉松遗诗序》"廿年违难……万里辞亲"）、对立型（如同上"生也何堪，死而后已"）、回环型（如续编《告皇考皇妣文》"夫损而又损者，岂待他求；顾材与不材之间，端须自择"）三种节奏型的运用，音顿律、平仄律、声韵律、长短律、快慢律、重轻律和抑扬律七种节奏形式的变化，[②]再配合字句的长短、声调的高低、语气的轻重缓急、停顿间歇，自然就产生千变万化的规律运动，宛如潮水之起伏澎湃，钟声之远近交响，如果我们在读《楚望楼骈体文》时，能声由情发，因声求气，重视朗诵、吟哦的技巧，相信不难体会到其中回环往复、跌宕多姿的节奏美感。

最擅于表现文学回环往复的莫过于押韵。骈文与韵文常有交叉，可以押韵，可以不押韵，而以不押韵者居多。《楚望楼骈体文》中，押韵者仅 9 篇，占全部 215 篇的 4%，此 9 篇除《四维箴》间杂杂言外，均采四字句。句数不等，少则 16 句，多则 96 句，或用平声韵，或用仄声韵；或一韵到底，或换用他韵，在严整中饶有变化。楚望师著有《藏山阁诗》《楚望楼诗》，在近代诗学亦为名家，而似有意尽量使文、笔分流，呈显其个人独特的风格。比起五、七言诗，这些四言诗整齐简练，易于对仗，有古朴肃穆之美，与一般无韵的骈文较为接近。但因韵脚的回环往复，更易使人有一唱三叹，回肠荡气之感，在全书满眼四六之余，亦自有其特色。

（二）典雅精炼的辞藻美

辞藻之美主要来自于遣词、藻饰及用典，宋均芬说："文艺作品以形象生动的描写，丰富感情的渲染，来反映社会生活。文艺词汇的特点，是形象化、表情化和色彩化。"[③]在各种文学作品中，骈文是最讲究辞藻美感的。除了词汇本身之外，还要考虑平仄或押韵，用典及对偶，对遣词更不能不特别用心。上文曾举《美槎探月记》为例，以见《楚望楼骈体文》辞藻之丰富，以下再从该文摘录一些字词，来证明其遣词之精当：

> 璇玑、土圭。星鸟、田龙。仙舸、晶盘。
> 骚坛、艺苑。玉宇、琼楼。青天、碧海。
> 黄姑、青鸟。丹桂、素娥。银蟾、绿蚁。

就结构而言，汉字的特质是象形的本质、表意的功能、衍声的趋势。例如第一组 6 个词 12 个字，土、鸟、田、晶是象形，圭是会意，璇、玑、星、龙、仙、舸、盘是形声，字体形象生动，色彩清新，比起其他文字，更富于艺术美感。第二组"骚坛艺苑"平平仄仄，用于当句对，"玉宇、琼楼"仄仄平平与"青天、碧海"平平仄仄也都是当句对，但彼此又构成单句对，音韵铿锵，属对精工。第三组"黄姑"典出《古乐府》，指牛郎星，"青鸟"典出《汉武故事》，为西王母所豢仙禽。

① 启功.诗文声律论稿[M].香港：华中书局，出版年不详：111.
② 吴洁敏，朱宏达.汉语节律学[M].北京：语文出版社，2007：90-105.
③ 宋均芬.汉语词汇学[M].北京：知识出版社，2002：127.

"丹桂"典出段成式《酉阳杂俎》,指吴刚所伐之桂,"素娥"典出谢庄《月赋》,指月宫嫦娥,以颜色词渲染神话色彩。"银蟾"典出白居易《中秋月》诗,借代明月,"绿蚁"典出谢朓《在郡卧病呈沈尚书诗》,借代新酿之酒,也使用颜色词。这些典故都是援古证今,义蕴深婉。而综观词藻,一言以蔽之,曰:摭拾鸿采,典雅华美。

精选辞藻之后,还须贯串铺写,才能臻至刘勰所说的:"情必极貌以写物,辞必穷力而追新。"①以华丽的辞藻来感人动人。上文曾依莫道才之说,举例析论《楚望楼骈体文》的藻饰,兹再聚焦于《美槎探月记》,并统计其使用的次数:

色彩藻饰:如"幽黄姑于银汉,豢青鸟于瑶池"共 16 次。
形态藻饰:如"翘首层霄,但遥见其苍苍之色而已"共 11 次。
数量藻饰:如"一轮皎洁,千里婵娟"共 17 次。
比拟藻饰:如"夔足一投,鸿爪初动"共 8 次。
摹状藻饰:如"空空玉斧,伐丹桂以何从?穆穆金波,问素娥其安在?"共 11 次。
铺排藻饰:如"挈南箕使簸扬,与帝座通呼吸"共 7 次。

不仅各种敷藻技巧都用到了,而且次数至少在 70 次以上,可说雕缋满眼,美不胜收。但这 6 种技巧只是几十种修辞格的一小部分而已,《楚望楼骈体文》对于其他修辞格也往往有所涉猎,例如:

"如哥伦布之登新陆,如武陵人之履仙源,如七宝楼台,弹指而即现;如九天阊阖,因风而洞开。"此为排比,共 1 次。

"梯云上界。"此为转品,共 1 次。

"一谓熙熙相属之人寰,一谓浩浩无垠之域表也。"此为映衬,共 2 次。

"携将片石,傥容天补娲皇;拾得丸泥,岂但关封函谷?"此为倒装,共 2 次。

"壮哉斯举!前无古人。可谓瀛表希闻,天荒独破者矣!"此为感叹,共 2 次。

"影移仙舸,光漾晶盘。"此为借代,共 7 次。

足见楚望师娴熟各种修辞技巧,故信手拈来,无不合度。自陈望道之后,修辞学专书如雨后春笋,陈氏《修辞学发凡》分材料、意境、词语、章句 4 类 38 格,是承先启后的经典。此外,如黄永武《字句锻炼法》胪列锻句的方法 5 纲 35 目,炼字的方法 4 纲 48 目,条例甚密,剖析綦详,对字句的锻炼,更是大有助益。② 楚望师是否曾经寓目这些著作,不得而知,但行文之际相合者不可胜数,这是因为这些书实例多取自古诗文,而楚望师博极群书,故而下笔灵活异常,不求圭臬而自然合辙,不赘。

用典隶事是骈文修辞的另一突出形态,运用得当,可以使文章委婉含蓄、典雅精炼,也可以显示作者的才学功力,所以成为骈文的构成要件之一。典故主要分为事典与语典,言必有

---

① 刘勰.文心雕龙注[M].范文澜,注. 台北:文光出版社,1973:67.

② 陈望道.修辞学发凡[M].台北:台湾学生书局,1961:74-222. 黄永武.字句锻炼法[M].台北:洪范书店,1986.

据，语不空出，不知其来源，则难以理解其所指。《楚望楼骈体文》内、外编有张仁青注，续编有陈弘治、张仁青、李周龙、庄雅州、陈庆煌、林茂雄合注，主要在交代典源，皆经楚望师悉心校正，其目的即在使读者得以正确解读而无疑滞。以内编而言，注解最多者《还都颂》121则、《怜才好善篇》113则、《胡康民先生传》111则，最少者《南冥集跋》6则、《致克难英雄大会启》9则、《翁著纪事诗题句小序》10则，可见用典之必不可无。张仁青熟精先师诗文，曾撰《成惕轩先生骈文之用典与借代》，胪举用典实例10则，详加剖析。[①] 兹自《美槎探月记》46个注解中别取6例以概其余：

帝号华鬘，宫名兜率。
迈九万里之鹏抟，睨百二城如蚁聚。
夔足一投，鸿爪初印。

首联谓想象中的月世界有佛教传说忉利天七市的华鬘市，及弥勒菩萨所居的兜率宫。次联谓阿波罗11号宇宙飞船如大鹏扶摇直上，俯瞰地球众多城池，宛如群蚁聚集。末联谓登月小艇如夔兽投足于宁静海，航天员阿姆斯特朗如鸿爪初印足迹于月球表面，在个人固为一小步，在人类则为一大步。运用《法苑珠林》、《普曜经》、《庄子·逍遥游》、吴融诗、任昉《奏弹曹景宗》、《韩非子·外储说》、苏轼《和子由渑池怀旧》7个典故借以形容人类对月宫的神奇想象及首次登月之历史壮举，剪裁妥帖，融化隽妙，意在言外，联想无穷。宜乎张仁青盛赞："以古典骈四俪六之美文，记述现代尖端科技之盛事，振古以来，一人而已，而举目斯世，亦一人而已。"[②]

（三）对称平衡的形式美

骈文的骈，取义于两马并驰，以其通体字句对偶整齐，与散文有别。王了一先生谓汉语的形式美有三：整齐的美，指对偶而言；抑扬的美，指平仄、节奏而言；回环的美，指押韵、双声叠韵而言。[③] 骈文重对偶，对偶中的句式、句法自然也就整齐，所以整齐美实际上是兼指句式、句法而言。《楚望楼骈体文》内编《山房对月记》，望月兴感，实不啻自叙平生，内容多感发忧思之痛，寄家国兴衰之叹，被推为代表作。[④] 今即以联为单位，依王了一先生之说，将其句式格律归纳统计如下：

四四：如"试稽弦望，用志沧桑。"共24联。
六六：如"亟人事之萧条，嗟江山之摇落。"共4联。
四四四四：如"氛埃扫却，桂魄增莹。笑语迎来，柳梢无恙。"共1联。

① 张仁青.成惕轩先生骈文之用典与借代[M]//张仁青学术论文集：扬芬楼文集.台北：文史哲出版社，2012：611-629.

② 张仁青.成惕轩先生骈文之用典与借代[M]//张仁青学术论文集：扬芬楼文集.台北：文史哲出版社，2012：628.

③ 王力.略论语言形式美[M]//龙虫并雕斋文集.北京：中华书局，1982：461-483.

④ 莫道才.骈文通论[M].南宁：广西教育出版社，1994：291-292.

四六四六：如"绵绵远道，东西南北之人。黯黯流光，离合悲欢之迹。"共9联。

六四六四：如"回日驭于瀛边，扶桑半萎。涌冰轮于剑外，爆竹齐喧。"共4联。

四七四七：如"锦帆去也，三声啼巫峡之猿。玉宇纷然，万贯舞扬州之鹤。"共3联。

五六五六：如"羡闲鸥物外，直忘黍谷暄寒。问皎兔天边，几阅蓬瀛清浅。"共1联。

七七：如"湿萤与坠露争飞，泽雁共寒芦一色。"共5联。

七四七四：如"虽胡马之牧临洮，难逾跬步。而火牛之扞即墨，罔及层空。"共2联。

以上前5种骈四俪六，为基本格式，共42联，占全文53联中的79.24%。以此为基调，加上其他句型及散句、连词、句末语气词，往复穿串，寓变化于整齐之中，平仄、节奏无不合度。与六朝以降渊懿纯粹的骈文名篇相较，亦不遑多让。

句式是句子外在的固定形式，形塑了文体的特色；句法是句子内在的动态方法，推动了诗文叙事、抒情、议论的功能。句法的研究，其道多方，众说纷纭。在台湾，中文教学及早年语法学界影响最大的学者应首推许师诗英，他是王了一先生的高足，撰有《论语二十篇句法分析》《诗经句法研究兼论用韵》[①]，根据吕叔湘《中国文法要略》的理论架构，详细分析整本《论语》、半部《诗经》的句法，每句是叙述句、表态句、有无句或判断句？是简句、繁句或复句；每一个词的词类、作用与结构是什么？每一个句子的关系如何？都追根究底，巨细靡遗。如果骈文也如此分析，相信对解读与欣赏都大有裨益。但语法学的功用仅止于使说话或写文章符合逻辑与习惯，最多只能做到陈望道《修辞学发凡》所说的意义明确、伦次通顺、词句平允、安排缜密，也就是消极修辞。[②] 如果要使文章写得华美遒劲、凝练灵动，则非乞灵于积极修辞不可，此在上文言之已详，不赘。许师诗英声韵及语法之学造诣精湛，常说："文字、声韵、训诂、文法、修辞，五者缺一不可。"可见修辞与文法同等重要。

对偶来自宇宙自然，我们只要看到天上的日月叠璧、植物的花叶、动物的眼睛，矿物的晶体，甚至我们自己的形体，就晓得对称之美普遍存在于万事万物之中。就几何学而言，它们或合于中心对称，或合于轴对称，或合于平面对称。就文学而言，它们是二元对称观点、平衡心理的产物，不仅注意到字词的整齐，还须讲究音韵之和谐、藻饰之繁富、典故之铺排，个别的组成分子同中有异，异中有同，寓变化于整齐之中，两者相反相成，才能得到平衡对称的美感。[③] 在各种文体之中，骈文特别讲究对偶，兹就《山房对月记》略举数例以证之：

龙蟠虎踞，盛开一代风云。草长莺飞，消尽六朝金粉。

此剪裁张敦颐《六朝事迹编类》、《后汉书·耿纯传、朱佑等传》、丘迟《与陈伯之书》、洪亮吉《冬青树乐府序》四个典故，融化无迹，十分贴切。而六朝帝王都——南京的景色、气势直逼眼前。平仄和谐，声调铿锵，词气从容不迫，故读来有金石声。又如：

① 许世瑛.论语二十篇句法研究[M].台北：台湾开明书局，1984. 许世瑛.诗经句法研究兼论用韵[M]//许世瑛先生论文集：册三.台北：弘道文化事业公司，1974：1-526.

② 陈望道.修辞学发凡[M].台北：台湾学生书局，1961：56-73.

③ 庄雅州.论汉字与中国文学美感的关系[M]//第二十一届中国文字学国际学术研讨会论文集.台北：东吴大学，2010：433-434.

俄而港陷珍珠，岛焚玉石。强弩朝挫，降幡夕张。

首联谓日本偷袭珍珠港，美国因而参战，四年之后，美国在广岛投掷原子弹，导致玉石俱焚。下边使用《尚书·胤征》"火炎昆冈，玉石俱焚"的典故，故上边自撰"港陷珍珠"以成对，而皆用倒装句。四年之事，浓缩于两句之中，何等精简？何等含蓄？次联谓日本如强弩之末，一朝受挫，旋即宣布无条件投降。典出《汉书·韩安国传》及刘禹锡《西塞山怀古》诗，以其习见，故未加注。楚望师自言："不使僻典，不屏新词，期无悖于'文贵因时'之义。"[①]可以略窥其特色。又如：

弥天腾鼓角之声，大地碎山河之影。

注脚仅交代"鼓角"典源《魏公兵法》，其实二句自杜甫《阁夜》"五更鼓角声悲壮，三峡星河影动摇"蜕化而出。[②] 而文辞华美，气势雄浑，对仗精工，有声有色，不啻自其口出。

五、结论

综合以上论述，可以发现：

1. 楚望师的骈文为近代台湾翘楚，学界评价甚高。如张仁青誉以"海负地涵，清新纯懿"，莫道才推为"有庾信之遗风，得王勃之神韵"，二氏精研骈文理论，所言自然不虚。但评语偏重文学风格，正如传统诗话式批评，较为主观而抽象。如果以新兴的语言风格学进行研究，或许可以较为客观而具体。

2. 文学作品以语言为载体，语言有音韵、词汇、语法三要素，所以语言风格学也可分为三个范畴：一为音韵风格，包含平仄、节奏、押韵。二为词汇风格，包含遣词、藻饰、用典。三为语法风格，包含句式、句法、对偶。内容繁富，纲目甚细，而《楚望楼骈体文》无论平仄格式、节奏规律、用韵准则，词汇类型、藻饰方法、用典方式、句式结构、句法关系、对偶类别，皆吻合无间。这一方面显示楚望师规矩森严，罕有疏漏；另一方面是许多骈文学及语言学的范例皆取之于古代诗文，楚望师博极群书，下笔之际虽不求圭臬而自然合辙。

3. 语言风格学的研究方法最重要的有三种：分析综合法、比较法、统计法。本论文受限于篇幅与时力，主要采取分析综合法，对《楚望楼骈体文》的音韵、词汇、语法三方面进行分析描写。间采统计法，仅属片面举例性质，窥豹一斑，犹不足以见其全貌。故仅探讨其语言美感有三：回环跌宕的音韵美、典雅精炼的词藻美、对称平衡的形式美，而不敢侈言总括其语言风格的特色。进一步较详细的探讨，工程浩大，还有赖于有志之士的参与。

4. 理想的论文宜重视高度、深度、广度、密度四度空间的追求，但限于选题、材料、组织、思维方式、研究方法等条件限制，畸重畸轻，势所难免。本论文自忖在广度、密度方面较为合度，在高度、深度方面则有待加强。将来的研究，如能缩小研究范围，集中焦点，进行专篇或

① 成惕轩.楚望楼骈体文：续编：卷末[M].台北：中华书局，1973.

② 张仁青.骈文学[M].台北：文史哲出版社，1984：155-156.

专题的研究,应可较为深入;如能重视纵向与横向的比较,应可让研究对象得到更适当的定位。诸如此类,皆有待于来日的努力。

5. 文学风格以语言风格为基础,语言风格以文学风格为目标,两者相辅相成,始克圆满。希望本文的写作对两者的研究都能略有帮助。

Language Style of Chuwanglou Parallel Prose

Zhuang Yazhou

(Department of Chinese Literature, Chung Cheng University, Taipei, 106, China)

Abstract: This thesis aims to analyze the language style of *Chuwanglou Parallel Prose* written by Professor Cheng Tixuan so to illuminate the feature of his parallel prose form. Besides foreword and peroration, the main body of the paper is divided into three sections: Firstly, it introduces the elements, meanings and functions of language style and literary style, the similarities and differences of which will also be compared. Secondly, it analyzes the connotation of the language style of *Chuwanglou* parallel prose from three aspects: phonological style, lexical style and grammatical style. Thirdly, it summarizes his language style which has the rhymed beauty of reverberation, rhetoric beauty of elegance, and formal beauty of symmetry so as to see the beauty of his parallel prose and to lay the foundation of discussing his literary style.

Keywords: Cheng Tixuan; Parallel Prose; Language; Style

(学术编辑:李无未)

庄雅州,男,台湾中正大学中文系教授。

顺承、游离与逆向：俄苏文论在中国的三种接受模式*

李逸津
（天津师范大学　文学院　天津市　300387）

摘要：20 世纪前中期中国对俄苏文论的接受与本土化改造，大致可分三个时段：第一时段从 20 年代至 50 年代中期，为“顺承式接受”；第二时段从 50 年代中期到 60 年代初，由亦步亦趋转为有所选择和争议，是为“游离式”接受；第三时段自 60 年代中期文艺“反修”至 70 年代末，此时对苏联文论基本上是持逆反和批判态度，可谓“逆向式”接受。回顾和梳理 20 世纪中俄文学交流史上这段充满戏剧性的历程，有助于我们对马克思主义文艺理论和中国特色社会主义文艺事业发展道路的深入思考，也有助于我们认清本国文论自身存在的问题及错误根源。

关键词：顺承；游离；逆向；俄苏文论；中国

20 世纪中国无产阶级文学运动深受“俄苏模式”文学理论的影响，这是公认的事实。但长期以来我们有一种思维定式，似乎“俄苏模式”文学理论就是马克思主义文论。20 世纪早期中国革命文学家和理论家们也正是这样来引进和介绍俄苏文论的，这实在是一个很大的认识误区。须知，毛泽东当年那句名言：“十月革命一声炮响，给我们送来了马克思列宁主义”[①]，讲的是“马克思列宁主义”，而非“马克思主义”。换句话说，这是经过了“俄苏化”的马克思主义，其真正源于马克思、恩格斯原著的并不多，更多的是经由普列汉诺夫、列宁、卢那察尔斯基等人阐发，结合俄苏新的历史情况加以发展了的文学理论，甚至包括后来在苏联本国遭到批判的托洛茨基、波格丹诺夫、弗里契等人打着马克思主义旗号的非马克思主义著作。因此，把俄苏文论等同于马克思主义文论是不恰当的，故笔者在这里特意使用“俄苏文论”这一术语。

20 世纪前中期中国对俄苏文论的接受与本土化改造，大致可分三个时段：第一时段从 20 年代至 50 年代中期，是为“顺承式接受”；第二时段从 50 年代中期到 60 年代初，由亦步亦趋转为有所选择和争议，是为“游离式”接受；第三时段自 60 年代中期文艺“反修”至 70 年代末，此时对苏联文论基本上是持逆反和批判态度，可谓“逆向式”接受。这里就对中国在这三个时段对俄苏文论的这三种接受模式，予以简要的回顾和梳理。

---

* 国家社会科学基金重大项目“二十世纪域外文论的本土化研究”（项目号：12&ZD166）阶段性成果。

① 毛泽东.论人民民主专政[M]//毛泽东选集：第 4 卷.北京：人民出版社，1990：1408.

一、顺承:20世纪上半期中国对俄苏文论的接受

1923年到1924年间,苏联文艺界曾就文艺政策等问题展开辩论,参加论争的有《列夫》、《在岗位上》和《红色处女地》等杂志为代表的文学团体。1925年7月1日联共(布)中央为此作了《关于在文艺领域内党的政策》(1951年1月28日《人民日报》发表曹葆华译文,题为《关于党在文学方面的政策》)的决议,算是为这场论争做了总结。

中国翻译家和文学家及时关注和介绍了苏俄文艺界的这场争论。1925年8月由青年翻译家任国桢(1898-1931)编译,后由北京北新书局作为《未名丛刊》之一于1927年出版了《苏俄的文艺论战》。内收"列夫派"褚沙克的《文学与艺术》,"岗位派"阿卫巴赫等的《文学与艺术》,这两篇文章的副标题都是"讨论在文艺范围内苏俄左党的政略",还有时任"同路人"杂志《红色处女地》主编的瓦浪斯基(又译沃隆斯基,1884-1943)的《认识生活的艺术与今代》,并附录瓦勒夫松的《蒲力汗诺夫与艺术问题》一文。鲁迅为这本书写了前言《〈苏俄的文艺论战〉前记》。文中重点介绍了左翼未来派"列夫"(鲁迅译作"烈夫",俄文:Левый фронт искусств"左派艺术阵线"的缩写)的主张:"那主张的要旨,在推倒旧来的传统,毁弃那欺骗国民的耽美派和古典派的已死的资产阶级艺术,而建设起现今的新的活艺术来。所以他们自称为艺术即生活的创造者,诞生日就是十月,在这日宣言自由的艺术;名之曰无产阶级的革命艺术。"鲁迅写道:"中国至今于苏俄的新文化都不了然……任国桢君独能就俄国的杂志中选译文论三篇,使我们借此稍稍知道他们文坛上论辩的大概,实在是最为有益的事,——至少是对于留心世界文艺的人们。"①可见鲁迅对这场争论的态度是比较冷静的,他只是客观地介绍,供"留心世界文艺的人们"参考。

记录苏联文艺界这场论战的文献,当时还有日本藏原惟人和外村史郎辑译的《俄国K.P.(共产党——笔者注)的文艺政策》一书,由冯雪峰(笔名画室)译成中文,于1928年5月上海光华书局以《新俄的文艺政策》书名出版。该书收有1924年5月9日俄共(布)中央召开的文艺政策讨论会速记《关于在文艺上的党的政策》、1925年1月"岗位派"("拉普"前身)通过的第一届全联邦无产阶级作家大会决议《意识形态战线与文学》(当时译名为《Ideology战线与文学》)和1925年6月18日俄共(布)中央通过的决议《在文艺领域内的党的政策》。冯雪峰在译者序言中客观介绍了托洛茨基(当时译作特罗次基)、沃隆斯基(当时译作伏浪司基)、布哈林、卢纳察尔斯基(当时译作路那却尔司基)关于党的文化方针政策的争论,最后发表自己的看法说:"我以为,倘是站在无产阶级文学的主张者的一面的,则这文学的理论的探求,是他们走得前面些了。"②

冯雪峰翻译的这本书,当时鲁迅在不知情的情况下也作了翻译。鲁迅的译本从1928年6月起陆续发表于《奔流》第一卷,1929年全部译成,1930年6月由上海水沫书店作为鲁迅、冯雪峰共同主编的《科学的艺术论丛书》之一,以《文艺政策》的书名出版。

---

① 鲁迅.《苏俄的文艺论战》前记[M]//鲁迅文集:第18卷(集外集拾遗).长春:吉林文史出版社,2006:137-138.

② 冯雪峰.《新俄的文艺政策》序言[J].鲁迅研究动态,1987(11):34.

鲁迅在该书后记中说："俄国的关于文艺的争执，曾有《苏俄的文艺论战》介绍过，这里的《苏俄的文艺政策》，实在可以看作那一部书的续编。如果看过前一书，则看起这篇来便更为明了。序文上虽说立场有三派的不同，然而约减起来，也不过两派。即对于阶级文艺，一派偏重文艺，如瓦浪斯基等，一派偏重阶级，是《那巴斯图》（俄：На посту，'在岗位上'——笔者注）的人们，布哈林们自然也主张支持无产阶级作家的，但又以为最要紧的是要有创作。"①

苏联20世纪20年代初关于文艺政策的这场争论，对于中国最重大的影响就是直接激起了中国关于无产阶级革命文学的论争。从当时参加论争的冯乃超、成仿吾、蒋光慈、李初梨、钱杏邨、彭康、鲁迅、郭沫若、茅盾等人的言论看，属于创造社的郭沫若、冯乃超、成仿吾、李初梨、彭康和太阳社的蒋光慈、钱杏邨等人较多吸收了苏联"岗位派""列夫派"的"左"倾思想。如郭沫若一改其前期热烈的个性解放倾向，提出"当留声机器"说，并指责当时作家们"小资产阶级的根性太浓重了，所以一般的文学家大多数是反革命派。"②冯乃超则断言："中国的艺术家多出自小资产阶级的层中，……在此社会层中不会诞生伟大的艺术家。"③成仿吾在《从文学革命到革命文学》一文中要求文学家："努力获得辩证法的唯物论，努力把握唯物的辩证法的方法，它将给你以正当的指导，示你以必胜的战术。"④蒋光慈在《关于革命文学》一文中说："一个作家一定脱离不了社会的关系，在这一种社会的关系之中，他一定有他的经济的，阶级的，政治的地位——在无形之中，他受这一种地位的关系之支配，而养成了一种阶级的心理。""革命文学应当是反个人主义的文学，它的主人翁应当是群众，而不是个人；它的倾向应当是集体主义，而不是个人主义。"⑤李初梨在《怎样地建设革命文学》中斥责"文学是自我的表现"和"文学的任务在描写社会生活"这两种文学观："一个是观念论的幽灵，个人主义者的呓语；一个是小有产者的把戏，机会主义者的念佛。"并提出："一切的文学，都是宣传。"他还直接抨击鲁迅："对于布鲁乔亚是一个最良的代言人，对于普罗列塔利亚是一个最恶的煽动家！"⑥从中都可以看出苏联"无产阶级文化派""拉普派"隔断文学传统、机械看待作家的阶级性、鼓吹"辩证唯物论的创作方法"和排斥"同路人"作家等极左倾向影响的痕迹。这些苏联文论其实并不是马克思主义文论，当时国内的左翼作家和理论家们却把这些东西加以神圣化，视为马克思主义经典而加以机械地运用，这对于当时左翼文艺的发展产生了负面效果。

当时鲁迅和茅盾对无产阶级文学的看法，比较接近重视文艺自身特性、重视吸纳"同路人"作家瓦浪斯基、托洛斯基、布哈林等人的观点。鲁迅根据自身丰富的创作经验，在《文艺与革命》一文中肯定了"一切文艺是宣传"的提法，但随即指出："但我以为当先求内容的充实和技巧的上达，不必忙于挂招牌。……革命之所以于口号，标语，布告，电报，教科书……之外，要用文艺者，就因为它是文艺。"⑦茅盾1928年在东京写的《从牯岭到东京》一文的第七

① 鲁迅.《文艺政策》后记[M]//鲁迅序跋集：上卷.济南：山东画报出版社，2004：258.

② 麦克昂（郭沫若）.桌子的跳舞[M]//文学运动史料选：第二册.上海：上海教育出版社，1979：103.

③ 冯乃超.艺术与社会生活[M]//文学运动史料选：第二册.上海：上海教育出版社，1979：9.

④ 成仿吾.从文学革命到革命文学[M]//文学运动史料选：第二册.上海：上海教育出版社，1979：21.

⑤ 蒋光慈.关于革命文学[M]//文学运动史料选：第二册.上海：上海教育出版社，1979：26、28.

⑥ 李初梨.怎样地建设革命文学[M]//文学运动史料选：第二册.上海：上海教育出版社，1979：31、32、89.

⑦ 鲁迅.文艺与革命[M]//文学运动史料选：第二册.上海：上海教育出版社，1979：96.

节专门发表了对国内文坛"革命文艺"运动的意见,他批评了当时所谓"革命文艺"的"新作品""终于自己暴露了不能摆脱'标语口号文学'的拘囿"。他指出:"1918 年至 22 年顷,俄国的未来派制造了大批的'标语口号文学',然而无产阶级不领这个情,农民是更不客气地不睬他们……不但苏俄的群众,莫斯科的领袖们如布哈林,卢那却夫斯基,特洛斯基,也觉得'标语口号文学'已经使人讨厌到不能忍耐了。"他说,"标语口号文学"虽然不缺少"革命的热情",但"人家来看文学的时候所希望的,并非仅仅是'革命情绪'"。对于当时的"革命文艺"鼓吹者排斥小资产阶级的极左倾向,茅盾指出:"中国革命是否竟可抛开小资产阶级,也还是一个费人研究的问题。我就觉得中国革命的前途还不能全然抛开小资产阶级。"①

苏俄当年文艺政策论争中的几派观点,由于有 1925 年 6 月 18 日俄共(布)中央决议作总结,所以它们对中国文坛的影响,都还是有限的、得到及时纠正的。而实际上对中国文学事业发生了长期的、更具深远影响的,还是俄共(布)的那个决议《关于党在文学方面的政策》,其在中国最好的学习者和继承者自然是中国共产党人和共产党领导下的文艺事业。毛泽东在 1942 年延安整风期间所作的《在延安文艺座谈会上的讲话》,可以说是俄苏文论在中国选择性吸纳和本土化改造的成熟典范,标志着中国特色马克思主义文艺理论在中国的建立。毛泽东是一位有理论个性和独创精神的革命家,同时他作为一个有文学修养的文艺内行,他对文艺问题自然有自己的看法,有自己的审美选择,更何况他当时又正领导着中国人民艰苦卓绝的革命斗争,他对文艺工作的意见肯定是要联系中国实际、体现中国特色和讲究实用功效的。因此,他的《在延安文艺座谈会上的讲话》主要吸纳和运用的是列宁在布尔什维克革命初期所写的《党的组织和党的出版物》中的观点,如文艺是党的整个事业的"齿轮和螺丝钉",党的文艺家要加强思想改造、与党保持一致等等。对于列宁提出的写作事业是"自由的写作""写作事业最不能机械划一,强求一律,少数服从多数""在这个事业中,绝对必须保证有个人创造性和个人爱好的广阔天地,有思想和幻想、形式和内容的广阔天地"②等观点,《讲话》则基本没有涉及。从中可见在当时日本帝国主义和国民党反动派双重围剿的严酷斗争环境下,毛泽东指导革命文艺工作的过程中强烈的主体性选择。因为当时党领导文艺工作的第一要务,是宣传群众、组织群众,号召人民进行革命和斗争。"自由写作"和"个人爱好",当时的客观环境不允许,也不是党的实际工作目标的迫切需要。

至于当时在苏联早已提出和提倡多年的"社会主义现实主义",毛泽东《讲话》却作了明显的忽略和改动,只说了一句"我们是主张无产阶级的现实主义的"③。直到 1953 年修订再版《毛泽东选集》时,才改成通用的"社会主义现实主义"。这一方面是因为当时中国尚处于民族解放战争和民主革命时期,提"社会主义"还为时尚早,苏联"社会主义现实主义"理论的许多内容,与当时中国的文艺实际还相隔甚远,而且在以清算王明教条主义为目标之一的延安整风中,也不可能重犯言必称苏联的错误。另一方面也因为毛泽东的理论个性,他是一贯致力于把外来理论本土化、中国化的,不要说在延安时期,中国的文艺家们还没有太多地介绍和宣传苏联的"社会主义现实主义"理论,即便毛泽东原原本本知道了这一理论,他也会标

---

① 茅盾.从牯岭到东京[M]//文学运动史料选:第二册.上海:上海教育出版社,1979 年:145-146,147.

② 列宁.党的组织和党的出版物[M].//中国社会科学院文学研究所文艺理论研究室编:列宁论文学与艺术.北京:人民文学出版社,1983:68-69.

③ 毛泽东.在延安文艺座谈会上的讲话[N].解放日报,1943-10-19.

新立异,提出自己中国式的文艺口号。事实上,在1939年5月,在苏联"社会主义现实主义"理论早已介绍到中国多年的情况下,毛泽东为延安鲁迅艺术学院成立周年纪念题词,采用的却是中国传统对仗的"现实主义"与"浪漫主义"并提的平行句式:"抗日的现实主义,革命的浪漫主义。"这一方面显示出毛泽东一贯把文艺纳入现实政治需要的中国儒家传统的功利主义精神,另一方面也透露了他内心始终不渝的对浪漫主义的偏爱①。这一提法,也为他在50年代中期提出"革命现实主义和革命浪漫主义相结合"的文艺主张埋下了伏笔。

我们认为,以"源于生活并反作用于生活"为哲学基点,以"为人民大众、首先为工农兵"为价值取向,以"文艺工作者的世界观改造"为实施关键,以"典型化"为艺术创造美学追求的毛泽东《在延安文艺座谈会上的讲话》的核心精神,是吸纳了马克思列宁主义文艺观,并结合中国文学传统、中国"五四"以来进步文艺运动的实际经验而形成的具有中国特色的中共文艺路线的基本纲领。这些基本主张,在中国共产党领导下的文艺运动中付诸实践,有成功实绩,也有失误教训。

对于毛泽东"延安讲话"的历史功过,胡乔木在1981年8月8日所作的《当前思想战线的若干问题》报告中,有过这样的总结:"关于《在延安文艺座谈会上的讲话》,我认为,这个讲话的根本精神,不但在历史上起了重大的作用,指导了抗日战争后期的解放区文学创作和建国以后的文学创作的发展,而且是我们在今后任何时候都必须坚持的。"②胡乔木又指出:"长期的实践证明,《讲话》中关于文艺从属于政治的提法,关于把文艺作品的思想内容简单地归结为作品的政治观点、政治倾向性,并把政治标准作为衡量文艺作品的第一标准的提法,关于把具有社会性的人性完全归结为人的阶级性的提法……关于把反对国民党统治而来到延安、但还带有许多小资产阶级习气的作家同国民党相比较、同大地主大资产阶级相提并论的提法,这些互相关联的提法,虽然有它们产生的一定的历史原因,但究竟是不确切的,并且对于建国以来的文艺的发展产生了不利的影响。"③他又说:"应该承认,毛泽东同志对当代的作家、艺术家以及一般知识分子缺少充分的理解和应有的信任,以至在长时间内对他们采取了不正确的态度和政策,错误地把他们看成是资产阶级的一部分,后来甚至看成是'黑线人物'或'牛鬼蛇神',使林彪、江青反革命集团得以利用这种观点对他们进行了残酷的迫害。这个沉痛的教训我们必须永远牢记。"④胡乔木同志所总结的"延安讲话"的历史功过,虽然还有进一步研究和补充修正的必要,但其基本精神和评价立场是正确的,在今天仍需继续坚持。

---

① 毛泽东在1964年8月同哲学工作者的一次谈话中,肯定了司马迁对《诗经》的评价,认为诗皆"发愤之所为作",指出:"心里没有气,他写诗?"(见陈晋《"心里没有气,他写诗?"》,《瞭望》周刊,1991年第36期,第36页);周恩来在《关于文化艺术工作两条腿走路的问题》一文中提道:"毛主席就说过话剧在舞台上和生活一样,没看头。"见中共中央书记处研究室文化组编:《党和国家领导人论文艺》,北京:文化艺术出版社1982年版,第27页。

② 胡乔木.当前思想战线的若干问题(1981年8月8日)[M]//中共中央书记处研究室文化组编:党和国家领导人论文艺.北京文化艺术出版社,1982:322.

③ 胡乔木.当前思想战线的若干问题(1981年8月8日)[M]//中共中央书记处研究室文化组编:党和国家领导人论文艺.北京文化艺术出版社,1982:324.

④ 胡乔木.当前思想战线的若干问题(1981年8月8日)[M]//中共中央书记处研究室文化组编:党和国家领导人论文艺.北京文化艺术出版社,1982:325.

1944 年，延安解放社出版了由周扬编辑的《马克思主义与文艺》一书，该书以“意识形态的文艺”、“文艺的特质”、“文艺与阶级”、“无产阶级文艺”及“作家、批评家”五大部分辑录了马克思、恩格斯、普列汉诺夫、列宁、斯大林、毛泽东等人有关文学艺术的文章片段和相关言论，书末的“附录”还收录了俄共（布）中央 1925 年的决议《关于党在文学方面的政策》以及 1934 年的《苏联作家协会章程》。该书在 1946 年又出了第二版，在附录中增加了《鲁迅对于左翼作家联盟的意见》。编者周扬在第二版序言中写道：“毛泽东同志的〈在延安文艺座谈会上的讲话〉给革命文艺指示了新方向。……本书就是企图根据这个讲话的精神来编纂的。……从本书中，我们可以看到毛泽东同志的这个讲话一方面很好地说明了马克思、恩格斯、列宁等人的文艺思想，另一方面，他们的文艺思想又恰好证实了毛泽东同志文艺理论的正确。”①从中可见，周扬编选这部马克思主义文艺论文集的目的就是与毛泽东文艺思想互为印证，一方面证明毛泽东文艺思想是符合马列主义的，另一方面也把书中辑录的文艺论著和文件列为规范中国文艺事业的指导性文献。这样，俄共（布）1925 年《关于党在文学方面的政策》的决议，就被放到了指导中国共产党文艺事业的纲领性文件的地位。这是国际共产主义运动中把苏联经验神圣化的产物，对后来中国文艺的发展产生了一定的负面影响。

新中国成立后，《人民日报》于 1951 年 1 月 28 日发表了曹葆华译的俄共（布）中央 1925 年决议。《人民日报》的“编者按语”说：“一九二五年六月苏俄共产党（布）中央关于党在文学方面的政策的决议，在苏联文学发展历史上起了极巨大的指导作用。这个决议发表于苏联新经济政策时期，当时的历史条件、阶级关系与无产阶级文学的发展情况和今天中国当然有很多的差别。但这个决议中所提出的关于党领导文学活动的基本原则在今天仍有现实的教育意义。决议指出：党应当周到地和细心地对待中间作家，使他们尽可能迅速地转到共产主义思想方面来；党对待无产阶级作家，一方面以一切方法帮助他们成长，另一方面以一切手段防止他们骄傲、摆共产党员的架子；对于轻视旧文化遗产、轻视文学专门家的错误态度必须进行坚决斗争；关于无产阶级文学的内容，决议指出：无产阶级文学应‘广泛把握极其复杂的现象，不关闭在一个工厂范围内，不要成为车间的文学，而要成为领导千百万农民前进的伟大的战斗阶级的文学’；在文学形式方面，党不特别支持某一文学派别，而主张文学领域中各种集团和派别的‘自由竞赛’；党积极地指导文学批评和创作的活动，而避免在文学事业上采取行政命令的办法。这个决议是值得我们很好地重新加以研究的。”②

对照俄共 1925 年决议，可以看出，1951 年《人民日报》“编者按语”把俄共决议归纳出的六个要点，其中第一点“对待中间作家”，来自原决议的第十条；第二点“对待无产阶级作家”、第三点“反对轻视旧文化遗产和文学专门家”、第四点“把握复杂现象”“领导农民前进”，均来自原决议的第十一条；第五点“党不特别支持某一文学派别”和“各文学集团、派别‘自由竞赛’”来自原决议的第十三、十四条；第六点“避免文学事业上的行政命令”来自原决议的第十二条。而在原决议中占据几乎一半篇幅着重阐述的诸如“无产阶级文学的性质”“无产阶级作家队伍的建设”“文学战线上的阶级斗争”“辩证唯物论占领文学阵地”等重大问题，这里被大大地简化或淡化了，甚至把如何对待无产阶级作家的问题，放到了“对待中间作家”之后，变成了第二点。而如何“周到地和细心地对待中间作家”却被提到第一位，并且在谈到同“轻

① 周扬.马克思主义与文艺[M].大连：大众书店，1946：1.

② 苏联文学艺术问题[M].北京：人民出版社，1953：3.

视旧文化遗产、轻视文学专门家的错误态度"作斗争时,还特别加上原文所没有的"坚决"二字予以强调。这不能不说是面对中国几千年农业社会、无产阶级和无产阶级文学队伍尚不壮大、农民和小资产阶级是社会结构和文化事业主体等实际国情,同时借鉴了当年苏联文化政策中"左"的错误教训,而对俄共决议作出的"中国式"解读,在一定程度上显示了中国共产党人试图摆脱苏联文艺政策影响、独立探索自己道路的努力,而这种努力的方向和毛泽东早在延安时期就试图把马列主义中国化,是完全一致的。这六条原则,实际上成为中华人民共和国成立后,相当长一段时期内中共文化政策的基本方针。

影响中华人民共和国成立之初我国文艺政策和文学学术走向的,还有苏联共产党对于文艺问题的一系列决议。如 20 世纪 20 年代的俄共(布)中央《关于无产阶级文化协会的信》、《关于党在文学方面的政策(1925 年 6 月 18 日决议)》,30 年代的联共(布)中央《关于改组文学艺术团体的决议(1932 年 4 月 23 日)》,40 年代的联共(布)中央《关于〈星〉和〈列宁格勒〉两杂志的决议(1946 年 8 月 14 日)》、联共(布)中央《关于剧场上演节目及其改进办法的决议(1946 年 8 月 26 日)》、《苏联作家协会理事会主席团的决议(1946 年 9 月 4 日)》、《关于影片〈灿烂的生活〉的决议(1946 年 9 月 4 日)》、《关于穆拉杰里的歌剧〈伟大的友谊〉的决议(1948 年 2 月 10 日)》、《关于〈鳄鱼〉杂志的决议(1948 年 9 月 11 日)》、《关于〈旗〉杂志的决议(1949 年 1 月 11 日)》等等。

此外,联共(布)中央主管意识形态的领导人日丹诺夫就其中某些决议所作的专门讲话或报告,如《关于〈星〉和〈列宁格勒〉两杂志的报告》《在联共(布)中央召开的苏联音乐工作者会议上的开幕词》《在联共(布)中央召开的苏联音乐工作者会议上的发言》等,也被及时译介过来。前面提到的人民文学出版社于 1953 年出版的《苏联文学艺术问题》(印数 31,500 册),辑为三编,分别收录了苏联 20—30 年代、40 年代以及 50 年代党关于文学艺术问题的决议和相关领导人的讲话及文艺政策文件,其中包括联共(布)中央关于文学艺术的六个决议、《苏联作家协会章程》、苏联作家协会理事会主席团的决议、苏共中央书记处书记马林科夫在联共(布)第 19 次代表大会上的总结报告,以及日丹诺夫在第一次苏联作家代表大会上的讲演、1946 年至 1948 年关于文学艺术的三次报告和演说。此书在 1959 年又重版(印数 12,000 册),可以说是当时中国文艺工作者熟知的纲领性文献。

苏联共产党关于文艺问题的决议、信件和领导人讲话,就领导文艺事业的工作方法和文艺政策而言,开了以政治手段管理文艺、以作品的政治倾向或政治领导人的个人好恶决定文艺作品和作者命运的先例。这一做法在新中国成立后的一段时间里也产生了不好的影响,出现了对电影《武训传》的批判、对俞平伯《红楼梦》研究的批判、对胡风文艺思想的批判等名为"文艺论争"实为政治运动的对知识分子异己思想的整肃。直至 60 年代对小说《刘志丹》、历史剧《海瑞罢官》、杂文《燕山夜话》等的批判,以及江青在 1966 年 2 月所作的《部队文艺工作座谈会纪要》,更成为"文革"动乱的前奏。这样的政治运动式的"文艺批评"及其灾难性后果,凡是经历过"文革"动乱的人们都记忆犹新,其历史教训值得永远记取。50 年代中期至 60 年代初期是苏联内部文艺政策、文艺路线发生松动和转变,中国方面对"苏联模式"也进入到观望、选择和有所疑惑的时期,这就是我们所说的"游离式"接受。

二、游离:20 世纪 50 年代中期至 60 年代初中国对俄苏文论的接受

早在斯大林逝世前,苏联文艺界已经对由于斯大林时代的政治高压而形成的文艺上的歌功颂德、粉饰太平和“无冲突论”,表示了不满和质疑。1952 年 4 月 7 日苏共《真理报》在一篇题为《克服戏剧创作的落后现象》的专论中指出:“我们不应该害怕揭示缺点和困难。有毛病就应当医治。我们需要有果戈理和谢德林。只有在不运动、不发展的地方,才没有缺点。而我们正在发展,正在前进——这就意味着我们既有困难,也存在缺点。”文章说:“戏剧创作应该揭示生活中的冲突,否则也就不成其为戏剧创作了。”文中还引用斯大林的话论证了“写真实”问题,指出:“通过生活的革命发展去反映生活,这种真实态度就是社会主义现实主义艺术的首要戒律。‘要写真实’——斯大林同志是这样教导我们作家的。”①

斯大林逝世后,要求文学揭露现实阴暗面、揭露矛盾的文章更是不断发表,形成当时文坛舆论的热点。1953 年 7 月 16 日,苏联《文学报》在社论《同党和人民在一起》中提出:“作家在塑造我们时代正面人物形象的同时,应该真实地而且同样有艺术概括力地暴露反面现象,通过各种艺术手段来揭露敌人。”社论说:“社会主义现实主义艺术,也即高度人道主义和进步艺术的伟大教育力量就在于它激发的不仅是爱,而且还有恨,不仅有赞扬,而且还有蔑视。”②苏联《真理报》则在 1953 年 11 月 3 日的一篇题为《进一步提高苏联戏剧的水平》的专论中,第一次提出“干预生活”的口号,文章说:“积极干预生活——这是社会主义现实主义艺术的战斗口号。对当代一些最尖锐的问题采取畏缩态度,是与这种艺术完全背道而驰的。”文章指出:“勇敢地提出广大劳动人民关注的问题,鼓舞人心地表现生活的真实、矛盾和冲突,反映历史创造者——人民的活动,并善于看到我国的明天,——这就是语言艺术家们的崇高使命。”③这一时期,在创作上出现了作家 В. В. 奥维奇金(Валентин Владимирович Овечкин,1904—1968)以揭露现实生活矛盾为特色的近似于小说的农村题材特写,如《区里的日常生活》(1952)、《在前沿》(1953)、《在同一区里》(1954)等。作品通过包尔卓夫和马尔登诺夫两个区委书记不同领导作风的对比,揭露了苏联在农业管理上存在的官僚主义、命令主义等弊病,在苏联文学界和社会上产生了强烈的反响。

1954 年,出生于乌克兰的犹太裔作家伊利亚·格里高利耶维奇·爱伦堡(Илья Григорьевич Эренбург,1891—1967)的中篇小说《解冻》(Оттепель)第一部出版,标志着苏联文学斯大林时代的终结和“解冻文学”思潮的正式登场。“解冻”思潮首先要求重视人,呼唤人性的复归,要求文学站在“人性本位”的高度,直面和批判历史和现实中存在的种种弊端。其次则要求重新发掘文学的现实主义传统,打破以往虚伪矫饰、既“瞒”又“骗”、图解政治口

---

① 北京大学俄语系俄罗斯苏联文学研究室编译.关于《解冻》及其思潮[M].北京:北京大学出版社,1982:9、10.

② 北京大学俄语系俄罗斯苏联文学研究室编译.关于《解冻》及其思潮[M].北京:北京大学出版社,1982:13

③ 北京大学俄语系俄罗斯苏联文学研究室编译.关于《解冻》及其思潮[M].北京:北京大学出版社,1982:16.

号的创作模式。这一年苏联还发表了女作家迦林娜·尼古拉耶娃(1911-1963)的中篇小说《拖拉机站站长和总农艺师》，这部小说很快由在我国发行量很大的《中国青年》杂志翻译连载并向广大青年读者推荐，对中国50年代"干预生活"作品的出现，起了推动作用。

1955年10月，奥维奇金随苏联新闻代表团来华访问，中国当时的青年作家刘宾雁任陪同翻译。时任中国作协副主席、党组书记的刘白羽在中国作协机关的一次讲话中首次介绍了奥维奇金这个特写作家的特色。作协主办的外国文学杂志《译文》译载了奥氏的《区里的日常生活》等作品。1956年1月21日下午，中国作协创作委员会小说组开会讨论《拖拉机站站长和总农艺师》《区里的日常生活》和肖洛霍夫的《被开垦的处女地》第二部这三篇作品。2月15日出版的《文艺报》1956年第3号以《勇敢地揭露生活中的矛盾和冲突》这样一个醒目的标题，发表了会上部分发言。《文艺报》编者说：讨论上述作品是"为了帮助我国读者了解这些作品和学习苏联作家勇敢干预生活的精神"。

作家马烽、康濯、郭小川、刘白羽等人的发言一致承认，中国的文学创作存在回避斗争，不敢干预现实生活、不能真实地描写生活的缺点。马烽说，尼古拉耶娃的作品是通过尖锐的思想斗争刻画人物的，我们的多数作品却是通过与自然灾害的斗争表现英雄人物的，不能不承认这"是一条绕开生活中尖锐矛盾的狭窄小路"。有些作品接触了社会矛盾，但多半限于很小范围，批评干部至多写到区一级。① 康濯说，与尼古拉耶娃的小说相比，"我们创作中存在的严重问题之一，正是粉饰生活和回避斗争"。② 刘白羽在发言中承认，我们的文学作品的突出问题是"没有真实地、按照历史的发展来写我们的现实生活"。③ 他强调指出："奥维奇金的特写为什么这两年在苏联这么突出，也是因为大胆地揭示了生活中真实的东西，反对了生活中的官僚主义。"④

值得注意的是，在《文艺报》讨论会上发言的作家，都是来自解放区的党员领导干部，他们也都承认和批评文学界不敢"写真实"，这本身就表明新中国文艺界对文艺现状的普遍不满。此外，当时出现的提倡"写真实""干预生活"的思潮，固然有受苏联文学影响的因素，但根本原因还在于当时中国现实生活的发展向文学艺术提出了新的要求，以及中共领导层当时有要开展整风，以应对现实生活中涌现的新矛盾、新问题的意向。毛泽东本人在1957年2月最高国务会议上的讲话中，明确提出要正确处理人民内部矛盾。在3月召开的中国共产党全国宣传工作会议上，他宣布要通过不断的整风，"把我们身上的错误东西整掉"。他说："彻底的唯物主义者是无所畏惧的，我们希望一切同我们共同奋斗的人能够勇敢地负起责任，克服困难，不要怕挫折，不要怕有人议论讥笑，也不要怕向我们共产党人提批评建议。"⑤这样就激发了一批有政治责任感和艺术敏感的作家艺术家革新创作的冲动，投入到大胆揭露矛盾、"写真实"、"干预生活"的创作中去。

1955年12月苏共中央机关刊物《共产党人》发表专论《关于文学艺术中的典型问题》，对斯大林的继承人马林科夫(Георгий Максимилианович Маленков，1902-1988)当年在联共

① 马烽.不能绕开矛盾走小路[J].文艺报，1956(3)：21.

② 康濯.不能粉饰生活，回避矛盾.[J].文艺报，1956(3)：23.

③ 刘白羽.在斗争中表现英雄性格[J].文艺报，1956(3)：24.

④ 涂光群."干预生活"口号的来龙去脉[J].出版参考，2005(29)：27.

⑤ 毛泽东选集：第五卷[M].北京：人民出版社，1977：412.

(布)第19次代表大会上代表斯大林宣读的《关于联共(布)中央工作的总结报告》中对文艺典型问题的论述提出了尖锐的批评。这也引起了早就在典型问题上有过争论的中国文艺界讨论的兴趣。当时的《文艺报》开辟了"关于典型问题的讨论"专栏,发表了张光年的《艺术典型与社会本质》、林默涵的《关于典型问题的初步理解》、钟惦棐的《影片中的艺术内容》、黄药眠的《对典型问题的一些感想》、陈涌的《关于文学艺术特征的一些问题》、巴人的《典型问题随感》、王愚的《艺术形象的个性化》、李幼苏的《艺术中的个别和一般》等文章。这些文章的观点虽大都没有超出《共产党人》专论之外,但也有些联系我国文艺的实际情况提出了一些较为新颖的见解。如张光年批评了"一个阶级只有一个典型""一个社会力量只有一个典型"的错误公式①,钟惦棐则批评了当时有人主张典型"和社会历史本质相一致"的机械观点。②

值得注意的是,50年代中期至60年代初中国文坛出现的这次对苏联文学思潮的呼应,已经不是以往那样亦步亦趋的顺承式接受,而是有所选择、有所争议的了。如《人民日报》1957年1月27日发表的马铁丁的文章《何谓"干预生活"?》,就对"干预生活"口号提出了质疑。特别是当时中共高层政治领导人对"苏联经验"的态度趋于暧昧,更多的只是文艺家们,至多是文艺工作领导者们在那里肯定苏联的做法,所以我们称之为"游离式"接受。个中原因,今天已然知晓,那就是正当中国的文艺家、知识分子们还在津津有味地响应苏联文学的"写真实""干预生活"口号的时候,赫鲁晓夫在1956年2月苏共二十大上作的反斯大林的秘密报告,1956年10月发生在匈牙利的政治动乱,已经给以毛泽东为代表的中共领导人敲响了警钟,斯大林式的社会主义面临着被颠覆的危险!这一重大的政治危机已经威胁到了党的生存和社会主义的政治前途。维护党的领导,维护社会主义事业,成为压倒一切的中心任务。这就使1957年开始的整风运动迅速演变为"反右"斗争,而参与"干预生活"创作的许多作家被打成"右派"或"反革命分子",受到迫害和不公正待遇长达二三十年之久。中国文学理论中吸纳和效法苏联50年代文学经验提出的许多"新"观点,诸如"写真实论"、"现实主义——广阔道路论"、"现实主义深化论"、"反题材决定论"、"中间人物论"、"时代精神汇合论"、"离经叛道论"和"反火药味论"等,也在后来的"文革"中被宣布为修正主义的"黑八论",成为文学研究中噤若寒蝉的禁区。

三、逆向与错位:中国文艺"反修"期间对俄苏文论的接受

1956年苏共二十大之后,中苏两党领导层在思想政治路线上的分歧日渐加大。中国国内开始"反右"和"反修",对苏联文艺"修正主义"倾向的批判也悄然运行。1958年,当苏联影片《共产党员》在国内公映时,就有人写文章批判。只是由于此时中苏关系还维持着表面良好的局面,被有关领导压了下来。③ 到1959年至1960年以后,中苏矛盾逐步公开化,中国开始编选出版后来被称为"黄皮书"或"灰皮书"的苏联文学作品,为文艺"反修"提供资料。

① 张光年.艺术典型与社会本质[J].文艺报,1956(8):12-15

② 钟惦棐.影片中的艺术内容[J].文艺报,1956(8):17-19.

③ 黎之.回忆与思考——文艺"反修"、毛泽东十二月批示和他亲订《毛泽东诗词》出版(上)[J].新文学史料,1998(1):63.

当时我国作家出版社、世界文学出版社、中国戏剧出版社、人民文学出版社还出版了一批“供内部参考”的“黄皮书”文学理论著作。

这些著作包括1961年出版的伊萨科夫等著《关于〈山外青山天外天〉》(作家出版社)、《关于〈被开垦的处女地〉(第二部)》(世界文学出版社)、《关于〈感伤的罗曼史〉》(世界文学出版社),1962年出版的《世界文学参考资料》(《世界文学》杂志社)、布罗茨基主编《俄国文学史(下册)》(作家出版社)[①]、《关于文学和艺术问题》(文件汇编·增订本)(作家出版社)、《高尔基文学书简(上卷)(人民文学出版社),1963年出版的《现代文艺理论译丛增刊》、《苏联文学中的正面人物、写战争问题》、《苏联文学与人道主义》、《苏联青年作家及其创作问题》(作家出版社),1964年出版的《苏联文学与党性、时代精神及其他问题》、《苏联一些批评家、作家论艺术革新与“自我表现问题”》(作家出版社)、《新生活—新戏剧》(中国戏剧出版社),1965年出版的《戏剧冲突与英雄人物》(中国戏剧出版社)、《高尔基文学书简(下卷)》(人民文学出版社)、《人道主义与现代文学》(上、下册)(作家出版社)等。这就开始了长达20多年的中苏文学交流中独特的相互攻讦和对峙的局面。对此,我们称之为“逆向式”接受。

中国文艺“反修”时期对俄苏文论的“逆向式”接受,一个突出特点是以捍卫马克思列宁主义的基本原则、捍卫无产阶级专政和社会主义道路的战士自居,以“马克思主义中国化”的毛泽东思想为指针,同时维护和有选择地吸纳苏联斯大林时期的一些传统理论观点,从而出现了把苏联在50年代已经批判或放弃了的一些文艺政策和文论主张又重拾回来,所以又可以称之为“逆向—错位式接受”。

前面提到的马林科夫在联共(布)第19次党代表大会所作报告中对文艺典型的论述:“典型性是与一定社会历史现象的本质相一致的;它不仅仅是最普遍的、时常发生的和平常的现象。有意识地夸张和突出地刻画一个形象并不排斥典型性,而是更加充分地发掘它和强调它。典型是党性在现实主义艺术中的表现的基本范围。典型问题任何时候都是一个政治性的问题。”[②]对此,苏联《共产党人》杂志在1955年12月第18期上发表专论《关于文学艺术中的典型问题》,对马林科夫报告的观点作了尖锐的批评。这篇专论在当时被很快介绍到中国,并且得到中国文艺界的支持和响应。

但在中国“文革”期间,那种已被否定了的斯大林时期的文艺典型观又卷土重来。如东北地区八院校(辽宁大学、吉林大学、黑龙江大学、辽宁师范学院、延边大学、哈尔滨师范学院、辽宁第一师范学院、通辽师范学院)1973年合作编写的《马克思主义文艺理论基本问题》,在论述文学艺术中的典型问题时就写道:“在艺术舞台上树立哪个阶级的代表人物,标志着哪个阶级在政治上,在意识形态领域实行专政。”[③]“艺术典型是通过鲜明、独特的个性,深刻地、充分地揭示一定阶级本质的艺术形象。在阶级社会中,艺术典型首先要充分揭示人物的时代的和阶级的本质特征。”[④]

该书写道,“我们要着重批判片面追求艺术典型的个性,借口个性的‘复杂性’,甚至抽掉人物的阶级也造成脱离阶级本质,把个性和阶级性、党性对立起来的倾向。这实际上是把个

① 该书上册于1954年11月由作家出版社出版,中册于1955年9月由作家出版社出版.

② 苏联文学艺术问题[M].北京:人民文学出版社,1953:138-139.

③ 东北地区八院校文艺理论编写组.马克思主义文艺理论基本问题[M].内部印刷本,1973:120.

④ 东北地区八院校文艺理论编写组.马克思主义文艺理论基本问题[M].内部印刷本,1973:128.

性看成单纯的人性的资产阶级观点,使艺术典型失去了灵魂,必然歪曲人物的阶级本质。"[①]该书甚至还重拾了在50年代的典型问题讨论中早已批判过了的"一个阶级只有一个典型""典型是现实生活中大量存在的事物"等错误观点,在论述典型是"集中性与普遍性的辩证统一"问题时说:"集中性是指艺术概括的深度,普遍性是指艺术概括的广度。把社会生活中的千百个人物化为一个艺术典型,就有了集中性;通过一个艺术典型概括了千百个社会生活中的人物,就有了普遍性。"[②]

1972年,就在林彪事件发生后不久,中国的"文化大革命"出现困境、难以收场的时候,苏共中央马克思列宁主义研究院组织编写和出版了一本题为《苏共领导下的苏联文化革命》的集体著作,其目的很明显,一方面是要宣扬苏共在文化建设上的成果,另一方面也是反衬中国正在进行的"文化革命"的谬误,这自然引起了中国方面的激烈回应。上海人民出版社在1973年很快翻译出版了这本书,译者署名"范益彬",明显是一个化名,即"翻译兵"的谐音,这是那个时代常见的做法。在该书的《出版前言》中,用那个时代惯用的大批判语言,对这本书作了彻底的否定。如《出版前言》中说:"这本又臭又长的所谓专题著作,完全违反马克思主义关于一定的文化总是一定社会的政治和经济在观念形态上的反映这个根本原理,违背列宁关于在无产阶级专政条件下存在着阶级和阶级斗争、复辟和反复辟斗争的教导,孤立地、抽象地谈论所谓文化问题,连篇累牍地罗列国民教育、文学艺术、戏剧电影等方面的一些表面现象、把这些东西冒充为'文化革命'。……他们特别吹捧勃列日涅夫叛徒集团上台以来,尤其是'二十三大''二十四大'以来的所谓'文化建设'。恬不知耻地把他们所狂热推行的社会帝国主义政策说成是'向共产主义前进',还胡说什么'苏联的社会主义文化表现了全体人类的未来的文化''苏联实现文化革命的历史经验',对于其他国家都具有'重大的意义'——充分暴露了这个叛徒集团在进行政治、军事、经济扩张的同时,狂热推行文化扩张的野心。"[③]

站在我们今天的立场来看,苏共当年出版这本书的目的,固然有攻击中国"文化革命"的用意。但他们所讲的文化,是指作为人类全部知识总和的"文化"。而中国当时进行的所谓"文化革命",针对的则是建立在一定经济基础之上的具有意识形态意义的"文化",是要"破除几千年来一切剥削阶级所造成的毒害人民的旧思想、旧文化、旧风俗、旧习惯"(《人民日报》1966年6月1日社论《横扫一切牛鬼蛇神》中语),其实质乃是"革文化命"。双方概念不同,自然鸡同鸭讲,难以对话和沟通。中国当时是把苏联在社会主义革命成功之后没有进行思想文化上的"彻底革命",看作是苏联走向修正主义道路的一个原因;把自己在文化领域的"革命",当成是"防止资本主义复辟"的一项伟大创举;自然要对苏联这本书的观点,表示鄙夷和谴责。但中国当时的"文化革命",却把人类几千年创造的知识文化统统纳入"四旧"之列加以扫荡,又犯了虚无主义的错误,造成了"文革"十年的文化荒漠。这种对待"文化"的极左态度,今天应很好地反省和防止再度发生。

1976年毛泽东逝世,"文化大革命"随之结束。但当时中国对"苏修"文论的抵制和批判仍未终止。1977年,上海人民出版社翻译出版了曾获列宁文学奖金的苏联文艺理论家M.

---

① 东北地区八院校文艺理论编写组.马克思主义文艺理论基本问题[M].内部印刷本,1973:134.

② 东北地区八院校文艺理论编写组.马克思主义文艺理论基本问题[M].内部印刷本,1973:143.

③ 苏共领导下的苏联文化革命[M].上海:上海人民出版社,1973:1-2.

Б.赫拉普钦科(Михаил БорисовичХрапченко,1904—1986)的理论专著《作家的创作道路和文学的发展》;1978年,人民文学出版社出版了由北京师范大学外国问题研究所苏联文学研究室编译的《勃列日涅夫集团关于文艺问题的决议和言论汇编》。出版这两部书的目的,仍然是要为文艺理论上的"反修"斗争提供反面材料,故其介绍时的口吻自然还是批判的和敌对的。

《作家的创作道路和文学的发展》一书的"译者的话"写道:"赫拉普钦科这本书中谈到的'创作过程的原则'基本上没有什么新的东西。有许多是老调重弹。"其中特别指责他"闭口不谈作家树立马克思主义世界观的重要性,不谈无产阶级世界观和资产阶级世界观的本质区别,而是笼统抽象地谈什么'伟大的思想激励着艺术家去进行创作的探索,照亮着他那攀登艺术顶峰的道路'。"[①]译者引用作者在文中所说的"社会的、人道主义的洞察力——这是才能卓越的大师所达到的崇高的优点和成果"[②],指出他"所谓'伟大的思想',无非是资产阶级人道主义一类的破烂……其修正主义实质是不难拆穿的"[③]。我们说,对人性和人道主义的张扬,是苏共二十大以来思想政治路线的一项重要内容,直至苏共垮台前最后一届代表大会——苏共二十八大,还以"走向人道的民主的社会主义"为其政治纲领。作为受苏共官方褒奖的赫拉普钦科专著,自然要以这些原则为其指导思想。但译者所引赫氏的话,是他在征引19世纪批判现实主义作家司汤达、托尔斯泰等人的言论之后所作的总结,自然不可能提什么"马克思主义世界观",中国译者的指责,可谓不顾上下文意的过度发挥了。同时,需要指出的是,苏共当年侈谈人性论、人道主义,固然是造成其思想内乱,最终亡党亡国的一个重要原因;但中国方面当年对人性和人道主义问题的认识,也有"左"的偏差。在20世纪80年代胡乔木同志所作的《当前思想战线的若干问题》报告中,就对毛泽东当年在《延安讲话》中"把具有社会性的人性完全归结为人的阶级性"等一系列提法提出了批评。中国早在"文革"之前就已经开始了的对人性论、人道主义的过度批判,也是造成后来"文革"运动中出现践踏人权、蔑视人的尊严的社会悲剧,文艺上充斥一批不食人间烟火的"假、大、空"英雄形象的重要思想根源我国。新时期文学中陆续登场的"伤痕文学""反思文学",既是对那个人性迷失的疯狂年代的深沉控诉和反省,也是对中苏文论当年围绕人道主义问题的论争做出的明确回答。

该书"译者的话"承认赫拉普钦科"这本书中毕竟也有一些'新'的东西"。如他在第四章中提出的"社会主义现实主义和社会主义文学的相互关系"问题,他对"社会主义文学是一种比社会主义现实主义更广泛的现象"的看法等。但译者对作者说叶赛宁、阿赫玛托娃、帕斯捷尔纳克、茨维塔耶娃等人的创作"就其内容来说是社会主义的,但并不含有说明社会主义现实主义性质的特点"提出了谴责,认为他的说法"一可掩人耳目,封住人家的嘴巴,二可为反党反社会主义的毒草出笼大开绿灯,凡是反动、黄色、颓废的东西,虽然不能说是社会主义

① 米·赫拉普钦科.作家的创作个性和文学的发展[M].上海人民出版社编译室,译.上海:上海人民出版社,1977:8.

② 米·赫拉普钦科.作家的创作个性和文学的发展[M].上海人民出版社编译室,译.上海:上海人民出版社,1977:402.

③ 米·赫拉普钦科.作家的创作个性和文学的发展[M].上海人民出版社编译室,译.上海:上海人民出版社,1977:1-2.

现实主义的，但却属于社会主义文学。这就为进一步实行资产阶级自由化扫清了道路”①。我们说，把叶赛宁、阿赫玛托娃、帕斯捷尔纳克、茨维塔耶娃等人的创作归为“反动、黄色、颓废”，这首先是不公允的；并且他们在苏联文学中的地位，现在无论是在俄罗斯还是中国，都已经得到了肯定的评价。被誉为“白银的月亮”的阿赫玛托娃和茨维塔耶娃自不必说，就是在“译者的话”中被直接斥为“反动作家”的 С.А.叶赛宁（Сергей Александрович Есенин，1895—1925）和 Б.Л.帕斯捷尔纳克（Борис Леонидович Пастернак，1890—1960），也在中俄两国的文学研究中恢复了名誉。现在俄苏文学研究界公认叶赛宁是开一代诗风的俄罗斯抒情诗歌的杰出代表，他之所以有意无意地充当了一个时代的“反面角色”，最后走上自杀的道路，不是因为政治上的反动，而是“出于对俄罗斯乡村的执着眷恋而不能认同现代文明的强大推进及其对乡村的破坏”（叶夫图申科语）②，并且这中间还不乏苏俄革命后的真实情况与许多激进的青年知识分子对革命的理想大相径庭的深层原因。而因长篇小说《日瓦戈医生》获得诺贝尔文学奖的帕斯捷尔纳克，更被列入俄罗斯 20 世纪伟大的现实主义作家之列。对照今天的研究成果，不难看出我国当年文艺“反修”时期对苏联文论评价的武断和思想僵化。

至于赫拉普钦科专著中提出的对“社会主义现实主义文学”与“社会主义文学”的区分，我国在“文革”结束后新时期的文学理论教材中，普遍注意到了“社会主义文学”与“社会主义时代的文学”的关系问题。如当前全国高等学校文艺理论课普遍采用的教材——童庆炳主编的《文学理论教程》就指出：“由于社会生活本身具有主导性和层次性，这就决定了作为社会意识形态的文学活动，在我国社会主义初级阶段，其具体的社会属性，也可以而且应该是多层次的。只要有某种进步意义和审美价值，也允许其存在和发展，不能要求一切文学活动和文学作品都达到社会主义意识形态的高度。”③这一方面体现了我国文艺理论工作者对社会主义初级阶段文艺与文化建设研究的深化，同时也可以看出苏联 70 年代文论的积极影响。

赫拉普钦科一书“译者的话”还批评了作者提出的所谓“社会主义现实主义创作原则标准化的论点是一种教条式的概念和观点”的看法，认为这种看法“其本质就是宣扬一种‘无边的现实主义’”，是“在‘社会主义现实主义’的统一招牌下，贩卖一切形式的资本主义文艺和修正主义文艺”④。现在我们说，由法国左翼文艺批评家罗歇·加罗迪（Roger Garaudy，1913—2012）在 1963 年提出的“无边的现实主义”概念，以及后来在 70 年代由时任苏联作家协会第一书记的 Г.М.马尔科夫（Георгий МокеевичМарков，1911—1991）提出的“社会主义现实主义是一个开放体系”的理论，其实质都是在“社会主义现实主义”被钦定为社会主义文艺一家独尊的原则的前提下，理论家们不得已而为之的修补性措施。反映了他们试图冲破斯大林模式的文艺理论束缚，扩展社会主义文学视野和宽容度的努力。今天，在俄罗斯已经抛弃、中国文论界也对“社会主义现实主义”理论提出质疑的新的文学学术背景下，当年中译

---

① 米·赫拉普钦科.作家的创作个性和文学的发展[M].上海人民出版社编译室，译.上海：上海人民出版社，1977:3.

② 李伟.最后的田园牧歌——评叶赛宁《我是乡村最后一位诗人》[J].文学界，2010(4):20.

③ 童庆炳.文学理论教程[M].北京：高等教育出版社，2008:77.

④ 米·赫拉普钦科.作家的创作个性和文学的发展[M].上海人民出版社编译室，译.上海：上海人民出版社，1977:4.

本“译者的话”中所谓不坚持标准化的“社会主义现实主义”，就是企图“贩卖一切形式的资本主义文艺和修正主义文艺”的观点，显然是简单僵化、不值一驳的了。

人民文学出版社1978年出版的《勃列日涅夫集团关于文艺问题的决议和言论汇编》是一本“供批判用”的资料集，编者自然是唯恐读者不能把握其“反动”实质，而刻意表现出与苏共处处针锋相对的“逆反”特点。其“编者说明”写道：“他们一面继续鼓吹‘全民文艺’，宣扬资产阶级人道主义、人性论，让糜烂透顶的资产阶级思想和文化象洪水一样到处泛滥，一面又反对意识形态领域中的‘和平共处’，鼓吹在意识形态领域中采取‘攻势’，强调文艺的所谓‘党性原则’和‘党的领导’，实质上是强调法西斯党的原则和领导，以加紧对文艺界的全面控制；他们打着‘发达社会主义文学’‘社会主义现实主义’的旗号，反对给苏联现实‘抹黑’，鼓吹‘表现我们生活在其中的世界的美’，歌颂‘劳动功勋’，塑造‘当代英雄’，实质上是粉饰苏修社会的黑暗现实，掩盖日益尖锐的社会矛盾，美化官僚垄断资产阶级，歌颂形形色色的新资产阶级分子，以加强对工农群众的压迫和剥削，进一步强化法西斯专政；他们反对‘歪曲描写战争’和‘非英雄主义化’，鼓吹多写表现‘不朽功勋’、体现‘人民英雄主义’的所谓‘军事爱国主义题材’，实质上是利用文艺宣扬军国主义，毒害苏联人民思想，为苏修疯狂扩军备战，争夺世界霸权制造舆论；他们反对‘狭隘民族主义’，宣扬‘俄罗斯民族精神神圣’。鼓吹民族文化‘相互接近和相互丰富’，融合成为‘有机合成体’，实质上是加速推行大俄罗斯的民族压迫和民族同化政策；他们鼓吹‘扩大国际文学交流活动’，动员作家艺术家表现‘国际题材’，‘以自己的作品积极地干预人类社会发展中重大问题的解决’，实质上是加紧推行文化侵略和文化渗透的政策，配合苏修在‘缓和’烟幕掩盖下争霸世界的罪恶活动。”①

笔者在以前写的《中国文艺“反修”时期对苏联文学的“逆反式”接受》一文中曾经提到，60年代中国文艺“反修”期间对苏联文艺的批判，存在着“用一种错误批判另一种错误”“以意识形态取代客观规律，对苏联的错误批判过度，否定改革创新探索”②等问题。当时中国对苏联文论中要求表现复杂的人性、人情，要求“干预生活”、反映社会阴暗面等所谓“现实主义深化”论的主张，对苏联文学中探索如何解决农业危机和歌颂科技时代“新人”形象的作品，往往斥之为“背叛马列主义基本原理”“背叛工人阶级利益”而加以批判。但对上述《勃列日涅夫集团关于文艺问题的决议和言论汇编》中勃列日涅夫时期苏共明显“回归”斯大林时代传统文论的理论主张，诸如强调“党性”和“党的领导”，提倡写“我们生活在其中的世界的美”、歌颂“劳动功勋”、塑造“当代英雄”，鼓励体现“人民英雄主义”的“军事爱国主义题材”创作等等，不仅合乎列宁斯大林时代苏联文论的一贯精神，而且中国当时的文艺理论和文艺创作，实际上奉行的也正是这些原则。这时中国的评论就不是指责其理论本身的错误和荒谬，而是转而指责其背后的“实质”，是这些理论主张“为谁服务”的问题。这实在是一种狡辩式的论辩逻辑，可谓因人废言，“左”也不是，“右”也不对了。

20世纪中国对俄苏文论的“顺承、游离和逆向—错位式”接受，是20世纪中外文学学术交流史上充满戏剧性的一页。中俄文学交流中特有的反诘辩难、思想冲撞，激发了我们对马

---

① 北京师范大学外国问题研究所苏联文学研究室.勃列日涅夫集团关于文艺问题的决议和言论汇编[M].北京：人民文学出版社，1978：2-3.

② 李逸津.中国文艺“反修”时期对苏联文学的“逆反式”接受[J].徐州工程学院学报(社会科学版)，2011(5)：72-73.

克思主义文艺理论和社会主义文艺事业正确发展道路的深入思考，同时也有助于我们认清本国文论自身存在的问题及错误根源。总之，这段历史经验值得进一步梳理和探讨，本文所做的工作，就是朝这个目标迈出的第一步。

Successiveness, Dissociation and Reverse: Three Acceptance Modes of Russian-Soviet Literary Theory in China

Li Yijin

(College of Literature of Tianjin Normal University, Tianjin, 300387)

Abstract: The acceptance and localization of Russian and Soviet literary theory in China in the early and mid-20th century can be roughly divided into three periods: the first period from the 1920s to the mid-1950s saw a "successive acceptance"; the second period from the mid-1950s to the early 1960s witnessed a "dissociated" acceptance, and the third period, from the mid-1960s, wherein a literary and artistic "revisionism" took place, to the end of 1970s, encouraged basically a negative and critical attitude towards Soviet literary theory, which embodied a "reverse" acceptance. Reviewing and sorting out this dramatic course in the history of Sino-Russian literary exchange in the 20th century will help us to think deeply about the development of Marxist literary theory and socialist literature and arts with Chinese characteristics, and to understand the origin of the problems and errors in our own literary theory.

KeyWords: Successiveness; Dissociation; Reverse; Russian-Soviet Literary Theory; China

（学术编辑：周湘鲁）

李逸津，男，天津师范大学文学院教授。

李白《古风五十九首》百年研究的回顾与反思

龙正华
（厦门大学　中文系　福建　厦门　361005）

摘要：20 世纪初以来，《古风五十九首》研究逐渐从李白研究中单列出来，成为独立的研究课题，在取得一定成就的同时，也存在诸多不足。如基础文献的整理，组诗的整体研究，思想内容的探索，艺术特征及其渊源的分析，重要篇目的透视，文学史的影响及意义等方面，成就卓著。不足之处，主要体现在五个方面：一是诗歌的流传史梳理得不够详细，二是文本的校勘有待提升，三是编年问题没解决，四是《古风五十九首》的接受研究不够深入，五是文本的阐释方面还有待于进一步深入。总的看来，李白《古风五十九首》依然具有一定的研究空间。

关键词：李白；《古风五十九首》；回顾；反思

20 世纪初，现代学术研究兴起后，李白研究取得了巨大的成就。作为李白作品的重要组成部分，《古风五十九首》也得到研究者的充分关注，得到系统、科学的研究。尽管在 50 年代初至 70 年代末，因为意识形态的特殊性，相关研究遇到挫折，但在 80 年代又重回正轨，并呈现出不断深化、细化的趋向。鉴于此，本文将采用分段与专题相结合的方式对 20 世纪以来的李白《古风五十九首》研究进行回顾与反思。

一、20 世纪前五十年的研究

此阶段是现代学术研究的初创期，学术研究的“主要任务是考察建构该段文学史的历史面貌”[①]，与此相对应，李白《古风五十九首》研究偏向于整体研究，分析其艺术特征及渊源。

（一）整体研究

1923 年伍非百在《晨光》上发表《诗界革命家李白的作品之研究》一文，较早采用现代学术研究方法分析李白的诗文。该文认为李白的诗歌在特质上有“骚”“仙”“侠”的特征；在艺术形式上有诗体的解放与成语的活用的特点。此外，又说游仙诗是葛洪等魏晋六朝文人将燕齐方士的神仙之说与《庄子》的寓言故事相融合的产物[②]。这对学者研究《古风五十九首》的艺术特征及其渊源，有较为重要的参考价值。1941 年朱偰在《图书月刊》上发表《李白〈古

① 胡旭.20 世纪魏晋南北朝文学研究鸟瞰[J].社会科学辑刊，2002(3)：142-148.

② 伍非百.诗界革命家李白的作品之研究[J].晨光，1923，1(5)：2-10.

风〉之研究》一文。该文将《古风五十九首》分为五大类，即论诗、言志、感遇、咏史、寓言。而感遇类又分为感时之艰难与感伤人事两类，感时之艰难类再细分为四小类，即刺黩武、刺王室、悲丧乱、讽权贵；哀人事类则细化为四类，即哀时之不遇、伤时之不我予、哀人世之碌碌、愤世之嫉贤。在每类之下，朱偰都对其思想内容或艺术渊源作简要的介绍，如在感遇类下说"太白感遇，上承陈子昂，近接张九龄，而变化过之"；或解释作者的创作目的，如在言志类下说："太白生当乱世，本有济世之心，……但不得志于玄宗，被累于永王，终且流放夜郎，徒增感慨，故其《古风》诗中，首多商声，而视富贵功名，又如浮云。"[①]然后列举相应的篇目来证明他的观点。但只是列举诗歌，没有分析和论述。朱偰在文末又对《古风五十九首》的文学史意义进行评估，说："余以太白《古风》，实中国文学史划时代之作，不揣愚陋，思有以表扬之，海内方家，幸垂教焉。"[②]从整体上看，朱偰这篇文章，在论述上，虽有过于简练之嫌；在分类上，也有琐碎之弊，但这是第一篇将李白《古风五十九首》作为独立研究对象的文章，在学术史上具有重要的意义。此外，李守章《李白研究》[③]、公盾《李白研究》[④]、傅韵函《诗人李白》[⑤]、刘齐芳《李白评传》[⑥]、戚惟翰《李白研究》[⑦]等，也有涉及《古风五十九首》的部分，对学者展开进一步研究具有一定的参考价值。

(二)艺术特征及其渊源

钱基博说："余独爱其(李白)五言古，能寓意思安间于笔陈排宕之中，得明远之俶诡，含元亮之旷真，风谓高雅，笔力遒古，体被文质，为莫尚已。"[⑧]又说："观其(李白)抒写，直取自然，初非琢炼之劳，吐以匠心之感。《咏怀》同阮嗣宗，《游仙》似郭景纯，不为凄戾，自臻清拔，仗气爱奇，动多振绝；然而不贵绮错，有伤直致。"[⑨]可知钱基博认为李白五言古诗具有朴质自然，旷达真率，格调高雅，气势与风骨兼备，文采与内容相统一的艺术特征。这主要受阮籍、郭璞、鲍照、陶渊明诗的影响。尽管这两句话并不全说《古风五十九首》，但包含了《古风五十九首》。此外，公盾《李白研究》一文以《古风》其一为例说明李白诗歌创作的特点为形式与内容的统一，语言质朴自然。而在艺术渊源方面，该文认为李白《古风五十九首》受到《古诗十九首》，阮籍、左思、陶渊明、鲍照、谢朓等前代诗人的影响。[⑩] 胡小石《李杜诗之比较》一文则说："(李白)他的五古学刘桢，往往又阑入阮籍。"[⑪]夏魁文又对胡小石的观点进行补充，说："(李白)他的五古模仿刘祯的慷慨悲歌的诗，又有时参入阮籍的风格。"[⑫]在胡小石之前，

① 朱偰.李白《古风》之研究[J].图书月刊，1941，1(6)：2-8，21.
② 朱偰.李白《古风》之研究[J].图书月刊，1941，1(6)：2-8，21.
③ 李守章.李白研究[M].上海：新宇宙书店，1930.
④ 公盾.李白研究[J].人物杂志，1947，2(12)：42-46；1948，3(2)：44-47.
⑤ 傅韵函.诗人李白[J].兴亚月刊.1943(9，10)：13-16.
⑥ 刘齐芳.李白评传[J].五华一中月刊，1934(6)：17-25.
⑦ 戚惟翰.李白研究[M].上海：中华书局，1948.
⑧ 钱基博撰，曹敏英校订.中国文学史[M].武汉：华中师范大学出版社，2011：257.
⑨ 钱基博撰，曹敏英校订.中国文学史[M].武汉：华中师范大学出版社，2011：253.
⑩ 公盾.李白研究[J].人物杂志，1947，2(12)：42-46；1948，3(2)：44-47.
⑪ 胡小石.李杜诗之比较[J].国学丛刊，1924，2(3)：1-6.
⑫ 夏魁文.学术：李白与杜甫[J].铃铛，1937，6(0)：171-188.

很少有人说李白的五言古诗学刘祯，因此较为新颖，对学者深入研究李白《古风五十九首》的艺术渊源有很大的启发性。

除了以上两大部分外，本阶段还出现了许多李白诗歌选本，如傅东华《李白诗》[①]、沈归愚《李太白诗》[②]、胡云翼《李白诗歌选》[③]等。这些选本或多或少都选入《古风》组诗中的诗篇，还有相关的注释。有的选本，如胡云翼《李白诗歌选》还附有李白研究的部分。选本，本就是中国文学批评方法的自身结构之一，因此也具有相应的学术价值，何况这些选本还有注释及相关的研究。这对学者研究李白《古风五十九首》具有一定的帮助。

二、20世纪50至70年代的研究

此阶段，政治过多地干预了学术，强制文学研究的标准应具有人民性、阶级性、现实性，以此来衡量一切作家作品，这必然导致文学研究方向的偏离。受此影响，学者研究《古风五十九首》也偏向于对其思想内容、艺术特征及其渊源、文学史意义进行评估。具体如下：

(一)思想内容

范民声《李白怎样向古代诗人学习》一文说："(《古风五十九首》)虽非一时一地之作，但却集中地反映出他的理想、感慨和对于人生、社会的观点，形成了一个完整的思想体系。"[④]如王瑶说："《古风》五十九首中多半是指言时事和感慨咏怀的，与陈子昂《感遇诗》很相似。"[⑤]又如游国恩主编的《中国文学史》说《古风》其四十六反映了"开元天宝年间，唐帝国国力极度强盛，经济文化呈现客观空前繁荣景象，人民创造精神也有所发扬。同时在政治经济各方面又潜伏着各种危机"[⑥]。此外，王运熙等《李白研究》[⑦]、中华书局主编《李白研究论文集》[⑧]、郭沫若《李白与杜甫》[⑨]等，也有论及李白《古风五十九首》的思想内容之处，但不全面，也不成系统。总之，尽管这些学术著作很少涉及李白《古风五十九首》，但提供了很多与之相关的信息，有助于学者理解《古风五十九首》。

(二)艺术特征及其渊源

在李白《古风五十九首》的艺术特征及其渊源的探讨上，范民声《李白怎样向古代诗人学习》一文较有特色。该文将李白《古风五十九首》与阮籍《咏怀八十二首》、陈子昂《感遇三十八首》相比较，分析出李白《古风五十九首》的艺术特征为显豁明朗，感情奔放，态度明朗，语

---

① 傅东华.李白诗[M].上海：商务印书馆，1928.

② 沈归愚.李太白诗[M].上海：中华书局，1936.

③ 胡云翼.李白诗歌选[M].上海：文力出版社，1946.

④ 范民声.李白怎样向古代诗人学习[M]//王运熙，等.李白研究.北京：作家出版社，1962：193-222.

⑤ 王瑶.李白[M].上海：华东人民出版社，1954：122.

⑥ 游国恩主编.中国文学史(三)[M].北京：人民文学出版社，1963：63.

⑦ 王运熙等.李白研究[C].北京：作家出版社，1962.

⑧ 中华书局主编.李白研究论文集[C].北京：中华书局，1969.

⑨ 郭沫若.李白与杜甫[M].北京：中国长安出版社，2010.

言质朴自然。而在艺术渊源方面,该文认为李白《古风五十九首》接受了阮籍和陈子昂的影响。[①] 此外,孙殊青《李白诗论及其他》[②]、齐云《试论李白诗的艺术成就》[③]、罗宗强《李白诗歌艺术风格散论》[④]、刘大杰《中国文学发展史》[⑤]等,也多论及李白《古风五十九首》的艺术特征及其渊源,有助于学者展开进一步研究。

(三)文学史意义

此阶段,学者基本上都是在介绍完《古风五十九首》的主要内容,或分析其艺术特征及渊源后,再对其文学史意义进行评估。如李长之在分析《古风五十九首》的艺术渊源后,说:"就文学史的见地说,李白在诗上是继续着他的前辈陈子昂的复古运动的。陈子昂瞧不起齐梁所传下来卑弱的诗,他想恢复三国时建安的风格上去。……李白也有同样主张,……他的《古风》五十九首,也就是实践。唐代诗的复古运动,可说由陈子昂开了端,到李白就声势浩大了。在这种意义上,李白在诗里的地位,是相当散文方面的韩愈的。"[⑥]又如王瑶说:"就中国文学的发展来说,李白是继承了陈子昂的改革主张,而创导了一种新的诗歌作风的作家。"[⑦]这些观点都抓住了李白《古风五十九首》以复古为革新的诗学思想,及其对唐诗的影响。尽管其论述较为简略,但却很有见地。此外,林庚《盛唐气象》[⑧]、游国恩主编的《中国文学史》,刘大杰《中国文学发展史》等,对此也有相关的论述。

除了以上三部分外,詹锳在 1958 年出版了《李白诗文系年》[⑨]一书,其中收录《李白古风五十九首集说》一文,影响甚大。该书对李白《古风五十九首》进行编年,共系出 33 首诗的作年。而《李白古风五十九首集说》一文不仅收集前人的评说,而且还对《古风》组诗的题名、篇目构成、篇章主题等进行探讨,为学者深入研究李白《古风五十九首》提供了极为有力的帮助;俞平伯《李白〈古风〉第一首解析》一文也较有特色,该文首先对《古风》其一进行集说,并对比出前人之说的矛盾所在,进而加以考证,疏通句意,归纳主旨。最后得出"这诗的主题是借了文学的变迁来说出作者对政治批判的企图"的结论。[⑩] 该文考证详细,论述谨严,有助于学者理解《古风》其一的句意与主题。

---

① 范民声．李白怎样向古代诗人学习[C]//王运熙等.李白研究.北京:作家出版社,1962:214.

② 孙殊青.李白诗论及其他[M].武汉:长江文艺出版社,1957.

③ 齐云.试论李白诗的艺术成就[J].中山大学学报,1956(03):135-150.

④ 罗宗强.李白诗歌艺术风格散论[J].诗刊,1978(09):89-96.

⑤ 刘大杰.中国文学发展史[M].上海:古典文学出版社,1957.

⑥ 李长之.李白[M].北京:生活·读书·新知三联书店,1951:104.

⑦ 王瑶.李白[M].上海:华东人民出版社,1954:123.

⑧ 林庚.盛唐气象[J].北京大学学报,1958(02):87-97.

⑨ 詹锳.李白诗文系年[M].北京:作家出版社,1958.

⑩ 俞平伯.李白《古风》第一首解析[M]//文学遗产编辑部编.文学遗产增刊第七辑.北京:中华书局,1959:103.

三、20 世纪 80 年代至今的研究

20 世纪 80 年代至今，随着拨乱反正工作的开展，改革开放的实行，及西方文艺理论的涌入，人们的思想观念逐渐获得解放，古代文学研究也从六七十年代那种已走到极端的马克思主义文艺社会的分析方法中解脱出来，而采用实证主义，或将古代文学与文化学、美学、传播学、语言学、社会学等学科相结合的分析方法。加之又受到中国李白研究学会的成立，李白研究的刊物、专栏等学术交流平台的影响，李白《古风五十九首》研究逐渐兴盛起来，创获颇多。具体表现在以下几方面：

(一)基础文献的整理

20 世纪 80 年代以来，李白研究的一线学者都将其研究的重点放在基础文献的整理上，诞生了詹锳主编的《李白全集校注汇释集评》[①]，安琪等《李白全集编年笺注》(又名《李白全集编年注释》)[②]，郁贤皓《李太白全集校注》[③]，瞿蜕园、朱金城《李白集校注》[④]四部专著，及一些质量较高的论文，在李白《古风五十九首》基础文献的整理方面获得前所未有的成就。具体又表现为：

1.《古风五十九首》的题名与篇目

由于李白诗歌手稿与唐宋人编辑的李白别集原稿的丢失，后人重辑的李白别集又存在版本上的差异，及缺乏可靠的文献记录等因素，致使《古风五十九首》的题名与篇目出现不同的说法。20 世纪 80 年代以来，许多学者开始积极探讨这两个问题，出现一些质量较高的论文，如乔象钟《李白〈古风〉考析》、杨海健《〈古风五十九首〉的来源与集成》、陈尚君《李白诗歌文本多歧状态之分析》、阎琦《关于李白〈草堂集〉的编辑及其“古风”命名的断想》、薛天纬《关于〈古风五十九首〉研究的三个问题》等。

第一，《古风》组诗的题名。乔象钟文首先对李白文集的编辑过程，及李阳冰《草堂集序》进行考证，认为李白将诗歌手稿交给李阳冰时不可能是“十丧其九”的残稿。其次，再结合李白的卒年(宝应元年初)与《草堂集》的成书时间(宝应元年十一月)来说明李阳冰不能对李白诗歌进行大规模的辑佚，从而认为《古风》组诗是李白自选自编之作。紧接着，该文又结合李白的志向与晚年的遭遇探讨《古风》组诗产生的原因，得出的结论为：“当他因病中道返(北上投李光弼)时，对自己一生不平凡的遭遇，必然积蕴了许许多多不平之鸣，需要宣泄，积蕴了许许多多见解需要传之后代。”[⑤]间接说明《古风》组诗的编者为李白。最后，结合当时的社会现实，分类探讨《古风》诗的主题，认为《古风五十九首》的主题思想，“很大部分与开元、天宝时间的重大政治事件有关，反映了这个历史时期人民的情绪，是历史的记录。它包含着诗

① 詹锳主编.李白全集校注汇释集评[M].天津：百花文艺出版社，1996.

② 安琪等.李白全集编年笺注[M].北京：中华书局，2015.

③ 郁贤皓.李太白全集校注[M].南京：凤凰出版社，2015.

④ 瞿蜕园，朱金城.李白集校注[M].上海：上海古籍出版社，2016.

⑤ 乔象钟.李白《古风》考析[J].文学遗产，1984(03)：13-27.

人的悲愤和忧伤，是诗人郁积于胸怀不能不宣泄的爱国忧民之情”①。从主题思想上，论证出《古风》组诗为李白晚年自选自编之作②。贾晋华文、阎琦文也持这种观点③；而薛天纬文认为“《古风》之最初命题和编集，当系李白自为。但李白当时未必即编就‘五十九首’。……最终确定‘古风五十九’之卷目者，应即为宋敏求”④。杨海健文根据李阳冰《草堂集序》中的“草稿万卷，手集未修”，及《古风五十九首》的篇章混乱无序，认为李白生前并未整理自己的诗文，进而否定了乔象钟等学者的观点。此外，杨海健文又根据宋蜀刻本《李太白文集》卷二《古风五十九首》的篇章次序与李阳冰所编的《草堂集》中《古风》的篇章次序基本相同的特征，得出《古风五十九首》的最初整理者为李阳冰的结论⑤。郁贤皓也赞同这种观点⑥；陈尚君从版本的角度出发，根据现存的宋本李白集[即北宋蜀刻本（宋敏求编）与南宋咸淳本]中，《古风》篇目总数的差异⑦，认为“到了宋敏求编录时，将乐史本之二卷并为一卷，并增《古风五十九首》之总题”，即认为《古风五十九首》的编者为宋敏求⑧；周勋初根据《古风》其九（庄周梦蝴蝶）一首见于殷璠《河岳英灵集》卷上，题名为《咏怀》而不是《古风》，而殷璠《河岳英灵集》成书于公元753年，李白还健在，故认为李白并未将《古风》其九题名为《古风》；此外，又据《古风》（泣与亲友别）见于韦縠《才调集》卷六，其文本与宋蜀本、缪曰芑本同，而与《分类补注李太白诗》卷二相异（没有单独作为一首诗），认为《古风》组诗在五代时存在不同的版本。综合起来，便得出“《古风》这一组诗并非李白自编”的结论⑨。在此前提下，周先生又根据李白集的整理情况，及清人考据得出《古风》组诗篇目次序混乱的结论，认为现存《古风》组诗保持了李阳冰《草堂集》的原有次序，进而认为“‘古风’一目当为李阳冰所拟”，现存的《古风五十九首》是后人将李白原题为“咏怀”“感遇”之类的五言古诗纳入其中而成⑩。也就是说他认为“古风”这一题目是李阳冰所为，但《古风五十九首》却成于后人之手。

此外，还有詹锳《〈李白集〉版本源流考》（附在《李白全集校注汇释集评》后）、吉文斌《李

---

① 乔象钟.李白《古风》考析[J].文学遗产，1984(03)：13-27.

② 乔象钟.李白《古风》考析[J].文学遗产，1984(03)：13-27.

③ 贾晋华说：“(《古风》)这一组诗的最后命题，可能是李白有意识的、总结性的构想。”(贾晋华.李白《古风》新论[M]//朱金城主编.中国李白研究：1991集.南京：江苏古籍出版社，1993：132.)阎琦说：“李白对自己的文稿先须有一番整理，不可能因自己病体缠绵拾一沓无头绪的文稿交给李阳冰。”(阎琦.关于李白《草堂集》的编辑及其‘古风’命名的断想[M]//中国李白研究会主编.中国李白研究：2013.合肥：黄山书社，2013：69-84.)也就是说他认为《古风五十九首》是李白自己编的。

④ 薛天纬.关于《古风五十九首》研究的三个问题[M]//中国李白研究会主编.中国李白研究：2013.合肥：黄山书社，2013：85-93.

⑤ 杨海健.《古风五十九首》的来源与集成[J].北京图书馆馆刊，1999(1)：90-94，119.

⑥ 郁贤皓说：“《古风》五十九首，李白原来只取名《咏怀》、《感遇》之类的题目，在流传过程中这些题目失落了，可能是李阳冰在编集时把有关咏怀内容的短篇五言古诗集中在一起，题名为《古风》。”(郁贤皓.李白《古风》五十九首刍议[J].中国文学研究，1989(4)：3-11.)

⑦ 咸淳本卷第一、第二的《古风》分上下两部分，共有六十一篇(李明著.景宋咸淳本李翰林集：第1册[M].扬州：广陵古籍刻印社，1980.)；蜀刻本卷二的《古风》共收五十九篇(宋敏求等编.李太白文集[M].成都：巴蜀书社，1986.)

⑧ 陈尚君.李白诗歌文本多歧状态之分析[J].学术月刊，2016(05)：110-120.

⑨ 周勋初.李白评传[M].南京：南京大学出版社，2011：310-311.

⑩ 周勋初.李白评传[M].南京：南京大学出版社，2011：311-312.

白“古风型诗”的本体考究——从作品著录及诗题命名情况入手》[①]、缪晓静《李白〈古风〉组诗题名、编撰情况考述》[②]、王永波《李白诗在历代的编辑与流传》[③]等文对李白《古风》组诗的题名也有较为可取的探讨。

总体来看，上述学者的推测，都有相关文献的支撑，但他们都没有见过原始文献，即如李白诗歌手稿，或如魏万、贞倩、李阳冰、乐史、宋敏求所编辑的李白集原稿。他们或是根据相关的序文，或是根据后人在乐史、宋敏求编辑的李白别集的基础上，重新编辑、刊刻的版本来推测，文献的可靠性尚有商榷之处。因此，这些观点可供参考而不能成为定论。

第二，《古风五十九首》的篇目。据詹锳《李白集版本源流表》可知，现存的李白集有两个不同的版本系列：其一为乐史初编，宋敏求重辑，曾巩考订篇目，并编排次序，毛渐刊刻的苏本（又称晏处善本）系列，以现存宋蜀刻本《李太白文集》为代表；其二为咸淳本《李翰林集》系列，编者，刻者均不明，以现存咸淳本《李翰林集》为代表作[④]。“宋蜀本《古风上》只有一卷，列明五十九首。……咸淳本《古风》分成两卷，未标明有多少首。……宋蜀本《感遇》第二首‘咸阳二三月’，咸淳本列入《古风》其八；《感遇》第一首‘宝剑双蛟龙’，咸淳本列入《古风》其十六。其他各本从之（宋蜀刻本）。”[⑤]可见咸淳本实际上比宋蜀刻本多了两首。到了元代，萧士赟在补注李太白诗时，在咸淳本的基础上把“‘昔我游齐都’一首五韵和‘泣与亲友别’以下十韵合成一首，就又变成《古风五十九首》了”[⑥]。这就产生了两个问题，即宋蜀刻本《李太白文集》卷二十二的《感遇》两首该不该纳入《古风》组诗，及宋蜀刻本《李太白文集》卷二“昔我游齐都”到“苍苍但烟雾”的句读问题[⑦]。元、明、清学者对此争论不休。直到詹锳时才把这两个问题弄清楚。他在宋初姚铉编的《唐文粹》中找到宋蜀刻本《李太白文集》卷二十二《感遇两首》中的其二“咸阳二三月”这首，两处的题名相同，都为《感遇》，据此否定了咸淳本将宋蜀刻本《感遇两首》其二“咸阳二三月”纳入《古风》组诗的做法[⑧]。此外，他还发现《古今图书集成·山川》卷二十三《山部汇考》华不注山《艺文二·诗》类载《游华不注登后追味》一

---

① 吉文斌.李白“古风型诗”的本体考究——从作品著录及诗题命名情况入手[J].名作欣赏，2010(9)：27-29.

② 中国李白研究会主编.中国李白研究[C].合肥：黄山书社，2014.

③ 王永波.李白诗在历代的编辑与流传[J].国学，2016(01)：258-289.

④ 詹锳.《李白集》版本源流考[M]//詹锳主编.李白全集校注汇释集评.天津：百花文艺出版社，1996：4640-4641.

⑤ 詹锳.《李白集》版本源流考[M]//詹锳主编.李白全集校注汇释集评.天津：百花文艺出版社，1996：4562.

⑥ 詹锳.《李白集》版本源流考[M]//詹锳主编.李白全集校注汇释集评.天津：百花文艺出版社，1996：4562.

⑦ 宋蜀刻本《李太白文集》卷二：“昔我游齐都”到“欣然愿相从”为一部分，“欣然愿相从”后有空格，接着换行，顶格刻“泣与亲友别”到“苍苍但烟雾”。可见蜀刻本将“昔我游齐都”到“欣然愿相从”断为一首，而将“泣与亲友别”到“苍苍但烟雾”作为另一部分（“去去何时还”与“在世复几时”之间没有空格，不知道是两首还是一首）。《景宋咸淳本李翰林集》则将宋蜀刻本“泣与亲友别”到“去去何时还”断为一首，“在世复几时”到“苍苍但烟雾”断为另一首.这样从“昔我游齐都”到“苍苍但烟雾”就有了三种不同的断法，其一如宋蜀本作为两首（或三首），其二如咸淳本作为三首，其三如萧士赟作为一首。

⑧ 詹锳.《李白集》版本源流考[M]//詹锳主编.李白全集校注汇释集评.天津：百花文艺出版社，1996：4551.

诗和宋蜀刻本《李太白文集》卷二中"昔我游齐都"到"欣然愿相从"基本相似，据此认为宋蜀刻本的"昔我游齐都"到"欣然愿相从"应为一首诗；又依据《才调集》将宋蜀刻本《李太白文集》卷二中的"泣与亲友别"到"去去何时还"作为一首诗的例证，认为宋蜀刻本《李太白文集》卷二中的"泣与亲友别"到"苍苍但烟雾"应断为两首诗①。杨海健《〈古风五十九首〉的来源与集成》，郁贤皓《李太白全集校注》等著作都采用了这一观点，表明宋蜀刻本《李太白文集》卷二"昔我游齐都"到"苍苍但烟雾"的句读问题已被詹锳解决。此外，万曼《唐集叙录》②对李白集在宋、元、明、清的编辑、刊刻与流传，有较为详细得叙述，有助于学者对此问题的研究。

2. 文本的校勘与注释

在文本的校勘方面，郁贤皓《李太白全集校注》中的《古风五十九首》以日本京都大学人文科学研究所影印静嘉堂文库所藏宋蜀刻本《李太白文集》(简称宋蜀刻本)为底本，编排次序也依宋蜀刻本。此外，郁贤皓又参校了元至大勤有堂刻宋杨齐贤集注《分类补注李太白诗》、四部丛刊影印郭云鹏重刊《分类补注李太白诗》、清初刻本明胡震亨《李诗通》、康熙年间缪曰芑翻刻宋本《李太白文集》、乾隆刊本王琦《李太白文集辑注》、光绪年间刘世衡玉海堂《景宋咸淳本李翰林集》，及唐宋人所编的文学总集、类书等，整理出较为可信的文本③。此外，该书不仅对李白的诗文进行注释，而且还有句疏、题解、系年及集评。陈尚君说："此书出版后，微信圈内有朋友感叹，这可能是李白集的终极版了。但我觉得本书确较前几家注本有很大推进，是李白研究近年最重要的收获，它会带动今后很长一段时间李白研究的深入。"④足见郁贤皓《李太白全集校注》的贡献之大。"但由于没有就每首诗的文本来源作详尽记录，李白诗歌在唐宋时代的流布演变史仍有继续展开的空间。"⑤加上该书没有对其所校的内容作出详细的说明，如《古风》其五十九："恻恻泣路歧，哀哀悲素丝。路歧有南北，素丝易变移(二)。《谷风》刺轻薄，交道方崄巇。斗酒强然诺，寸心终自疑。张陈竟火灭；萧朱亦星离。众鸟集荣柯，穷鱼守枯池。嗟嗟失欢客，勤问何所规？"校记："(二)变移：宋本、缪本一本下添：'万事故如此，人生无定期。田窦相倾夺，宾客互盈亏。世涂多翻覆，交道方崄巇。'斗酒以下同。"⑥可知该书只把不同的文本呈现出来，没对其取舍的缘由进行考证。这容易使读者产生困惑，甚至对其所校的文本产生怀疑。而文本的可靠性直接制约学者对于诗歌的解读，因此在文本的校勘方面，郁贤皓《李太白全集校注》虽然取得了很大的成就，但尚未完备，仍有继续探讨的地方。

此外，詹锳主编《李白全集校注汇释集评》的注释"或取自王琦而更加精确化。……对王

---

① 詹锳.《李白集》版本源流考[M]//詹锳主编.李白全集校注汇释集评.天津：百花文艺出版社，1996：4552.

② 万曼.唐集叙录[M].开封：河南大学出版社，2008.

③ 郁贤皓《李太白全集校注》(一)中的凡例有详细的介绍(南京：凤凰出版社，2015).

④ 陈尚君.当代李白研究最重的收获——喜见郁贤皓教授《李太白全集校注》出版[N].中华读书报，2016-4-20(009).

⑤ 陈尚君.当代李白研究最重的收获——喜见郁贤皓教授《李太白全集校注》出版[N].中华读书报，2016-4-20(009).

⑥ 郁贤皓.李太白全集校注[M].南京：凤凰出版社，2015：180-181.

琦所注佛、道二教典故，一一核对《大藏经》《道藏》，并予以进一步阐释。王注不确切之处，则另注”①。可见该书在佛、道二教典故的注释上较有特色。这对学者研究《古风五十九首》中的游仙诗很大的帮助。

3. 编年

续詹锳《李白诗文系年》后，安琪等又对李白诗文进行编年，其成果体现在《李白全集编年笺注》，该书对李白《古风五十九首》全部诗篇都作了系年。这为学者研究《古风五十九首》提供了重要的参考。此外，该书在方法论上，对研究者也有一定的启发性。如张淑华说："安本在编年方面注意从与李白相交游之同时人、李白其他诗文，李白诗作情绪，李白的经历以及当时社会历史条件等多方面考察，寻找编年依据。"②尽管该书的编年为李白《古风五十九首》研究作出了重要贡献，但也应看到，该书所作的系年，多没有可靠而有力的证据，如《古风》其二十六（碧荷生幽泉）、其二十七（燕赵有秀色）、其五十二（青春流惊湍），她只在《古风》其二十六（碧荷生幽泉）标题下说："此及以下古风三首皆比兴言志之作，约作于本年（公元728 年）前后。"③这样的编年可信度低，有待进一步考证。此外，詹锳主编《李白全集校注汇释集评》、郁贤皓《李太白全集校注》与瞿蜕园、朱金城《李白集校注》中的《古风五十九首》部分，也对其中某些篇目作过系年，且多从诗意上来推测，较有参考价值。

此外，詹福瑞《李白〈古风〉其四十六试解》根据"一百四十年"与"五凤楼"、"三川"两地名考证《古风》其四十六的作年，认为"五凤楼"指洛阳的五凤楼，"三川"指"洛阳之三川，即伊、洛、河三水"，再结合诗中的"一百四十年"及李白的行踪来推测，最后认为将本诗"系于天宝三到四载最为合适"④。阮堂明《〈太白何苍苍〉系年与李白相关行迹求是》一文根据李白《古风》中的游仙诗所反映的"仙——我"关系，李白的行迹，及李白被贺知章赞为"谪仙人"后求仙意识的转变，推测出《太白何苍苍》作于天宝元年⑤。郑文《李白〈古风五十九首〉中的十二首创作时间之我见》一文认为《古风》其一（大雅久不作）作于晚年，《古风》其二（蟾蜍薄太清）作于开元十二三年间，其三（秦皇扫六合）作于天宝九载之前等⑥。乔长阜根据诗歌的内容，诗人的行踪，及相关史料考证出《古风》其三十四作于天宝十三载春夏间⑦，等等。这些文章在个别诗歌作年的探讨上，取得的成绩较为突出，对于完善《古风五十九首》的编年有很大的促进作用。

（二）整体研究

20 世纪 80 年代以来，学者比较热衷于对《古风五十九首》做整体性的研究，取得的成果

---

① 胡大雷.读《李白全集校注汇释集评》[J].古籍研究，1999(01)：122-126.

② 张淑华.试论安琪李白研究的贯通观——以《李白全集编年注释》为例[J].湖北社会科学，2015(11)：136-141.

③ 安琪等.李白全集编年笺注[M].北京：中华书局，2015：91.

④ 詹福瑞.李白《古风》其四十六试解[M]//李白学刊编辑部.李白学刊第 2 辑.上海：生活·读书·新知三联出版社，1989：169-173.

⑤ 中国李白研究会主编.中国李白研究：2013[C].合肥：黄山书社，2013.

⑥ 郑文.李白《古风五十九首》中的十二首创作时间之我见[J].社科纵横，1991(4)：36-42.

⑦ 乔长阜.李白《古风五十九首》其三十四和《别内赴征三首》的本事及写作时间新探[J].江苏广播电视大学学报，1997(3)：29-32.

也较为突出。在期刊论文方面，黄瑞云《说李白的古风》、乔象钟《李白〈古风〉考析》、郁贤皓《李白〈古风〉五十九首刍议》、钱志熙《论李白〈古风〉五十九首的整体性》较有代表性；在学位论文方面，申夏闰（韩国）的博士学位论文《李白〈古风〉五十九首研究》、钟雪萍（中国台湾）的硕士学位论文《李白古风五十九首之研究》较有代表性。

在期刊论文方面，黄瑞云文首先对《古风五十九首》的题名，篇目构成与研究价值作简要的探讨，认为"古风"是李白自拟，但《古风五十九首》却是后人所为；古风不只有五十九首；研究《古风五十九首》对研究李白的思想具有很大的意义。其次，该文以《古风》其一为中心，再结合盛唐的时代背景，及李白对社会现实的认识来探讨李白的文学思想，得出的结论为：李白的文学思想继承了陈子昂恢复风雅兴寄与汉魏风骨的主张，其"精髓在于用诗歌直接反映社会现实"[①]。再次，大致将《古风》分为"讽喻诗"、"感遇诗"与"游仙诗"三类来探讨其中蕴含的李白思想，及反映的社会现实。在每类之下，又分析其艺术特征，如他说："讽喻诗多是直接地铺陈，即多用赋体，结构极为严谨。感遇诗多用比兴的手法。游仙诗中幻想色彩最为突出"，"这些古风，句型都是五言，结构都很严谨，韵律变化较少，调子苍凉沉郁"。最后对其文学史意义进行评价，认为李白《古风五十九首》"上继陈子昂等人感遇诗的传统，下开中唐新乐府的先河，是李白诗中最有价值的作品的一部分"[②]。乔象钟文、郁贤皓文基本上都采用这种模式，但各有突出之处：

乔象钟文除了在《古风》组诗的题名与编者的考证上较为精彩外，还对《古风》组诗的艺术特征及其渊源、文学史意义进行概括，说："在文学史上，它远绍风雅、楚骚，近继阮籍《咏怀》、郭璞《游仙》、左思《咏史》以及陈子昂《感遇》等优良传统，讽时伤世，感物兴怀，意想沉郁，寄托深远。"[③]此外，又给"古风"下定义，说："由于《古风》中的诗同属于五言古诗，又多半抒发有关王政兴废之诗，所以后世便称题材庄严而感慨深沉的五言古诗为古风，而古风之作是从李白开始的。"[④]第一次对"古风"进行界说，引发了学者对于"古风"含义的探讨，有助于增进学者对于《古风》组诗特性的把握。总之，在李白《古风五十九首》研究史上，这篇文章具有承前启后的学术史意义，贡献突出。

郁贤皓文首先对"古风"的含义，《古风五十九首》的编者及其编辑过程进行考证，认为"古风一词，本指古代风尚、古人风度。……但在中唐时代，古风又成为与古体诗同义的诗体名"，"《古风》五十九首，李白原来只取名《咏怀》《感遇》之类的题目，在流传过程中这些题目失落了，可能是李阳冰在编集时把有关咏怀内容的短篇五言古诗集中在一起，题名为《古风》"，"'五十九首'的名称，很可能是逐渐增成的。李阳冰编《草堂集》，当已有《古风》若干首的名称。经乐史、宋敏求增广，遂定名为《古风五十九首》"[⑤]。其次，该文采用分类探讨的方式来研究《古风五十九首》的思想内容，艺术特征及其渊源。具体将其分为三大类，即"指言时事"、"感伤己遭"与"抒写抱负"。其中，"指言时事"类又细分为"咏史"与"游仙"两类。分析深入，论述严密。

---

① 黄瑞云.说李白的古风[J].湘潭大学学报（哲学社会科学版），1980(02)：101-108.

② 黄瑞云.说李白的古风[J].湘潭大学学报（哲学社会科学版），1980(02)：101-108.

③ 乔象钟.李白《古风》考析[J].文学遗产，1984(03)：13-27.

④ 乔象钟.李白《古风》考析[J].文学遗产，1984(03)：13-27.

⑤ 郁贤皓.李白《古风》五十九首刍议[J].中国文学研究，1989(04)：3-11.

钱志熙文首先对《古风》组诗的编者及其原因，"古风"的拟者及其含义进行探讨。该文认为"《河岳英灵集》选'庄周梦蝴蝶'一首为《咏怀》，可能是编者(殷璠)所改"，而李白诗集中又有《感遇》《感兴》《效古》《古意》等诗，这些诗和《古风》中的诗属于同一性质，又因"当时此类拟古诗，一般都是'感遇''咏怀'这类题目，没有径直称为古风的。所以殷璠选李白《古风》中的一首，径以'咏怀'为题"。也就是说，《河岳英灵集》中"庄周梦蝴蝶"这首原本题名为《古风》，殷璠将其改为《咏怀》。进而认为"《古风》五十九首，原本就是李白集子里独立的一组诗。它可能经过后人的编辑，甚至有某些窜乱次序、分合篇次的地方，但如果以此完全否定其原本在创作上的组诗性质，似乎过于绝对化"。接着又从李白的复古诗学与创作实践上，论证出《古风》组诗是李白贯彻其复古诗学的产物，为区别于前人的组诗名(如《感遇》《咏怀》《拟古》等)而将其题为《古风》。"'古风'很可能是李白的首创之词，以表达其最高的诗歌理想"，"所谓'古风'，是效汉魏五言之体，而欲上溯风骚之义。"其次，以《古风》其一为切入点来论证《古风五十九首》存在整体性。认为《古风》其一的"基本主旨是推崇雅颂、正变，……(但)不仅是论文学的正变盛衰，同时也是论世道的治乱兴衰"。"(《古风》)其一是总纲，后面的许多作品，都是其一的展开，与其一有明显的呼应关系。"紧接着，再结合实例论证出"《古风》五十九首，是一个整体性很强的组诗"①。该文解决了《古风五十九首》在创作上是否具备组诗性质的重要问题，为学者将其作为独立的个案研究做好铺垫，对推进《古风五十九首》的研究有非常重要的贡献。此外，该文不仅为读者提供了丰富的信息，而且本身还极富思辨性，无论是宏观的概括，还是微观的考证，都处理得非常好，是《古风五十九首》研究史上少有的文章，成就很大。

在学位论文方面，申夏闰的博士学位论文《李白〈古风〉五十九首研究》分四章，即第一章诗歌的咏怀传统，其下又分为两节：一为传统的开创——阮籍，一为继承与发展；第二章《古风》的思想内容，共三节：一为抒发抱负，二为现实讽刺，三为怀才不遇；第三章《古风》的表现特点，共三节：一为比兴寄托，二为借古讽今，三为寓议论于情韵之中；第四章《古风》与李白其他诗歌，共三节：一为别有天地亦李白，二为清新自然，三为李白的其他五言咏怀组诗②；钟雪萍的硕士学位论文《李白〈古风〉五十九首研究》分七章来探讨《古风》组诗的名义、编年(主要以詹锳《李白诗文系年》为准)、艺术渊源、主要内涵(细分五节，即为论诗、游仙、咏物、咏史及其他杂类)、修辞技巧(细分六节，即对仗、诘词、夸饰、譬喻、叠字、象征)、声律特征、文学价值③。分析深入，较有创新性，尤其是第六章揭露了《古风五十九首》在声律方面有四拗、粘对、孤平、落调的特征，而在用韵上，还有一韵到底、转韵、首句入韵的特征。有助于学者了解《古风五十九首》的声调特征。此外，姜必任(韩国)的硕士学位论文《李白〈古风〉59首研究》④、杨海健的硕士学位论文《李白〈古风五十九首〉探索》⑤、吕明修(中国台湾)的硕士学位文论《李白古风五十九首研究》⑥、欧玉珍(中国台湾)的硕士学位文论《李白古风五十九

① 钱志熙.论李白《古风》五十九首的整体性[J].文学遗产，2010(01)：24-32.

② 申夏闰.李白《古风》五十九首研究[D].北京：北京大学，1998.

③ 钟雪萍.李白《古风》五十九首研究[D].台北：东吴大学，1984.

④ 姜必任.李白《古风》59 首研究[D].北京：北京大学，1995.

⑤ 杨海健.李白《古风五十九首》探索[D].北京：首都师范大学，1999.

⑥ 吕明修.李白古风五十九首研究[D].台北：辅仁大学，1992.

首研究》[1]、缪晓静的硕士学位文论《李白〈古风〉的复古与新变》[2]等,对李白《古风五十九首》作了较为详细的探讨。这些学位论文少则五六十页,多则三百多页,虽有重复研究之处,但提供的信息量大,对于学者展开进一步研究有很大的帮助。

除了上述论文外,房日晰《论李白的〈古风〉》[3]、张明非《试论李白〈古风〉》[4]、周勋初《李白评传》、将长栋《唐诗新论》[5],刘忆萱、官士光《李白新论》[6]等,对此也有相关的论述,为学者进一步研究《古风五十九首》积累了宝贵的经验。

(三)艺术特色及其渊源

在《古风五十九首》的艺术特色及其渊源方面的研究,本阶段出现了一些质量较高的论文与专著,如葛晓音《简论陈子昂〈感遇〉和李白〈古风〉对阮籍诗的继承和发展》、莫砺锋《论初盛唐的五言古诗》、张瑞君《李白与〈古诗十九首〉》《李白与郭璞游仙诗》、周俊玲《李白〈古风〉诗叙事艺术探析》等。

葛晓音文认为李白《古风五十九首》"大胆融合阮籍的比兴,左思的咏史,庾信、鲍照的用典和场景描绘,以及魏晋以来铺陈排比的修辞技巧,乃至民歌流畅摇曳的音调"[7]。又从陶渊明的咏怀诗中吸取了"借歌咏历史人物以寄托理想"的表现方式[8],以及"吸取了郭璞《游仙》诗的表现特点,善于将道家的各种故事传说与隐逸生活融合在一起,幻化成神奇瑰丽的图景"[9],从而"将汉魏比兴和南朝声色相结合,纠正了陈子昂只注重寓意而忽视形象的偏颇,更注重声色的渲染、场景的铺排,风格新鲜洒脱、活泼多变"[10],"继承陈子昂感遇诗,恢复了咏怀诗托喻兴寄的创作方法之后,进一步完成了艺术上的复古革新,使古风五十九首达到了深刻的思想内容和完美的艺术形式的高度统一"[11]。莫砺锋文认为"从阮籍《咏怀》到陈子昂《感遇》再到李白《古风》,在字句洗练、题旨显豁这些方面正体现了后来居上的发展趋势"[12];张瑞君两文,前一篇认为李白《古风五十九首》在题材、字句、语言、构思及比兴手法上受《古诗十九首》的影响[13];另一篇则认为李白《古风》中的游仙诗不仅在构思、结构上受到郭

---

① 欧玉珍.李白古风五十九首研究[D].新竹:玄奘大学,2007.

② 缪晓静.李白《古风》的复古与新变[D].北京:中央民族大学,2014.

③ 房日晰.论李白的《古风》[J].西北大学学报(哲学社会科学版),1983(03):101-107.

④ 张明非.试论李白《古风》[J].广西师范大学学报(哲学社会科学版),1985(04):1-8.

⑤ 将长栋.唐诗新论[M].长沙:湖南文艺出版社,1996.

⑥ 刘忆萱,官士光.李白新论[M].太原:山西人民出版社,1987.

⑦ 葛晓音.汉唐文学的嬗变[M].北京:北京大学出版社,1990:82.

⑧ 葛晓音.汉唐文学的嬗变[M].北京:北京大学出版社,1990:82.

⑨ 葛晓音.汉唐文学的嬗变[M].北京:北京大学出版社,1990:83.

⑩ 葛晓音.汉唐文学的嬗变[M].北京:北京大学出版社,1990:81.

⑪ 葛晓音.汉唐文学的嬗变[M].北京:北京大学出版社,1990:83-84.

⑫ 莫砺锋.论初盛唐的五言古诗[M]//中国唐代文学学会等主编.唐代文学研究.桂林:广西师范大学出版社,1992:153-154.

⑬ 张瑞君.李白与《古诗十九首》[M]//大气恢宏——李白与盛唐诗探新.太原:山西古籍出版社,1997:50-57.

璞游仙诗的影响，而且还继承了郭璞游仙诗“光阴似箭，人生如寄”的主题[①]。周俊玲文认为“从叙事方式看，《古风》诗主要有场面式叙事和全景式叙事；从叙述事视角看，《古风》诗主要采用了全知视角和限知视角以及二者间的相互转换；从叙事手法看，《古风》诗主要运用了比兴叙事和用典叙事；从叙事风格看，《古风》诗具有情、事、理浑融的中和之美”[②]。

此外，胡旭《方外十友与盛唐文学》[③]、裴斐《李白与魏晋南北朝时期诗人》[④]、(日)寺尾刚《关于李白〈古风五十九首〉中的讽喻表现——以比喻论为中心》[⑤]、李从军《唐代文学演变史》[⑥]、陶新民《论李白〈古风五十九首〉的用典》[⑦]、张瑞君《李白与陈子昂》[⑧]、许总《唐诗史》[⑨]、杨丽华《李白组诗研究》[⑩]、袁行霈、丁放《盛唐诗坛》[⑪]等，从不同的角度探讨李白《古风五十九首》的艺术成就及其渊源，视角开放，观点新颖，对深化李白《古风五十九首》的研究有重要的参考价值。

(四)《古风》其一

20世纪80年代以来，《古风》其一的句意与主题，逐渐成为学者探讨的热点问题。除了瞿蜕园、朱金城《李白集校注》、郁贤皓《李太白全集校注》、詹锳《李白全集校注汇释集评》等李白集校注本对此有过探讨外，还相继出现了几篇质量较高的论文，如赵立新《李白〈古风〉其一试解》、袁行霈《李白〈古风〉(其一)再探讨》、李伟《李白〈古风〉其一新解》、薛天纬《圣代复元古　大雅振新声——李白〈古风〉(其一)再解读》、孙尚勇《论李白文学思想的一个侧面——以〈古风〉(大雅久不作)为中心》等。这些文章都在考证词义，疏通句意的基础上，对《古风》其一的主题进行归纳。由于其依据的材料不同，得出的结论也有较大的差异。如赵立新文认为“‘吾衰’当指孔子”，“(大雅久不作，吾衰竟谁陈)意谓孔子衰老，还有谁能编集、陈述和传布《大雅》这样的诗歌”。“骚人”指扬、马诸人。而“杨马激颓波”中的“杨马”却重在马，即司马相如。“宣章”指“《诗经》雅音正声的法度”。“自从建安来，绮丽不足珍”是针对“乐府诗的发展历程，而非整个诗歌的发展历程”，所以李白这句否定的是南朝乐府。“‘删述’指孔子删诗、修史、述礼乐，即对乐府诗歌有所总结，以垂范后世。”“希圣如有立”中的“有立”指儒家三不朽之一的“立言”。最后据《古风》其一的主要思想与刘勰《文心雕龙·乐府》主旨相似，李白的乐府诗创作及在乐府学方面的研究，在乐府创作中体现出的远大志向与

---

① 张瑞君.李白与《古诗十九首》[M]//大气恢宏——李白与盛唐诗探新.太原：山西古籍出版社，1997：59-60.

② 周俊玲.李白《古风》诗叙事艺术探析[J].名作欣赏，2017(11)：122-137.

③ 胡旭.方外十友与盛唐文学[J].厦门大学学报(哲学社会科学版)，2013(1)：123-131.

④ 周勋初主编.李白研究[C].武汉：湖北教育出版社，2002.

⑤ 中国李白研究会，马鞍山中国李白研究编辑部编.中国李白研究(1990年集·下)[C].南京：江苏古籍出版社，1991.

⑥ 李从军.唐代文学演变史[M].北京：人民文学出版社，2006.

⑦ 陶新民.论李白《古风五十九首》的用典[J].大连大学学报，1994，4(2)：219-224.

⑧ 张瑞君.李白与陈子昂[J].太原师范学院学报(社会科学版)，2007，6(1)：117-119.

⑨ 许总.唐诗史[M].南京：江苏教育出版社，1994.

⑩ 杨丽华.李白组诗研究[D].北京：首都师范大学，2009.

⑪ 袁行霈，丁放.盛唐诗坛[M].北京：北京大学出版社，2012.

"删诗"目的,及《古风》诗的特点,共六个角度论证出"《古风·其一》当为李白之乐府诗论,并且体现了他总结乐府弘扬教化的宏伟志向"①。

袁行霈文首先通过字句训诂与详细的论述得出"此诗主要不是论诗,而是论政,重点在政治与诗歌乃至整个文化的关系。李白的志向不仅是做诗人,更重要的是做政治家"②。孙尚勇文认为说:"《古风·〈大雅〉久不作》是李白政治文学思想的集中表达",其核心是"文学应该坚持和实现对政治的干预,这是文学的天职"③。李纬文认为《古风》其一的"核心思想就是李白借诗歌批评来展现自己心目中的盛世理想,并希望能够把握时代的昂扬精神有所作为"④。薛天纬文认为"'大雅久不作,吾衰竟谁陈',由孔子说起,展开'史'的论述,既指诗歌之衰,也指世道之衰",结尾四句是李白用孔子"删诗""修史"的典故表达他想要对西周诗歌进行整理的志向。进而总结:"圣代复元古,大雅振新声,这是李白对大唐盛世从诗歌(文学)与政治两方面的赞美与期待,亦诗之主旨所在。"⑤

此外,贾晋华《李白〈古风〉新论》⑥、王运熙《李白〈古风其一〉篇中的两个问题》⑦,及已出版的众多唐代文学史、诗歌史,分析初盛唐诗风的转变与李白文学思想(或说诗学思想)的论文和专著,都会谈到李白《古风》其一。这都能丰富学者对《古风》其一的认识。

除了在以上四大方面获得较为显著的成绩外,20 世纪 80 年代以来的李白《古风五十九首》研究还有一些较为突出的成果。如费泰然(中国台湾)的硕士学位论文《李白〈古风五十九首〉修辞艺术探究》将《古风五十九首》中的修辞方法分为两类,即表意方法的调整与优美的形式设计,共用了六章的篇幅来探究《古风》组诗的修辞艺术及其特征⑧;丁符原(中国台湾)的硕士学位论文《李白古风五十九首思想研究》分七章来探讨其中的政治思想、游仙思想、文学思想及其特色⑨;魏铃珠(中国台湾)的硕士学位论文《李白〈古风五十九首〉用典研究》共用七章来探究《古风》组诗的艺术渊源、用典方法、典故种类、典故出处、典故内容、用典艺术⑩;黄志光(中国台湾)的硕士学位论文《李白〈古风五十九首〉篇章结构探析》分九章来探讨《古风五十九首》的创作背景、篇章结构的理论基础、意象结构、章法结构及其美感效果⑪;李文宏(中国台湾)的硕士学位论文《概念隐喻与诗文分析运用——以李白古风五十九首为例》运用 Lakoff&Johson 的概念隐喻理论与 Fauconnier&tumer 的概念融合理论分析《古风五十九首》中的咏物与历史题材及景物与仙境的隐喻⑫;杨国安《李白〈古风〉五十九首

① 中国李白研究会,马鞍山李白研究所主编.中国李白研究(1997 年集)[C].合肥:安徽文艺出版社,1998.

② 袁行霈.李白《古风》(其一)再探讨[J].文学评论,2004(01):59-65.

③ 孙尚勇.论李白文学思想的一个侧面——以《古风》(大雅久不作)为中心[J].复旦学报(社会科学版),2018(3):96-104.

④ 李伟.李白《古风》其一新解[M]//赵敏俐主编.中国诗歌研究(第六辑).北京:中华书局,2010.

⑤ 薛天纬.圣代复元古 大雅振新声——李白《古风》(其一)再解读[J].江淮论坛,2012(01):143-148.

⑥ 朱金城主编.中国李白研究(1991 集)[C].南京:江苏古籍出版社,1993.

⑦ 王运熙.李白《古风》其一篇中的两个问题[J].天府新论,1988(01):83-88.

⑧ 费泰然.李白《古风五十九首》修辞艺术探究[D].新竹:玄奘大学,2005.

⑨ 丁符原.李白古风五十九首思想研究[D].新竹:玄奘大学,2011.

⑩ 魏铃珠.李白《古风五十九首》用典研究[D].新竹:玄奘大学,2011.

⑪ 黄志光.李白《古风五十九首》篇章结构探析[D].台北:东吴大学,2013.

⑫ 李文宏.概念隐喻与诗文分析运用——以李白古风五十九首为例[D].台中:东海大学,2012.

的美学特征与古代文学传统》一文分析、归纳出"古朴混成是《古风》在美学风格上的主要特征"①；王抒凡《李白诗与"兴寄"》一文认为"李白《古风》第一开宗明义地宣告了他重视'兴寄'的文学主张"，李白还"运用由此及彼的创作性'比兴'艺术思维，即大胆、丰富的联想、想象，将历史、现实、仙界三个不同时间、空间的景象集中于诗人的联想、想象之中，从而使《古风》五十九首产生了含蓄蕴藉、委婉曲折的审美效果"②；尚友亮、谷维佳《经典的沉寂与发现——李白〈古风〉唐宋接受史论略》一文揭露出唐宋人接受李白《古风五十九首》的方式"大致经过了仿作、编选、评点三个阶段"③；刘尊明《历史与诗人心灵的碰撞——唐诗咏三国论析》一文使用定量分析法研究唐人歌颂三国的历史与人物的咏史诗，分析、归纳出唐代诗人主要采用概括性、议论性、抒情性、形象性的文学手法提炼三国历史与描写三国人物④，这对学者研究《古风五十九首》中的咏史诗具有很大的启发性；赵耀锋《民国时期唐诗学研究》中的第七章第一节为"李白研究"，多涉及《古风五十九首》，有助于学者了解《古风五十九首》在民国时期的学术史⑤；朱玉麒、孟祥光《李白研究论著目录》收集 20 世纪至 2014 年底的中国李白研究成果，并采用分类的方法对其进行扼要的介绍，其中有很大部分涉及《古风五十九首》研究，为学者查阅资料提供极大的便利⑥。此外，马道衡、王建华《试论李白〈古风〉的批判意识》⑦、傅绍良《论李白的怀古情结与心理调适》⑧、段全林《论比兴手法在李白诗作中的综合运用》⑨、李艳丽《浅论李白古风诗中的神话》⑩、林英德《李白〈古风〉五十九首探源》⑪、杨文雄《李白诗歌接受史》⑫、王红霞《宋代李白接受史》⑬等，从不同方面对李白《古风五十九首》做拓展性的研究，具有较为重要的参考价值。

小　结

综上所述可知，自 20 世纪初至今，经过学者的不断探讨，李白《古风五十九首》研究已从李白研究中单列出来，成为独立的研究课题，并在基础文献的整理、整体研究、思想内容、艺

---

① 杨国安.李白《古风》五十九首的美学特征与古代文学传统[J].解放军外语学院学报，1993(1)：70-76.

② 王抒凡.李白诗与"兴寄"[J].文艺评论，2011(12)：52-55.

③ 尚友亮，谷维佳.经典的沉寂与发现——李白《古风》唐宋接受史论略[J].复旦学报(社会科学版)，2019(2)：94-100.

④ 刘尊明.历史与诗人心灵的碰撞——唐诗咏三国论析[J].文学遗产，1992(5)：60-69.

⑤ 赵耀锋.民国时期唐诗学研究[D].西安：西北大学，2014.

⑥ 朱玉麒，孟祥光.李白研究论著目录[M].北京：国家图书馆出版社，2015.

⑦ 马道衡，王建华.试论李白《古风》的批判意识[J].晋中师专学报，1998(2)：7-9.

⑧ 傅绍良.论李白的怀古情结与心理调适[J].陕西师范大学学报(哲学社会科学版)，1995，24(4)：92-97.

⑨ 段全林.论比兴手法在李白诗作中的综合运用[J].中州学刊，2007(3)：210-212.

⑩ 李艳丽.浅论李白古风诗中的神话[J].淮南师范学院学报，2006，8(5)：36-38.

⑪ 林英德.李白《古风》五十九首探源[J].重庆师范大学学报(哲学社会科学版)，2012(2)：72-78.

⑫ 杨文雄.李白诗歌接受史[M].台北：五南图书出版公司，2000.

⑬ 王红霞.宋代李白接受史[M].上海：上海古籍出版社，2010.

术特征及其渊源、重要篇目及文学史意义方面获得很大的成绩。这些研究成果不仅为学者展开进一步研究提供了较为可靠的文本，还能有助于他们迅速而准确地把握《古风五十九首》的主要特征；不仅在具体问题的探讨上为学者的研究提供了重要的参考，而且在研究方法上也为他们积累了宝贵的经验；不仅能使学者初步感受到《古风五十九首》独特的艺术美，还基本上为他们梳理出《古风五十九首》的艺术渊源；不仅使学者从中体会到李白的悲欢，也让他们看到李白的执着与追求；不仅能增进学者对唐代五言古诗发展脉络的认识，而且还揭露了某些隐藏诗歌中的历史真实，丰富人们对盛唐社会，乃至盛唐文化的认识，初步完成了李白《古风五十九首》的研究。

但也应看到，现有的研究存在许多不足。具体表现在：其一，诗歌的流传史有待进一步的梳理。尽管郁贤皓《李太白全集校注》在李白研究上做出巨大的贡献，“但由于没有就每首诗的文本来源作详尽记录，李白诗歌在唐宋时代的流布演变史仍有继续展开的空间”①。其二，文本的校勘有待提升。《古风五十九首》的文本存在被后人改写、拆解、拼合的现象，而已出版的各种李白集校本，只把不同的文本呈现出来，没有相应的考辨，也没有对其取舍的缘由作出合理的说明。这就留下了继续探讨的空间。其三，编年问题没解决。尽管詹锳、郁贤皓等知名学者对此作很大的贡献，但依然还有很多诗篇的作年没被考证出来。如何通过合理的鉴赏与详细的考证肃清这一难题，是推进《古风五十九首》研究的工作中最为紧迫。其四，在《古风五十九首》的接受方面研究得不够深入。目前，学者对《古风五十九首》的唐前接受史研究得相对深入些，但也多集中在诗艺源流的探讨上，没有深入到文化精神，人文关怀等更深层次上；而对于唐后的接受史，除了个别的文章谈得比较细致外，多数是泛泛而谈，没有落实到作家作品等具体的文学现象上。因此，理论上说可以借用西方接受美学理论来对《古风》的接受史做精深的研究。其五，文本的阐释不够深入。李白《古风五十九首》涉及盛唐的历史、政治、民俗、神话、游仙、隐逸、仕风、文风等文化因素，内容丰富。尽管已有个别学者对此进行探讨，但无论是深度还是广度，都远远不够。总之，《古风五十九首》是李白诗歌的重要组成部分，也是唐代文化的构成之一，站在巨人的肩膀上，深化已有的研究依然具有重要的学术价值。

A Review and Reflection of the Research on Libai's 59 *Ancient Poems* during the 20th Century

Long Zhenghua

(Chinese Department, Xiamen University Xiamen 361005, Chinese)

Abstract: Since the beginning of the 20th century, the study of Libai's 59 *ancient poems* had gradually become an independent research project out of Libai study and has made great

① 陈尚君.当代李白研究最重要的收获——喜见郁贤皓教授《李太白全集校注》出版[N].中华读书报,2016-4-20(009).

achievements, but it also has a few problems. The main achievements involve the categorization of basic literature, the systematic study of the group of poems, the intellectual concerns, the analysis of artistic features and their origins, the discussion of the important contents, and the consideration of the work's significance in literary history. Its drawback is fivefold: the incomprehensive historical account of the spread of these poems, the unsatisfactory emendation, the problem of chronology, the inadequate consideration of the reception of Li bai's 59 *ancient poems*, and the insufficient interpretation of the text. In a sentence, the study of Li bai's 59 *ancient poems* is yet to be complete and is still appealing to contemporary researchers.

Keywords: Libai; 59 *Ancient Poems*; review; reflection

（学术编辑：刘荣平）

龙正华，男，厦门大学中文系 2018 级博士研究生。

书 评

Journal of
Chinese Studies,
Xiamen University

“作为形而上学的美学”如何可能？
——兼评杨春时《作为第一哲学的美学》的形而上学重构*

李晓林　赵叶晴
（厦门大学中文系　福建　厦门　361005）

杨春时教授《作为第一哲学的美学——存在、现象与审美》一书有个醒目的观点“美学是第一哲学”。由于“第一哲学”在亚里士多德也是“形而上学”的同义词，所以“作为第一哲学的美学”即是“作为形而上学的美学”的同义语，“美学是第一哲学”亦即“美学是形而上学”。这个观点并非杨春时一家之言，而是西方哲学美学一以贯之的思路。杨春时的独创之处在于，能够克服西方传统美学理念论预设，并且克服西方现代美学的主体性倾向以及后现代美学的虚无主义倾向，重建现象学和存在论，重新确立美学的形而上维度。其“审美形而上学”揭示了审美的超越性和主体间性以及存在的意义，进而论证了“美学是第一哲学”的命题。

一、西方传统美学形而上学预设

所谓形上美学是将美学建基于形而上学基础上的美学体系。从奥古斯丁到中世纪、黑格尔的美学被称为“形上美学”，是因为这类美学以实体本体论为基础，预设了最高概念“理念”“上帝”“绝对精神”等，并将其作为美和艺术的终极原因。形上美学的研究方法，则以演绎法为主导。

柏拉图以理念为实体，认为美的理念是美的事物的原型、摹本、根据。柏拉图的美学对话《大希庇阿斯篇》、《会饮篇》和《斐德若篇》作为西方美学史上形上美学的最早建构，致力于寻求理念之美。柏拉图认为美的事物是作用于感官的、是变化的，只有“绝对美”是永恒、不生不灭、不增不减的；美不被眼睛所见，而是被心灵“在概念上把握”。普罗提诺美学受到柏拉图影响，继承了早期基督教思想和东方神秘主义，也有他自己基于“太一”的独特建树。在普罗提诺，如果说美是可以分级的话，那么最高的美就是超越于理智之上的“太一”的特质，他称之为“原初之美”“至善”，“物体美是由分享一种来自神明的理式得到的”。① 中世纪美学以上帝为实体，预设了上帝的存在，上帝创造万物，上帝是万物之美的原因，所以美学附属于神学。正如圣巴塞尔之言：“我们漫步于地球之上，宛如是在参观神性的雕塑家展示其奇异作品的工作间。主啊，这些奇迹的创造者，一个艺术家，召唤我们对之凝神观照。”②奥古

* 基金项目：国家社科基金项目“西方马克思主义审美乌托邦研究”（18BWW014）.

① 北京大学哲学系美学教研室编.西方哲学家论美与美感[M].北京：商务印书馆，1980:54.

② 塔塔科维兹.中世纪美学[M].褚朔维，等，译.北京：中国社会科学出版社，1991:32.

斯丁作为西方基督教美学的创立者，认为自己从柏拉图和新柏拉图主义受益良多，"我读了柏拉图学派的著作后，懂得在物质世界外找寻真理，我从'受造之物，辨识你形而上的神性'"。[①] 奥古斯丁将美的本体视为上帝，把上帝作为美的事物的最终原因，即上帝的创造当然是合乎比例的创造。黑格尔以理念为本体，"绝对精神"是理念的实现，艺术被视为绝对精神的三种形式之一，是绝对精神第一个阶段的自我外化，"只有在它和宗教与哲学处在同一境界，成为认识和表现神圣性、人类的最深刻的旨趣以及心灵的最深广的真理的一种方式和手段时，艺术才算尽了它的最高职责"[②]。黑格尔从真理的角度把握艺术，相比于西方美学中各种艺术观(表现说、形式说、模仿说等)是最有深度的美学建构。

总之，传统形上美学的特点是将实体比如"理念""上帝"等作为美的终极原因，审美是对理念、上帝、绝对精神的认识；由于美的非实证性，只能运用"自上而下的方法"即演绎法进行逻辑推演。传统形上美学确立了审美的超验性，这有合理之处。但是，它基于实体观念，把美当作实体的表现或属性，并且从实体推导出美的本质，具有独断论的倾向。现代哲学排除了实体本体论，走向了生存论；排除了逻辑推演的方法论，走向了现象学。美学亦如此，现代美学确认了美不再是实体的属性，美的本质也不能从实体概念推演而来；审美是一种生存活动，而美是现象学还原的产物。

二、西方现代美学审美形而上学重构

20世纪西方美学被认为是反形而上学的美学，这种说法既有道理，也有片面性。一方面，由于形上美学自身的缺陷，20世纪美学对于形上美学的批判有其合理性。另一方面，形上美学并没有完结，现象学美学、存在论美学依然对形而上学进行重构。

西方现代美学运用了现象学的方法建立了现象学美学，现象学美学从审美经验入手探讨艺术的形而上性质。现象学美学的代表杜夫海纳、英加登都明确指出审美经验中艺术的"形而上前景"和"形而上学质"的显现，盖格尔则将"审美价值"作为美学学科的标志，甚至将美学与宗教和形而上学相提并论。现象学美学在审美对象——审美主体维度做出了独到的分析，是对美学研究的贡献。现象学美学的不足之处主要在于，它只是运用了"发现的逻辑"，而缺少"证明的逻辑"，解决这个问题就需要把现象学和存在论(本体论)结合起来。需要指出的是，盖格尔后期有生存主义倾向，杜夫海纳也有存在论的探讨，但其现象学方法的运用尚需完善。

从存在论角度来说，现代美学最有深度的理论建构当属海德格尔的存在论美学。海德格尔颠覆了传统形而上学，其目的不是要终结形而上学，而是在审视整个形而上学史的基础上，返回形而上学的根据和开端，他把存在由"存在者"回归自身，建立了由此在发现领悟的生存论哲学。与此对应，他把胡塞尔的意识现象学转化为生存论现象学，现象学还原得以让存在显现。尽管海德格尔继承了胡塞尔"朝向事情本身"的思路，对现象学的理解却依赖于古希腊词源，指出现象学本义是"让人从显现的东西本身那里，如它从其本身所显现的那样

① 奥古斯丁.忏悔录[M].周士良，译.北京：商务印书馆，1963：134.

② 黑格尔.美学：第一卷[M].朱光潜，译.北京：商务印书馆，1991：10.

来看它"[①]。海德格尔指出，现象可能处于遮蔽状态，所以需要现象学方法"本源地、直觉地"把握。施皮格伯格《现象学运动》一书中把海德格尔的研究方法称为"解释学的现象学"，指出"它的目的是揭示并非直接显示给我们的直观、分析和描述的那种意义。因此，解释者必须超出直接给与的东西"[②]，即现象不能在先验意识中被把握，而必须纳入"人在世界中存在"的在世结构中来把握。胡塞尔意义的先验主体"单子"对于海德格尔而言即"共同此在"(being-with)，而胡塞尔的"现象"对于海德格尔而言即"存在"的显现。

海德格尔继承和改造了柏拉图的形而上学传统，建立了现代哲学和美学。他指出："在《斐德若篇》中，柏拉图以最严格和完满的形式，对艺术和美作了最深刻和最广泛的追问。"[③]海德格尔提出，由于"美本身是最能闪光者"，美能够自身显现。海德格尔和伽达默尔都强调柏拉图对此的贡献，即由于美的这一特质，能够使理念显现成为可能。在其《艺术作品的本源》中，他强调作品与"本源"的关系即艺术是一种发生，是"存在的真理"的显现，因此艺术是解蔽(uncovering)的方式，艺术揭示出存在者"是其所是"的真理，这一真理在现实生活中被遮蔽，在艺术作品中则得以彰显。海德格尔《艺术作品的本源》后记中高度评价黑格尔在艺术与真理关系上的贡献，海德格尔继承了黑格尔艺术真理观，并倒转了他对艺术与哲学关系的看法：在黑格尔是艺术终将让位给哲学，在海德格尔是哲学让位给审美；在诗与哲学的亘古之争中，海德格尔实现了诗(艺术)对哲学的胜利。海德格尔后期思想中对世界是一种审美把握，万物处于"天地人神"有意义的整体关联中，万物都非实在之物，而是审美对象；审美并非是对具体事物孤立的把握，而是在整体关联中的把握；审美并非是对事物理念的把握，而是对其价值和意义的把握。在胡塞尔现象学意义上，树木作为意向对象只能显现其"树"的本质，在海德格尔的审美观照中，树木则是"恩惠之树"，树木上承天上的雨露、向下扎根于大地、对人而言为庇护；现象学意义上的"壶"作为意象对象只能显现"壶"的本质，在海德格尔的"壶"亦能连接天地人神。这说明，只有在诗性把握中，物之为物才能得以澄明，世界才能成为庇护之所。

在《真理与方法》第三部分"语言作为诠释学本体论的视域"中，伽达默尔对"美的形而上学"的分析闪耀着审美经验带来的光，"美是由自身得到表现，在它的存在中直接呈现出来。这样美就具有一种能够给出美的最重要的本体论功能，即能使理念和现象之间进行中介的功能"[④]，"美的形而上学标志就在于，它弥补了理念和表现之间的裂缝"[⑤]。他接受了柏拉图把美与光联系起来的思想，提出美如同光一样自身显露(it makes itself manifest)。如果说光的形而上学和美的形而上学是柏拉图思想的应有之义，那么将语言与光、美相提并论，将语言理解为有自身光亮因而能够彰显他物，则是伽达默尔区别于柏拉图之处。伽达默尔将美的分析与语言分析结合，开启他的解释学视域。他运用坚实的希腊文功底，指出"美"一度是个普遍的形而上学概念且有本体论功能，根本不同于后世狭义的美学概念，美能够被把握是由于自身的光亮，美的意义在于它的当下呈现，"美具有光的存在方式"，"耀现(radiance)

① 海德格尔.存在与时间[M].陈嘉映，王庆节，译.北京：商务印书馆，2016：43.

② 施皮格伯格.现象学运动[M].王炳文，张金言，译.北京：商务印书馆，1995：959.

③ 海德格尔.尼采[M].孙周兴，译.北京：商务印书馆，2010：218.

④ 伽达默尔.真理与方法[M].洪汉鼎，译.上海：上海译文出版社，2004：623.

⑤ 伽达默尔.真理与方法[M].洪汉鼎，译.上海：上海译文出版社，2004：631.

并非只是美的东西的特性之一，而是构成它的根本本质"[①]。伽达默尔批评康德及浪漫主义美学的主观主义倾向，同时赞赏黑格尔将艺术与真理关联的思路，认为黑格尔使得"在艺术经验中为真理的认识进行辩护这一任务就在原则上得到了承认"[②]。值得注意的是，由于海德格尔和伽达默尔的真理观不同于柏拉图和黑格尔的理念论，前者对于艺术是"真理的显现"的理解也不同于传统的形上美学。在海德格尔和伽达默尔这里，艺术不仅不会低于哲学、让位于哲学，甚至真理必须以艺术的方式被领会、艺术本身是真理的显现。

现代审美形而上学的理论贡献是：第一，抛弃了实体本体论，也相应地扬弃了演绎法，而立足于现象学方法，以审美直观把握美的本质。第二，肯定了审美经验的形而上性质，开启了现代美学的审美主义。第三，认可人的形而上学天性，并认为审美能够满足人的这一天性，因此美学成为人的终极慰藉，美学在宗教失效的时代具有了救赎功能。

三、杨春时重建审美形而上学的思路

面对西方后现代主义对形上美学的解构，中国美学界也并非都予以认同，也产生了重建审美形而上学的主张和实践，其中杨春时可以作为代表人物。他的新著《作为第一哲学的美学——存在、现象与审美》一书，进行了审美形而上学的重建，也形成了自己的美学体系。首先，他对西方美学进行了批判，这些批判包括：第一，对于实体论哲学、美学及其方法论的批判。他批判传统形上学的实体本体论，认为实体是一个假概念，美并不是实体或其属性；他指出归纳法和演绎法各有其弊端，不能发现美的本质。第二，对于胡塞尔先验现象学的批判。他指出先验还原之不可能，认为其没有进入存在论领域、没有解决存在的意义问题。他也认为胡塞尔意识哲学依然囿于主体性哲学传统，既不能解决存在如何显现，又割裂了人与世界的主体间性关联。第三，对于现象学美学的批判。他认为海德格尔审美现象学建构尚不完善，本体论的建构尚有缺陷；杜夫海纳有自然主义倾向，把美归结为"灿烂的感性"而遮蔽了审美的超越性。第四，对于解释学美学的批判。他指出了伽达默尔解释学对现象学和形而上学的背弃，以及历史主义与审美主义的内在悖论。第五，对于后现代美学的批判。后现代哲学彻底解构了"存在""存在论""理念"等概念，消解形而上学，美学成为"后形而上学美学"。杨春时指出后现代主义的五重否定，认为后现代主义美学走向了"反本体论、反形而上学、反主体性、反本质主义和身体性的道路"，以至于否认了审美的自由性、超越性。

杨春时在批判现代西方美学的基础上，捍卫和重建美学的本体论之维，进一步开创了"重建中国现代美学"的事业。杨春时认为，传统形而上学已经失去了生命力，但留下了合理的遗产，那就是对于超越性的肯定，包括对审美超越性的肯定。他力图在重建存在论和现象学的基础上建构自己的"审美形而上学"。其美学体系有三个核心概念即现象学、存在论、审美：现象学是方法论，是对美的本质的发现；存在论是本体论，是对美的本质的证明；审美不仅使现象学方法得以可能，也使存在显现得以可能，因此是完善的现象学和本源的存在论；审美使现象学和存在论融合，因此美学是第一哲学。

---

① 伽达默尔.真理与方法[M].洪汉鼎，译.上海：上海译文出版社，2004：624.

② 伽达默尔.真理与方法[M].洪汉鼎，译.上海：上海译文出版社，2004：127.

杨春时的美学建构体现出对于“形而上学”的信念。他指出“重建现代美学的一个重要问题,是如何看待形而上学的遗产”[①],同时指出现代哲学对传统形而上学的改造和后现代哲学对形而上学的抛弃都没有解决哲学的根本问题,“虽然形而上学的体系已经不具合理性,但它提出的哲学目标仍然存在,那就是探求存在的意义……它的哲学旨趣也没有过时,那就是承认有超越的领域”[②]。杨春时“美学是第一哲学”的观点,不仅是说美学有形而上学维度即美学必须为自身寻找哲学依据,而且是说美学自身就是形而上学即美学可以成为哲学的根基。这一观点既有现代西方美学的理论支撑,也有杨春时的独特建树。

杨春时认可人的形而上天性,认为人有追求终极价值、终极关怀的需要,并认为美学作为本源的存在论能够满足人的这一需要,审美经验的超越性是不容否认的事实,审美是人的形而上天性的实现。杨春时在中国当代美学现状基础上立足于后实践美学并推陈出新,力图“重建现代美学”,主张发掘中国古典美学的主体间性、表情性和超越性资源。他指出中国当代美学进入21世纪之后的倾向是后现代主义,即“以身体美学和日常生活美学为代表”,缺陷是“这一理论否定了审美的超越性,从而导致美学的毁弃”。[③] 由于缺乏存在论即形而上学维度,后现代美学未免轻飘无据,在此背景上提倡恢复美学的形而上品格是有意义的。形上美学作为建基于形而上学基础上的美学立场,不仅是西方最古老最深奥的美学传统,也是中国古典美学的应有之义,日本美学家今道友信就将庄子美学称为“美的形而上学”。可以说杨春时“美学是第一哲学”的观点也延续了中国古典美学的精髓。

应和着西方现代美学的“审美主义”潮流,杨春时力图完成“哲学的美学化”。从哲学史来说,现代哲学的走向之一是哲学的美学化,或曰走向了审美主义(aestheticism),而审美主义既有崇尚感性的一脉也有延续了形而上学的一脉,余虹教授《审美主义的三大类型》一文(《中国社会科学》2007年第4期)就将审美主义区分为感性的、游戏的和神性的三种类型。审美主义并不意味着以感性否定理性、以美学否定形而上学,从理论上说审美通向形而上学是可能的,从实践来看美学家们依然建构着“审美形而上学”(metaphysics of aesthetic experience),比如后期海德格尔和杜夫海纳的工作。杨春时捍卫美学的形而上意义和美学学科的形而上品格,认为审美是“自由的生存”而超越现实生存、“审美意识”高于“先验意识”和“经验意识”,是非常有深度和高度的理论建构。他指出“美学是本源的存在论”,从而延续和发展了中西美学的“审美形而上学”传统,“这样,存在论就通向了现象学,现象根源于存在,现象学是方法论,存在论即本体论,二者彼此依存,互为前提”[④]。因此“审美现象学”即是“审美形而上学”,审美最终通向或抵达的形而上学,是对存在意义的把握。

笔者认为,杨春时的美学理论延续和改造了海德格尔开启的现代美学,也克服了后现代美学的反形而上学倾向。后现代哲学的弊端在于将存在的意义问题视为话语的建构,实际上取消了形而上学的问题。但是,形而上学问题是不能抹杀的,它根源于存在本身;美学问题也离不开形而上学的根据。杜夫海纳的“情感先验”最终归结到存在论,甚至说明“任何哲

① 杨春时.作为第一哲学的美学——存在、现象与审美[M].北京:人民出版社,2015:2.

② 杨春时.作为第一哲学的美学——存在、现象与审美[M].北京:人民出版社,2015:2.

③ 杨春时.作为第一哲学的美学——存在、现象与审美[M].北京:人民出版社,2015:2.

④ 杨春时.作为第一哲学的美学——存在、现象与审美[M].北京:人民出版社,2015:7.

学……都不得不从先验过渡到存在论"[①]，主张"审美经验或许就是思考人与现实之间的协调关系的时机"。[②] 杜夫海纳不仅从逻辑上说明"情感先验"问题上宇宙论和生存论的一致，而且以审美经验现象学论证二者的一致，因而美学学科对于哲学和伦理学都有启示。杨春时不仅从审美作为回归存在的自由的生存方式角度来论证审美形而上学，还具体地从审美主体、审美意识、审美语言符号等角度来论证审美形而上学。他论证了审美个性超越现实个性，成为自由的主体；他也论证了审美意识超越现实意识，成为自由的意识。与后现代主义以现实语言解构美的本质不同，杨春时规定了"本源的语言符号"，并且与现实语言符号相区分，进而以"审美语言符号"即诗性语言来克服现实语言符号的局限，认为审美语言符号回归了本源的语言符号，从而实现了现象学意义上的还原。

四、杨春时审美形而上学体系建构

杨春时重建审美形而上学的工作具体包括两个方面：第一，建立新的美学方法论，以发现美的本质，这就是建立审美现象学。第二，建立新的美学本体论，以证明美的本质，这就是建立存在论美学。下面展开论述。

就杨春时审美现象学建构而言，体现为从胡塞尔"主体性"到"主体间性"的发展、从海德格尔生存论现象学到存在论现象学的发展、从杜夫海纳现象学还原到审美超越的发展，最后延伸出"现象学作为美学才可能"。

首先，杨春时为现象学找到了存在论的根据。胡塞尔的现象学是意识现象学，意向性构成了对象，于是现象学还原而成的纯粹意识才使得作为现象的本质显现。但意识不具有本源性，现象学缺乏本体论的根基。海德格尔把现象学建立在生存论的基础上，此在可以领会存在的意义，这就是生存论的现象学。杨春时认为，存在是我与世界的共在，是生存的根据，于是存在的同一性和本真性保证了现象学方法论的合理性，即主体与世界之间的共在（双向的意向性）以及存在超越生存的本真性（本质）使得世界的意义得以显现，而现象学的还原和本质直观就是回归存在的同一性和本真性的途径。据此，杨春时对于胡塞尔的"意向性"概念进行了改造。他指出胡塞尔现象学的意向性概念是主体性哲学的产物，即认为对象是被意向性构成的。杨春时从存在论角度把意向性由主体性的改造为主体间性的，即认为存在是我与世界共在，具有同一性（体现为主体间性），因此"共在的结构表现为意向性。意向性不是主体性的，它作为共在的构成，具有主体间性"[③]。这就是说，现象学的意向性不是主体性的，而是主体间性的，不仅有意向性，还有逆意向性，是双向的意向性。

以此为根据，杨春时对传统现象学进行了批判和改造。传统现象学认为本质直观可以使对象的本质呈现，但由于"纯粹意识"或"先验意识"无法还原而成，现象学还原被很多学者认为是困难的甚至是难以实现的。杨春时认为，纯粹意识并不能通过悬搁存在观念而生成，也就是说"充分的非自觉意识"不能在感性和知性水平上存在，因此一般的现象学还原并无

---

① 杜夫海纳.审美经验现象学[M].韩树站，译.北京：文化艺术出版社，1992：501.

② 杜夫海纳.审美经验现象学[M].韩树站，译.北京：文化艺术出版社，1992：496.

③ 杨春时.作为第一哲学的美学——存在、现象与审美[M].北京：人民出版社，2015：337.

可能。进一步说,海德格尔等发展起来的作为哲学方法论的现象学直观也不能自然发生,从而也就不能使存在显现。于是,关于一般现象学的合法性问题,杨春时提出了一种"缺席现象学"的思想。他认为,胡塞尔的现象学只是一种"严格的科学"设想,不能成为发现存在的哲学方法论。海德格尔等人建立了作为哲学方法论的现象学,它只是一种对存在缺席的现实生存状态的缺失体验,它感知的不是存在本身,而是存在的缺席,这就是"缺席现象学"。由"缺席现象学"可以推定出有"存在",即存在不在场,而在彼处隐身,存在并没有直接呈现,因此只是导致"推定存在论"。"缺席现象学"和"推定存在论"的意义仅限于设定存在,作为哲学的逻辑起点,而不能发现存在和证明存在。杨春时认为,"缺席现象学"和"推定存在论"有其局限,应该建立"充实的现象学"和"本源的存在论",从而能够可靠地、确实地发现和证明存在,而这就是"审美现象学"和"存在论美学"。

杨春时认为传统的美学方法论包括逻辑推演的方法和归纳的方法都不能发现美的本质,因为美不是经验对象;美只是审美对象,只在审美中存在,审美体验构成了美。审美体验是主体与对象的直接相即,也就是现象学的本质直观。所以,发现美的本质的美学方法论就只能是审美,而审美就是现象学的还原。他借鉴了杜夫海纳的思想即"审美经验在它是纯粹的一瞬间能够实现现象学还原",强调"现象即审美意象",指出现象既非感性意象也不是表象,而是"对象世界的本源性的显现"。审美意象是中国古典美学的核心概念,这里也可以看到杨春时对于中国古典美学的继承和发展。杨春时的审美现象学还依据于其原始意识、现实意识、审美意识的区分,他认为审美意识是对现实意识的超越和升华,是具有本质直观性质的"纯粹意识",可以发现美的本质和使存在显现。他指出审美不是由经验意识还原到先验意识,审美不是还原而是超越,是由经验意识(现实意识)向审美意识的超越。

进一步,杨春时把现象学美学转化为审美现象学。他认为,现象学美学仅仅依据审美经验以发现美的本质,而审美现象学则以审美还原本源的世界,使存在的意义得以显现。他指出,只有审美才是真正的现象显现方式,审美现象学是真正意义上的本质显现的现象学,"现象学直观的可能性在于审美,只有进入审美才能真正进行纯粹直观","现象学作为美学才可能",他认为审美使存在直接显现,美学是"充实的现象学"。杨春时指出,胡塞尔"本质直观"只能直观到具体事物的本质,却不能还原到"存在"的意义。他认为现象学还原不是呈现具体事物的本质,而是使本源的世界现身,也就是使存在显现。因此他以"审美体验"概念取代胡塞尔"直观"概念,认为审美体验不仅使现象显现,而且"现象"作为"审美意象"是对存在意义的领会,他强调存在显现的"审美"特征。按照杨春时原始意识、现实意识和审美意识的划分,存在的意义并不能呈现于现实意识,只有审美意识中的存在才能作为现象(审美意象)充分显现,只有由现实意识超越到审美意识,才能把握存在的意义。审美意识是审美主体拥有的自由的意识,能够超越经验主体现实意识的有限性,充分领会存在的意义。就审美对象而言,审美中显现的现象不是有限的经验对象,而是"世界整体、存在本身"。这样,审美作为"充实的现象学"使存在显现,从而达至"本源的存在论"。这也就是说,审美既是现象学,也是存在论,审美就是对存在的还原、回归。通过审美经验,审美的意义和存在的意义即自由才能被领会。

就杨春时存在论美学建构而言,体现为对传统存在论的批判、新的存在论的建立,以及新的存在论美学的建立。具体而言,是对美学学科自由、超越特质的确认。

西方哲学从古至今都在探讨存在,存在论成为形而上学的核心,然而存在是什么却言人人殊。杨春时认为，古代哲学是实体本体论，存在被规定为实体，而实体是虚假的概念。海德格尔的存在论是对于胡塞尔意识哲学的突破，然而没有克服生存论的主体性。海德格尔生存论通过"此在"把握"存在"，而由于"此在"的局限性，不能领会存在的意义，因而使得"自由选择"缺乏根基。杨春时的美学依据于新的存在论建构，而他对存在概念的规定是一个重要建树。传统形而上学将存在理解为存在者，陷入了实体本体论；海德格尔要把存在还原为"是"，于是存在成为存在者的根据，但这仍然是实体论的规定，海德格尔也没有摆脱这个对存在的规定，造成了其哲学体系的局限。杨春时提出存在是生存的根据，具有本真性，体现为实有和虚无范畴；是我与世界的共在，具有同一性，体现为时间和空间范畴；生存是存在的现实形态，也就是存在的异化，因此同一性破裂，具有了主体性，仅余残存的主体间性；本真性失落，具有了现实性，仅余残存的超越性。在新的存在论基础上，新的美学得以建构，它证明了审美意义和存在的意义是自由。基于生存的超越性（存在本真性的残留）和主体间性（存在同一性的残留），审美作为自由的生存方式得以可能。杨春时认为，审美作为自由的生存方式，是由现实生存向存在的回归；作为超越的生存体验方式，是由现实意义向存在的意义的升华。于是，审美克服了现实生存的局限，超越性获得了充分实现，还原了存在的本真性；审美克服了主体与世界的对立，主体间性获得了全部实现，还原了存在的同一性（我与世界的共在）。审美的超越性和主体间性意味着自由的实现。审美也克服了实有和虚无的分裂，成为实有和虚无的同一；克服了现实时空的局限，消除了我与世界的距离，审美时空成为自由的时空，从而恢复了时空的本源性。审美作为自由的生存方式在于，就审美主体而言，克服了现实主体的异化而恢复了本真性；就审美对象而言，作为真实的世界得以恢复本来面目；就二者关系而言，超越了主客对立关系，和谐共在的主体间性关系得以达成。

总之，杨春时"审美形而上学"建构包括以下基本内容：第一，建立新的现象学方法论，进而建构新的"现象学美学"，把审美体验作为还原美的本质的基本方法。第二，建立美学的存在论基础，进而建构新的存在论美学。他首先确立审美的超越性，审美是超越现实的自由生存方式；其次确立审美的主体间性，审美克服了主体与世界的对立。他区分了社会学、认识论和本体论（存在论）三种意义的主体间性概念，认为本体论意义的主体间性概念即"我与世界的共在"，"本体论的主体间性是主体间性的根本形式，社会学的主体间性和认识论的主体间性只是它的现实形态，而且是不充分的形态"①。第三，确认美学是第一哲学，包括美学是"充实的现象学"和"本源的存在论"。杨春时认为现象学还原只有作为审美才有可能，审美是对存在意义的发现，从而建构了"审美现象学"。他对存在论美学的论述也表明，"美学是存在论的本源，存在论就是美学的展开。哲学与美学一体化，它们的区别只在于，美学作为本源的存在论，发现了存在，并且通过反思获取了存在的意义，从而建立了哲学的逻辑起点；而哲学作为这个逻辑起点的展开，论证了存在的本质"②。

罗素对于普罗提诺有这样的评价："唯有与对宇宙的思索相伴而来的那种欢乐和忧伤，才会产生出来种种形而上学的理论……凡是能享受本能的幸福的人，就不是能创造出种种形而上学的乐观主义的人；形而上学的乐观主义有恃于对于超感世界的实在性的信仰。"③

① 杨春时.作为第一哲学的美学——存在、现象与审美[M].北京：人民出版社，2015：236.

② 杨春时.作为第一哲学的美学——存在、现象与审美[M].北京：人民出版社，2015：369.

③ 罗素.西方哲学史[M].何兆武，李约瑟，译，北京：商务印书馆，2001：360-361.

可以说，不仅普罗提诺如此，一切具有形而上倾向的哲人和诗人莫不如此。我们既在西方传统美学、现代美学也在杨春时“审美现象学”和“存在论美学”建构中看到“对宇宙的思索相伴而来的那种欢乐和忧伤”以及由之而来的“形而上学的理论”。

李晓林，女，厦门大学中文系教授。
赵叶晴，男，厦门大学中文系2017级博士研究生。

唐文研究的再思考
——兼论吴在庆《唐五代文编年史》

刘万川
（河北师范大学　文学院　石家庄　055524）

吴在庆与丁放二位先生为正副主编的《唐五代文编年史》（以下简称《编年史》）在黄山书社出版刊行，一时间学界赞不绝口，书评不断。近日此著作荣获2018年的全国古籍出版社年度百佳图书一等奖，就是业界对其的肯定。这是《唐五代文学编年史》的姊妹篇，也是学界泰斗傅璇琮先生的遗愿。全书分为初唐、盛唐、中唐、晚唐、五代五个部分，二百五十二万字篇幅，其中所富含的学术资源之多，开启的学术坦途之广，恐非三言两语所能形容，本文仅从其唐文编年之定位说明其价值所在。

一、以编年史再现唐文创作的客观情境

中国文学史的编纂实际由日本学者较早着手。1882年，末松谦澄所作《中国古文学略史》即是第一部先秦断代文学史论著，之后1897年古城贞吉又写作了第一部中国文学通史。之后中国学者所著各类文学史，如游国恩、章培恒、袁行霈及最近袁世硕等著，大体体例有二：或者以时为序，以人为单元；或者以文体为单元，分述不同文体时代之演进，其内在犹是以人物为中心。两者本质都在“人物中心论”。

自古以来，史书之编纂无外乎记言、记事，编年与国别为两大传统，而后纪传体一出，遂为世代遵循之正体。文学史的常见体例也是纪传体，常见章节之绪论部分多为纪，后续之展开多为文人之传，特专述诗文成就。如陈寅恪所言：“苟今世之编著文学史者，能尽取当时诸文人之作品，考定时间先后，空间离合，而总汇于一书，如史家长编之所为，则其间必有启发，而得以知当时诸文士之各竭其才智，竞造胜境，为不可及也。”[①]若以人物为考察对象和关注中心，纪传体当然是最好的载体。其在个人文学特点的呈现、朝代文学变迁的集中反映上优势显著。

正因如此，傅璇琮《唐五代文学编年史》（辽海出版社，1998）横空出世后，其以编年叙写文学发展，宏观视野和细腻考辨的结合的文学史新体例引得众人瞩目。其后《南北朝文学编年史》（人民文学出版社，2000）、《元代文学编年史》（山西教育出版社，2005）、《秦汉文学编年史》（商务印书馆，2006）、《中国文学编年史》（湖南人民出版社，2006）、《先秦文学编年史》（商务印书馆，2010）、《宋代文学编年史》（凤凰出版社，2010）、《金代文学编年史》（安徽大学出版

① 陈寅恪.元白诗笺证稿[M].北京：生活・读书・新知三联书店，2009：9.

社,2011)、《西汉文学编年史》(上海古籍出版社,2012),以及大量现当代文学编年史,如雨后春笋,纷纷刊行。

文学编年史,以人、事、作品系日、以日系月、以月系年,以巨幅图画的形式全面描绘同一时间中不同地域、不同人物的文学创作和交游。就"大文学史"的研究而言,能够全面展现背景、勾连关系,优势明显。当然,其人物事迹的跳跃、文学事件的零碎也无法避免。所以,文学编年史的体例形式,注定其读者并非大学本科以下的文学了解者和学习者,而是研究生以上的治学者和研究者。

历代文学史的编写,实际都是作者根据主观认识筛选取舍后的结果,其中编入何人何作,舍弃何人何作,何人独占一章,何人需要合传,这些都体现了编写者的文学史观和文学史才。这种文学史是带有明显主观意志的文学史。作为研究者,需要历史还原,尽量真实地呈现当时的文学风貌和状态,和未经筛选的文学创作情境。编年史所追求和擅长的就是客观呈现。在傅先生《唐五代文学编年史》出世之后,大量论文即以此为研究对象,或从中抽取时间段展开研究,或从中择取人物展开说明。从这一角度上说,吴在庆的《编年史》是客观再现了唐代文章写作的现实情境和客观历史。

例如《编年史·盛唐卷》所载:唐玄宗先天二年七月,玄宗诛杀太平公主势力,玄宗掌军国政刑大权。其后,以太上皇睿宗名义草拟《诛窦怀贞等大赦诰》。乙丑,下《命皇帝处分军国政刑诰》。丁卯,下《受禅制》《大赦制》《受太上皇诰敕》。乙亥,下《张说检校中书令制》;张说撰《让封燕国公表》。苏颋在工部侍郎任上撰《矜放缘坐敕》《加王琚等食封制》《加张暐食封制》《命新除牧守面辞敕》。唐玄宗下《赏定策功臣制》。八月,苏颋撰《封华岳神为金天王制》《授刘幽求左仆射制》《加刘幽求实封制》《授刘幽求同中书门下三品制》。通过这一系列文章的系年,使当时若干大手笔的文章接连出现于两个月中,这就既基本展现了玄宗初掌权柄后整饬朝政的步骤手法和施政方针,也展现了其时制诰文这种文体的文章范式。

"如果说书中的唐五代文犹如一棵大树的主干,那么其他如唐五代的政治、历史、哲学、宗教、艺术乃至自然科学等诸多方面,就犹如围绕主干穿插于其旁的枝叶,从而形成了宛如众星拱月般的景观,呈现出立体交叉的图象。"(陈铁民《序》)① 作者用大量的文献资料逐月逐年编织起唐五代三百六十年的各体文章创作的宏图,同时也包罗了唐五代整个历史时期主要的历史政治事件、朝廷所颁布的政令与各项政策措施、诗文创作和文化活动等等内容。从全书的内容上说,可谓包罗万象,资料极为宏富,各种问题的线索颇为繁多。书后又附有人名索引,便以读者勾稽单一作家或某群体作家的作品或事迹,为研究者提供了较便捷的检索途径。所以,《编年史》既是一部名副其实的唐五代时期的文章作者及其作品的编年史,同时又蕴含着宏富的多种类的资料、问题、信息等等研究资源,也是一部别样的多功能的文学史著。

二、建构了唐文流变的总图

王国维所谓"一代有一代之文学"之论深入人心。"凡一代有一代之文学:楚之骚,汉之

① 亢巧霞,吴在庆.唐五代文编年史:初唐卷[M].黄山:黄山书社,2016:2.

赋，六代之骈语，唐之诗，宋之词，元之曲，皆所谓一代之文学，而后世莫能继焉者也。"①此说诚然，但此种提法所造就的客观效果则是一代文学之研究为一家文体之独盛。以唐代而言，唐诗研究之领先程度远远超过唐文。并且，受到西方文学观念影响，抒情性、形象性是判定是否为文学的标志。这较传统的"文笔之辨"，将文学的范围缩减更甚。唐代之文，基本偏于实用，纯粹以西方标准筛检，恐怕只有韩、柳等极少数人的部分作品可以进入文学范畴。这些都使唐文的研究停留于少部分作家。唐文研究前辈孙昌武《唐代古文运动通论》、刘国盈《唐代古文运动论稿》、葛晓音《唐宋散文》、李道英《唐宋古文研究》以及余冠英《唐宋八大家全集》、吴小林《唐宋八大家汇评》、郑子瑜《唐宋八大家古文修辞偶疏举要》均是将中唐古文作为研究中心。其他散文家中，学者关注较多的是陈子昂、张说、李华、萧颖士、李翱、梁肃、皇甫湜、孙樵，但这十余位作家远远不能代表唐代文章作者之全貌。

《编年史》全书以唐五代时期全部单篇文章的编年和整体演进作为研究对象。现存唐五代时期的单篇文章，就《全唐文》、《唐文拾遗》、《唐文续拾》以及《全唐文补编》、《全唐文再补》等书收录计算，共一千二百二十六卷，近四万篇，约千万字。从体裁上分则有辞赋、书信、碑铭、章奏、记序、诏制敕文、佛道经典等，可谓诸体皆备。所以，《编年史》作者所持为如椽巨笔，所作为纵横开阖。试举一例。开元二年，记"贺知章在太常博士任，撰《戴令言墓志》"②。下文即对贺知章著作统计辑补，除《全唐文》存文 2 篇，又统计《唐代墓志汇编》3 篇，《全唐文补遗》(第四辑)2 篇，《全唐文补编》3 篇，共 10 篇。这种考订，对于往日所忽略的个体作家研究尤为重要，将有利于读者和研究者。

再如，初唐卷贞观五年九月，专门记及魏征有《群书治要序》，他在这篇序中批评"竞采浮艳之词，争驰迂诞之说"③，反对唐初浮华之文风。其后又采录了唐太宗所作《答魏征上群书治要手诏》以褒奖魏征，以及魏征所奏的胪列太宗不能善始善终之十端的《不克终十渐疏》。这些文章不仅显示了魏征的政治、文学主张，而且文章本身所具有的词切气雄，辞达而理洽，这对后来的奏议文也颇有影响。《编年史》这一编写既有魏征文这一重要视点之展现，浮现出作家个体创作之特点，同时也具有其文历时演变影响之迹。

再就某一文体而言，也可考察其发展路径。如诏书制敕一类。"古者帝王有所号令，言必弘雅，辞必温丽。垂于后世，列于经典。"④"王言"具备高度政治性，是应用文。作者将每一篇系于当时，既使文系于史，也可以由史观文。如五代十国时期，天祐四年四月：

> 《旧五代史》卷三载："(天祐四年四月)戊辰即位，制曰：'王者受命于天，光宅四海，祗事上帝，宠绥下民……。'"此即梁太祖《受禅改元制》，文存《全唐文》卷一〇一。《册府元龟》卷一八二载："梁太祖讳晃，初名温。唐僖宗中和三年，授宣武军节度使，赐名全忠。天祐四年受禅，下令曰：'王者创业，兴邦立名。传世必难知而示训，从易避以便人。'"据《旧五代史》卷三，天祐四年四月，朱全忠受唐禅，"时将受禅，下教以本名二字异帝王之称，故改名。"此即《受禅改名令》。文存《全唐文》卷一〇一。《册府元龟》卷一九

① 王国维.宋元戏曲史[M].上海：上海古籍出版社，1998：1.
② 曲景毅，林宜青.唐五代文编年史：盛唐卷[M].黄山：黄山书社，2016：19-20.
③ 亢巧霞，吴在庆.唐五代文编年史：初唐卷[M].黄山：黄山书社，2016：41.
④ 范晔.后汉书[M].北京：中华书局，1965：1375.

六载:"梁太祖开平元年四月受唐禅,都汴。诏曰:'古者兴王之地,受命之邦,集大勲有异,庶方沾庆泽,所宜加等……。'"另据《五代会要》卷一九载:"梁开平元年四月二十三日敕:'升汴州为东京,置开封府。以开封、浚仪两县为赤县,其余属县为畿县。'是月敕:'东京诸城门宜赐名额,宋门为观化门……。'"此即《升汴州为开封府诏》、《改宫殿门名制》。二文皆存《唐文拾遗》卷九。①

三、唐文研究中微观方法的集成和宏观考察的基础

唐文个体研究多为人物论、风格论、现象论,通过以点深挖,凸显重要人物的文学创作特点和领导与枢纽作用。个体研究的基础是文本细读和作家作品考证,《编年史》就将唐文研究中各类微观研究方法应用到了全书。主要有:

系年。此类是全书使用最多的方法。比如李华有《无疆颂八首并序》,作者先据《全唐文》卷三一六李华《越禅师塔记》:"弟子司封员外郎赵郡李华,……敬表仁旨,时广德二年正月六日。"常越卒于鄂州大云寺,推知华时在鄂州,已授司封员外郎。又据《全唐文》卷三一四李华《无疆颂八首并序》:"臣又逮事玄宗、肃宗,今以余年,获事陛下,官历御史补阙尚书郎,命薄多病,不获奔赴阙庭,恐先朝露,同于泥尘。若无歌诗颂德,曾蛮夷不若也。敢述列圣为无疆颂,式昭皇家大庆无穷。"另《全唐文》卷三八八独孤及《检校尚书吏部员外郎赵郡李公中集序》云华《无疆颂》为"陈王业"之作。华歌颂高祖、太宗、高宗、中宗、睿宗、玄宗、肃宗、代宗八圣为《无疆颂》,《序》又云其"逮事玄宗、肃宗,今以余年,获事陛下",可知此颂盖作于代宗即位后,判定为代宗广德二年五十岁时所作。②

考辨。如《杨炯集》卷三有《宴皇甫兵曹宅诗序》:"皇甫君冠冕于安定……是日也,河图适至,海鲸初死。五岳四渎,汉皇帝崇其王祀;一日三朝,周天子展其庄敬。君臣庆色,朝野欢心。……阴云已墨,肃气弥高。霜寒万里之园,冰纳千金之水。……"作者认为千金水指千金渠,在洛阳西,见《水经注·谷水》。"海鲸"即指徐敬业。徐敬业于本年冬大败投江而死,君臣相庆。序云"霜寒万里之园,冰纳千金之水",与冬景相符。③

纠谬。如《编年史》于贞元十年记有韩愈《祭郑夫人文》《赠张童子序》《瘗砚铭》三文,其系年根据则是《编年史》作者分别引方松卿《韩文公年谱》,方成珪《昌黎先生诗文年谱》而确立的。而晚唐卷的敬宗宝历三年,《编年史》作者考订《汴州刺史厅壁记》与《汴州郑门新亭记》之作年,则引《刘禹锡集·诗文补遗》《刘禹锡年谱》《刘禹锡集校注》等书,进行择要辨析后而系年于此。《编年史》载录了唐代大量的制诰文,这些制诰的作年《编年史》多引宋敏求《唐大诏令集》所署时间;再如许多墓志铭的撰写时间,《编年史》一般是根据《唐代墓志汇编》《唐代墓志汇编续集》的系年(但个别篇的系年有误,又经考订而改正)而系年。

此三种皆是细致考察之微观方法,主要在辨真伪,系年月。若以此为基础,就是宏观研

---

① 罗立刚,吴在庆.唐五代文编年史:五代十国卷[M].黄山:黄山书社,2016:3.

② 刘心,吴在庆.唐五代文编年史:中唐卷[M].黄山:黄山书社,2016:14-15.

③ 亢巧霞,吴在庆.唐五代文编年史:初唐卷[M].黄山:黄山书社,2016:224.

究。例如将范围扩大为一年,则可看到同一政治背景下,不同文人的处境与反应,或士人创作高峰与低谷与仕途之关系。如穆宗长庆元年,正月元稹撰《辨日旁瑞气状》《郊天日五色祥云赋》;二月元稹为中书舍人、翰林承旨学士,奉旨进呈杂诗十卷,撰《进诗状》。元稹为翰林学士,与李德裕、李绅相善,时称"三俊"。三月,李德裕、李绅、元稹上言钱徽取士不公,诏王起、白居易重试。后黜落郑朗等十人。钱徽、李宗闵、杨汝士皆遭贬,此后牛李党争遂起。四月,穆宗有《戒朋党诏》。五月,白居易为李建作墓碑,元稹撰墓志铭。六月,元稹进呈《京西京北图》《京西京北图经》等。八月,元稹撰《翰林承旨学士厅壁记》。穆宗秋分日祭百神,元稹代撰《秋分日祭百神文》。十月,裴度上表言元稹与宦官魏弘简深相结,陈其朋比之状。元稹改工部侍郎,出翰林。这样,一年中元稹如何政治生涯到达顶点,又如何跌落,在朋党的大背景下展露无遗。这种编年方式的呈现,为研究人物阶段性文章特征提供了有力支撑,同时,如将同时白居易文章创作情况加以对比,也可以看到同为好友,二人在穆宗朝的不同处境。因此,《编年史》不单纯描述了问题,解决了问题,还颇有意义地激发了新问题,这是一座充满学术价值的富矿。

吴在庆教授的这部《编年史》在其本人的著述史上也是一部巨著,这部书凡二百五十二万字,历时十五年方出版。这在讲求发核心期刊的大环境中,需要相当的定力和毅力,先生带领众学人甘于寂寞,敢于挑战,所著泽被学界,是一创举,也是一善举。

刘万川,男,河北师范大学文学院副教授。

从文学批评到文化研究的建构
——评王晓平《走向文化复兴：全球化时代的中国文学与文化》

高　超

（山西师范大学　文学院　山西　临汾　041004）

以经济为主导、交通与信息技术助力的全球化浪潮不仅带来经济上的发展与变化，带来生产方式的革新与生活方式的变化，同时也对社会文化、心理产生了极大的影响与冲击。全球资本时代，中国需要什么样的文化，这是每一个中国人都需要面对的问题。王晓平所著《走向文化复兴：全球化时代的中国文学与文化》（以下简称《走向文化复兴》）一书，从文学、艺术、文化思潮的角度为我们阐释了改革开放四十年以来的文化发展与变化的状况。

该书除了绪论和结语部分，主体内容是由十余篇已发表于国内外学术期刊的论文构成。然而它并非一本松散的论文集，而是加以重新编排组合，线索脉络十分明晰：它以宏大叙事的眼光和文化研究的视角，选取20世纪80年代以来中国当代文学艺术中富有代表性的诗歌、小说、电影等文本及文化思潮，将其置于全球化时代的世界语境中加以批判性地审视与解读，对这一时期的中国文学与文化状况进行了系统的考察，以点带面地推导出关于中国当代文化建设的审美经验与文化认同。

“绪论：全球化时代的中国文化”部分开宗明义地将如何认识20世纪80年代末以来中国在全球化加速时代的社会文化状况与“中国梦”联系起来。进一步地，它对20世纪90年代以来的文学创作和文化现象做了历史背景的分析，对相关理论框架的界定及研究方法做了说明。首先追本溯源地梳理了“新时期”与“后新时期”文化所呈现的各自新的特点。作者辩证地指出：“新时期”文化“对于极端的、扼杀个性的‘集体主义’的反驳，对于‘现代化’的渴望”确实是重要特征，但“对于与资本主义社会有显著差异的社会主义社会的追求，仍然是大部分知识分子的向往；对于商品社会的预想和竞争性机制的引入，仍然服务于建设一个公平、公正的社会主义社会的目的”。[①] 而对“后新时期”文化，作者批判性地运用美国学者阿里夫·德里克和法国学者伊利斯·埃勒·卡鲁尼对“后社会主义”的相关论述，同时借用英国理论家雷蒙·威廉斯提出的“三种文化”即“主流文化（the dominant）、残余文化（the residual）和新兴文化（the emergent）”理论，论述了当代中国社会在此三种文化形态下所呈现的五个特点：“一是传统社会主义时代锻造的‘新人’的情感结构以一种无意识形态顽强存在，这尤其可以在‘中生代’诗人的创作中见到；二是自由（人文）主义精神在以叙事为主体的文艺体裁中具有广泛影响，这里正文以先锋小说和‘新历史主义’小说为例进行说明；三是社会的文化精神与逻辑发生位移，市场逻辑渗透到社会的每个角落，并左右人际关系；四是人们的价值观发生的变化，市民阶级趣味开始扩张，这两点我们可以以电影中叙述的故事与一

① 王晓平.走向文化复兴：全球化时代的中国文学与文化[M].社会科学文献出版社，2017：5.

些影视现象为例进行说明；五是随着经济的成长、文化民族主义的高涨，出现了关于'如何成为一个中国人'的文化认同方面的讨论，而文化软实力的增强依赖于解除合法性危机的方案，这也成为学人思考和辩论的焦点。"①

基于上述文化批评理论与阐释学的方法，《走向文化复兴》一书结构安排的五大组成部分，分别与中国当代文化的五个显著特点形成一一对应关系，理论视角与论述内容十分契合，脉络比较清晰。全书以文化批评理论的视角对所选文学、影视艺术文本及文化思潮的解读，目标指向非常明确，即要揭示出文本中所彰显的文化内涵。具体而言，该书呈现出以下几个显著的创新性特征。

第一，提供了崭新的视角。总体上的文化政治的批评视角直接赋予了全书富有洞见的文化价值思维。比如，第一章"全球化时代的抒情诗人——论盼耕诗歌的几个主题"细读盼耕的诗作，作者读出了"对'文化中国'的眷恋与对'政治中国'的向往"，读出了"具有平民意识的英雄主义情结"，读出了"个体情感与过往时代精神构造"。从盼耕的诗句中，作者发现了从传统社会主义时代步入全球化的后社会主义时代的一代抒情诗人的心结："我永远歌唱沉默，歌唱忍耐，歌唱含蓄/因为：它们不唱自己心底的歌。"作者颇有洞见地指出"'不唱自己心底的歌'对今天的诗人来说似乎匪夷所思。只有理解过去时代的人格要求及其各种局限性，甚至有时是历史的错误对诗人造成的身心影响，我们才能理解自我沉隐与牺牲既是一种社会主义集体体制与道德观造就的个体修养，也是一种传统社会主义作为一个生产方式、历史经验和生活世界，其没能完满完成其承诺（每个人的自由发展是所有人自由发展的前提）与使命（作为对资本主义生产方式的超越）的历史寓言的症候。今天的后社会主义时代的抒情诗人既继承了它的美德，又继续承担了它的压抑（自我）的苛刻职责；并牺牲此生作为对未来的奉献，寄望于新生一代的幸福和光明"②。盼耕就是这样一位忧国忧民、兼具文化与政治情怀的诗人，也是承前启后的、富有"自我沉隐与牺牲"精神的一代诗人的代表。基于如此细腻而有深度的解读，作者给予诗人一个新的命名"如果说本雅明曾经称赞波特莱尔为'发达资本主义时代的抒情诗人'，那么我们便可称盼耕为'全球化时代（或后社会主义时代）的抒情诗人'"。这是一种富有探索意识的称呼，因为盼耕代表的不只是一个人，而是一个"以私人方式吟咏和表达一个集体性的情感结构"③的诗人群体。

第二，揭示了时代的文化症候。比如，在"20世纪80年代'先锋小说'中的历史经验与形式实验"一章，面对20世纪80年代以来先锋小说代表性作家马原、格非、余华和苏童的实验性极强的小说文本，作者抛开基于形式主义的"先锋书写"研究视角，另辟蹊径，对文本内容进行细致的历史阐释学的解读，得出了令人信服的结论："这些小说从根本上呈现的是20世纪80年代以来社会去政治化转型中的'世俗社会'的面貌，以及在新生市民阶级视角下对历史的重解。"④作者洞察了这些小说对20世纪80年代社会转型时期的"后革命去政治化的世俗社会里一切无意义，甚至连叙述者都显得疲懒、乡愿的一种展现"，⑤准确地揭示出作

① 王晓平.走向文化复兴：全球化时代的中国文学与文化[M].社会科学文献出版社，2017：12.

② 王晓平.走向文化复兴：全球化时代的中国文学与文化[M].社会科学文献出版社，2017：34.

③ 王晓平.走向文化复兴：全球化时代的中国文学与文化[M].社会科学文献出版社，2017：42.

④ 王晓平.走向文化复兴：全球化时代的中国文学与文化[M].社会科学文献出版社，2017：65.

⑤ 王晓平.走向文化复兴：全球化时代的中国文学与文化[M].社会科学文献出版社，2017：70.

者对当时文化症候的反映。再如分析长篇小说《白鹿原》一章，作者从文化价值的视角来分析小说对中国现代性历史的重构，认为它"对此的呈现试图突破原来官方的、严格的阶级斗争叙事，却在20世纪90年代以来随着后革命社会中自由人文主义的兴起而出现的强调人性欲望的新历史主义思潮，以及本土（和海外传来的）保守主义（此时化身于儒家文化主义）的影响下，将历史理解为暴力和世情结合的'秘史'，以生殖、家族血缘、宗法体制来梳理近现代中国乡村权力关系"，①由此令人信服地将该小说作为当时非历史性的"新历史主义小说"的标志性文本。

第三，强化并拓展了富有批判性的问题意识。比如在"文化政治的探索与歧途"一章中，作者肯定留美学者张旭东《全球化时代的文化认同》中所提出的见解，即当前中国社会思想的核心矛盾之一是"平等、公正、民主等大众革命的意识形态与自由、富裕等发展经济的'理性化选择'之间的冲突和矛盾"；同时，作者更敏锐地提出，对平等、公正的历史诉求的阶段性缺失是造成现贫富两极分化的主要原因。

综上所述，作者对文学、艺术文本及文化思潮的阐释与批评呈现出文化批评的跨学科特点及清醒的批判意识，有助于读者从文学、文化的视角去了解过去，认清当下，从而更好地服务于未来的文化建设。基于其高度的学术价值，国务院新闻办"中国图书对外推广计划"和国家新闻出版署的"丝路书香工程"都将其作为中国当代文化研究的代表性著作，给予此著翻译资助，分别翻译成英文和塞尔维亚文，将其作为中国当代文化研究的代表性著作向国外推广。这部专著对诸多文学、艺术文本中所反映的时代文化症候作出了理性的分析与阐释，在当代文化思潮中的价值观的评判中对中国当代文化的重建提出了富有创新思维的前瞻性主张，其间闪烁的真知灼见，无一不是研究者诚实而辛劳的批评实践所带来的丰硕成果的体现。

高超，男，山西师范大学文学院副教授。

① 王晓平.走向文化复兴：全球化时代的中国文学与文化[M].北京：社会科学文献出版社，2017：142.

《现代汉语分类词典》的编纂特色与应用价值

宋贝贝
（河北大学　文学院　河北　保定　071002）

一、引言

20 世纪 50 年代至今，"词汇系统"一直成为汉语词汇学理论与应用研究重点关注的议题。从 60 年代"词汇是系统"的被质疑，到 90 年代《现代汉语》《语言学概论》等教材纷纷论述词汇系统或系统性，得到大家的一致肯定[①]，该观点被普遍接受更多的是受到建构词汇语义系统的学术实践的影响[②]。

建构词汇语义系统的实践突出地体现为语义分类词典的问世。语义分类词典，又称"义类词典""类义词典""分类词典"，区别于音序、形序词典，是按照义序进行编排的词典，其特点是以义类之间的语义关系为基础而形成的网状词汇语义系统。义类，即语义分类，是词语按照同义、近义等关系聚合在一起所形成的语义类别。

义类词典的出现，使词汇语义系统成为一种有形实体。一般认为，现代汉语第一部义类词典是梅家驹的《同义词词林》（以下简称"《词林》"）[③]。《词林》编写的初衷是为写作和翻译时按词义查词服务，然而无心插柳柳成荫，真正为其带来巨大学术声誉的却是按意义编排和建构的一个有序、合理、清楚的词汇系统[④]。在《词林》之后，有代表性的义类词典还有林杏光《简明汉语义类词典》[⑤]、董大年《现代汉语分类词典》[⑥]、苏新春《现代汉语分类词典》[⑦]等。这些词典都在主客观相结合的基础上，在构建现代汉语词汇语义系统方面进行了有益探索。

近年来，备受关注的一部义类词典是苏新春的《现代汉语分类词典》（以下简称"《分类词典》"）。张志毅认为以词汇语义学理论构拟的《分类词典》是"一颗明亮的启明星"[⑧]，是"众

---

① 周荐主编.20 世纪中国词汇学[M].北京：中国人民大学出版社，2007：181-227.

② 苏新春.《现代汉语语义分类词典》(TMC)研制中若干问题的思考[J].中文信息学报，2008(5)：12-21.

③ 梅家驹等.同义词词林[M].上海：上海辞书出版社，1983.

④ 苏新春.《现代汉语语义分类词典》(TMC)研制中若干问题的思考[J].中文信息学报，2008(5)：12-21.

⑤ 林杏光，菲白.简明汉语义类词典[M].北京：商务印书馆，1987.

⑥ 董大年.现代汉语分类词典[M].上海：汉语大词典出版社，1998.

⑦ 苏新春.现代汉语分类词典[M].北京：商务印书馆，2013.

⑧ 张志毅.读苏新春的《现代汉语分类词典》[J].辞书研究，2014(5)：48-53.

多义类辞书中独具特色的一部"①,并详细阐述了该词典分类和归类的特点,指出其归类具有科学性,提出需要增补词条及义项的问题。洪桂治②介绍了《分类词典》在材料、内容、结构等方面的特色,并指出其在词汇学习、教学、语言研究及中文信息处理领域的实用价值。

可见,《分类词典》在建构词汇语义系统中体现出的特色及其应用价值是学界较为关注的方面。基于以上研究背景,本研究重点关注其编纂特色,并结合具体研究,进一步揭示其应用价值。

二、《分类词典》的编纂特色

苏新春③《分类词典》的研制工作前后历时十年,在《词林》问世三十年之后,建立起一个崭新的词汇系统,体现出鲜明的编纂特色。

(一)雄厚的资料基础和先进的编纂技术

一部词典要达到新的高度,超越前人,要立足于雄厚的、可靠的资料基础上④。《分类词典》收录的是通用度高的语文词,收词基于大规模雄厚的语料,包括数十种语文词典、新词语词典、数亿字的新闻报刊、半个世纪来的文学作品以及流行的词表与词库⑤。而《词林》等其他三部义类词典由于时代的局限等原因,收词仅参考了某两部词典,或未对参考语料做具体说明(如表1所示)。

表1　四部义类词典收词的资料基础

义类词典名称、主编及出版年份	收词的资料基础
《同义词词林》梅家驹 1983	未说明
《简明汉语义类词典》林杏光 1987	一部分是直接从语言实际中挑选的实用语料⑥。具体挑选了哪些语料,未做说明
《现代汉语分类词典》董大年 1998	主要参考了《同义词词林》《简明汉语义类词典》⑦

① 张志毅.读苏新春的《现代汉语分类词典》[J].辞书研究,2014(5):48-53.

② 洪桂治,苏新春.一个以义为纲的词汇分类体系——《现代汉语分类词典》[J].辞书研究,2015(1):61-67.

③ 苏新春.现代汉语分类词典[M].北京:商务印书馆,2013.

④ 江蓝生.《近代汉语词典》的新境界[J].辞书研究,2017(1):1-7.

⑤ 苏新春.《现代汉语语义分类词典》(TMC)研制中若干问题的思考[J].中文信息学报,2008(5):12-21.

⑥ 林杏光,菲白.简明汉语义类词典[M].北京:商务印书馆,1987:前言.

⑦ 董大年.现代汉语分类词典[M].上海:汉语大词典出版社,1998:前言.

续表

义类词典名称、主编及出版年份	收词的资料基础
《现代汉语分类词典》苏新春 2013	10余种有代表性的现当代语文词典;20余种新词语词典;近十年数亿字的新闻报刊;半个世纪来有代表性的文学作品;较为流行的词表与词库①

《分类词典》的编写,采用了数据库技术,便于对词汇进行频次统计和对不同词表、词库进行比较、筛选,以确定通用度较高的词语,这大大提高了编纂效率,而且在收词方面更有据可循,更具科学性。

(二)庞大的收词数量、单一而特征明确的收录范围

四部义类词典的收词数量及收录范围如下:

梅家驹《同义词词林》:收词近70000。收录范围:词、词素、词组、成语、俗语,主要收现代汉语词,酌收方言词与古语词、专科词②。

林杏光《简明汉语义类词典》:收词60000余。收录范围:词、词组、少量语素,以语文词为主,酌收百科词,少量方言词、古语③。

董大年《现代汉语分类词典》:收词49000。收录范围:词、词组、成语、熟语、百科词,酌收少量方言词、文言词、新词④。

苏新春《现代汉语分类词典》:收词82955。收录范围:通用程度高的语文词。不收古词、旧词、方言词、新词语、行业词、词素和短语⑤。

对比之下,《分类词典》收词体现如下特征:第一,收词数量庞大,在四部词典中收词最多。第二,收录范围单一,只收词,不收词素和短语。第三,收录范围特征明确,通用度高,而且是语文词。这三个特征使《分类词典》成为一个名副其实的反映现当代特征的词汇语义分类系统。

(三)细致、严谨的分类、归类特征

《分类词典》在继承《词林》等前人成果的基础上,搭建起一个以义类为基础、以语义关系为核心的词汇语义系统,这个系统的突出特点是对义类的细致划分,使其成为一个禁得起推敲的分类合理的词汇体系。

1. 义类层级及底层义类的精细划分

如表2所示,《词林》等其他三部词典将义类划分为大类、中类、小类或者大类、小类,义类层级体现为两级或三级,而《分类词典》划分更细,自上而下分成五级义类,义类层级的增加使其更注重层级之间的关系,在体系的建构中真正做到了上位义类对下位义类有较强控

① 苏新春.《现代汉语语义分类词典》(TMC)研制中若干问题的思考[J].中文信息学报,2008(5):12-21.

② 梅家驹等.同义词词林[M].上海:上海辞书出版社,1983:凡例.

③ 林杏光,菲白.简明汉语义类词典[M].北京:商务印书馆,1987:凡例、前言.

④ 董大年.现代汉语分类词典[M].上海:汉语大词典出版社,1998:前言、凡例.

⑤ 苏新春.现代汉语分类词典[M].北京:商务印书馆,2013:凡例.

制力，下位义类对上位义类的义域能全面覆盖①。如上位义类“决裂”下辖“排挤”“挑拨”“决裂”“报仇”四个下位义类，这四个下位义类又从“决裂”的不同程度对上位义类进行了全面覆盖。

表 2　四部义类词典的分类情况

词典名称、主编	分类	层级
《同义词词林》梅家驹	12 大类，94 中类，1428 小类，3925 词群	三级
《简明汉语义类词典》林杏光	18 大类，1730 小类	两级
《现代汉语分类词典》董大年	17 大类，143 小类，3717 词群	两级
《现代汉语分类词典》苏新春	9 个一级类，62 个二级类，508 个三级类，2057 个四级类，12659 个五级类	五级

根据表 2 可知，前三部义类词典的底层义类数量分别是 1428 个、1730 个、143 个。这远远少于《分类词典》的底层义类数量 12659 个，说明《分类词典》对底层义类的切分更精细化。如“心理活动”是《词林》的一个大类，它的最底层义类包括 44 个，而“心理活动”是《分类词典》的一个二级类，它的最底层义类却多达 2869 个，足见后者分类之细。

2. 义类厚薄的均衡性、义类集聚的与时俱进性

义类厚薄指一个义类分布词语数量的多少，分布数量越多，义类越厚，分布数量越少，义类越薄。《分类词典》对义类厚薄进行了较多控制，以五级类为例，五级类每类平均收词 6.5 条，分布词语数量超过 50 条的五级类只有 5 个，分布数量超过 30 条的有 58 个，分布数量只有 2 条的有 1661 个，独词不成类②。可见，《分类词典》词语分布数量比较均衡，过厚或过薄的义类数量有限，聚集词语为义类时体现出鲜明的平衡性特征。

在词语集聚为义类的过程中，《分类词典》还充分考虑与时俱进性。如随着互联网的普及，“网络”作为一个义类被收录，并且下辖“01 网络、网上、多媒体、互联网、局域网……”“02 博客、网页、网站、网址、微博……”“03 带宽、端口、宽带……”“04 菜单、程序、登录器、浏览器、密码器……”等 4 个下位义类，包含 35 个词语。而“网络”这一义类在 30 年前的《词林》是未收录的。可见《分类词典》准确反映了网络时代的社会生活。

3. 一至四级义类语义关系把握的准确性

《分类词典》的一至四级义类之间体现为上下位的语义关系，这是整个语义系统非常重要的语义关系之一，一个义类在这个系统中置于哪个位置才能与其上下的义类更好地体现这种关系是《分类词典》尤其注意的方面。

① 苏新春.《现代汉语语义分类词典》(TMC)研制中若干问题的思考[J].中文信息学报，2008(5)：12-21.

② 苏新春.《现代汉语语义分类词典》(TMC)研制中若干问题的思考[J].中文信息学报，2008(5)：12-21.

表 3 “诀窍”“步伐”“电脑”在《词林》《分类词典》的义类

例词	在《词林》的义类	在《分类词典》的义类	主要差异
诀窍	“抽象事物——事理——方法诀窍步骤”类	“抽象事物——事情——规律方法思路——方法——诀窍”类	《词林》将“方法”“诀窍”看作同类关系，《分类词典》将其看作上下位关系
步伐	“抽象事物——外貌——容貌姿势步伐装束”类	“抽象事物——属性——仪容——姿势——步伐”类	《词林》将“姿势”“步伐”看作同类关系，《分类词典》将其看作上下位关系
电脑	“物——机具——机器工具泵”类	“具体物——文化用品——办公用品——办公电器——电脑”类	《词林》将“电脑”归到“机器工具泵”类，看作“机具”的下位类，《分类词典》将其归到“电脑”类，看作“办公电器”的下位类

表 3 我们分别通过三个词语在《词林》和《分类词典》的义类分布情况考察两部词典在义类设置上的差异。

《词林》中，“诀窍”落在“抽象事物——事理——方法诀窍步骤”类，“诀窍”与“方法”“步骤”聚集在同一义类，是同类关系。《分类词典》中，它落在“抽象事物——事情——规律方法思路——方法——诀窍”类，将“诀窍”看作“方法”的下位义类，是上下位关系。“诀窍”是“关键性方法”，因此《分类词典》处理为“方法”的下位义类更妥当。类似的例子还有“步伐”，两部词典的处理差异见表 3。

又如“电脑”落在《词林》的“物——机具——机器工具泵”类，其上位义类是“机具”，而它落在《分类词典》的“具体物——文化用品——办公用品——办公电器——电脑”类，其上位义类是“办公电器”。由于时代发展，电脑在办公领域的普及化，它的使用者已经从早期的专职科学家那里扩大到普通人，功能也从早期用来做科学计算扩展到办公，《分类词典》将其置于“办公电器”的下位义类，符合当代人们对电脑的认知。因此，对义类位置的处理体现出《分类词典》对语义系统中上下位关系的准确把握。

4. 五级义类的形成及排列具有充足的词汇语义学理据

《分类词典》的编纂依据是词汇语义学中的语义场理论①。语义场中，义位通过共性义素聚集在一起，它们彼此之间又通过个性义素相区别。张志毅②将底层语义场中的义位之间的关系分析为十种：同义结构、反义结构、上下义结构、类义结构、总分结构、交叉结构、序列结构、多义结构、构词结构、组合结构。《分类词典》的一至四级类之间仅仅体现的是上下义结构，而五级类的形成及排序则很好地体现了以上多种结构关系。

(1)同义结构、类义结构

义类形成的过程是一个聚焦的过程，要对周边邻近的词语进行吸收，才集聚为一个义

① 宋婧婧，苏新春.类义词典中的两种类型："同义"与"同类"——《同义词词林》与《朗文多功能分类词典》比较[J].辞书研究，2004(4)：89-97.

② 张志毅，张庆云.词汇语义学(修订本)[M].北京：商务印书馆，2005：65-83.

类[①]。这也就意味着，属于同一义类的词语必然体现的是同义或近义结构关系，这也是义类词典中最重要的关系。如表4中01、02、03、05、06义类内部体现的是同、近义关系。还有属于某一意义范畴的词语也可形成义类，内部词语间体现的是类义关系，如04、07、08义类。此外，可发现01—09义类的排序大致遵照的是从同、近义关系到类义关系，这是按照两种语义关系重要程度由重到轻的排序，体现出语义上的逻辑关系。

表4 《分类词典》四级类“时辰”下辖的9个五级类内部及类之间的关系

四级类	时辰	义类内部词语间关系	义类之间排序关系
五级类	01 时、点钟、小时、钟点、钟头 02 课时、学时 03 刻、刻钟、一刻 04 分、秒、分钟、毫秒、秒钟 05 时点、整点 06 零点、零时 07 辰时、丑时、亥时、卯时、申时、时辰、巳时、未时、午时、戌时、寅时、酉时、子时 08 更、初更、二更、更辰、起更、三更、四更、五更、一更 09 标准时、世界时、北京时间、格林尼治时间	01,02,03,05 06 属于同义或近义结构关系 04,07,08 属于类义结构关系	同义/近义→类义

(2)总分结构

总分结构关系反映的是“整体——部分”间的结构关系，这主要体现在五级义类之间的排序上，《分类词典》五级类的排序也遵循了先总后分的顺序。如四级类“车”下辖49个五级类，如下：

01 车船、车马

02 车队、车流、船队

03 车、舆、车辆、车骑、车子

04 大车、机动车、汽车、柴油车

……

41 驾、辇、车驾、凤车、凤辇、銮驾、銮舆、驷马、御驾、凤凰车、指南车、木牛流马

42 把、把儿、车把、车头、龙头、方向盘

43 轮、车轮、轱辘、滚轮、胶轮、脚轮、轮箍、轮盘、轮子

44 车圈、车条、车轴、辐条、钢圈、轮辐、轮毂、轮辋、瓦圈

45 胎、车带、车胎、轮带、轮胎

46 里带、内胎、皮带、气门、外带、外胎、气门芯

47 车厢、车辕、翻斗、货柜、货箱、挎斗、驾驶室、集装箱

48 挡、闸、车帮、车钩、车架、车筐、车篷、车身、车体、车尾、车闸、挡位、底盘、空挡、排挡、刹把、刹车、煞车、踏板、油门、雨刷、安全带、保险杠、变速器、脚踏板、行李架

① 苏新春，洪桂治，唐师瑶.再论义类词典的分类原则与方法[J].世界汉语教学，2010(2):158-169.

49 车灯、后灯、雾灯、近光灯、刹车灯、示宽灯、远光灯、转向灯

义类 01—03 是对车的概称，义类 04—41 是对各种类型的车的具体称呼，42—49 是对车的各个组成部分的具体称呼。从语义关系看，01—41 指称整体，42—49 指称部分，因此排序遵循的是先总（整体）后分（部分）的顺序。这种规则贯穿始终，体现在每个微小的细节中。如图 1 所示，作为"分"的义类 42—49 中间又可再按照"总→分"关系排序：43 轮、车轮、轱辘、滚轮、胶轮、脚轮、轮箍、轮盘、轮子（总）→44 车圈、车条、车轴、辐条、钢圈、轮辐、轮毂、轮辋、瓦圈（分）；45 胎、车带、车胎、轮带、轮胎（总）→46 里带、内胎、皮带、气门、外带、外胎、气门芯（分）。因此，"总→分"中又嵌套着"总→分"，虽复杂，却更显严整。

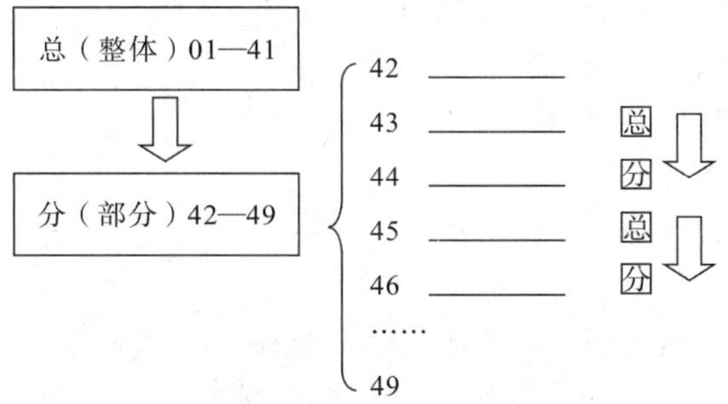

图 1 "车"下辖五级类的排序规则

（3）序列结构

序列结构包括数量序列、等级序列、时间序列、空间序列、次第序列、习惯序列①。《分类词典》五级类的排序也遵循各种序列结构，在此仅对前三种序列举例说明。

先看数量序列和时间序列。四级类"年龄"下辖了 17 个五级类，如下：

01 春秋、年齿、年庚、年华、年纪、年考、年龄、年命、年事、年寿、年岁、寿限、岁数、年龄段

02 一岁、周岁

03 及笄、十五岁

04 二八、破瓜、十六岁

05 及冠、双十、二十岁

06 而立、壮室、三十岁、而立之年

07 不惑、四十岁、不惑之年、强壮之年

08 半百、知命、五十岁

09 耳顺、花甲、六十岁

10 古稀、七十岁

11 耄耋之年、七老八十

12 百岁、期颐

13 高龄、高寿、遐龄

14 贵庚、贵甲子

15 实岁、足岁、实足年龄

16 虚龄、虚年、虚岁、虚年龄

① 张志毅，张庆云.词汇语义学（修订本）[M].北京：商务印书馆，2005：74-78.

17 口齿、牙口

显而易见，义类 02—12 显示了周岁幼儿到期颐老人的整个过程，是按照时间先后顺序来排列，同时从一岁到百岁的排序也体现了由少至多的数量序列。

再看等级序列。等级序列有很多种。如“助教——讲师——副教授——教授”是体现职称由低到高的职称序列；“高档——中档——低档”是体现由高到低的质量序列。容积序列也是等级序列的一种。

如四级类“孔隙”下辖 13 个五级类，分别是：

01 洞、孔、窟、穴、洞子、孔洞、孔穴、孔眼、扣眼、窟窿、漏洞、网眼、窟窿眼儿

02 洞壑、洞窟、洞穴、窟穴、溶洞、山洞、山窟、穴洞、岩洞

03 地道、地洞、坑道、防空洞、猫耳洞

04 窗洞、涵洞、门洞、桥洞、桥孔

05 冰窟、冰窟窿

06 弹孔、枪洞、枪孔、枪眼

07 卯眼、榫眼

08 插孔、插口、虫眼、炮眼、气孔、气眼、泉眼、砂眼、水眼、针眼

09 坑、弹坑、导坑、坑洞、沙坑、沙窝、水坑、土坑、陷阱、陷坑、鱼鳞坑

10 豁口、豁子、决口、口子、裂口、破口、缺口

11 缝隙、缝子、夹缝、孔隙、裂缝、裂隙、漏缝、隙缝、狭缝、罅隙、中缝

12 接缝、门缝、门隙、石缝、指缝

13 当儿、当子、空当、空档、空地、空儿、空位、空隙、空子

义类 02—12 显示了从容积很大的“山洞”到容积很小的“接缝”的逐渐过渡，义类的排序大致遵循的是容积的由大到小，即容积序列。

5. 归类明晰、物不二属的显著特点

《词林》和《分类词典》在对词语归类时具有共性，那就是以义项为收词单位，多义词的不同义项分别归到不同义类（或者词群）。

但二者差异也比较明显，对单义词的归类有不同之处。《词林》在词语归类时其实是兼顾了同义和类义关系。其自序中写道：“有些同类词是成套的，其中有的词另有同义词，除在同义词群中收进之外，同类词中再重复出现，以保持成套的完整性。如‘节气’中‘立春’‘清明’‘夏至’‘冬至’等都各有相应的同义词，但仍保存在同类词中。”[①]因此，《词林》中是有一词双归的情况，请参见表 5 对“立春”的归类。

《分类词典》则不同，认为人为建构的词汇语义系统是单向、讲究逻辑、彼此分明、物不二属的，尽管真实的语义世界是立体、浑沌、交叉、网状的[②]，因此对单义词采取“一词一归”的原则，最后词语落到的是义类系统中唯一的义类。如表 5 所示，《分类词典》只把“立春”归到与之有类义关系的那类。

① 梅家驹等.同义词词林[M].上海：上海辞书出版社，1983：自序.

② 苏新春，洪桂治，唐师瑶.再论义类词典的分类原则与方法[J].世界汉语教学，2010(2)：158-169.

表 5 两部词典中"立春"的归类

词典名称	对"立春"一词的归类	关注的语义关系	归类特点
《词林》	**立春**打春 **立春**雨水惊蛰春分清明谷雨立夏小满芒种夏至小暑大暑立秋处暑白露秋分寒露霜降立冬小雪大雪冬至小寒大寒	兼顾同义、类义关系	一词双归
《分类词典》	白露处暑春分大寒大暑大雪冬至谷雨寒露惊蛰**立春**立冬立秋立夏芒种清明秋分霜降夏至小寒小满小暑小雪雨水	类义关系	一词一归

三、《分类词典》的不足之处

尽管《分类词典》建构了一个层次分明、架构合理、语义关系明确、严密周全的词汇语义系统。但百密必有一疏，缺憾在所难免，在此提出一点不足，以供日后修订、打磨时参考。

不足之处在于：第五级义类内部词语的排序规则比较简单，有待进一步完善。《分类词典》凡例提道："同一个五级类内的词语不再编号，而是按词长、音序、笔画顺序先后排列。……相同词长的则按音序排，首字读音相同则按次字读音排列，相同音序的再按笔画顺序排。"①

然而，我们发现有些五级类内部词语从整体看可形成某种天然的序列，如表 5"立春"的例子。两部词典对"二十四节气"的排序也截然不同，《词林》是按照节气的先后顺序，而《分类词典》则是按照音序。按照音序排序打破了词语天然形成的顺序，可能不利于对同类词的学习、记忆和认知。

另外，五级类内部词语有些在意义上更接近的没有排在一起，是因为被音序规则打乱了。如"喝茶、喝水、请茶、饮茶、饮水、用茶"是四级类"喝"下面的一个五级类，按照意义远近看，"喝水、饮水"更接近，"喝茶、请茶、饮茶、用茶"更接近，如果将其排列成"喝水、饮水、喝茶、请茶、饮茶、用茶"可能更能体现词语间意义的联系程度。

四、《分类词典》的应用价值

《分类词典》2013 年出版，至今已有七年时间，在学界受到广泛关注，被应用到某些领域的研究中，显示出较高的应用价值和广阔的应用前景。主要体现在以下方面：

① 苏新春.现代汉语分类词典[M].北京：商务印书馆，2013：凡例.

(一)词表、词库研制方面

《分类词典》所建构的词汇语义系统可以为词表、词库研制提供参照，有助于增加和完善研制标准，增强词表(库)的科学性。

在词表研究领域，无论是面向母语者的词表(如《现代汉语常用词表》)，还是面向汉语二语者的词表(如《汉语水平词汇与汉字等级大纲》《汉语国际教育用音节汉字词汇等级划分》)都把频率作为单一的研制标准，忽视对语义的观照。近年来，学界注意到这样的缺憾，在词表、词库的研制中开始加入对词汇语义系统的考量，其中一个很重要的手段就是对义类词典的使用。苏新春①在《义务教育常用词表(草案)》的研制中参照《分类词典》的义类体系将意义相同或相近的词进行排列，形成《义序表》，以便于词汇学习和教学。李安②、宋贝贝③分别考察了新 HSK 大纲词汇、汉语国际教育用词表在《分类词典》体系中的分布情况，发现“生物、具体物”类词偏少，同义、近义层面收词不够丰富，义类厚薄的变化及排序不符合词汇习得规律等问题。另外，在词库研制方面，杨吉春④、宋飞⑤、李文婧⑥利用《分类词典》义类层级系统提取国际汉语教学用基本层次范畴词汇，以建设基层词库。

(二)汉语二语教学研究方面

《分类词典》可以为汉语教材词汇研究提供新的研究视角，参照其义类系统考察教材词汇的设置，有助于优化教材义类体系，更顺应汉语二语者的认知、习得规律。

目前的汉语二语教材词汇研究主要集中在词汇选取、词汇复现、词汇注释、词汇练习等几个方面⑦，很少有研究关注教材词汇的整体性，如教材词汇的义类体系是怎样的？柯丽芸⑧考察了汉语二语教材词汇在《分类词典》义类体系中的分布情况，发现教材义类系统总体架构较为合理，但也存在一些问题，如单一义类词语丰富，但跨义类词语稀少，义类复现间隔较大等。

教材词汇应该怎样编排才能使义类体系的架构更为合理，词汇教学怎样加入对义类的考量，才能更符合学习者的认知习得规律，提高词汇习得效率？这是今后汉语二语词汇教学、习得、教材编写亟须关注的问题。比如可以“尽量加强同一义类词语在不同水平教材的复现，并且保持复现的连续性，避免较大间隔的复现。初级阶段词汇教学应增加‘具体物’类词语数量，尽量减少‘抽象事物’‘辅助词’类词语数量”⑨。在词汇教学方面，可以利用类义

① 苏新春.《义务教育常用词表(草案)》研制的理论与方法[J].语言文字应用，2017(3)：2-11.

② 李安.对外汉语词表的系统性及义类体系的作用[J].语言文字应用，2017(3)：31-40.

③ 宋贝贝.汉语国际教育用词汇义类分布研究[J].语言文字应用，2017(3)：22-30.

④ 杨吉春.国际汉语教学用基本层次范畴词库建设的理论与方法[J].语言文字应用，2014(4)：68-76.

⑤ 宋飞.基于大规模文本语料库的现代汉语基层词相对词频定位法研究[J].语言文字应用，2014(4)：77-84.

⑥ 李文婧.国际汉语教学用“基本层次动词”提取方法探讨[J].语言文字应用，2016(3)：69-76.

⑦ 李润生.近年来对外汉语词汇教学研究综观[J].华文教学与研究，2017(2)：32-45.

⑧ 柯丽芸.汉语第二语言教材词汇的义类分布研究[D].厦门大学，2008：26-43.

⑨ 宋贝贝.汉语国际教育用词汇义类分布研究[J].语言文字应用，2017(3)：22-30.

式联想、同义、反义式联想进行词汇扩展式教学[①]。目前,利用义类进行词汇教学以及教材研究还很薄弱,《分类词典》将为相关实证研究提供宝贵的可借鉴的基础资源。

(三)中文信息处理方面

《分类词典》可以为中文信息处理领域的词义消歧、词义标注服务。

词义消歧研究重点关注机器学习方法,很少关注词义自身的属性,近年来有研究发现义类在词义消歧中的作用,利用义类搭配规则进行词义消歧研究。苏新春[②]、李安[③]在建立"多义词词义搭配知识库"时利用《分类词典》总结义类搭配规则,从而辅助计算机识别多义词的不同义项,实现词义自动标注、词义消歧。蒋媛等[④]、曾妍妍等[⑤]、洪桂治等[⑥]基于《分类词典》,归纳义类搭配规则,建立多义动词、形容词的搭配知识库,以进行词义标注,实现多义词消歧。

(四)词典编纂方面

《分类词典》按意义编排的特点可以为学习性词典的编纂提供新的思路与参照。

与音序、形序词典相比,义类词典最大的特点就是排序体现出词语间的意义联系,是有意义理据的排序。我们从《分类词典》的三个五级类中抽取一些词语排列如下:"标致、姣好、姣美、花容月貌、倾城倾国""俊朗、英俊、帅气、堂堂""曼妙、柔曼、柔美"三组词在意义上有共性,含有共同义素"美好",但又有区别,分别用来形容女子、男子、音乐或舞姿。如果学习性词典能够像这样,把有同义或者近义关系的词排在一起,学习者就能很好地比较词义间的异同,深度习得一批词汇,扩大词汇量,真正突出词典的"学习性"特征。而这是音序、形序词典无法做到的。因此苏新春[⑦]呼吁,学习性词典应重新拾起中国辞书传统中重要的义类排序法来为学习所用。

五、结语

《分类词典》的编纂特色鲜明,体现在资料基础、编纂技术、收词、分类、归类等多个方面。具体来说,主要包括:雄厚的资料基础、先进的编纂技术;庞大的收词量,单一却有明确特征的收录范围;细致而严谨的分类、归类特征,分层及底层义类划分的精细性,义类厚薄的均衡

---

① 孙园园.《义务教育常用词表(草案)》研制中义类法的运用和价值[J].语言文字应用,2017(3):12-21.

② 苏新春,杜晶晶.词语库的收词与规则库的建立[J].语言文字应用,2014(1):10-19.

③ 李安.多义词义项的语义关系及其对词义消歧的影响[J].语言文字应用,2014(1):29-37.

④ 蒋媛,李安.SCT 动词搭配知识库的构建[J].语言文字应用,2014(1):38-44.

⑤ 曾妍妍,洪桂治.SCT 形容词搭配特征研究[J].语言文字应用,2014(1):45-52.

⑥ 洪桂治,苏新春,曾妍妍.论机用词典义项的形式特征及机用义项库的建立[J].语言文字应用,2014(1):20-28.

⑦ 苏新春.学习词典学习性的三大内涵及对词典新形式的期盼[J].北华大学学报(社会科学版),2019(5):1-9.

性，义类集聚的与时俱进性，对语义关系把握的准确性，义类形成及排序的理据性；归类的明晰性、“物不二属”性。

《分类词典》的应用价值体现在多个方面：在词表、词库研制方面，增加对义类的考量，有助于完善研制标准，使研制方法更合理、科学；在汉语二语教学研究方面，考察教材词汇的义类体系，有助于使教材词汇设置更符合学习者的习得规律，利用义类进行词汇教学有助于扩大词汇量，提高词汇习得效率；在中文信息处理方面，有助于推动词义消歧研究；在词典编纂方面，有助于为学习性词典按意义编排提供参照。

宋贝贝，男，河北大学文学院讲师。

本刊征文启事附本刊中文注释技术规范

(一)本刊征文启事

《厦大中文学报》系由厦门大学中文系创办的中国语言文学学术研究丛刊。本刊本着学术至上原则,发表中国语言文学学科领域的优秀学术论文,诚挚欢迎海内外学者惠赐大作。现将相关事项知会如下:

1. 本刊暂定为半年刊,每年4月、10月出版。投稿后一般在一个月内会接到有关稿件处理的通知。

2. 来稿限用中、英文发表,中文30000字以内,英文15000字以内。

3. 切勿一稿多投,本刊所收论文,以未发表者为限。来稿务必原创,凡涉抄袭、侵害他人权利之事,概由作者承担包括法律在内的一切责任。

4. 所有来稿皆由编审委员会送请两位相关学科专家匿名评审,通过者本刊有权决定刊登期次和顺序。

5. 每篇论文正文前须有三百字左右的中文摘要,三至五个中文关键词,以及篇名、作者名、摘要、关键词的英译。

6. 来稿请附作者信息,包括姓名、单位、职称、邮编、通信地址、电话、电子信箱,以便联系。

7. 为保护环境,请作者尽量通过电子邮件提供稿件的电子版,特殊情况者可邮寄纸质文本。

8. 本刊刊登稿件均为作者研究成果,不代表本刊意见。来稿一经刊出,即付稿酬,并寄样刊3册。

9. 本刊已加入中国知网,凡不愿在中国知网上显示自己文章者,请事先告知本刊。本刊稿酬已含中国知网收录的稿酬。

10. 联系方式:

地址:361005 中国福建省厦门市思明南路422号厦门大学中文系《厦大中文学报》编辑部

电子邮箱:xdzwxb123@126.com

电话:0592-2182470

(二)本刊中文注释技术规范

1. 采用页下注(脚注)

2. 注释格式为:主要责任者.题名:其他题名信息[文献类型标识].版本项.出版地:出版者,出版年:引文页码.分类示例如下:

(1)引用古籍:

康熙字典:巳集上:水部[M].同文书局影印本.北京:中华书局,1962:50.

汪昂.增订本草备要:四卷[M].刻本.京都:老二酉堂,1881(清光绪七年).

(2)引用近人著作:

徐复观.中国文学精神[M].上海:上海书店出版社,2005:50-51.

北京大学哲学系美学教研室编.西方哲学家论美与美感[M].北京:商务印书馆,1980:54.

陈登原.国史旧闻:第1卷[M].北京:中华书局,2000:29.

冯友兰.冯友兰自选集[M].2版.北京:北京大学出版社,2008:第1版自序.

钱学森.创建系统学[M].太原:山西科学技术出版社,2001:序2-3.

(3)引用析出文献:

宋史卷三:本纪第三[M]//宋史:第1册.北京:中华书局,1977:49.

李约瑟.题词[M]//苏克福,管成学,邓明鲁.苏颂与《本草图经》研究.长春:长春出版社,1991:扉页.

姚中秋.作为一种制度变迁模式的"转型"[M]//罗卫东,姚中秋.中国转型理论分析:奥地利学派的视角.杭州:浙江大学出版社,2009:44.

(4)引用近人论文:

王宁,黄易青.词源意义与词汇意义论析[J].北京师范大学学报(人文社会科学版),2002(4):90-98.

李炳穆.韩国图书馆法[J].图书情报工作,2008,52(6):6-21.

(5)引用译作:

杜夫海纳.美学与哲学[M].孙非,译.北京:中国社会科学出版社,1985:52.

(6)引用网络电子文献:

李强.化解医患矛盾需釜底抽薪[EB/OL].(2012-05-03)[2013-03-25].http://wenku.baibu.com/view/47e4f206b52acfc789ebc92f.html.【说明:(2012-05-03)表示网络日期,[2013-03-25]表示引用日期。】

吴云芳.面向中文信息处理的现代汉语并列结构研究[D/OL].北京:北京大学,2003[2013-10-14].http://thesis.lib.pku.edu.cn/dlib/List.asp?lang=gb&type=Reader&DocGroupID=4&DocID=6328.

3. 其他未尽事宜参照GB/T 7714—2015执行。

附:1. 文献类型和标识代码:

普通图书M,会议录C,汇编G,报纸N,期刊J,学位论文D,报告R,标准S,专利P,数据库DB,计算机程序CP,电子公告EB,档案A,舆图CM,数据集DS,其他Z

2. 电子资源载体和标识代码:

磁带MT,磁盘DK,光盘CD,联机网络OL

《厦大中文学报》编辑部
2019年12月